퇴계학의 재구성

退溪學

퇴계학의 재구성

퇴계의 공부와 인격

박균섭 지음

성균관대학교
출판부

본서는 퇴계 이황(退溪 李滉, 1501~1570)의 철학과 사상, 앎과 삶, 공부와 교육 문제에 대한 해석과 성찰, 비판적 논의를 수행한 글이다. 제목을 『퇴계학의 재구성: 퇴계의 공부와 인격』이라 명명한 것은, 근대공간에서 식민권력에 의해 굴절된 퇴계학에 대한 교정 작업이 선결 과제이며, 그 과제의 정밀한 수행을 통해 퇴계학의 면모, 그 정체성에 대한 재구성 작업이 제대로 이루어질 수 있다고 보았기 때문이다.

본서는 퇴계학에 대한 논의를 제1부와 제2부로 나누어 전개하였다. 제1부에서는 퇴계학 연구의 식민성 비판이라는 제하에 [제1장 잘못된 연계, 퇴계학과 교육칙어], [제2장 박종홍의 퇴계학 연구 비판], [제3장 일제 관제·관변 학자들의 퇴계학 연구 비판], [제4장 전전·전중·전후 일본의 퇴계론 비판]에 대해 다루었고, 제2부에서는 퇴계학의 정체성 탐구라는 제하에 [제5장 퇴계의 공부와 인격], [제6장 고종기 분석을 통해 본 퇴계의 앎과 삶], [제7장 퇴계학의 지향, 도학사상과 절의정신], [제8장 퇴계학을 위한 성찰과 전망]에 대해 다루었다. 일제강점기, 식민권력에 의해 주도된 퇴계·퇴계학 연구는 식민교육적 기만성의 은밀한 침투 양상을 드러냈기에 이에 대한 해체·교정 작업을 거쳐야만 퇴계의 공부와 인격, 도학사상과 절의정신의 정밀 구축을 통한 퇴계학의 정체성 탐구가 가능할 것이다.

퇴계학 연구의 식민성 비판과 관련해서는, 한국 학계 및 한국 사회의 인문학 공간에서 퇴계학─교육칙어 연계설이 오랫동안 유포되어왔다는 사실에 유의하면서, 그 연계설이 별다른 근거 없는 낭설의 성격을 띤다는 점, 거기에는 일본 제국주의·군국주의의 식민적 욕망이 짙게 깔려 있다는 점, 당시의 퇴계사상 및 퇴계학 연구는 식민지 침략과 지배의 배경음악으로 삼으려는 불순한 의도가 깔려 있다는 점에 대해 확인·검토·비판하는 과제를 수행하였다.(제1장 잘못된 연계, 퇴계학과 교육칙어)

한국철학 연구에서 제1세대 철학자 박종홍이 퇴계의 교육사상을 연구하면서 제시한 교육목적론과 교육방법론, 양호론과 교육자론에는 퇴계학의 기본 정신과는 결을 달리하는 요소들이 붙박여 있다. 그것은 식민교육의 언어로 조립된, 그것도 일본식 사범교육론의 세례를 받아 전개된 퇴계학 연구였다는 점에서, 그 문제 상황을 비판하는 작업과 함께 퇴계학이라는 지형의 안정구조를 갖추기 위한 연구 과제를 수행하였다.(제2장 박종홍의 퇴계학 연구 비판)

다카하시 도루(高橋亨)와 아베 요시오(阿部吉雄)를 대표로 한 일제 관제·관변 학자들의 퇴계학 연구에는, 퇴계를 매개로 삼아 천황제 이데올로기에 입각한 황국신민의 도를 실천토록 하기 위한 방편적 의미가 붙박여 있다. 이들의 퇴계 연구는 해방이후의 한국유교·퇴계학 연구에 무비판적으로 흡수되는 경우가 많았다. 식민적 잔영이 감도는 퇴계학, 전쟁인문학에 의해 굴절된 퇴계학의 상태를 벗어나 퇴계학의 본모습, 본래의 면모를 되찾기 위한 선제적 연구 및 논의를 수행하였다.(제3장 일제 관제·관변 학자들의 퇴계학 연구 비판)

한국철학, 한국교육학 연구자들은 그동안, 퇴계학이 에도시대 일본의 주자학적 기반으로 작용했고, 이는 일본에서 퇴계를 앙모하는 수준과 깊이를 보여준다는 식의 정신승리 성격의 퇴계학 연구 세계에 머물러 있다. 퇴계·퇴계학에 대한 인식의 오류, 그 불안한 지형 위에서 전전·전중·전후 일본의 교육칙어─퇴계 연계설, 그 미망을 벗어나는 일은 퇴계학의 정체성을 탐구하는 과제와 맞물려 있다. 특히 전후 일본의 교육칙어 교육교재 활용론의 등장은 그들의 우익·극우적 행태를 일거에 포착할 수 있는 리트머스 시험지와 같다고 말할 수 있는 바, 그 주박에 대한 비판적 논점을 제시하였다.(제4장 전전·전중·전후 일본의 퇴계론 비판)

퇴계학의 정체성 탐구와 관련해서는, 퇴계의 오랜 공부의 과정과 긴 삶의 여정에 대한 추적 연구를 통해 그 면모를 확인할 수 있고, 그에 대한 논의를 통해 정치·사회·교육적 의미를 포착할 수 있다. 퇴계는 도학의 탐구와 절의의 실천 문제를 기간 정신으로 삼아 공부와 인격의 본연적 지향을 보여주었다. 그 가르침은 수기치인과 입신양명의 본의에 충실한 삶을 살라는 것이었다. 외환이 없던 시대에는 도학사상이라는 문명의 개념이 전면에 부상된 반면, 국가적 위기의 시대에는 절의정신이라는 강상의 개념이 전면에 부각되었다는 사실에 대한 정밀 논의를 통해 유교지식인─선비의 국가·사회적 책임의 영역을 확인할 수 있다.(제5장 퇴계의 공부와 인격)

유교적 위기지학, 성인지학, 종신사업, 도덕사업, 만절의 의미를 근간으로 삼아 퇴계학의 정체성을 탐구하기 위해 퇴계에 대한 간병기록—『고종기』를 분석하여 퇴계학의 본질과 그 함의를 도출하였다. 퇴계의 자제와 문인들에 의한 30일간의 간병일기를 통해 스승의 앎과 삶의 세계, 그 인격의 면모를 입체적·구체적으로 논의할 수 있다. 퇴계는 경과 의를 함께 갖추었고, 지와 행이 함께 나아갔으며, 안과 밖이 한결같았고, 본과 말을 함께 거론하는 삶을 보여주었다고 말할 수 있다.(제6장 고종기 분석을 통해 본 퇴계의 앎과 삶)

진정 퇴계의 정신을 계승한 자들은 국가적 위기 상황이나 국망의 현실에서 어떤 결단과 책임의식을 보였는가. 이는 퇴계의 도학사상이 절의정신으로 피어나는 정신현상, 독립운동사의 관점을 보여주는 명징한 사례가 될 수 있다. 하지만 그 관점이 식민교육사 구성의 관점으로 넘어가면, 나라를 되찾기 위한 움직임을 경거망동이라 매도하였고, 그런 역사의식과 민족정신을 가진 조선인을 불령선인이라 폄하하는 식민권력·부일세력에 의해 퇴계가 소환·호명되는 불쾌한 상황에 직면하게 된다. 식민지시대의 퇴계학의 굴절을 넘어 정통의 퇴계학, 그 지형적 안정성을 확보하는 작업이 계속되어야 하는 까닭이 여기에 있다.(제7장 퇴계학의 지향, 도학사상과 절의정신)

퇴계는 조선시대 유교사상의 전형을 보여준 인물로, 그는 평생 동안 위기지학, 성인지학, 종신사업, 도덕사업을 추구하였다. 퇴계가 손자에게, 가까이에 있는 달콤한 복숭아나무는 거들떠보지 않고 시큼한 배를 따러 온 산을 헤맨다고 핀잔을 주었던 것은, 위기지학의 이름으로 교육의 내재적 목적을 강조했던 상징적인 장면이라고 말할 수 있다. 그것은 부귀와 명성, 화려한 문식에 치중하는 앎과 삶의 분리·괴리 상태를 벗어나, 자신을 갈고 닦고 다듬고 가꾸는 공부를 지향하는 것, 그야말로 퇴계의 공부론, 도학사상, 절의정신의 전체적 지향을 함축적으로 보여주는 장면이라고 말할 수 있다.(제8장 퇴계학을 위한 성찰과 전망)

오늘날 한국인은 공부와 교육의 이상, 앎과 삶의 보람·기쁨·즐거움에 대한 논거는 사라지고 그저 남에게 나의 삶을 전시·과시하기 위한 화려한 문식에 치중한 나머지, 삶의 본연과 심층에 대한 관조·성찰이 크게 결여된 채 살아가고 있다. 그 결여와 결핍의 문제에 대한 해법과 대안을 모색하는 과제 앞에 유교사상 일반, 그 중에서도 퇴계학에 대한 논의가 일정한 의미를 가질 수 있다. 퇴계 연구, 퇴계학의 재구성 작업은 오늘날의 한국사회의 가치관 문제나 앎과 삶의 세계를 반추·성찰하는 과정에서 의미깊은 토대를 제공할 수 있을 것이다.

한국 철학계 및 교육학계의 퇴계 연구, 퇴계학의 정체성 탐구 과정은 어느 정도로 정밀하게 이루어지고 있는가에 대한 질문은 계속되어야 한다. 그리고 그 질문을 통해 해방이전의 퇴계학 연구가 해방이후의 퇴계학 연구에 걸림돌인지 디딤돌인지를 제대로 가려내고, 그 변별을 통한 연구의 추동력을 제대로 발휘할 수 있어야만, 우리는 제대로 된 퇴계 연구, 그리고 퇴계학의 정체성을 확보할 수 있을 것이다. 근대 이후 퇴계학 연구가 하필이면 식민권력·전범집단의 전쟁 욕망에 의해 굴절·오염되면서, 퇴계 연구 및 퇴계학 탐구 프로젝트에는 선제적으로 식민적 잔영과 설화적 미몽이 개입될 수밖에 없었기에, 이를 거두어내는 과제 수행을 통해 퇴계학의 정체성, 그 본연의 모습을 재정립하고자 하였다.

유학·성리학 사상에 주목하더라도 왜 하필이면 퇴계인가에 대한 정당화 과정을 거친 다음에라야 퇴계 연구, 퇴계학의 재구성 작업은 한국 사회의 가치관 문제나 앎과 삶의 세계 구성 작업에 인문학 공부의 특징적 장면이라 할 수 있는 '쓸모없는 쓸모'를 가져다 줄 수 있을 것이다. 유학사상·성리학·퇴계학을 통해 삶의 지혜와 교훈을 얻고자 하는 인문학적 기획이 흔히 목적론적인 수단으로 전락하거나 미궁의 캐치프레이즈로 미끄러지기 쉬운 것은 그 근본·토대·저변이 부실하고 취약한 데서 연유하는 경우가 많다. 퇴계학의 일그러진 모습은 일제강점기, 식민권력의 필요에 의해 퇴계를 소환·호명·오용한 데서 시작된 것이다. 하지만 해방 후 제1세대 철학자들이나 교육학자들이 이에 대한 문제의식과 비판의식을 제대로 장착하지 못한 데서, 퇴계학 연구의 정체성 문제가 계속적으로 제기될 수밖에 없었다. 퇴계학 연구에, 연구자의 자세나 자격이 필요하고 중요하다는 것을 말하는 것은 이 때문이다. 늦었지만, 우리는 책임감 있게, 조심성을 갖고 퇴계의 안내를 받으면서 퇴계학의 정체성을 제대로 구축할 수 있어야 하며, 그렇다면 우리는 진정 퇴계학 탐구를 통해서 한국인의 앎과 삶의 세계, 그리고 한국사회의 공동체의식과 국가·사회적 책임에 대한 깊은 심연의 고민과 성찰과 논의를 이어갈 수 있을 것이다. 퇴계의 앎과 삶에 대한 논의를 통해 확인할 수 있듯이, 우리는 올바른 삶에 대해 굳이 보상을 기대하지 않는 삶을 살아갈 것이며 올바른 삶 그 자체가 축복인 삶을 지향할 것임을 분명히 해둘 필요가 있다.

2025. 4. 21.

박 균 섭

제1부 퇴계학 연구의 식민성 비판

제1장 잘못된 연계, 퇴계학과 교육칙어

제2장 박종홍의 퇴계학 연구 비판

제3장 일제 관제 · 관변 학자들의 퇴계학 연구 비판

제4장 전전 · 전중 · 전후 일본의 퇴계론 비판

제2부 퇴계학의 정체성 탐구

제5장 퇴계의 공부와 인격

제6장 고종기를 통해 본 퇴계의 앎과 삶

1. 본서 『퇴계학의 재구성: 퇴계의 공부와 인격』은 저자의 그동안의 퇴계 관련 연구를 기반으로 삼아 보완·신론을 펼친 것이다. 각 장별 논의의 토대가 된 학술 연구는 다음과 같다.

제1부 퇴계학 연구의 식민성 비판

제1장 잘못된 연계, 퇴계학과 교육칙어
박균섭, 「퇴계교육철학과 근대교육」, 『교육철학』 50, 2013.
박균섭, 「『문교의 조선』과 퇴계학」, 『교육철학연구』 39(2), 2017.

제2장 박종홍의 퇴계학 연구 비판
박균섭, 「박종홍의 〈퇴계의 교육사상〉(1928)에 대한 비판적 검토」, 『철학·사상·문화』 34, 2020.
박균섭, 「박종홍의 퇴계학 연구 비판: 양호론과 교육자론의 식민성」, 『공자학』 46, 2022.

제3장 일제 관제·관변 학자들의 퇴계학 연구 비판
박균섭, 「퇴계학의 오독: 다카하시 도루와 아베 요시오의 퇴계론 비판」, 『퇴계학과 유교문화』 59, 2016.

제4장 전전·전중·전후 일본의 퇴계론 비판
박균섭, 「교육칙어체제의 지속과 한국교육의 실패」, 『일본학보』 51, 2002.
박균섭, 「한국에서 본 전후일본교육의 궤적: 교육칙어와 교육기본법의 연속과 불연속」, 『일본근대학연구』 50, 2015.

제2부 퇴계학의 정체성 탐구

제5장 퇴계의 공부와 인격
박균섭, 「퇴계의 인격교육론」, 『한국교육』 30(1), 2003.
박균섭, 「퇴계의 공부와 인격」, 『인문과학』 126, 2022.

제6장 고종기를 통해 본 퇴계의 앎과 삶
박균섭, 「고종기를 통해 본 퇴계의 인격」, 『퇴계학과 유교문화』 49, 2011.

제7장 퇴계학의 지향, 도학사상과 절의정신
박균섭, 「선비의 결단 1910: 향산 이만도의 앎과 삶, 그리고 퇴계학의 지평」, 『현대유럽철학연구』 53, 2019.

제8장 퇴계학을 위한 성찰과 전망
박균섭, 「퇴계학의 교육학적 해석과 미래전망」, 『공자학』 43, 2022.

2. 본서의 기술 과정에서 퇴계 이황에 대한 호칭은, '퇴계'를 기본형으로 삼으면서도 상황별로 글의 평형을 고려하여 다른 호칭을 사용하기도 하였다.: '퇴계', '이황', '퇴계 이황', '선사', '선정', '선정신', '선생', '노선생', '퇴계 선생', '퇴도 선생', '퇴도 노선생', '퇴계 이선생', '도수', '문순공'.

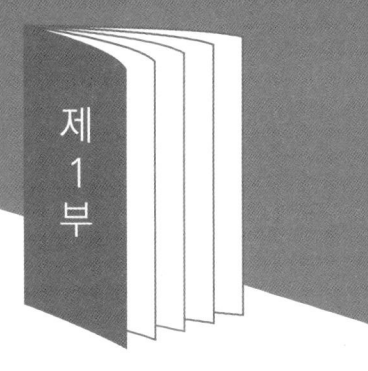

제
1
부

퇴계학 연구의 식민성 비판

제1장
잘못된 연계, 퇴계학과 교육칙어

1. 1930: 식민권력이 소환한 퇴계 360주기

근대는 항상 서양과 혼동을 일으키기 쉽다. 이 혼동에는 그만한 이유가 있다. 서양에도 근대와 전근대가 있는 이상 근대란 당연히 서양과 별개의 개념이지만, 근대가 서양에 기원을 두고 있는 이상 양자를 간단히 분리할 수 없기 때문이다. 우리는 개항 이후 100년 동안 근대화라는 단위와 목표를 향해 뛰고 일해 왔지만 전통에 대한 검토와 근대에 대한 주체적인 논쟁을 통해 독자적인 근대를 설정하고 주도할 수 있는 기회를 사실상 갖지 못했다. 당시 이 땅에는 서양의 근대를 체험하고 난 후에도 일본이 조선을 문명화(=식민화)하는 것에 대해 지지와 협력을 아끼지 않은 지식인들이 많았다. 당시 지식인들은 대체로 제국주의자들의 죄악을 탓하거나 문제 삼기보다는 망국의 책임을 우리의 내부에서 찾으면서, 이 때문에 문명화도 실패했다는 논조를 취하였다. 식민지 조선은 이렇게, 일본의 제국주의적 침략을 문명의 논리로 포장해서 젊잖게

훈계하는 신지식인들이 분위기를 주도하는 공간이었다.[1]

일본의 정신구조는 서양에 대한 모방의식(아시아에 대한 탈아론적인 멸시)과 아시아에 대한 귀속의식(아시아주의적 동질성)의 반복적 순환이라는 이중의 모순구조를 갖고 있다.[2] 근대국가 일본은 군국주의 · 제국주의 국가로서의 성장을 목표로 하면서 정한론(征韓論)의 연장선에서 조선 및 대륙 침략을 서둘렀다. 그 이론적 무기로 등장한 것이 19세기 후반 20세기 초두에 형성된 대아시아주의였다. 1894년 동학농민전쟁 진압을 빌미로 조선에 군대를 파병한 일본은 청일전쟁과 러일전쟁에 승리함으로써 아시아의 맹주를 자처하기에 이르렀다. 일본의 아시아맹주론은 일본문명을 절대적 기준으로 삼고 이를 통해 동양민족을 구해야 한다는 주장으로, 이는 아시아민족 구제론 내지 시혜론으로 발전하여 일본 대륙침략의 이론적 토대로 작용하였다.[3] 작금의 일본 우익세력의 준동도 그 뿌리는 대아시아주의에 있다.

전쟁으로써 전쟁을 부양했던 시대의 일본과 그 침략과 지배를 받았던 조선에서 전통과 근대는 여러 모습으로 일그러졌다. 근대화 노선은 이전의 어느 때보다 전통의 기억에 위협적이었다. 그러한 흐름 속에서 문득 조선시대의 성리학을 말하거나 특정 학자의 학문과 사상을 지명하여 논하는 일은 문제의 본질에서 빗나간 작업으로 여겨지기 일쑤였

---

1) 개항 이후, 신지식인의 대표적인 존재로 개화파지식인들을 들 수 있는데, 이들 정치세력은 일본을 견문하면서 일본의 발전에 감탄하였고, 일본을 근대화의 모델로 인식하였다. 그러다 보니 이들은 일본에 의존적인 입장을 취하였고 일본의 침략성에 대해서는 어설픈 인식을 갖고 있었다. 그 과정에서 이들은 후쿠자와 유키치(福澤諭吉)의 문명개화론을 수용하면서 그를 조선의 지지 세력으로 생각하였고, 위장침략단체인 흥아회(興亞會)가 내건 아시아연대론을 그대로 믿었으며, 나아가 러일전쟁 시에는 일본을 지지하였다. 하우봉, 『한국과 일본: 상호 인식의 역사와 미래』, 서울: 살림출판사, 2005, 27-29.

2) 이성환, 『전쟁국가 일본』, 경기 파주: 살림, 2005.

3) 강창일, 『근대 일본의 조선침략과 대아시아주의』, 서울: 역사비평사, 2002.

다. 하지만 일제 강점자들은 식민교육을 위한 방편으로 유교사상의 종교성을 드러내거나 조선시대의 대표적 학자였던 퇴계 이황(退溪 李滉, 1501~1570)에 대해 특별한 관심과 논의의 대상으로 삼았다. 유교의 본질과 조선시대 유교사상에 대해 부정적 관념을 갖고 있었던 관제·관변 학자들은 퇴계철학이 강점기의 식민교육에서 어떠한 의미를 갖는지를 알아차린 것이다.

일제 강점기 관제·관변 학자들의 조선시대 유교 및 퇴계철학에 관한 논점은 시간의 흐름 속에서 연구의 지향점이 수시로 흔들렸다. 이는 그들이 한국철학에 대한 전문성과 철학을 갖춘 자들이었는지를 의심케 한다. 그들의 퇴계철학 연구 및 적용 과정에서 획기적인 시점은 1930년이라고 볼 수 있다. 1930년 『문교의 조선』(文敎の朝鮮)에서는 퇴계철학을 부각시키면서 교육칙어 공포 40주년(강점자들과 그들에 협력했던 지식인, 학자, 교사들은 1930년이 퇴계의 360주기에 해당한다는 사실을 특기하였다)을 기념하면서 한국철학의 대표성을 드러내는 인물로 퇴계를 꼽았다. 퇴계의 교육철학이야말로 그들이 강조하는 교육칙어의 근간 정신을 보여주는 인물이라는 것이다. 이를 정확히 포착하기 위해서는 그 저변과 추이를 전체적으로 살피고 미시적 점검과 거시적 판단을 함께 수행할 필요가 있다. 논의의 방향은 일제 강점기에 퇴계를 거론했던 그 맥락과 의도를 밝혀내는 일이다. 근대교육=식민교육의 이름으로 퇴계를 연계·활용했던 문제상황에 대한 비판적 검토와 함께 이를 향후 퇴계 연구를 위한 성찰의 토대로 삼고자 한다.

2. 퇴계철학과 에도시대 일본유교

지금까지의 퇴계에 대한 논의는 주로 목판본으로 간행된 『퇴계집』과

거기에 부록으로 딸린 『연보』와 『언행록』, 그리고 민간의 구전과 설화에 의거하여 이루어져왔다. 하지만 이에 더하여 퇴계가 남긴 친필편지(家書)를 통해 그동안 거론되지 못했던 퇴계의 앎과 삶의 실체, 그 내면을 읽어낼 수 있다.

퇴계가 철학 논저에서 강조하는 경(敬)의 정신, 시에서 추구하는 한(閒)의 지향, 사생활에서 수행한 실(實)의 의미, 이 세 가지 정신과 지향과 의미를 넓게 살펴야만 퇴계의 삶과 철학의 실체를 제대로 알아낼 수 있다.[4] 그런데 기존의 퇴계상은 주로 퇴계의 경(敬)의 정신을 중심으로 구축되어왔다. 그 전형적인 대비 양상이 퇴계를 경(敬)의 철학, 율곡을 성(誠)의 철학으로 규정하는 방식이다. 이는 그간의 퇴계의 교육철학에 대한 논의가 특정의 지점과 지대를 통과하면서 굴절현상이 일어났음을 보여주는 대목이다. 왜 이러한 치우친 인식이 발생한 것인가. 여러 배경과 변인을 들 수 있겠지만 무엇보다도 일제 강점기 식민교육의 과정에서 배태된 측면이 크다고 볼 수 있다. 퇴계철학은 교육의 관점에서 범주화되고 이는 일선융합의 이데올로기로 활용되면서 식민교육의 자장에 깊숙이 빠져들었다. 그 현상과 문제에 대한 지적이 제대로 이루어지지 않은 채 해방 이후 지금까지의 퇴계 연구가 무비판적 계승 및 재생산 방식을 취하고 있다는 것은 한국유학 연구자들의 학자적 무신경, 무반성, 무책임의 현실을 드러내는 일이 아닐 수 없다.

퇴계 이황(1501~1570)은 무오사화(1498), 갑자사화(1504), 기묘사화(1519), 을사사화(1545) 등으로 이어지는 사화(士禍)의 시대를 거치면서, 위인지학(爲人之學)의 문제를 극복하고 위기지학(爲己之學)의 의미에 투

---

4) 이장우, 「가서를 통해 본 퇴계의 가족관계 및 인간적인 면모」, 『퇴계학논집』 11, 2012, 57-90.

철한 앎과 삶의 세계를 살았다. 퇴계의 위기지학은 이기론을 이론체계로 삼아 발전된 공부론이기도 했다. 퇴계의 이기론은 이(理)에 운동능력을 부여하였다는 점이 특징이다(理發說, 理動說, 理自到說, 理貴氣賤說, 理尊氣卑說). 기발(氣發)의 의미를 아는 것은 그리 어렵지 않다. 기발이란 내부의 욕구를 드러내거나 외부의 자극에 반응하는 메커니즘 정도로 파악할 수 있다. 하지만 퇴계가 주목했던 이발(理發)을 이해하기는 어렵다. 퇴계는 기(氣)를 배제하고 단지 이(理)를 지적하여 말하는 일[只指理言者]은 잘못된 일이 아니라고 했다[非不備也](心統情圖). 퇴계의 관건은 기(氣)에 뒤섞이지 않은 이(理)였다. 퇴계는 사람에게는 육신과 연관되지 않은, 또 다른 힘 혹은 충동이 존재한다고 생각했다. 사람을 이해하기 위해서는 신체를 넘어선 이법(本然之性)을 통찰해야 한다. 그렇지 않으면 자기 보존을 위한 욕망과 충동에 입각해서 사람의 일을 다루게 될 것이기 때문이다. 하지만 이 초월적 충동이 사람의 진정한 본질로서, 육신의 제약을 넘어서 존재하고 있다는 교설을 납득하기는 어렵다.[5]

퇴계철학은 경(敬)의 철학으로 집약될 수도 있겠다. 퇴계가 삼선생사조설(三先生四條說)에 대해 해석을 가하고 자신의 경(敬)에 대한 이해 내용을 제시한 것을 통해서도 이를 잘 알 수 있다. 경(敬)은 ① 자세를 바르고 엄숙하게 한 상태(整齊嚴肅: 程伊川), ② 주의를 하나로 집중하여 다른 데로 쏠리지 않은 상태(主一無適: 程伊川), ③ 마음을 수렴하여 아무것도 남아 있지 않게 한 상태(其心收斂不容一物: 尹和靖), ④ 항상 깨어 있는 상태(常惺惺: 謝上蔡) 등으로 정리할 수 있다(敬齋箴圖). 퇴계는 경설(敬說)을 통해 성인을 지향하는 교육론을 제시하면서 "십도(十圖)가 모두 경

---

5) 한형조, 「후산의 『부록』은 퇴계의 『성학십도』보다 더 과격한 주리를 피력하고 있는가」, 『남명학연구』 19, 2005, 207.

(敬)을 위주로 한다"(大學圖)거나 "경(敬)은 마음을 주재한다"(心學圖)거나 "삶은 경(敬) 공부의 공간과 시간"(敬齋箴圖, 夙興夜寐箴圖)이라고 규정하였다. 퇴계의 경(敬)은 새벽잠에서 깨어나 저녁에 다시 잠들 때까지 발길 닿는 모든 곳에서 도덕적 각성 속에서 언제나 새롭게 태어나는 자세를 유지하는 것이었다.[6]

경(敬)은, 퇴계가 말하듯이, 『성학십도』 전체를 규율하는 개념으로서 성학(聖學=聖人之學)을 향한 공부의 시작과 끝을 관통하고 있다. 주관적 충동에 따라 상황에 밀려가며 몰주체적으로 살아가는 것은 우리 모두의 일반적인 모습이다. 경(敬)은 비자각의 소외를 극복하고 스스로의 힘과 가치를 회복해나가는 공부의 과정으로 요약할 수 있다. 그 시발은 흩어진 심신을 추스르는 것(收斂), 잃어버린 마음의 자각을 되찾아오는 일이다(求放心). 경(敬)은 자신의 감정과 충동을 관찰하고 감시하는 주의력이다.[7] 이는 달리 말하면 나를 낮추어 사는 삶, 겸손·겸양의 실천으로 이어진다. 『주역』에 의하면 겸(謙卦, ䷎)은 땅(☷) 밑의 산(☶)의 형상으로 풀이한다. 자연과 물리의 세계에서와 달리, 땅 밑에 높은 산이 있는 형상이다. 위로 솟을 수 있는 힘을 갖고 있음에도 불구하고 땅 밑에 묻혀 있는 산의 형국을 통해 자기를 드러내려고 안간힘을 쓰거나 작은 성취에 가려 큰 갈래를 잡아내지 못하는 어리석고 보잘 것 없는 삶에서 벗어나라는 가르침을 읽을 수 있다.[8]

퇴계의 일본에 관한 최초의 논점으로 1544년(중종 39/인종 1) 4월에 일어난 사량진왜변(蛇梁之變)에 대한 대응을 들 수 있다. 퇴계는 사량진

---

6) 『退溪集』, 卷7, 「進聖學十圖箚幷圖」.

7) 한형조, 「후산의 『부록』은 퇴계의 『성학십도』보다 더 과격한 주리를 피력하고 있는가」, 『남명학연구』 19, 2005, 199-201.

8) 『退溪集』, 言行錄卷5, 「考終記」.

왜변에 대해 "왕은 오랑캐를 다스리지 않는다"는 관점을 취했다(王者
不治夷狄論). 오랑캐에 대해서는 "다스리지 않음을 통한 다스림[治之以
不治者], 이것이 잘 다스리는 것이다[乃所以深治之也]"는 입장이었다. 사
량진왜변을 문제삼아 일본과 교역까지 단절하는 것은 그들 스스로 개
과하는 길을 차단하는 것이라는 견해를 취한 것이다.[9] 퇴계의 제자 학
봉 김성일이 1590년(선조 23) 일본을 방문하였을 때 후지와라 세이카(藤
原性窩)와 시문을 주고받은 사실에서 퇴계와 일본의 간접 인연을 대기
도 한다. 일각에는 퇴계철학이 임진왜란을 통해 일본에 전파되어 에도
시대 주자학의 개창에 기여했다는 사실을 강조한다. 에도막부는 봉건
적 상하 신분질서를 밑받침하는 에토스로서 주자학의 윤리덕목과 이론
을 받아들여서 막번체제의 안정과 영속을 기도하였다고 말하기도 한
다. 임진왜란 때 포로로 잡혀간 수은 강항(睡隱 姜沆, 1567~1618)을 통해
후지와라 세이카(藤原性窩, 1561~1619)와 그의 제자 하야시 라잔(林羅山,
1583~1657)에게 유학이 전해졌으며, 이는 일본의 관학으로, 에도막부의
정치철학으로 정착되었다는 얘기이다. 하지만 후지와라 세이카와 하야
시 라잔의 자기 열등성을 인정하는 의식은 오래가지 않았다. 그들 역시
소위 신도유학(神道儒學)을 통해 유학이나 주자학의 내재논리를 일본중
심으로 재해석하는 지극히 일본적인 연구 특성을 드러냈다.

일본에 전파된 유학은 주자학 중에서도 퇴계를 중심으로 하는 퇴계
학이었다. 1719년 조선통신사(1719.4.~1720.1.)의 제술관 신유한은 에도
에서 돌아오는 도중 오사카에서 있었던 일을 다음과 같이 기록으로 남
겼다.

---

9) 『退溪集』, 卷6, 「甲辰乞勿絶倭使疏」.

오사카에 서적이 넘쳐나는 것은 실로 천하의 장관이다. 우리나라 여러 명현의 문집 중에 왜인이 숭상하는 것은 『퇴계집』만한 것이 없다. 집집마다 이를 외우고 익힌다. 여러 공부하는 사람들과 나눈 필담에서도 그들이 묻는 항목은 반드시 『퇴계집』안의 내용을 제일로 삼았다. 질문 내용으로는 도산서원은 어느 고을에 있는가, 선생의 후손은 지금 몇이나 있으며 어떠한 벼슬을 하는가, 선생은 생전에 무엇을 좋아하셨는가 등 얘기 거리가 너무 많아 다 기록할 수 없다.[10]

일본에서는 에도시대 이래 퇴계학의 계보를 얘기할 때마다 흔히 야마자키 안사이(山崎闇齋)를 거론한다. 하지만 실학(實學), 국학(國學), 난학(蘭學)으로 변모했던 일본유교의 성격은 일본적 개별성과 경험세계가

---

10) 『海游錄』1719年 11月 4日. "大坂書籍之盛, 實爲天下壯觀. 我國諸賢文集中, 倭人之所尊尙者, 無如退溪集. 卽家誦而戶誦之. 諸生輩筆談問目, 必以退溪集中語爲第一義. 有問陶山書院之屬何郡, 又曰先生後孫今有幾人作何官, 又問先生生時所嗜好, 其言甚多, 不可儘記." 당시 일본의 퇴계에 대한 관심사와 그 중의 서원에 대한 관심을 드러낸 것은 주목할 만하다. 퇴계의 서원에 대한 인식과 대응 양상을 확인하기 위해서는, 퇴계가 풍기군수로 있던 1549년에 당시 경상도관찰사였던 심통원(沈通源)에게 서원의 유래, 역할, 기능, 운영 방향에 대해 자세히 기술하면서 서원의 서적 및 재정적 지원을 청한 편지(『退溪集』, 卷9,「上沈方伯[通源][己酉]」)와, 1556년(명종 11) 당시 영주군수(榮川郡守: 당시에는 榮州를 榮川이라 일컬음)를 맡고 있던 안상(安瑺: 안향의 자손)에게 준 편지에서, 당시 백운동서원의 유사였던 김중문(金仲文)이 거만하게 굴며 유생들을 멸시하여 다툼이 일어나자, 유생들이 모두 서원을 떠나고 이 일이 확대되어 조정의 진상 조사(推問)가 이루어지기까지 하였다. 이 편지는 김중문을 신임하여 두둔하던 안상에게 김중문을 내치고 유생들을 회유해 불러들일 것을 권유하려는 편지(『退溪集』, 卷12,「擬與榮川守論紹修書院事[丙辰][郡守安瑺卽文成公之後]」)와, 1557년 당시 풍기군수 김경언(金慶言)에게 준 편지에서, 서원에 마음 내키는 대로 활달하게 구는 형제와 호기를 부리고 남을 잘 꾸짖는 형제가 있어 다른 선비들이 그를 따른다는 말을 들은 퇴계가 서원의 선비들이 몸가짐을 진중히 하고 관리를 욕보이는 일이 없게 훈육하도록 군수에게 당부하려는 편지(『退溪集』, 卷12,「擬與豊基郡守論書院事[丁巳][郡守金慶言]」)를 주목할 필요가 있다. 퇴계의 1557년의 풍기군수 김경언에 보내려던 편지에서는 "서원에 들어온 선비는[入院之士] 혹 신선의 땅 영주에 오른 것에 비유된다[或比之登瀛者然也]"는 뜻을 강조했다. 이상의 정황을 담은 글에 대해서는 『星湖全集』, 卷53,「臨江書院講堂重修記」,「訪白雲洞記」 참조.

짙게 반영된 것이었다. 일본유교를 말하면서 퇴계와의 연관을 언급하기에는 그들의 개성은 너무도 강했다. 이후 일본이 서구문물을 받아들이고, 이에 힘입어 근대국가의 기틀을 잡은 것도 일본사상사의 특징적인 흐름과 무관하지 않다.

에도시대의 주자학 수용사는 조선시대의 주자학 수용사와는 크게 달랐다. 기중시적·무사적·실용주의적 태도를 근간으로 삼는 일본, 그것도 에도막부는 무의 전통, 칼의 문화를 기본으로 삼는 문화와 제도였다. 에도시대 일본은 조선시대 한국과는 달리, 어떤 관점·시각·입장에서 보더라도 주자학적 세계관을 장착할 수 없는 특징적인 시·공간이었다. 조선은 몇 백 년에 걸쳐 유교적 사유와 관행을 저변까지 정착시켜 갔지만, 에도막부의 경우 주자학의 도입과 동시에 반발이 일어났고, 주자학은 일본에 제대로 흡수되지 못하였다.[11] 그들이 받아들인 창구가 하필이면 주자학 중에서도 이(理)의 존귀성을 밝히는 가운데 그 종교적 초월성을 강조해 마지않는 퇴계의 학문이었다.[12] 그들은 이 정신주의적 전통이 자신들의 사회와 문화에는 어울리지 않는다는 것, 이를 감당하기 어렵다는 것을 곧 알아차렸으며, 그리하여 충성과 복종 등 막부의 계급체제에 합당한 덕목을 주자학의 이름 아래 선별적으로 교화시켰을 뿐, 주자학의 인문적 구상을 사회전반에 정착시키려 하지 않았다.[13]

임진왜란-퇴계-에도막부의 주자학을 연결짓는 방식은 그럴듯한 논조로 여러 정황을 설명할 수 있다. 하지만 객관적 설명 장치가 마련되지 못한 채 여러 상상력이 설명공간에 끼어든다면 이는 적어도 퇴계

---

11) 한형조, 『왜 동양철학인가』, 경기 파주: 문학동네, 2000.

12) 한형조, 위의 책.

13) 한형조, 위의 책.

의 앎과 삶의 세계 본연과는 거리가 먼 잡설로 그치고 말 것이다. 엄밀히 말해 퇴계를 시초담론으로 삼는 에도시대 주자학은 결코 일본을 움직이는 힘이 될 수 없었다. 확실히 말할 수 있는 것은, 신공황후 삼한정벌론이나 임나일본부설로 대표되는 조선멸시관(조선번국관)이야말로 근대 일본을 추동하는 강력한 에너지로 작용했다는 사실이다. 퇴계의 교육철학이 일본에 영향을 끼쳤다는 사실은 역사적 실체로 선명하게 드러나지 못했다. 퇴계를 언급하고 설명하는 자들의 불순한 의도와 잘못된 연계작업으로 인해 우리가 아는 퇴계는 상당부분 일그러지고 뒤틀릴 수밖에 없었다.

3. 1890: 교육칙어의 등장, 1897: 퇴계영향설의 등장

일본의 소위 천황제는 12세기 말 무사정권인 가마쿠라막부가 들어서면서 권력을 상실한 이래, 도쿠카와막부가 끝난 19세기 말까지 아무런 영향력을 행사하지 못했다. 그동안 일본의 실질적인 통치권자는 막부를 통솔하는 쇼군이었다. 1867년 12월, 메이지유신의 주도세력은 일본의 근대화를 위해 강력한 중앙집권식 국가체제와 국민통합을 필요로 하였고, 이때 다시 등장한 것이 천황제였다. 천황제는 신국(神國) 일본은 신(神)인 천황이 나서서 다스려야 한다는 것으로 신화와 현실을 분간 못하는 그들의 정신구조가 반영된 구성물이다.[14] 천황제 이데올로기는

---

14) 체임벌린은 일본에서 행해지는 "천황숭배 및 일본숭배(충군애국)의 종교"와 "무사도"가 일본정부가 서양을 의식해서 근래에 창조한 신종교라고 비판했다(B. H. Chamberlin, The Invention of a New Religion. London: Watts & Co.). 이에 대해 가토 겐치(加藤玄智)는 국체가 완전히 다른 나라에서 태어난 사상과 감정을 가진 외국인은 아무래도 일본의 건국의 기원에 입각한 특수한 국체, 즉 건국사상의 본의를 잘 이해하지 못하는 것이라고 논했다. 이예안, 「가토 겐치의 국체신도 개념: 21세기 국가신도 논쟁과 '신황신앙'의 문제」, 『용

1868년 불교의 영향 안에 있던 토속신앙인 신도(神道)를 분리하고 이를 통해 천황제의 신격화를 본격화했고, 헌법에 천황의 통치를 명문화했다. 천황제 이데올로기는 군인칙유(1882)와 교육칙어(1890)를 통해 강화되고 청일전쟁과 러일전쟁의 승리 경험을 통해 확실히 정착되었다.

메이지 정부는 천황제국의 확립을 목표로 신도(神道)를 통한 국민 교화와 국가 통합을 도모했다. 신불분리령을 통해 신도와 불교를 가르고 난 후, 불교를 내쳤다(廢佛毁釋, 1868). 이때 타격을 받은 불교는 재기의 방편으로 호국불교의 길을 걸었다. 신도는 민간신도에 머물지 않고 천황을 정점으로 하는 국가신도(國家神道)를 새로이 만들어냈다. 민간신도와는 달리 국가신도는 황실제사의례를 주요행사로 설정하면서 의례·행사의 비종교적 성격을 강조하였다. 만세일계(萬世一系)의 천황을 미화하기 위한 방편으로『고사기』와『일본서기』의 많은 신들 가운데 유독 아마테라스 오미카미(天照大神)를 근대국가의 시조로 확정하였다. 그 내력과 연결구도에 대해 존 홀(John Whitney Hall)은 다음과 같이 정리한 바 있다.

> 오늘날의 신도는 잡다한 신앙의 형태와 관습을 포함하고 있지만 고대에 있어서 일본인의 종교 관습은 훨씬 더 단순히 표현된 것이었고, 개개인을 향토와 정치·사회의 공동체와 융화시키려던 초기 일본인의 노력과 곧바로 연결되어 있었다. 신도는 신념에 찬 교리도, 경전도, 수준 높은 형이상학도 없는 대신 두 가지의 뚜렷한 특징을 갖고 있다. 첫째는 초자연적인 힘이 사람을 보호하기도 하고 해치기도 한다는 소박한 신앙, 둘째는 지역적으로든 혈연적으로든 인간은 그가 속한 사회 공동체와 밀접히 관

봉인문논총』 62, 2023, 213-253.

련되어 있다는 신념이다. 초기의 일본인은 미지의 정령들과 직접적이면서도 즐거운 자세로 대면하였고, 경배를 통하여 그들의 마음으로부터의 공동체적 일체감을 한층 강화시켰다. 신도신앙의 기본적 요소는 극소수의 기초 개념과 경배의 대상 속에서 찾아볼 수 있다. 으뜸가는 경배의 대상은 가미(神)였다.……야마토의 족장이 전 일본열도에 대한 권위를 내세웠을 때, 아마테라스 신사 앞에서 거행한 제식은 정치적 지상권은 자신의 것이라는 주장을 뒷받침한다는 의미에서 일본의 주권 개념 가운데에서 절대적 의미를 지닌 구성요소가 되었던 것이다. 가미로부터 끌어낸 영적인 힘을 정치적 권위를 뒷받침하는 방법으로 이용했던 사실을 우리는 이러한 제식 가운데서 가장 뚜렷이 살펴볼 수 있다. 주지하다시피 천손족의 수장들은 영적·세속적 지위의 상징으로 이른바 〈삼종(三種)의 신기(神器)〉를 갖고 있었다. 이 중에서 거울은 문자 그대로 아마테라스의 "몸"의 상징으로 생각할 수 있다. 스사노오의 칼은 야마토가 이즈모를 정복한 증거였다. 그러나 아마테라스로부터 천손족 우지(우지가미=氏神)의 역대수장으로 이어지는 권력계승의 상징 중에서 가장 직접적으로 역할을 했던 것은 구슬 목걸이였다. 따라서 목걸이는 일본의 역대 천황이 즉위할 때에 가장 중요한 징표가 되었던 것이다. 목걸이에 꿴 구슬은 영혼의 정수라 여겨져, 그 영은 이 구슬을 지닌 자의 몸속에 들어가서 그를 위대한 아마테라스와 완전한 영적 교섭이 가능한 "현인신(現人神)"으로 만든다는 것이었다. 그런 이유로 거울은 이세(伊勢)에 있는 아마테라스 사당에, 칼은 아츠타(熱田) 신궁에 모시는 것이 천손족의 관습이 된 반면, 목걸이만은 통치자가 직접 지니고 있었던 것이다.[15]

---

15) J. W. Hall, Japan: From Prehistory to Modern Times, New York: Dell Publishing Co., 1970. 박영재 역, 『일본사: 선사부터 현대까지』, 서울: 역민사, 1986, 41-43.

구마모토번(熊本藩)의 번교시습관(藩校時習館) 출신 저명인사로는 요코이 쇼난(橫井小楠), 모토다 나가자네(元田永孚), 이노우에 고와시(井上毅) 등이 있다.[16] 이노우에 고와시는 교육칙어 원안에서 유교 덕목을 이용하면서도 신국(神州) 일본의 근본은 황조황종(皇祖皇宗)의 유훈에 있다는 점을 강조하였다. 이 교육칙어 완성에 협력한 자는 모토다 나가자네이며 이들의 약 4개월간에 걸친 협력에 의해 교육칙어(教育ニ關スル勅語)가 완성되고, 메이지의 승인을 얻어 1890년 10월 30일에 공포되었다. 교육칙어(教育ニ關スル勅語)의 전문은 다음과 같다.

① 짐이 생각건대 우리 황조황종은 나라를 세움이 유구했고 덕을 베풂이 깊고 두터웠다. 우리 신민 충을 극진히 하고 효를 극진히 하여 억조가 마음을 하나로 하여 세세토록 그 아름다움을 다한 것은 바로 우리 국체의 정화로써 교육의 연원 또한 실로 여기에 있다(朕惟フニ我カ皇祖皇宗國ヲ肇ムルコト宏遠ニ德ヲ樹ツルコト深厚ナリ我カ臣民克ク忠ニ克ク孝ニ億兆心ヲ一ニシテ世々厥ノ美ヲ濟セルハ此レ我カ國體ノ精華ニシテ教育ノ淵源亦實ニ此ニ存ス).

② 그대들 신민은 부모에게 효도하고, 형제간에 우애하고, 부부간에 상화하고, 친구간에 상신하라. 공검으로써 지신하며 박애를 모두에게 미치게 하여 학문을 닦고, 업을 익혀 이로써 지능을 개발하고 덕기를 성취하고 나아가 공익을 넓혀 세상의 임무를 열어, 항상 국헌을 중히 여기고 국법을 준수하여 일단 유사시에는 의용을 공히 받들어 이로써 천양무궁의

---

16) 구마모토번 출신의 요코이 쇼난(橫井小楠), 이노우에 고와시(井上毅), 모토다 나가자네(元田永孚) 등에 대해서는 熊本日日新聞社, 『熊本人物鑛脈: この百年をつくる』, 熊本: 熊本日日新聞社, 1963.; 熊本縣教育委員会, 『熊本の先覚者たち』, 熊本: 熊本縣教育委員会, 1968 참조.

황운을 부익해야 한다(爾臣民父母ニ孝ニ兄弟ニ友ニ夫婦相和シ朋友相信シ
恭儉己レヲ持シ博愛衆ニ及ホシ學ヲ修メ業ヲ習ヒ以テ智能ヲ啓發シ德器ヲ
成就シ進テ公益ヲ廣メ世務ヲ開キ常ニ國憲ヲ重シ國法ニ遵ヒ一旦緩急アレ
ハ義勇公ニ奉シ以テ天壤無窮ノ皇運ヲ扶翼スヘシ).

　③ 이와 같이 하면 홀로 짐의 충량한 신민이 될 뿐만 아니라, 또한 이
로써 너희 조상의 유풍을 현창하기에 족할 것이다. 이 도는 실로 우리 황
조황종의 유훈이자 자손신민이 함께 준수해야 할 바로 고금을 통해 이를
벗어나지 않으며 중외에 베풀어 이를 거역하지 않는다. 짐은 너희 신민과
함께 삼가 마음에 새겨 모두 그 덕을 하나로 할 것을 간절히 바란다. 1890
년 10월 30일.(是ノ如キハ獨リ朕カ忠良ノ臣民タルノミナラス又以テ爾祖先
ノ遺風ヲ顯彰スルニ足ラン斯ノ道ハ實ニ我カ皇祖皇宗ノ遺訓ニシテ子孫臣
民ノ倶ニ遵守スヘキ所之ヲ古今ニ通シテ謬ラス之ヲ中外ニ施シテ悖ラス朕爾
臣民ト倶ニ拳々服膺シテ咸其德ヲ一ニセンコトヲ庶幾フ. 明治二十三年十月
三十日).

　메이지 정부는 번민(藩民)의식으로부터 벗어나지 못하고 있는 국민,
쇼군(將軍)은 알아도 천황(天皇)은 모르는 국민을 상대해야 했다. 때문
에 스스로는 권위나 정통성을 가지지 못하고 국민 앞에 구체적인 방향
성을 제시하지 못했던 메이지 정부는 고대 이래 최고의 권위를 가진 통
치자이자 정통성의 원천이었던 천황을 정권의 상징으로 세움으로써,
권위의 절대화와 권력의 집중화를 꾀할 수 있었다.[17] 군인에 대해서는

---

17) 다카시로 고이치, 『일본의 이중권력, 쇼군과 천황』, 경기 파주: 살림출판사, 2006, 56. 하
　지만 그들의 표방과는 달리 근대일본의 천황제는 고대 이래의 역사적 원천에 크게 의거하
　지 못했다. 번역어 및 비교문화론 연구자 야나부 아키라(柳父章)는 근대일본의 천황제는
　서양의 왕권신수설을 모델로 개조된 것이며 이를 지탱하는 다양한 의식도 서양문물을 수
　용하여 새롭게 만든 것에 주목하였다. 예컨대 히로히토의 차는 벤츠였다. 천황가의 국빈

1882년에 병사가 엄수해야 하는 도덕의 근본을 규정한 군인칙유(軍人勅諭)를 반포했다. 군인칙유는 병사의 천황에 대한 절대적인 충성을 요구하고, 상관에 대해서도 천황에 대한 것과 같은 복종을 명령하는 것이다. 메이지 정부는 모든 국가행사를 천황과 연결하고 국민을 천황의 신민으로 교육했다.[18] 군인칙유는 "아국의 군대는 대대로 천황이 통솔하고 있다(我國の軍隊は世々天皇の統率し給ふ所にそある)"는 내용으로 시작한다.

메이지 정부는 근대화 정책을 추진하면서, 잘 정비된 관료제와 군대가 있어도 인민에 대한 정신적인 지배가 없으면 권력을 안정시키지 못한다는 것을 일찍부터 알아차렸다. 그러므로 메이지 정부는 천황의 신격화에 노력하고 의무교육을 실시하였다. 국민을 정신적으로 지배하기 위한 원리로서 대일본제국헌법 반포(1889.2.11.) 다음 해에 교육칙어가 반포되었다(1890.10.30.). 교육칙어는 모든 학교교육의 기본원리로서만이 아니라 국민 정신생활의 최고 규칙이 되었다.[19]

메이지 초기부터 서구의 개인주의 · 자유주의 풍조가 지식계급의 사상 · 학문에 침투된 것은 당시 정치집단에게는 대단히 우려되는 현상이자 도저히 그냥 넘어갈 수 없는 사태였다. 당시의 용어로 말하자면 일본의 정신과 도덕을 지키는 입장을 국수보존론이라 하였고, 이를 외면

등을 부를 때의 정식 만찬은 프랑스요리였다. 또한 천황의 정식복장은 프랑스 장군의 정장을 본뜬 것이다. 바로 그 정장 차림의 사진(御眞影)은 일본 전국의 학교와 각 가정에 보급되었다. 일본인들은 그저 예복을 걸친 천황의 모습을 신과 같은 훌륭한 모습으로 숭배했으나 그 예복이 프랑스 장군의 정복을 본뜬 것을 알아차린 사람은 거의 없었다(柳父章, 「日本における異文化受容の構造」, 韓國日本學會 第70回學術大會資料集(2005.2.19. 高麗大學校), 524-525.).

18) 다카시로 고이치, 위의 책, 57.

19) 다카시로 고이치, 위의 책, 57.

하고서 서구적인 것에 심취하는 경향을 진보주의/급진주의라 일컬었다. 당시 진보주의/급진주의자와 국수보존론자 간의 대립을 격렬한 투쟁으로 묘사한 것을 보면, 그들은 이를 국가의 운명이 경각에 달린 위험·위급 사태로 바라보았음을 알 수 있다.[20] 이 위험사상의 침투를 막기 위한 안전장치가 바로 교육칙어였다. 근대일본의 교육계는 교육칙어에 의해 국가주의·군국주의로 물들어갔다. 교육칙어는 유교적 합리성과 통치 기준을 말했다기보다는 국가신도(國家神道)의 뛰어난 비합리성을 보여주는 신앙체계였던 셈이다. 교육칙어를 유교사상의 구현으로만 인식하는 것은 적절하지 못하다. 교육칙어는 신도(神道)=신도학(神道學)을 기반으로 하며, 나아가 교육칙어는 신도경전(神道經典)으로 보는 것이 정확한 관점이다.[21] 교육칙어 이래의 황국신민 교육론에 대해 이를 유교의 핵심가치가 투영된 것이라고 믿는다면 이는 매우 취약한 견해라고 말할 수 있다.[22]

신도경전이자 신도학의 세계가 잘 정리·반영된 교육칙어라면, 이를 그동안 유교도덕과 확고한 연관을 갖는다고 말해왔다면 이는 실체에 대한 정확한 파악이 결여된 탓이라고 볼 수 있다. 그런데 이에 덧붙여 교육칙어의 바탕과 원천에 퇴계사상이 자리 잡고 있다는 얘기도 유통되기 시작하였다. 에도막부 이래의 퇴계에 대한 관심은 그동안 개별 학자들이 퇴계의『자성록』이나『주자서절요』등을 읽으면서 수양공부에 임하는 것이었다. 그러던 것이 청일전쟁에서 승리한 이후, 1897년(대한

---

20) 松月秀雄,「敎育勅語渙發四十年記念に際して」,『文敎の朝鮮』1930年 10月號, 68-69.

21) 松月秀雄,「敎育勅語渙發四十年記念に際して」,『文敎の朝鮮』1930年 10月號, 65-70;
白井成允,「日本の道の淵源(下)」,『文敎の朝鮮』1935年 3月號, 58-82.; 奧野弘,『韓國とみこうみ: 日本とのかかわり』, 東京: 新幹社, 2002.

22) 박균섭,「교육칙어체제의 지속과 한국교육의 실패」,『일본학보』51, 2002, 439-454.

제국 원년/메이지 30) 무렵을 고비로 퇴계에 대한 설명방식이 크게 바뀌었다. 느닷없이 퇴계학의 마음공부(心法)가 천황에게 전해졌다는 언설이 등장하면서, 퇴계는 메이지 이데올로기와 결부되고 일본의 도의국가 담론에 포섭되었다. 이 장면에 대해서는 천황중심의 가치체계를 확립하기 위해 주자학의 충실한 계승자 퇴계가 이용당했다고 설명할 수 있다.[23]

근대 일본은 천황제 이데올로기가 구성되면서, 황국신민 교육론에 도움이 되는 것은 무엇이든 동원 활용하였다. 특히 1897년을 전후로 하여 교육칙어(1890)가 퇴계를 사숙한 자들에 의해 성지(聖旨)를 받들어 만들어졌다는 과장된 언설이 등장하였다. 이는 일선융화를 통한 식민교육의 효율적 수행을 위해 조립된 과장된 언설이었다. 그 검은 의도는 다음의 설명도식을 통해 확인할 수 있다. 에도시대의 교학은 주자학을 제일로 한 것인데, 퇴계에 의해 수정(更張)된 주자학은 구마모토학파에 전해졌고, 퇴계의 학통을 계승한 저명한 석학에 의해 금일 일본의 문운(奎運)을 일으키게(贊襄) 되었으며, 이는 내선융합사상(內鮮融合史上)에 특필할 만한 사건이라는 것이다.[24] 이들이 퇴계와 모토다 나가자네(元田永孚)를 연계시켜 말하고자 한 것은 식민지조선에서 교육칙어의 보편성과 당위성을 부여하면서 내선융화의 상징을 드러내기 위한 것이었다.

교육칙어체제에 입각한 식민교육의 효율성을 높이기 위해 퇴계를 끌어들인 것이 온당한가를 살피는 작업은 1945년 일본의 패전 상황을 들여다보는 통시적 점검을 통해 명백한 논의가 가능하다고 할 수 있다.

---

23) 柳生眞,「日本における退溪・栗谷・茶山硏究の流れ: 日本における韓國儒學言說を再檢討する」,『退溪學論集』10, 2012, 278-305.

24) 福士末之助,「東洋에 斯文이 有함(續)」,『經學院雜誌』1935年 3月號, 23-24.

퇴계를 끌어들이고 교육칙어를 내세워 펼쳐온 수신교육=식민교육의 구도를 제대로 파악하기 위해서는 히로히토의 항복선언문(大東亞戰爭終結ノ詔書: 1945.8.14.)을 눈여겨볼 필요가 있다.

항복선언문에서는 황조황종의 남기신 법(皇祖皇宗ノ遺範), 황조황종의 신령(皇祖皇宗ノ神靈), 신국의 불멸(神州ノ不滅), 충량한 신민(忠良ナル爾臣民), 국체의 정화(國體ノ精華) 등과 같은 교육칙어 이래의 세계관과 어법과 지향이 그대로 투영되어 있다. 히로히토는 항복선언문에서 "전일에 미영 양국에 선전포고한 까닭도 실로 제국의 자존과 동아의 안정을 간절히 바라는 데서 나온 것이며 타국의 주권을 배격하고 영토를 침범하는 행위는 본디 짐의 뜻이 아니었다(曩ニ米英二國ニ宣戰スル所以モ亦實ニ帝國ノ自存ト東亞ノ安定トヲ庶幾スルニ出テ他國ノ主權ヲ排シ領土ヲ侵スカ如キハ固ヨリ朕カ志ニアラス)"고 하였다. 메이지 이래의 무책임체제를 그대로 드러내는 발언이 아닐 수 없다.[25]

---

25) 1889년 2월 11일에 제정·공포되어 다음해 11월 9일부터 시행된 대일본제국헌법(통칭 메이지헌법 또는 구헌법)으로 부르며, 제정 이후 1947년까지 존속) 제1조에서는 "대일본제국은 만세일계의 천황이 통치한다(大日本帝國ハ萬世一系ノ天皇之ヲ統治ス)"고 하였다. 그리고 제3조에서는 "천황은 신성하여 침해할 수 없다(天皇ハ神聖ニシテ侵スヘカラス)"고 하여 천황의 신격과 면책을 규정하였다. 제4조에서는 "천황은 국가의 원수로서 통치권을 총람하고 이 헌법의 조항에 따라 이를 행한다(天皇ハ國ノ元首ニシテ統治権ヲ総攬シ此ノ憲法ノ条規ニ依リ之ヲ行ス)"고 하였다. 이는 천황이 입법권, 사법권, 행정권을 모두 장악한다는 것을 의미한다. 실제로 히로히토는 중일전쟁에서 화학무기와 최루탄 사용을 375차례 허가했고, 식민지 국민과 전쟁포로를 상대로 생체실험을 한 731부대 창설을 재가했다. 히로히토는 폭넓은 군사지식을 갖춘 간섭주의 성향의 역동적 군주였다(H. P. Bix, *Hirohito And The Making Of Modern Japan*, 2000. 오현숙 역, 『히로히토 평전: 근대 일본사회의 형성』, 서울: 삼인, 2000, 405-413.). 이렇게 히로히토는 침략전쟁의 원흉임에도 불구하고 전쟁 책임을 추궁당하지 않는 무책임체제 안에 안정적으로 머물 수 있었다(대일본제국헌법 제3조). 천황제라는 통치조직은 책임을 지는 자가 없는 무책임 정치체제(truncated pyramid/headless monster)라 할 수 있다(다카시로 고이치, 『일본의 이중권력, 쇼군과 천황』, 경기 파주: 살림출판사, 2006, 88.). '위대한 신'의 지위에서 내려와 '인간'임을 선언(1946.1.1.)한 히로히토는 정작 일반인들과 만났을 때 어색한 표정에 말을

히로히토가 항복선언에서 1941-45년의 상황을 특별히 지적하여 "전쟁이 이미 4년을 지났다(交戰已二四勢키閱シ)"는 말과 함께 이 시기의 전황을 "세계의 대세 또한 우리에게 불리하다(世界ノ大勢亦我二利アラス)"고 말한 것은 군국주의 국가 일본의 근대는 곧 전쟁의 시대였음을, 그러면서도 특히 1941-45년의 시기는 전쟁 말고는 어떠한 삶도 교육도 불가능한 시대였음을 은연중에 발설한 것이라고 볼 수 있다. 그런데 이는 식민지근대화론자들[26]을 중심으로 하여 제시된 한국의 경제성장(1910-1945)과 국민계정(1911-2010)을 비판적으로 접근·해석하는 중요한 논점이 될 수 있다. 식민지근대화론자들이 갖는 문제점으로 1911-17년의 추계에 대해서는 조선총독부의 잘못된 통계를 충분히 수정하지 않았다는 점, 그리고 1941-45년의 자료는 아예 다루지 않았다는 점을 들

더듬기까지 했다. 어색해하고 불편해 하는 그 모습을 보면서 일본인들은 천황에 대한 동정심과 함께, 천황을 지키지 못하고 국익을 증진시키지 못한 자신들에 대한 죄책감에 시달려야 했다. 이는 그들이 즐겨 쓰는 일억총참회론(一億總懺悔論)을 통해 확인할 수 있다. 히로히토는 겉으로만 전쟁과 무관한 것처럼 행동했다. 태평양전쟁 당시의 정보를 환하게 알고 있던 소수의 외국인만 히로히토가 결코 무능하거나 꼭두각시가 아니란 것을 잘 알고 있었다. 대부분의 특파원들은 히로히토의 낡은 구두, 초라한 의상, 촌스러운 행동들이 정교하게 짜맞춘 자기 방어술이라는 것을 알아차리지 못했다(Edward, Behr, Hirohito: Behind the Myth, 1989, 유경찬 역, 『히로히토: 신화의 뒤편』, 서울: 을유문화사, 2002, 364, 504). 항복선언에서 말한 "타국의 주권을 배격하고 영토를 침범하는 행위는 본디 짐의 뜻이 아니었다(他國ノ主權ヲ排シ領土ヲ侵スカ如キハ固ヨリ朕力志二アラス)"는 자기 변명에서 감지할 수 있듯이, 히로히토는 평생 전쟁에 대한 책임을 철저히 외면했고 반성도 하지 않았다. 1975년 10월 31일 궁내청 기자회견에서 한 기자가 히로히토의 백악관 만찬석상에서 했던 "내가 깊이 슬퍼하는 그 불행한 전쟁"이라는 말을 인용해 "이는 천황이 전쟁 책임을 느끼고 있는 점을 나타내는 것이냐"고 물었다. 그러자 히로히토는 "그런 언어의 뉘앙스에 대해서는, 나는 그런 문학 방면은 그다지 연구를 하지 않았기 때문에, 잘 모르기 때문에, 그런 문제에 대해서는 대답을 할 수 없다"고 웅얼거리듯 얼버무렸다(일본 우경화의 심연 '天皇制', 동아일보 2013.5.18.). 이 모두가 천황에게 책임을 물어서는 안 된다는 무책임체제가 만들어낸 기형적인 모습이라고 말할 수 있다.

26) 김낙년 편, 『한국의 경제성장 1910-1945』, 서울: 서울대학교출판부, 2006.; 김낙년 편, 『한국의 장기통계: 국민계정 1911-2010』, 서울: 서울대학교출판문화원, 2012.

수 있다. 일제 강점기 전체상황을 다루어야 함에도 1911-17년의 추계에 대한 보정작업을 거치지 않은 상태에서 1911-40년까지를 실제 추계로 한정하면서 그것도 1941-45년의 자료는 실제 추계자료로 아예 다루지 않았다는 점에서 문제이다. 이를 기본적으로 그러한 추계밖에 할 수 없는 그들의 한계(어쩔 수 없음)를 읽어내는 작업이 필요하다.[27]

1941-45년의 자료가 추계에서 빠진 것은 물론 자료 사정 때문이다. 일본은 온통 전쟁세상으로 치고나가면서, 1942년 중엽 이후 미드웨이 해전과 과달카날전투의 패배로 휘청거렸고, 조선경제도 심각한 붕괴국면으로 접어들었다. 사정이 급박하게 돌아가자 병기 생산에만 초점을 맞추는 초중점 생산방식으로 정책이 바뀌었다. 그 과정에서 응당 1941년 이후를 추계·설명할 수 있는 자료가 아예 남아 있지 않다.[28] 교육칙어의 이념 아래 황민화 교육을 강도 높게 펼쳤던 1940년대는 사실상 교육파멸의 시기였다. 운동장은 연병장으로 변했고 학생은 잠재병력·예비전력으로, 사실상 군인처럼 취급받았다. 앎과 삶의 세계는 군국주의·군사주의로 짙게 물들어갔다. 히로히토는 항복선언에서 특히 1941-45년이 경제의 붕괴기, 교육의 파멸기였음을 실토한 셈이다. 그렇지만, 그때에도 그들은 저비용-고효율의 식민정책을 위해 퇴계와 유림과 유교단체를 끌어들이는 방식의 교육을 고집하였다. 거기에 우리가 아는 퇴계, 우리가 말하고자 하는 유교사상은 없었다.

---

27) 허수열, 『개발 없는 개발』, 서울: 은행나무, 2005.; 허수열, 『일제초기 조선의 농업』, 경기 파주: 한길사, 2011.

28) 허수열, 『개발 없는 개발』, 서울: 은행나무, 2005.

4. 『문교의 조선』: 식민지 교육행정과 퇴계학

조선총독부 학무국 소속의 관변단체로 알려진 조선교육회는 경성교육회(1902)→조선교육회(1910)→조선교육연구회(1915)→조선교육회(1923)로 명칭 변경을 거듭하였다. 1923년 이래의 조선교육회는 제2차 조선교육령(1922)을 계기로 조선교육계를 총독부의 통제권 안에 두기 위해 서둘러 조선교육회로 확대·재편한 것이다. 조선교육회는 황국신민화 촉진 기능, 군국주의 지원 기능, 식민지 교육정책 후원 기능, 식민교육을 위한 교원의 전문성 제고 기능 등을 수행하였다.[29]

조선교육회는 총독부의 학무국 내에 본회를 두고 각 도교육위원회를 지회로 두었다. 조선교육회는 임원으로 회장, 부회장, 평의원 및 간사를 두었는데, 회장은 조선총독부 정무총감이 맡았으며, 부회장 2인 중의 1인은 조선총독부 학무국장, 1인은 조선인이 맡았다.[30] 『문교의 조선』은 조선총독부 학무국 소속의 관변단체로 활약했던 조선교육회의 기관지로서의 역할을 톡톡히 수행하였다. 그 구체상을 파악하기 위해서는 식민교육정책의 방향성과 그 은밀한 장치에 대해 점검할 필요가 있다. 조선총독부의 역대 총독 명단과 식민교육 연표와 『문교의 조선』의 특집호 사항은 〈표 1〉과 같다.[31]

---

29) 김성학, 「일제시기 관변 교원단체의 형성과정과 그 사회적 기능」, 『교육학연구』 41(2), 2003, 277.

30) 최혜주, 「해제편」, 『문교의조선 총목차·인명색인』, 서울: 어문학사, 2011, 7.

31) 조선총독부 및 대만총독부에 관한 사항은 https://ko.wikipedia.org/wiki/참조(2017.5.1. 검색). 추가 논의는 친일문제연구회 편, 『조선총독 10인』, 서울: 가람기획, 1996 및 吉田俊雄, 『日本陸海軍の生涯: 相剋と自壞』, 東京: 文藝春秋, 2001 참조.

〈표 1〉 조선총독부 역대 총독 명단과 식민교육 연표[32]

재임기간	총독명	식민교육 연표	『문교의 조선』 특집호
1910.10.01. ~ 1916.10.14.	제1대 寺內正毅	1911.08.~1922.02.: 제1차조선교육령	
1916.10.14. ~ 1919.08.12.	제2대 長谷川好道	1919.01.21.: 고종 승하 1919.03.01.: 3·1독립운동	
1919.08.12. ~ 1927.12.10.	제3대 齋藤實	1919.08.20.: 헌병경찰제도 폐지 1922.02.~1938.03.: 제2차조선교육령 1926.04.01.: 경성제국대학 설립 1926.04.25.: 순종 승하 1926.06.10.: 6·10만세운동	1926년 6월호: 京城帝國大學開學記念號 1926년 10월호: 白頭山踏査記念號 1926년 11월호: 我校の實科施設號 1927년 1월호: 朝鮮傳說號
1927.12.10. ~ 1929.08.17.	제4대 山梨半造		1928년 1월호: 童話號
1929.08.17. ~ 1931.06.17.	제5대 齋藤實	1929.11.03.: 광주학생운동(~1930.03.) 1930.04.04.~04.05.: 문부성, 각 제국대학총장 불러 사상문제 협의 1930.12.11.: 문부성, 사립대학총장·학장협의회 개최(사상문제) 1930.12.23.: 가정교육진흥 훈령	1930년 10월호: 敎育勅語渙發滿40年記念號 1931년 4월호: 卒業生指導號 1931년 6월호: 職業敎育硏究號
1931.06.17. ~ 1936.08.05.	제6대 宇垣一成	1931.07.01.: 문부성에 학생사상문제조사위원회 설치(1931년, 학생생도의 좌경 사상사건 최대 395건, 학생처분 991명) 1931.09.18.: 만주사변(15년전쟁 시작) 1932.08.23.: 국민정신문화연구소 설치 1933.10.30.: 야마나시현-고치현, 문부성의 지시로 사상문제연구회 설치(이후, 각 부현에도 설치. 교원에 대한 사상대책 강구) 1934.06.01.: 문부성에 사상국 설치. 문부성의 지시로 가고시마현에 국민정신문화강습소 설치(이후, 각 부현에도 설치)	1931년 10월호: 勞作敎育槪論特輯號 1931년 11월호: 思想問題特輯號[33]

---

32) https://ko.wikipedia.org/wiki/(2017.5.1. 검색) 및 山住正己, 『日本敎育小史: 近·現代』, 東京: 岩波書店, 1987, 31-47 참조.

33) 吳台煥, 「思想善導에 關한 意見書」, 『經學院雜誌』 1932.3.31. 15-23.; 申錫麟, 「社會敎育에 關한 意見書」, 『經學院雜誌』 1932.3.31. 23-26.; 韓基邦, 「敎化事業에 關한 意見書」, 『經學院雜誌』 1932.3.31. 26-29.; 尹相鶴, 「思想善導에 就하야(特히 朝

재임기간	총독명	식민교육 연표	『문교의 조선』 특집호
1936.08.05. ~ 1942.05.29.	제7대 南次郎	1937.03.27.: 문부성, 국체명징의 관점에서 중학·고녀·사범·고교의 교수요목 대폭개정 1937.05.31.: 문부성, 『국체의 본의』 발간 1937.07.07.: 중일전쟁 1937.10.02.: 황국신민의 서사 제정 1938.02.22.: 육군특별지원병령 발표 1938.03.~1943.04.: 제3차조선교육령 1938.04.01.: 국가총동원령 1939.09.30.: 국민징용령 공포 1940.02.11.: 창씨개명 시행 1941.03.31.: 국민학교령 공포 1941.12.08.: 아시아·태평양전쟁 발발	1936년 12월호: 教育勅語御下付25周年記念號 1937년 8월호: 國體の本意 特輯號 1938년 4월호: 改正朝鮮教育令·陸軍特別志願兵令 兩制度施行記念號 1939년 3월호: 懸賞論文: 國體明徵·內鮮一體·忍苦鍛鍊ノ三大敎育綱領ヲ具現セル學校經營案特輯號 1939년 7월호: 學生生徒御親閱拜受記錄 1940년 2월호: 紀元2600年記念號 1940년 4월호: 國民精神總動員特輯號 1940년 11월호: 教育勅語御下賜50周年記念特輯號 1941년 4월호: 國民學校令施行·靑年團新體制特輯號 1941년 10월호: 體練科特輯號 1942년 1월호: 新年號
1942.05.29. ~ 1944.07.21.	제8대 小磯國昭	1943.04.~1945.05.: 제4차조선교육령 1943.06.25.: 학도전시동원체제 확립요강 결정(군사훈련과 근로동원 철저) 1943.08.01.: 징병제도 시행. 최재서는 이 날을 '감격의 8월 1일'이라고 규정함(崔載瑞, 1943: 6-8)34) 1943.10.12.: 교육관련 전시비상조치방책 결정(이공계·교원양성계를 제외하고 징병유예 정지, 의무교육연한연장 연기, 고교 문과감원·이과증원, 근로동원 연간 1/3 실시) 1943.10.20.: 조선인학도육군특별지원병제도(일명 학병제도) 공포 1944.01.19.: 학병제도에 의한 입영{아베 요시오는 '1944.1.19. 학병제도에 의한 입영'에 맞춰 『이퇴계』(1944) 서문 작성}	1942년 7월호: 徵兵制度特輯號 1942년 8월호: 朝鮮の國語問題特輯號 1942년 9월호: 國體の本義特輯號

鮮事情에 鑑하야)」, 『經學院雜誌』 1932.12.25. 13–21. 참조.

34) 김건우, 「운명과 원한: 조선인 학병의 세대의식과 국가」, 『서강인문논총』 52, 2018, 105–135. 1943년 일본과 조선의 대학생들에게 징병이 예고되었을 때, 일본인 학병들은 대체로

재임기간	총독명	식민교육 연표	「문교의 조선」 특집호
1944.07.24. ~ 1945.09.28.	제9대 阿部信行	1945.03.18.: 결전교육조치요강 결정 (4월부터 1년간 수업 정지. 초등학교 초 등과 제외) 1945.05.22.: 전시교육령 공포(전 학 교 · 직장에 학도대 편성)	

　『문교의 조선』은 총 229호가 발행되었는데, 창간호가 나온 이래 1차
례의 휴간(1943년 3월)과 3차례의 합병호[193호: 1941년 9월-10월, 211호:
1943년 5월-6월, 227호: 1944년 10월-11월) 발간이 있었다. 휴간 또는 합
병호 발간은 전시통제기 배급용지가 부족했기 때문인데, 처음에는 발
행면수가 150~200페이지 정도의 분량이었던 것이 1941년 이후에는
30~50페이지가량으로 대폭 축소되었다. 그러나 배급용지가 부족한
상황에서도 발행부수는 1930년 13,550부, 1938년 21,495부, 1944년
35,900부로 늘어났다.[35] 용지 부족이라는 현실[발행면수 대폭축소]과 식민
교육의 효율성 제고[발행부수 증가]라는 강박의 결과가 빚어낸 역설의 장
면이라고 볼 수 있겠다. 이 현상만 가지고는 당시의 경제사정을 제대로
읽어내기는 어렵지만, 그럼에도 식민지경제가 붕괴하는 일제말기를 읽
어내고, 이를 성장이 가장 높은 수준에 도달한 1940년까지의 시점과 구
분하여 정밀한 논의를 전개할 필요가 있다.[36] 전시통제기 배급용지 부
족 문제에 관해서는 식민지 근대화론자들이 중시하는 수량적 증거나

　　자신들이 죽음에 처한 상황을 '운명'으로 받아들인 반면, 조선인 학생들은 '국가를 위한 죽
　　음'을 받아들이지 못했고, 이에 따라 도피, 자기 방기 등 온갖 형태의 이상 반응을 보였다
　　(김건우, 「운명과 원한: 조선인 학병의 세대의식과 국가」, 『서강인문논총』 52, 2018, 105-
　　135.). 조선인 학생들은 자신의 처지를 비관했고, 그 모든 고통을 조상과 윗세대에 대
　　한 '원한'의 형태로 간직했다.

35) 최혜주, 「해제편」, 『문교의조선 총목차 · 인명색인』, 서울: 어문학사, 2011, 8.

36) 　허수열, 「식민지근대화론의 쟁점」, 『동양학』 41, 2007, 227-250.

식민통치기구가 생산한 통계자료 이면에 감추어진 식민지경제의 붕괴 양상을 들여다볼 수 있어야 한다.[37]

『문교의 조선』은 1926년 11월호(我校の實科施設號), 1931년 6월호(職業教育研究號), 1931년 10월호(勞作教育槪論特輯號) 등을 통해 조선총독부는 실업교육 · 직업교육의 중요성을 역설했음을 알 수 있다.[38] 총독(齋藤實, 山梨半造, 宇垣一成)에 따라 시기별로 구체적인 정책논의는 다르게 전개되었다. 사이토 마코토 총독 시기는 산업제일주의라는 정책을 위

---

37) 식민지근대화론자들은 국민계정 추계를 통해 일제 식민통치기간에 근대적 경제성장이 이루어졌으며 그러므로 수탈은 없었다고 주장한다. 하지만 그들이 사용하는 수량적 증거는 특별하게 더 실증적이라거나 더 과학적이라고 할 수는 없고 사회적 삶의 극히 일부만을 수량화한 매우 추상적인 것이기 때문에 식민지경제의 실상을 일면적 · 부분적으로만 보여줄 뿐이다(이기홍, 「양적 방법의 지배와 그 결과: 식민지근대화론의 방법론적 검토」, 『한국사회학』 50(2), 2016, 123-164.). 식민지근대화론자들은 조선총독부의 초기통계를 수정하지 않고 그대로 사용함으로써 지나치게 성장률을 과대평가했다는 문제와 함께, 성장률이 가장 높은 수준에 도달한 1940년까지의 자료만 사용함으로써 발전적 측면만 부각시키는 결과를 낳았을 뿐만 아니라 식민지경제가 붕괴되었던 일제말기를 다루지 않았다는 치명적인 약점을 안고 있다(허수열, 「식민지근대화론의 쟁점」, 『동양학』 41, 2007, 227-250.). 이에 대한 엄밀한 논의를 이어갈 때 근대화론, 인간자본론, 발전교육론의 일각에 잠복된 식민교육의 정당화 논리를 간파할 수 있다.

38) 직업교육/노작교육과 관련해서는 경성제국대학 교육학연구실을 중심으로 한 교육이론 · 학설의 소개 과정에 주목할 필요가 있다. 특히 당시의 관심대상은 케르셴슈타이너와 듀이의 교육학설이었다. 케르셴슈타이너와 듀이의 학설은 일제강점기의 식민교육을 위한 이론적 장치로서 중요한 의미를 갖는 것이기도 했다. 케르셴슈타이너와 듀이의 학설을 내세운 이면의 식민적 의도를 제대로 간파하기 위해서는 당시 조선의 농촌이 처한 위기를 '일대우환(一大憂患)'이라고 규정하고, 일제가 처한 국내외적 상황을 '난국'이자 '비상시'라면서 위기의식을 부추겼던 우가키 가즈나리에 주목하지 않으면 안 된다. 우가키 가즈나리는 병참기지화 및 전시동원기(1931~1945)의 특징 그대로 일본과 조선, 그리고 만주를 잇는 블록경제(일본: 精工業地帶, 조선: 粗工業地帶, 만주: 農業-原料地帶)를 구축하는 정책을 실시했다(친일문제연구회 편, 『조선총독 10인』, 서울: 가람기획, 1996, 152-153.; 김채수 · 아라키 마사즈미 · 전형식 · 정병호, 『일제강점기 일본어 잡지 자료집: 목록과 목차』, 서울: 보고사, 2004, iii). 이에 대한 정밀한 논의를 위해서는 특히 『문교의 조선』 1931년 10월호의 "노작교육개론" 특집 및 1931년 11월호의 "사상문제" 특집 참조. 이에 대한 추가 논의는 전상숙, 「우가키총독의 내선융화이데올로기와 농공병진정책: 우가키 조선총독정치의 지배정책사적 의미에 대한 재고찰」, 『현상과 인식』 112, 41-63 참조.

해, 야마나시 한조 총독 시기는 사이토 마코토 총독 시기 교육에 대한 비판과 극복을 위해, 1930년대 우가키 가즈나리 총독 시기는 경제공황과 광주학생운동이라는 위기의식 속에 진행되었다는 편차를 확인할 수 있다.[39] 특히 우가키 가즈나리가 조선총독으로 취임한 해(1931.6.17.)의 『문교의 조선』의 특집호(1931년 10월호: 勞作敎育槪論特輯號, 1931년 11월호: 思想問題特輯號)는 우가키 가즈나리의 식민정책이 갖는 두 축의 특징을 여실히 보여주는 장면이다. 우가키 가즈나리는 조선총독 부임이 결정된 후 1931년 7월 2일자 소견 발표에서 조선 통치의 기본 방침으로 첫째는 일본인과 조선인의 융합일치를 진전시키는 것, 둘째는 조선인에게 적당한 빵을 제공하는 것을 언급했다. 이 말을 풀이하면, 조선인에 대한 이데올로기 공세를 강화하여 민족감정을 없애는 데 노력하고 경제적으로는 최소한의 생계를 보장해줌으로써 조선사회의 동요를 막겠다는 의도를 드러낸 것이다.[40]

『문교의 조선』의 특집호 중에서 1938년 4월호(改正朝鮮敎育令·陸軍特別志願兵令 兩制度施行記念號), 1939년 3월호(懸賞論文: 國體明徵、內鮮一體、忍苦鍛鍊ノ三大敎育綱領ヲ具現セル學校經營案特輯號), 1940년 4월호(國民精神總動員特輯號), 1941년 4월호(國民學校令施行·靑年團新體制特輯號), 1942년 7월호(徵兵制度特輯號) 등에 특히 유의할 필요가 있다. 1940년 7월, 제2차 고노에 후미마로(近衛文麿) 내각이 국책의 목표로 제시한 '신체제'는 기존의 국민국가의 형태를 넘어 광역국가를 지향하고, 블록경제를 구상하고 실천하는 과정을 의미했다. 신체제는 여러 하위 부문으로 나뉠 수 있는데, 예컨대 '출판신체제'는 국가가 전면에 나서서 출판

---

39) 임이랑, 「일제시기 『문교의 조선』에 나타난 조선총독부 학무관료의 조선교육론」, 『한국민족문화』 49, 2013, 373.

40) 친일문제연구회 편, 『조선총독 10인』, 서울: 가람기획, 1996, 152.

물의 시작과 끝을 통제하는 방식을 의미했다. 기존의 출판물에 대한 사상적 통제방식인 검열을 넘어서, 출판물의 생산·유통·소비 영역에 대한 전면적인 통제가 이루어졌다.[41]

중일전쟁 발발(1937.7.7.)을 배경으로 삼고 육군특별지원병령 실시 (1938.2.22.)[42]를 염두에 두고 전개된 제3차 조선교육령 시기의 총독부 학무국 관료들은 『문교의 조선』을 통해 일관되게 총독부 교육정책을 선전했고, 이를 통해 황민화정책을 강력하게 추진하였다.[43] 제3차 (1938~1943)·제4차(1943~1945) 조선교육령 시기의 국체명징−내선일체−인고단련의 교육론에서는 국민정신 함양론과 교육자 개조론을 내세우면서, 교육이 국가 발전의 성패를 좌우할 수 있는 불가사의한 능력을 갖는 것처럼 사람들을 세뇌시켰다. 이에 따라 교사는 국가의 정치·경제·사회 제반 조건과 국민의 정신적 각성을 재조직하는 책무를 지닌 존재, 국가가 마주한 위기를 해결하고 국가의 발전을 이끄는 정신적·도덕적·이성적으로 완벽한 존재로 표상되었다.[44] 그 대표적인 결과물이 바로 아베 요시오의 『이퇴계』(1944)라고 할 수 있다. 『이퇴계』의

---

41) 이종호, 「출판신체제의 성립과 조선문단의 사정」, 『사이間SAI』 6, 2009, 195−238.

42) 슈프랑거의 1937년 6월 26일 경성중학교 강당에서 있었던 강연 제목은 〈아동심리와 청년심리 연구의 신방법〉이었다. 중일전쟁(1937.7.7.)과 육군특별지원병령(1938.2.22.) 실시를 앞둔 시점의 아동·청년심리를 주제로 한 그의 강연은 군국일본의 청년담론의 연장선에서 이루어진 것이었다. シュプランガー, 「兒童心理と靑年心理硏究の新方法(昭和十二年六月二十六日 於京中講堂)」, 『文敎の朝鮮』 1938年 2月號, 13−36. *참조: 富永文一, 「紹介の辭」, 『文敎の朝鮮』 1938年 2月號, 13. 1937년 6월 26일 경성중학교(해방후 서울중학교−서울고등학교 전신. 1970년대에 평준화 정책으로 서울중학교는 폐교되었고, 이후 서울고등학교는 서초동으로 이전하였다.).

43) 임이랑, 「일제시기 『문교의 조선』에 나타난 조선총독부 학무관료의 조선교육론」, 『한국민족문화』 49, 2013, 373.

44) 정미량, 「1970년대 '국적 있는 교육' 담론의 교사상 구성 방식, 그 역사적 유사성의 탐색: 1930년대 '국체명징' 교육 담론과의 비교를 중심으로」, 『교육사학연구』 24(2), 2014, 155−186.

〈서문〉은 학병제도(조선인학도육군특별지원병제도)가 공포(1943.10.20.)된 "1943년 10월"에 작성되었고 "1944년 2월"에 '다시 알림'의 형태로 또 한번 작성되었다.[45] 이는 학도전시동원체제 확립(1943.6.25.)−징병제도 시행(1943.8.1.)−교육관련 전시비상조치방책 결정(1943.10.12.)−학병제 도 공포(1943.10.20.)−학병제도에 의한 입영(1944.1.19.)의 순으로 미끄러 지는 전쟁 판국에서 조선인 청년·학도를 전쟁자원·총알받이로 불러 모아 죽음과 파멸의 지대로 내모는 일환이었다.

5. 퇴계·유교단체의 동원과 황민화 교육

메이지시대에 제정된 교육칙어와 이에 입각한 '수신과(修身科)'라는 독립교과의 등장에 대해 그들은 이를 교육의 역사상 선례가 없는 일이 라며 세계에 내세울 자랑거리로 삼았다.[46] 조선총독부는 1911년의 조 선교육령을 시작으로 여러 교육관계 법령을 제정하였다. 조선교육령에 서 "교육은 교육에 관한 칙어의 취지에 터하여 충량한 국민을 육성하 는 것을 본의로 한다"(제2조)고 명기한 바와 같이, 조선인을 제국신민으 로 만드는 데 목표를 두었다. 또한 "교육은 시세(時勢)와 민도(民度)에 적 합하게 함을 기해야 한다"(제3조)고 하여 민족차별정책과 우민화 정책의 저의를 드러냈다.

1894년 중국과 일본은 청일전쟁에 돌입하였고 일본이 청일전쟁에 승 리하면서 중국사상으로서의 공자, 맹자, 주자도 근본적으로 부정되기 시작하였다. 그들을 높일 필요도 가치도 일거에 사라지고 만 것이다.

---

45) 阿部吉雄, 『李退溪(日本敎育先哲叢書)』, 東京: 文敎書院, 1944.

46) 津田榮, 「フレンツエル博士と敎育勅語」, 『文敎の朝鮮』 1930年 10月號, 40.; 松月秀雄, 「敎育勅語渙發四十年記念に際して」, 『文敎の朝鮮』 1930年 10月號, 67.

이제 세계의 중심국가 중국(中國)은 없고 변두리의 일개 나라 지나(支那)만 남게 되었다. 공자, 맹자, 주자의 공백을 채운 것은 바로 일선융화의 상징 퇴계였고, 이때부터 퇴계라는 텍스트는 주자(하)보다 높이 평가되었다. 1910년 이래 한국병탄을 축하하는 분위기 속에서 반중국-친조선 혹은 반주자학-친퇴계의 풍조가 사상계의 상식이 되어갔다. 그 흐름 속에서 퇴계를 앞세우고 한일문화교류사의 의미를 살리면서 일선융화를 선전하기에 이르렀다.[47]

일본 학자들 중에 퇴계의 발견 작업, 퇴계학 연구에 전문성을 보인 대표인물로는 아베 요시오(阿部吉雄)와 다카하시 스스무(高橋進)를 들 수 있다.[48] 아베 요시오와 다카하시 스스무의 연구계보를 올라가면 3명의 일본인 연구자를 만날 수 있다. 엔도 류키치(遠藤隆吉), 다카하시 도루(高橋亨), 마츠다 고(松田甲)가 그들이다. 엔도 류키치는 메이지기에, 다카하시 도루와 마츠다 마사루는 1910년의 한국병탄으로부터 1945년 일본의 패전에 이르기까지 연구를 주도했다. 그들의 논지에 의하면, 퇴계의 학문은 황도(皇道)로 훌륭하게 순화되었다는 것, 퇴계를 정점으로 한 유교야말로 조선인이나 조선에 거주하는 일본인에게 널리 융화 자료로 활용될 수 있다는 관점이었다. 그들은 퇴계의 학설을 그대로 맹종하지 않고 이를 국체에 맞게 조정 활용해서 황위(皇威)를 선양하는 데 활용했던 것이다.[49] 퇴계사상이 일본정신사에 섭취된 사실을 지적하면

---

47) 井上厚史, 「近代日本における李退溪研究の系譜學: 阿部吉雄・高橋進の學說の檢討を中心に」, 『總合政策論叢』 18, 2010, 61-83.

48) 阿部吉雄, 『李退溪(日本教育先哲叢書)』, 東京: 文教書院, 1944; 阿部吉雄, 『日本朱子學と朝鮮』, 東京: 東京大學出版會, 1965; 阿部吉雄, 『李退溪: その行動と思想』, 東京: 評論社, 1977; 高橋進, 『李退溪と敬の哲學』, 東京: 東洋書院, 1985.

49) 松田甲, 『日鮮史話 第六編(李退溪歿後三百六十年記念)』, 京城: 朝鮮總督府, 1930.; 松田甲, 「明倫學院の設立を聞きて」, 『文教の朝鮮』 1930年 4月號, 42-55.; 松田甲, 「教育

서, 지금(1940년대)이야말로 반도는 황국 일본의 일환으로 도의의 확립을 통해 국체의 본의에 투철해야 한다는 점을 강조하였다.[50] 당시의 퇴계는 국체, 도의, 정신개조, 충군애국의 이데올로기 고양을 위한 방편으로 대대적으로 활용되었다.[51] 이쯤되면 황도(皇道)와 황위(皇威)의 개념을 빼고서는 왜 퇴계가 식민교육의 공간에서 주목되는지, 그 본래적 의도는 무엇인지를 설명하기는 어렵다.

1930년대에 들어서서 소환·동원된 퇴계는 이렇게 내선융합의 선봉으로 그려졌다. 일제 강점자들과 당시의 관제·관변 학자들은 퇴계야말로 효과적인 식민교육과 내선융합의 방편이라는 것을 포착했다. 하지만 퇴계를 선봉에 내세우는 이러한 시초담론은 한일문화교류사라는 장르가 가진 허구성을 토대로 한 것임에 유의할 필요가 있다.[52] 시초담론은 그 계통과 계열에 대한 정확한 기술도 중요하지만, 퇴계의 소환·동원을 통해 이루어진 식민교육의 성격을 제대로 읽어낼 수 있어야 한다. 교육칙어를 퇴계철학에 연계짓는 일이야말로 일선융합에 도움되는 일이며, 그 관련 사항을 중요한 교육자료나 지침으로 삼아 조선의 학동·자제들에게 숙독하게 하는 일은 시의적절한 일이라는 황국신민 교육론이 마련되었다. 1930년대 이후 15년 전쟁의 길목으로 들어서면서 그들은 저비용—고효율의 식민교육 방안을 모색하였고, 그 과정에서 퇴계는 대표적 인물로 선정·채택된 것이다. 당시 퇴계의 등장에 대한 평가의 일단은 교사도 학생도 무척 기뻐하는 반응을 보였다는 데서 찾을

に關する勅語と李退溪」, 『文教の朝鮮』 1930年 10月號, 97-106; 이에 대한 논의는 강해수, 「근대 일본의 이퇴계 연구」, 『퇴계학논집』 2, 2008, 65-66 참조.

50) 阿部吉雄, 『李退溪(日本教育先哲叢書)』, 東京: 文教書院, 1944, 2-3.

51) 井上厚史, 「近代日本における李退溪研究の系譜學: 阿部吉雄·高橋進の學說の檢討を中心に」, 『總合政策論叢』 18, 2010, 61-83.

52) 강해수, 「근대 일본의 이퇴계 연구」, 『퇴계학논집』 2, 2008, 55-56, 64.

수 있다.[53]

퇴계에서 모토다 나가자네에 이르는 계보를 조립해내고, 그 계보를 통해 퇴계와 교육칙어를 연계짓는 방식은 식민지조선에서 내선융화의 기치 아래 황국신민 교육을 실행하는 확실한 방법이었다. 퇴계와 교육칙어를 연결짓는 황민화 작업은 현장 교사에 의해서도 수행되었다. 구미공립보통학교 교사(訓導) 이동기와 전주공립고등보통학교 교사(敎諭) 김성률은 교육현장에서 퇴계를 앞세우면서 교육칙어에 입각한 군국주의 교육을 실천했던 대표적인 사례로 꼽을 수 있다.[54] 교육칙어체제 하의 교육이란 국민과 학생들을 위교(僞敎)·맹교(盲敎)의 대상으로 취급하는 것이었으며, 따라서 이들은 내면의 자유를 구가하거나 삶을 개성적으로 표현하는 주체로 여겨지지 못했다.[55]

1944년, 전쟁의 막바지에 아베 요시오는 퇴계를 일본교육 선철(先哲)로 지목하고 도의철학의 창시자로 조명하였다. 아베 요시오는 퇴계로부터 시작하는 일본유교의 계보를 제시하고 국체·도의담론을 강조하면서 태평양전쟁의 시점에서 퇴계학의 일본적 의미와 당장의 의미를 되새길 것을 말하였다. 퇴계의 행실과 사상을 돌아보면서 황국신민에 부합하는 사색을 깊게 하고 심혼을 연마하는 일은 반도현실에 비추어 교육 담당자들에게 절실한 현실적 의의를 갖는다는 것이었다.[56] 당시

53) 平山正, 「敎育勅語渙發四十年を迎へて所感を述ぶ」, 『文敎の朝鮮』 1930年 10月號, 79-86.; 大山一夫, 「敎育勅語渙發四十年を迎へて」, 『文敎の朝鮮』 1930年 10月號, 87-94.; 高田誠二·藤原一毅, 『日本の敎育精神と李退溪(附李栗谷の擊蒙要訣と時事)』, 京城: 朝鮮事情協會出版部, 1934.; 朝鮮總督府學務局內朝鮮敎育會, 「『日本の敎育精神と李退溪』に對する諸方面の反響」, 『文敎の朝鮮』 1935年 3月號, 175-177.

54) 李東基, 「半島理學の祖 李退溪の思想一斑」, 『文敎の朝鮮』 1932年 1月號, 87-91.; 金聲律, 「退溪學說の一斑としての自省錄」, 『文敎の朝鮮』 1934年 2月號, 84-91.

55) 大田堯, 『前後日本敎育史』, 東京: 岩波書店, 1978.

56) 阿部吉雄, 『李退溪(日本敎育先哲叢書)』, 東京: 文敎書院, 1944, 7-8.

일본의 관제·관변 학자들에게 퇴계는 더 이상 조선인 학자가 아닌 일본교육 선철이었다.

여기에서 다카하시 도루를 중심으로 제기된 황도유도(皇道儒道)의 의미와 그 식민교육적 성격을 읽어내는 작업이 필요하다. 다카하시 도루는 중국의 아류인 조선의 유교는 동아시아의 신질서 건설을 위해 공자·맹자의 정치적 이상인 왕도유도(王道儒道)를 일본을 국체로 한 천황 중심의 황도유도(皇道儒道)로 바꿔야 한다고 역설하였다.[57] 다카하시 도루는 식민통치의 대방침인 유교사상에 주목하되, 그 중에서도 일본의 국민도덕과 상충하는 가치체계에 대해서는 이를 사상권(思想圈) 밖으로 밀어냈다. 일본국민의 사상권 밖으로 밀려난 대표적인 유교적 가치체계로 맹자철학을 들 수 있다.[58]

맹자철학이 일본국민의 사상권에 들기 어려운 이유를 밝히기 위해서는 개략적이나마 맹자에 대한 주자학적·퇴계학적·일본사상적 관심과 해석의 차이에 주목할 필요가 있다. 주자학에서는 맹자를 발견하기도 했지만 맹자를 오독하기도 했다. 맹자는 성선설을 바탕으로 누구나 요순(堯舜)과 같은 성인(聖人)이 될 수 있다고 하였지만 주자학자들은 맹자의 성선설과 성인론에 동의하면서도, 그 과정을 너무 멀고 어렵게 만들어 놓았다.[59] 이 지점에서 퇴계학은 주자학자들이 만들어놓은 너무 두터운 도덕형이상학의 무게를 덜어내며, 마음을 바탕으로 성인에 이르는 길에 더 무게를 실어줌으로써 그만큼 성인이 되는 길이 가깝고 쉽게 되었다. 퇴계야말로 맹자의 본래의 지점에 회귀하는 철학을 보여준

---

57) 高橋亨, 「王道儒道より皇道儒道へ」, 『朝鮮』 295, 1939, 10-28.

58) 高橋亨, 위의 글, 10-28.

59) 이에 대해서는 특히 『朱子語類』, 卷104, 「自論爲學工夫」 참조.

것이다.[60] 하지만 일본의 사상권 안에서 맹자철학에 대한 해석과 담론은 진지하게 이루어지지 못했다. 일본의 사상권 안에서 맹자 해석은 대단히 정치적인 것이었다. 그들에게 성선설(性善說)이나 양기설(養氣說)은 중요하지 않았다. 맹자가 왕도론과 역성혁명을 말했다는 것, 그것을 그들은 참을 수 없었다. 일본은 역성혁명(易姓革命)·선양(禪讓)·방벌(放伐)이 행해지는 나라 중국이나 한국의 유교를 황조황종의 나라에 그대로 수용할 수 없었다. 그들이 그리는 일본유교는 군덕(君德) 여하에 따라 군위(君位)가 좌우되지 않는 유교여야 했고, 황도·황위·국체의 본의에 순화된 유교여야 했다.[61]

한국과 중국의 교육문화에서는 효(孝)를 제일 덕목으로 내세웠지만, 일본에서 조립된 교육칙어는 충(忠)을 제일 덕목으로 내세웠다. 조선의 유교사상이 충과 효를 분리해 효를 강조한 것이라면, 일본의 유교사상

---

60) 홍원식, 「퇴계학과 『맹자』, 그리고 맹자」, 『퇴계학과 한국문화』 36, 2005, 253-275.

61) 高橋亨, 「王道儒道より皇道儒道へ」, 『朝鮮』 295, 1939, 12-13, 25. 일본식 유교론인 황도유학에서는 황도·황위·국체의 본의에 순화된 유교를 조립해냈다. 이는 『맹자』의 사상적 지향을 전복한 후에나 가능한 얘기였다. 명 태조 주원장은 『맹자』의 "한 사내 주를 주살했다는 말은 들었어도[聞誅一夫紂矣] 군주를 시해했다는 말은 듣지 못했다[未聞弑君也]"(『孟子』, 卷2, 「梁惠王章句下」), "군주가 신하를 초개처럼 여기면[君之視臣如土芥] 신하도 군주를 원수처럼 대한다[則臣視君如寇讎]"(『孟子』, 卷8, 「離婁章句下」), "군주가 큰 잘못이 있으면 간하고[君有大過則諫], 반복해 간해도 듣지 않으면 군주를 갈아치운다[反覆之而不聽則易位]"(『孟子』, 卷10, 「萬章章句下」), "백성이 귀하고[民為貴], 사직이 그 다음이며[社稷次之], 군주는 가벼운 것이다[君為輕]"(『孟子』, 卷14, 「盡心章句下」) 등의 구절을 읽을 때 더 이상 참지를 못했다. 쓴소리가 미워 『맹자』의 총 255절 가운데 무려 85절을 잘라내어 누더기 『맹자절문』을 만들었다. 삭제된 문장을 가지고는 과거시험 문제를 낼 수 없도록 했다. 하지만 오늘날 『맹자』는 전문이 살아남았고, 주원장은 어리석은 폭군이라는 오명만 더했다(김종구, 「혼군」, 『한겨레』 2011년 1월 3일; 박균섭, 『선비정신연구: 앎, 삶, 교육』, 서울: 문음사, 2015, 236.). 맹자의 폭군방벌론은 국가 전복과 군주 탄핵을 겨눈 불온선동사상이 아니라, 군주의 정치적 성공과 인민의 행복한 삶을 성심으로 기리는 자비로운 거룩한 축원이라는 것을, 현재와 미래의 모든 권력자들과 인민들이 꼭 유념하고 명심할 지침이라는 것을 말할 수 있다(김지수, 「맹자의 폭군방벌론: 다산 정약용의 견해를 덧붙여」, 『법학논총』 34(2), 2014, 175-212.).

은 충과 효의 일치(忠孝一本, 忠孝一體)를 말하는 가운데 충의 절대성을 드러낸 것이었다.[62] 유교원론과는 달리 충을 효보다 앞세우는 일본의 선택은 국가 주권의 확립을 위한 선택이기도 했다. 그들은 중국이 정치·군사·사회면에서 보잘 것 없는 상태로 전락한 것은 일본처럼 만세일계의 황통을 잇지 못한 때문이라고 보았으며, 문제의 발단은 요순(唐虞)의 선양(禪讓)에 있다고 보았다. 요순의 잘못된 선택이 발단이 되어 후세에 계속 선양의 미명 아래 나라를 훔치고 임금을 없애는 일이 속출했다는 것이다. 이러한 문제의식 겸 변명거리를 들면서 만세일계의 천황제를 옹호하기 위해 일본식으로 변형·개조된 황도유도가 만들어진 것이다.

관제·관변 학자 및 유교지식인들은 유교가 사회적 교설로서 제도화된 식민지 조선사회에서, 일본식 맞춤형 유교인 황도유도를 통해 식민지 조선을 규율하고자 했다. 친일유림단체(대동사문회, 유도진흥회)의 조직과 활동, 조선유도연합회의 결성과 활동 양상을 통해 당시 유교지식인들은 일본에서 역수입된 유교의 논리에 그 정체성을 잃고 흔들렸음을 알 수 있다. 그들의 언어세계가 황통(皇統), 황운(皇運), 진충(盡忠), 만세일계(萬世一系), 황국일본(皇國日本) 등으로 점철되었다는 것은 친일 유교지식인 집단이 황도유도의 국체·도의담론의 세례를 크게 받았음을 말해준다.[63]

황국신민 교육론에 복무하는 유교지식인의 세계관과 교육자의 사명을 보여주는 대표적인 사례로 안인식을 들 수 있다. 안인식은 동양도덕

---

62) 平山正,「教育勅語渙發四十年を迎へて所感を述ぶ」,『文教の朝鮮』1930年 10月號, 80-83.

63) 박균섭,「교육칙어체제의 지속과 한국교육의 실패」,『일본학보』51, 2002, 439-454.; 강해수,「근대 일본의 이퇴계 연구」,『퇴계학논집』2, 2008, 55-83.

에 근거한 교육칙어의 대정신은 1890년대 전후사정보다도 1930년대에 들어선 지금이 가장 절실한 시기라고 선전했다.[64] 친일파 유교지식인에게 전쟁의 깊은 터널로 빨려들어가는 시점의 국민사조는 깊은 우려의 대상이었던 모양이다. 잘못된 국민사조로 인해 절륜패덕의 행위를 저질러 충효의 대본을 잊는 것은 아닌가, 특히 교육현장에서 소위 학교소동과 같은 불미사건이 빈발하는 것은 아닌가, 등등 날마다 신문을 통해 보고듣는 심적 고통을 되뇌었다. 다수의 국민이 교육칙어의 취지를 잊고 경거망동하는 일이야말로 커다란 죄악이자 천하의 우환이라고 말하기도 하였다. 교사들에게도 교직을 하나의 직업활동(職業的の働)으로 여기지 말고 천직(天職)의 존엄을 지켜가자고 주문하였다.[65] 학교 기념식(式日)에서 교육칙어를 봉독(奉讀)·경독(敬讀)하는 일 역시 극히 중요한 일이며, 혹시 교육칙어와 관련하여 불상사가 발생시에는 순절(殉節)할 수 있는 탄복(敬服)할 만한 교육자도 나와야 한다고 부추겼다. 모든 교육이상과 활동은 교육칙어의 정신을 기축으로 삼아 궤도를 도는 방식이어야 한다고 본 것이다. 물질의 교육보다 마음의 교육, 지의 교육보다 덕의 교육, 기계적 인물을 만드는 교육보다 정신적 인물을 만드는 교육을 위해 교육자의 총동원을 강력 요청하였다.[66] 전쟁과 파괴와 폭력의 시대에 유교지식인들이 외친 것은 도의에서 시작하여 도의로 끝나는 도의입국(道義立國)이었다.

신국 일본은 국가를 세울 당시에 도의를 근본으로 하였고, 역대에 이 도의를 신조로 하여 덕화를 널리 폈다. 황공하옵게도 교육칙어에 "황조황

---

64) 安寅植, 「教育家の奮起を望む」, 『文教の朝鮮』 1930年 10月號, 61-63.

65) 安寅植, 위의 글, 63.

66) 安寅植, 위의 글, 62-63.

종은 나라를 세움이 유구했고 덕을 베풂이 깊고 두터웠다(我ヵ皇祖皇宗國
ヲ肇ムルコト宏遠ニ徳ヲ樹ツルコト深厚ナリ)"라고 말씀하심은 도의입국의
대정신을 명확히 일깨워주신 것이다. 이 도의정신이 국가의 운명을 영원
유구토록 만드는 연유로서 국민은 황실을 중심으로 도의를 지키고 황실은
도의를 중심으로 하여 신통(神統)을 계승하신다. 이것이 일본 국체가 만방
에 대해 비할 데가 없는 이유이다.[67]

관제·관변학자들에 의한 퇴계의 발견, 그리고 황도유도론에 편승했
던 유교 지식인·학자들은 식민교육체제에 순응하는 길을 걸었다. 그
들은 유교의 본령을 말하기보다는 일본식 맞춤형유교를 선전하였고 학
생제군을 향해서는 내선융화와 성전 참여를 독려하였다. 퇴계의 학문
을 연결시키면서 반도조선은 황국일본의 일환, 국체의 본의에 투철할
것을, 도의의 확립을 기본 명제로 힘찬 약진을 말하였다. 퇴계교학의
의의를 반도사인(半島士人)이 황국일본(皇國日本)이라는 국체(國體)의 본
의에 충실히 합류하는 데 두었던 것이다.[68] 관제·관변학자들이 선전한
것처럼 야마자키 안사이든, 오츠카 다이노든, 모토다 나가자네든 이들
이 퇴계의 학문을 존경했다고 하는 사실을 사실 그대로 받아들일 수는
있다. 하지만 그들의 발언에 실린 의도와 맥락을 간파하지 못한다면 이
는 사실상 전혀 다른 얘기가 되고 만다. 그것은 퇴계에 대한 얘기가 아
니며, 퇴계를 빙자한 식민교육의 속성과 의도를 그대로 드러낸 것이기
때문이다. 황도유도론의 일관된 관심은 일본의 정신(精神)과 일본인의
혼성(魂性)을 양성하는 문제였고 이는 유교적 맥락을 크게 이탈한 주장

---

67) 安寅植, 「皇道儒學の本領」, 『朝鮮』 347, 1944, 26-32.
68) 阿部吉雄, 『李退溪(日本敎育先哲叢書)』, 東京: 文敎書院, 1944, 2-3.

이라는 사실, 따라서 여기서 퇴계를 특칭하여 그 가르침을 얘기하는 것은 넌센스라는 사실에 있다. 그들은 퇴계를 말하면서도 퇴계의 본연과 그 훌륭함을 말하고자 한 게 아님을 알 수 있다. 그러한 방식의 퇴계론은 성찰도 자각도 결여된 퇴계관으로 이어질 수밖에 없다. 거기에 우리가 알아야 할 진정한 퇴계는 없다.

제2장
박종홍의 퇴계학 연구 비판

1. 사범교육학의 세례를 받은 철학자 박종홍

한국의 근대학문 성립 과정은 "일본이라는 '제국주의의 기획 하에 은폐되어 있는 식민화언설'로써 일본에 의해 근대학문이 이식되는 과정"이라고 규정할 수 있다.[69] 경성제국대학에서 제도적으로 서양철학이 어떻게 수용되었는지를 살펴본 연구에 따르면, 1926년 설치된 경성제국대학 법문학부는 법학, 문학, 사학, 철학과로 구성되어 있으며, 철학과는 다시 철학·철학사, 윤리학, 심리학, 종교학·종교사, 미학·미술사, 교육학, 지나철학, 사회학으로 나뉘어져 있었다.[70] 박종홍이 논문으로 미학·미술사 관련 주제 및 교육학 관련 주제를 작성했던 것도 경성

---

69) 박영식, 「인문과학으로서 철학의 수용 및 그 전개 과정(1900-1965)」, 『인문과학』 26, 1972, 105-132.

70) 김재현, 「한국에서 근대적 학문으로서 철학의 형성과 그 특징: 경성제국대학 철학과를 중심으로」, 『시대와 철학』 18(3), 2007, 186-193.; 강경현, 「한국 주자학 연구의 두 시선: 철학자 주희 혹은 유학자 주희」, 『한국학연구』 49, 2018, 11-39, 특히 13에서 재인용.

제대 철학과의 전공 및 학수과목에서 그 배경과 윤곽을 찾을 수 있다. 철학과 미학·미술사전공자 학수과목으로는 미학개론, 미학·미술사연습, 미학특수강의, 미술사 등이 있었고, 철학과 교육학전공자 학수과목으로는 교육학개론, 교육사개설, 각과교수론, 교육행정, 교육학연습, 교육학특수강의 등이 있었다.[71]

일본은 1886년(메이지 19) 제국대학령, 사범학교령, 소학교령, 중학교령을 칙령으로 공포하였는데, 사범학교령 제1조에서는 "생도로 하여금 순량(順良)·신애(信愛)·위중(威重)의 기질을 갖추도록 유의한다"는 점을 명기하였다. 이는 식민지 조선의 교사양성체제에서도 교육자의 덕목과 책무와 사명감을 강조하는 기준으로 작용하였다. 일제강점기에는 1911년에 관립한성사범학교를 폐지한 후 더이상 독립된 교원양성기관을 설치하지 않았고, 대신에 경성고등보통학교 및 평양고등보통학교에 교원속성과를 설치하였다. 1913년에는 두 학교에 이어 경성여자고등보통학교에 사범과를 신설하고 교원속성과를 폐지했으며, 경성고등보통학교에 부설 임시교원양성소를 설치하였다.[72]

박종홍(1903~1976)의 초기 이력을 보면 평양고등보통학교 사범과를 마치고 3개 학교에서 교사의 길을 걸었던 인물이다. 1920년 3월, 평양공립고등보통학교를 졸업하고 이어서 평양공립고등보통학교 사범과를 수료(1종 보통학교 훈도 자격 취득, 1921.3.)한 후, 1921년 4월 전남 보성공립보통학교 교사(훈도)로 발령을 받았고, 이듬해 1922년 4월에 대구 수창공립보통학교 교사로 자리를 옮겨 학생들을 가르쳤다. 1925년 3월에는 그 당시 "하늘의 별따기보다도 어렵다"는 중등교원자격검정시험인

---

71) 박영식, 「인문과학으로서 철학의 수용 및 그 전개 과정(1900-1965)」, 『인문과학』 26, 1972, 105-132.

72) 김태웅, 『신식소학교의 탄생과 학생의 삶』, 파주: 서해문집, 2017, 339.

'문검'(文檢: 日本文部省中等教員資格檢定試驗)에 합격하여, 1926년 4월, 대구공립고등보통학교(현 경북고등학교) 교사(敎諭)로 발령받고 조선어와 한문을 가르치다가 1929년 4월, 전문학교입학자격검정시험에 합격하여 경성제국대학 법문학부 철학과에 선과생으로 입학하였다.[73] 1921년 4월~1929년 3월까지 10대 후반 20대 초·중반의 나이에 일선학교에서 교사의 길을 걸었던 박종홍에 대한 논의는 해방이후의 이력을 중심으로 그의 연구업적과 철학자로서의 삶의 세계에 주목하는 일 못지않게 중요한 의미를 갖는다.

박종홍은 1929년 4월, 전문학교입학자격검정시험에 합격하여 경성제국대학 법문학부 철학과의 선과생으로 입학하였고, 1933년 3월에 대학 졸업과 함께 5월에 대학원에 진학하였다. 1934년 5월 경성제국대학

---

73) 박종홍은 평양고등보통학교 사범과를 수료(1종 보통학교 훈도 자격 취득, 1921.3.)했고, 특히 1925년에는 문검 교육과 응시를 통해 중등교원자격을 취득했는데, 이는 그가 자연스럽게 메이지시대 이래의 사범교육학의 언어에 의해 순량(順良)·신애(信愛)·위중(威重)의 기질을 갖추고, 그에 입각해 학생들을 길러내는 길을 걸었음을 보여준다. 박종홍은 문검 교육과 응시를 위해 교육학개론, 교육사, 교육사조, 심리학, 논리학 등을 공부하였는데, 별로 취미를 느낄 수는 없었으나 교육사는 철학사하고도 관련되어 비교적 재미있었다고 회고하였다(박종홍, 「독서회상: 내가 철학을 하기까지」, 『박종홍전집(VI)』, 270~271.). 박종홍 철학의 형성 과정에 대한 연구로는 고성애, 「박종홍 철학의 형성과정 연구: 경성제국대학 입학 이전을 중심으로」, 『철학사상』, 48, 2013, 46 참조. 박종홍 철학의 형성과정에 근대일본교육학 및 사범교육학이 끼친 영향을 살피기 위해서는 寺崎昌男・「文檢」研究會 編, 『「文檢」の研究: 文部省教員検定試験と戦前教育学』, 東京: 学文社, 1997; 岩部撓, 『文檢教育勅語・戊申詔書・国民精神作興詔書解義: 附・朝見式勅語・国際聯盟離脱詔書謹解』, 東京: 啓文社書店, 1934 참조. 특히 다이라 메구로(平良惠路) 및 도미타 요시오(富田義雄)는 문검 수신과교육과 위원의 교육사상과 윤리사상의 향방(교육과 위원의 교육사상: 吉田熊次, 大瀬甚太郎, 乙竹岩造, 下田次郎, 小林澄兄, 수신과 위원의 윤리사상: 吉田靜致, 宇野哲人, 深作安文, 友枝高彦)에 대해 구체적으로 제시하였다(平良惠路・富田義雄, 『文檢修身科教育科委員の思想研究』, 東京: 大同館書店, 1934.). 이상을 통해 볼 때, 박종홍 철학의 형성 과정은 교육칙어 정신과 문부성의 전전교육학 이론에 입각한 중등교원검정시험체제라는 자장에 갇혀 있었으며, 그의 철학-교육학 세계는 문검의 국민도덕요령을 벗어나기 어려웠다고 말할 수 있다.

법문학부 조교(助手)를 거쳐, 1937년 1월 이화여자전문학교 교수로 발령받았다.[74]

박종홍의 연구이력을 보면 철학사상 연구에 머물지 않고 교육학(교육학개론, 교육사, 교육사조)의 영역에 대한 관심과 논의를 보여주었음을 알 수 있다. 그런데 이러한 연구발생사적 특징은 박종홍이 철학자의 길에 들어서기 전, 10대 후반 및 20대 초·중반의 나이에 보통학교, 고등보통학교 교사로 근무했던 당시에 보여준 특징이었다는 점에 주목할 필요가 있다.

박종홍의 연구 궤적을 전체적으로 파악하기 위해서는 해방이후의 업적에만 집중할 것이 아니라, 그가 해방 이전의 시공간에서 어떤 교육 관련 활동 및 퇴계 관련 연구를 보여주었는가에 대한 점검이 필요하다고 하겠다. 특히 1928년의 「퇴계의 교육사상」(『경북의 교육』 제6호, 1928년 3월. 원문 탈고는 1927년 7월 18일)을 주제로 한 논문 발표는 발표 시점을 전후로 하여 보성공립보통학교-수창공립보통학교-대구공립고등보통학교 교사로서의 근무경력, 연구환경 및 연구사적 배경을 놓고 볼 때 특별한 의미를 갖는다고 말할 수 있다.

조선총독부의 식민교육이란 어떻게 하면 조선민중의 민족적 주체성을 상실·소멸·좌절시킬 것인가의 문제로 규정할 수 있다.[75] 이는 조선인이 일본인으로서의 삶을 살아가는 일을 강요받았던 당시의 현실에 대한 밀착 논의가 필요하다는 뜻이기도 하며, 당시의 교육을 교육학 본연의 이론적 전망을 통해 설명하는 것만으로는 그 실체를 제대로

---

74) 소광희, 「열암 박종홍의 생애와 사상」, 『서울대학교대학원동창회보』 17, 2011, 9-14 참조.

75) 尹健次, 『朝鮮近代教育の思想と運動』, 東京: 東京大學出版會, 1982. 이명실·심성보 역, 『다시 읽는 조선근대교육의 사상과 운동』, 서울: 살림터, 2016, 229.

드러낼 수 없다는 뜻이기도 하다. 박종홍의 교육 관련 논의에 대한 비판적 검토를 통해 언어형태로 표방되는 교육의 이면·저변·저류를 흐르는 교육의 식민성·기만성을 제대로 포착할 수 있어야 한다는 얘기는 그래서 나온다. 식민지 지배·통치의 외재적 원리가 무력·폭력이라는 점은 누구나 이의를 제기하지 않는다. 그러나 식민지 지배·통치의 내재적 원리가 기만이라는 점에 대해서는 이를 제대로 포착·간파하지 못하는 경우가 많다. 한국근대교육사 연구의 과제는 일본인의 조선교육 침략의 폭력성과 기만성을 폭로하는 가운데, 침략·지배·교육의 메커니즘에 대한 비판적 논의를 통해, 교육의 정체성·주체성 문제에 대한 성찰과 전망을 보여줄 수 있어야 한다는 점이다.[76]

박종홍은 교사자격을 얻는 과정(교사양성체제)을 통과하면서, 근대일본 교육학 및 사범교육론의 세례를 받을 수밖에 없었고, 식민교육체제의 본질에 해당하는 인식론적 폭력으로부터 자유로울 수 없는 상태에서 교사의 길을 걸었다. 본 주제 연구에서는 박종홍의 퇴계의 교육목적론과 교육방법론, 그리고 양호론과 교육자론에 대한 기술 과정에 어떤 식민적 굴절이 일어났으며, 그로 인해 퇴계학 연구의 정체성이 훼손된 바는 무엇인지에 대해 비판적 검토를 수행하고자 한다.

2. 박종홍이 기술한 퇴계의 교육목적론

1920년대 중후반 당시 퇴계학 연구는 아직 체계를 갖추었다고 말하기 어렵다. 문제는 당시 퇴계학 연구의 체계화 여부를 떠나 연구주체가

---

76) 尹健次, 『朝鮮近代敎育の思想と運動』, 東京: 東京大學出版會, 1982. 이명실·심성보 역, 『다시 읽는 조선근대교육의 사상과 운동』, 서울: 살림터, 2016, 231.

누구인가를 밝히면서 얘기를 시작해야 할 것으로 보인다. 당시 퇴계 이황에 관한 연구로는 엔도 류키치(遠藤隆吉)의 연구가 선봉이자 중심이었던 것으로 보인다.[77] 엔도 류키치와 같은 일본의 학자가 조선에 관심을 기울인 것, 그것은 청일전쟁(1894) 이래의 탈중국 중심의 동양학 재구성 작업과 연관이 있으며 그 흔적을 엔도 류키치의 "이퇴계", "동양윤리학", "이퇴계의 철학"에 대한 단편 연구를 통해 확인할 수 있다. 이에 덧붙여 일본에 전파된 유학은 주자학 중에서도 퇴계를 중심으로 하는 퇴계학이었음에 유의할 일이다. 이들이 유독 "이퇴계"를 내세워 일본정신사의 구축에 활용코자 했던 그 구상은 사실상 에도시대 이래의 문화현상이라고 보아도 좋을 것이다. 주목할 것은, 엔도 류키치를 통해 알 수 있는 것처럼 당시 일본의 철학 사상 연구자들은 교육학 방면의 개념·용어 및 연구주제를 대담하게 소화해냈다는 점이다. 교육학의 철학·

---

77) 박종홍의 「퇴계의 교육사상」 연구 시점(1928)을 놓고 볼 때 엔도 류키치(遠藤隆吉)의 주자학-퇴계학 연구 성과를 접했을 가능성이 높다. 엔도 류키치는 그의 저술에서 퇴계에 대한 장을 설정하여 다루었고, 특히 퇴계의 철학을 이기이원론(理氣二元論)을 타이틀로 하여 논의하였다(遠藤隆吉, 『支那思想発達史』, 東京: 冨山房, 1904.; 遠藤隆吉, 『東洋倫理学』(早稲田大学四十二年度文学科第一学年講義録), 東京: 早稲田大学出版部, 1909.). 그런데 엔도 류키치의 중국사상사 및 동양윤리학 연구는 그의 교육학적 구상과 깊이 연계되어 있다. 엔도 류키치는 유교 학문을 바탕으로 삼아 청년의 입지와 진로, 수양과 성공에 대한 교육학적 논의를 전개했던 인물이었다(遠藤隆吉, 『青年の進路: 修養と成功』, 東京: 国民書院, 1915.; 遠藤隆吉, 『教育及教育学の背景』, 東京: 富山房, 1926.). 이처럼 철학 일반에 대한 관심과 논의는 응당 교육학(교육사상)에 대한 논의로 확산·연장되는 것이었고, 이는 엔도 류키치만의 문제가 아니었다. 당시 청년-수양담론은 군국주의적·팽창주의적 세계관으로 무장된 인간상을 길러내는 것을 목표로 하였다(足立栗園, 『修養文庫 愛國百話』, 大阪: 積善館本店, 1911.; 原坦嶺, 『偉人と修養』, 東京: 芳文堂, 1917.). 퇴계의 교육사상을 작성하던 당시 박종홍은 그동안의 공부의 이력과 교직을 수행하는 현실을 놓고 볼 때 교육칙어체제와 조선교육령의 규율로부터 자유로울 수 없는 존재였다. 박종홍이 천황제 윤리 및 국가신도 체제 앞에서 인격의 자기 해체를 겪지 않은 채 〈교원심득〉(조선총독부훈령 제2호, 1916.1.4. 관보 제1031호, 1916.1.12.)에 따른 교육칙어의 정신과 제국교육의 본지에 입각한 "충량한 국민을 육성(忠良ナル國民ヲ育成)"하는 교육에 충실히 복무했다는 사실을 예사롭게 여길 장면은 아닐 것이다.

역사 방면 연구 및 교수법·교육방법 방면 연구는 일본 근대의 군국주의/제국주의의 추동력과 연계된 것이었다. 박종홍의 퇴계 연구 상황을 통해 확인할 수 있듯이, 연구의 힘은 양의 동서를 넘나드는 방식, 시대의 고금을 넘나드는 방식, 그러면서도 일본근대교육학의 자장 안에서 작동되는 방식을 통해 확인할 수 있다.[78]

박종홍은 퇴계의 교육목적−윤리적 목적을 얘기하면서 복성설(復性說)에 주목하였다. 물론 이는 유학의 기본, 퇴계학의 본연에 대한 마땅한 논의를 보여준 것이다. 하지만 당시 식민권력−식민학자들의 복성설에 대한 논조가 무엇이었는가를 안다면 이를 진공상태의 사전적 개념풀이 정도로 짚고 넘어갈 일인가에 대한 문제제기도 필요하다고 하겠다. 당시 일본의 복성설을 이해하는 방식은 유교의 원론을 크게 벗어난 것이었다. 그들은 근대일본의 교육칙어체제를 확립하는 차원에서 일본을 도의 나라(道の國)라고 규정하는 가운데 이에 대한 교육적 논의를 위해 "복성의 교육(復性の敎育)"을 논하였다. 박종홍이 퇴계의 복성설을 유교 본연의 관점에서 논할 당시의 일본에서는 복성설은 이처럼 군국주의적·제국주의적 침략본능과 욕망을 구현하는 방편으로 오용되었다.

박종홍은 퇴계의 윤리적 목적을 얘기하면서 불편불의(不偏不倚)와 과불급(過不及)이 없이 지선(至善)에 머물 것을 말하였다. 이는 치우치지도 기울어지지도 않고 지나치지도 모자라지도 않는 것에 대한 이름[不偏不倚無過不及之名]인 중용(中庸), 중화(中和), 중정(中正), 시의(時宜), 시중(時中)을 강조하는 얘기이다. 박종홍은 퇴계의 중용(『문집』권5 「시」; 『문집』권

---

78) 박종홍, 「퇴계의 교육사상」, 1928, 『박종홍전집(Ⅰ)』, 서울: 민음사, 1998, 129. 이하 박종홍의 글은 朴鐘鴻, 「李退溪の敎育思想」, 『慶北の敎育』第6號, 慶尙北道學務課內慶尙北道敎育會, 1928年 3月을 번역 수록한 박종홍, 「퇴계의 교육사상」, 1928, 『박종홍전집(Ⅰ)』, 민음사, 1998, 125−158을 저본으로 하여 인용함.

42 「정재기」에 대해 "마음은 천군(天君)이 되어 성정을 통섭하는 것이니 이것을 바르게 하여야 한다"거나 "거경으로 마음을 기름은 미발로부터 시작되는 것인 만큼 정(靜)을 기본으로 하지 않으면 수레에 바퀴꽂이가 없는 것과 같다"거나 "이 정(靜)이야말로 동(動)의 기본이 되는 정(靜)이요 명청한 무용(無用)을 말하는 것이 아니다"거나 "정(靜)을 구하여 이를 지킴은 만용(萬用)의 근본"임을 들어 이것이 바로 "성현이 중화(中和)를 위하여 취하는 태도"임을 분명히 하였다. 물론 박종홍은 퇴계가 강조했던 "정(靜)을 탐하여 세상일로부터 관계를 끊는 불교나 노자의 편벽과 혼동하여서는 안 된다"는 점도 부기하였다.[79] 이는 액면 그대로 유교사상의 본연과 퇴계사상의 기본에 관한 얘기이다. 하지만 당시 관제·관변 학자 및 친일 유교 지식인 일반의 관점을 놓고 말하자면 이는 중용계열 언어(중용, 중화, 중정, 시의, 시중)의 식민적 굴절이 심각한 수준으로 일어났음을 감안할 필요가 있다.

박종홍이 중용계열 언어(중용, 중화, 중정, 시의, 시중)의 식민적 굴절로부터 자유롭지 못했다는 것은 그가 훗날 결단의 윤리의 기반으로 "중(中)의 변증법"을 제시한 데서도 확인할 수 있다.[80] 『중용』의 중화론(中和論)에 대한 박종홍식의 해석체계를 보여주는 중(中)의 변증법은 절대변증법과 구분되는 것으로, 중의 변증법이야말로 "참으로 변증법적인 것"이며, "중의 비약적 전환"과 "유무상전의 동시성"을 보여줄 수 있다고 말하였다.[81] 일제강점기의 교육은 충량한 황국신민의 양성을 목적으로

79) 박종홍, 「퇴계의 교육사상」, 1928, 『박종홍전집(Ⅰ)』, 서울: 민음사, 1998, 131-133, 144-148.

80) 박종홍, 「현실파악」, 1939, 『박종홍전집(Ⅰ)』, 서울: 민음사, 1998, 425-432.

81) 이병수, 「1930년대 서양철학 수용에 나타난 철학1세대의 철학함의 특징과 이론적 영향」, 『시대와 철학』 17(3), 2006, 94, 99.

하였으며, 박종홍은 어쩔 수 없이 그 목적을 전파하던 대표적인 모범생이었다.[82] 추상적 미분화의 본체(中和)를 천착하는 작업에 몰두했던 박종홍은 민족 말살의 식민지 현실에서 과문불입의 정신(결단의 시대, 신윤리, 전환기를 뚫고 나가는 힘)에 대해서는 힘주어 말하면서도 민족의 독립과 민족의 주체성 문제에 대해서는 한마디도 언급하지 않았던 배경에는 중의 변증법이 버티고 있었다.[83] 박종홍의 중의 변증법은 『중용』적 세계관(中庸, 中和, 中正, 時宜, 時中)을 통해 친일을 정당화했던 당시 친일유림의 행태와 겹치는 면이 있다.[84]

---

82) 양재혁, 「근대 백년 논쟁의 사람들: (8) 박종홍」, 『교수신문』 2010년 9월 13일.

83) 양재혁, 위의 글.

84) 중용=중화=중정=시의=시중의 식민적 굴절 사례로는 우임금이 치수를 위한 방책에 골몰하느라 자신의 "집 앞을 세 번이나 지나면서도 집에 들르지 못했다[三過其門而不入]"는 '과문불입'의 고사를 들 수 있다(『孟子』, 卷8, 「離婁章句下」). 일제 관제 · 관변 학자 및 유교 지식인들은 당시의 시국을 누항(陋巷)에 한가로이 거처할 때가 아니라 어느 때보다도 과문불입이 필요한 절체절명의 시기라고 보았으며, 이것이 바로 유교적 중용=중화=중정=시의=시중의 온당한 구현이라고 보았다. 대표적인 사례로 친일 지식인 심선택은 1920년대 당시를 세상도덕이 타락한 염려스러운 상황(憂世道之汚下)으로 규정짓고 지금이야말로 과문불입의 시국에 해당한다고 말하였다(今日卽過門不入之日也). 이때 당장 필요한 것은 선성(先聖)의 대도를 강명하여 윤리를 숭상하고(尊尙倫理) 도덕을 발명하는 일(發明道德)이었다(沈璿澤, 「君子時中」, 『彰明』 4, 1924, 22-33.; 沈璿澤, 「君子時中」, 『經學院雜誌』 26, 1925, 60-64.). 『중용』적 세계관(중용, 중화, 중정, 시의, 시중)을 통해 친일을 정당화했던 당시 친일유림의 행태는 유교경전을 근거로 망국의 현실을 어쩔 수 없는 현실로 인정하고 그 안에서 최선을 찾자는 논법을 보여주기도 했다(정욱재, 「일제 협력 유림의 유교인식: 1910~1920년대 경학원 관계자를 중심으로」, 『한국사학사학보』 16, 2007, 59-85.). 김창숙은 "성리의 오묘한 뜻만 크게 논할 뿐[高談性理之奧旨] 구국의 급무를 강구하지 않음[而不講救國之急務]"을 세속 학자들의 병폐라고 지적하고 이들을 "성인의 글을 읽고도[讀聖人書] 성인이 세상을 구제한 뜻을 깨닫지 못하는 자들[而無得於聖人救時之義者]"이라고 탄식하면서 이 가짜 선비들을 제거해야만 비로소 치국평천하의 도를 논하는 데 참여할 수 있다고 말하였다(『心山遺稿』, 卷5, 「躄翁七十三年回想記上編」; 심산사상연구회, 『김창숙문존』, 서울: 성균관대학교출판부, 2001, 255.; 정욱재, 「일제 협력 유림의 유교인식: 1910~1920년대 경학원 관계자를 중심으로」, 『한국사학사학보』 16, 2007, 65 재인용). 원래 시의=시중은 실천하기가 매우 어려운 유교의 가르침이며 이는 오직 성인 공자만이 실천할 수 있었다는 점을 감안할 필요가 있다(『孟子』, 卷10, 「萬章章句下」).

박종홍은 퇴계의 교육목적론에 대해 "퇴계는 교육의 목적을 첫째로 윤리에 두고 있다", "인을 체득한 사람으로 되게끔 하는 데 있다", "인을 체득한 사람을 일컬어 성현이라고 한다", "교육의 목적은 성현으로 되려는 데 있음이 틀림없음직하다", "(퇴계는 고봉에게) 학문을 하는 자는 반드시 성현이 될 것을 자기(自期)하여야 된다고 한 것을 좋은 말이라고 격려한 바가 있었다"라고 기술하였다.

헤르바르트의 교육학은 도의적 품성의 도야를 교육의 목적으로 삼는 보급체계이기도 했다. 당시 품성은 사람의 내면적 실재(「性」)라고 하는 의미는 약했고, 이는 어디까지나 도야(교육)를 통해 갖출 수 있는 대상이라는 의미가 강했다.[85] 헤르바르트의 교육학을 통해 품성 도야를 교육목적으로 제시하는 데 앞장섰던 유모토 다케하코(湯本武比古)는 공자의 가르침에 대해서도 5단교수법으로 재구성(제1단: 愼[豫備], 제2단: 啓[授與], 제3단: 悱[聯合], 제4단: 發[結合], 제5단: 三隅反[應用])하여 제시하는 과감성을 보였다.[86] 유모토 다케하코의 과감성은 공자가 "이름을 올바르게 붙이지 않으면[名不正] 말이 이치에 맞지 않게 되고[則言不順] 말이 이치에 닿지 않으면[言不順] 일을 해도 성공할 수 없다[則事不成]"[87]고 하면서 군자의 몸짓에는 구차함이 없어야 한다고 지적했던 말을 떠올

그리고 유교의 의리론을 전제로 망국의 현실에서 시의=시중의 도를 실천하겠다면 그것은 유인석(柳麟錫)이 제시한 처변삼사(處變三事: '擧義掃淸', '去之守舊', '自靖致命', 『毅菴集』, 卷24, 「答湖西諸公」, 卷38, 「書贈李紀仲洪元玉歸故國」, 卷55, 「年譜」) 중의 하나여야 한다는 점을 유의한다면, 일제 협력 유림이 설명하는 시의=시중은 의리나 도의 기준을 근본적으로 이탈한 것임을 알 수 있다(정욱재, 「일제 협력 유림의 유교인식: 1910~1920년대 경학원 관계자를 중심으로」, 『한국사학사학보』 16, 2007, 75.).

85) 藤野眞擧, 「譯語としての「品性」の成立と意味變化について」, 韓國日本近代學會 第41回 國際學術大會(2020.10.24. 非對面學術大會)資料集, 2020, 74-86.

86) 湯本武比古, 『孔子ノ五段教授法: 新編教授学追加』, 東京: 湯本武比古, 1895, 12-13.

87) 『論語』, 第13, 「子路」.

리게 하는 장면이 아닐 수 없다.[88] 유모토 다케하코는 품성은 의지에서 나온다는 관점에 입각하여 그 흐름 속에서 품성 도야는 모범 제시, 교훈 부여, 습관·연습 중시를 기본으로 삼는다는 점을 강조하였다.[89]

박종홍은 퇴계의 교육사상에 대한 논의에서 교육의 부차적 목적에 대해, 과거제도에 대한 대응 문제를 중심으로 기술하면서 이에 따르는 여러 논점을 부연 설명하였다.[90] 박종홍은 퇴계 언행록에 주목하여 논의를 이어갔으며, 여기에는 퇴계의 제자 김성일, 정유일, 정사성, 김부륜 등이 등장한다.[91]

당시 일반으로 교육의 목적을 마치 과거(科擧)에 응시하여 벼슬하는 데 있는 것처럼 생각하던 풍조를 퇴계는 어떻게 생각하였던가? 과거는 퇴

---

88) 김범수, 「공자의 도에 있어서 확신할 수 없는 것의 중요성에 관하여」, 『철학·사상·문화』 26, 2018, 44-49.

89) 湯本武比古, 『応用心理学: 新編』, 東京: 金港堂, 1894, 223.; 藤野眞擧, 「譯語としての「品性」の成立と意味變化について」, 韓國日本近代學會 第41回國際學術大會 (2020.10.24. 非對面學術大會)資料集, 2020, 78 재인용. 당시 훈련론의 진보라고 평가받았던 의지 육성과 품성 도야의 실제에 대해서는 森隼三, 『一日の教育』, 東京: 寶學館 1920, 49-67 참조.

90) 박종홍, 「퇴계의 교육사상」, 1928, 『박종홍전집(Ⅰ)』, 서울: 민음사, 1998, 133-135.

91) 박종홍이 주목했던 퇴계의 문도 김성일, 정유일, 정사성, 김부륜에 대한 간략 정보는 다음과 같다(『退溪集』, 「言行錄箚記諸子目錄」). ① "김부륜(金富倫): 자는 순서(惇敍), 호는 설월당(雪月堂), 광주인(光州人), 예안(禮安)에 살다.", ② "정유일(鄭惟一): 자는 자중(子中), 호는 문봉(文峯), 동래인(東萊人), 안동(安東)에 살다.", ③ "김성일(金誠一): 자는 사순(士純), 호는 학봉(鶴峯), 시호는 문충공(文忠公), 의성인(義城人), 안동(安東)에 살다.", ④ "정사성(鄭士誠): 자는 자명(子明), 호는 지헌(芝軒), 청주인(淸州人), 안동(安東)에 살다." 다만 이들에 관한 사항을 가감 없이 직접적으로 인용하는 일은 곤란하다. 퇴계에 대한 전기, 평전, 연구서나 논문 등등에서는 이러한 자료들에 적힌 내용을 그대로 묵수 신봉하고 있다는 점에서 한계를 갖는다. 특히 학봉(김성일) 학파에서 주도권을 잡고서 완성시킨 언행록의 내용을 퇴계가 친히 아들, 손자에게 보낸 가서의 내용과 비교하여 보면 차이가 나는 점이 있다. 이장우, 「이퇴계의 언행록과 가서 내용의 비교 검토」, 『대동한문학』 50, 2017, 153-178.

계 자신 이에 응하여 고관의 지위에까지 오른 것이었으나, 그것은 연로하신 모부인(母夫人)의 궁거(窮居)를 염려하였기 때문이요 또 사람들의 권유에 의한 것이지, 퇴계 자신의 본의는 아니었던 것 같기도 하다(『언행록』 권6 실기 「김성일찬」,『언행록』 권2 「율신 김성일기」,『문집』 권10 「여조건중」). 그러기에 퇴계는 오히려 고관됨을 삼가라고 이미 33세 젊은 시절에 시로 읊은 일조차 있다(『문집』 권1 「시」). 그렇다고 국가의 과거제도 자체를 비난한 것은 아니다. 퇴계 자신 은퇴생활을 하는 동안에도 날이 갈수록 나라를 근심하는 일념은 더욱 절심(切深)하여 왕왕 학자들과 담론하다가 말이 국사에 이르면 문득 허희 감분(噓唏感憤)하였던 것인만큼(『언행록』 권2 「사군 정유일기」) 학문을 국가와 무관하다고 보았을 리 없고, 따라서 교육의 목적을 국가의 요소와 떼어서 생각하였을 리도 없다. 오직 내외 경중의 분별이 있음을 잊어버리고 단지 실속 없는 겉치장을 경계하려고 한 것이다. 퇴계는 우리나라의 문교(文敎)가 흥하지 못함은 문예(文藝)의 재주를 숭상하는 나머지 성인(聖人)의 가르침을 직접 연구하는 자가 드물기 때문이라 하여 허다한 영재(英才)가 속학(俗學)에 골몰함을 탄식하였다(『언행록』 권5 「논과거지폐 정사성기」). 그리고 학(學)은 나 자신을 위한 학이요 사람을 위한 것이 아니다. 도리니 덕행이니 하는 것이 모두 내가 마음으로 체인하여 궁행하는 데 있는 것이요 헛되이 외면적인 허식에 의하여 명예를 탐내는 데 있는 것이 아니라고 한다(『언행록』 권1 「교인 김부륜기」).

퇴계는 과거제도의 문제를 지적하면서 공자 이래의 위기지학과 위인지학에 대해 말하였다. 위기지학(내가 마음으로 도리·덕행을 체인하여 궁행하는 것)과 위인지학(헛되이 외면적인 허식에 의하여 명예를 탐내는 것)으로 뜻풀이를 하면서도, 위기지학을 "나 자신을 위한 학"으로, 위인지학을 "사람을 위한 것(학)"으로 직역하였다. 이를 오늘날의 언어감각에 맞게 번역하자면 위기지학은 "나를 갈고 닦고 다듬는 공부"로, 위인지학은 "남에게 나를 과시하기 위한 공부"로 의역하는 것이 더 마땅한 번역일 것이다. 퇴계는 허다한 영재가 속학에 골몰하는 현실을 탄식하면서 "학은 나 자신을 위한 학"임을 말하였다. 퇴계는 과거공부[功令文, 場屋之文]를 배우러 간 손자 안도에게 옛말을 인용하여 "가까이 있는 달콤한 복숭아나무는 거들떠보지 않고[棄却甜桃樹] 시큼한 배를 따러 온 산을 헤맨다[巡山摘醋梨]"고 지적한 바 있다.[92] 학문의 자체 가치와 교육의 내재적 목적에 충실하라는 충고였는바, 그 발생사적 배경을 놓고 보면 과거공부에 몰두하는 것은 정도를 버리고 특이/기괴한 사도를 좇는 일이나 다를 바 없음을 지적한 것이다. 과거제도에 대한 퇴계의 생각을 박종홍은 교육의 부차적 목적(위인지학, 교육의 외재적 목적)에 대한 얘기로 분류하여 서술하였는바, 이는 결국에는 교육의 윤리적 목적(위기지학, 교육의 내재적 목적)에 대한 얘기와 직결된다는 것을 알 수 있다.

박종홍은 퇴계의 교육목적론을 목적의 동적 이해라는 관점을 통해 기술하였다. 이는 교육목적을 고정된 것으로 보기 어렵다는 생각이겠고, 그 철학적 배경은 근대 일본교육학 및 경성제국대학 설립을 전후

---

92) 『退溪集』, 卷40, 「與安道孫」. 주자는 『논어』, 『맹자』, 육경의 가치를 몰라보고 자꾸 다른 전거에 관심을 보이는 제자를 향해 "가까이 있는 달콤한 복숭아나무는 거들떠보지 않고 [棄却甜桃樹] 시큼한 배를 따러 온 산을 헤맨다[緣山摘酢梨]"는 비유를 통해 훈계하였다 (『朱子語類』, 卷121, 「訓門人九[總訓門人而無名字者爲此卷]」). 퇴계는 이 말을 과거공부에 치우친 손자에게 사도가 아닌 정도에 힘쓸 것을 훈계하기 위해 사용하였다. 하지만 이를 두고 퇴계가 아들이나 손자에게 과거제도에 대해 부정적으로 대응했다고 해석하는 것은 곤란하다. 퇴계는 직접 아들의 과거공부를 챙기기도 하였고 결국 아들이 급제하지 못하자 음직을 찾아 벼슬길에 오르게 하였다. 당시의 사람을 재는 거의 유일한 척도가 과거제도였다는 점을 감안한다면, 퇴계는 그 대응 과정에서 드러나기 쉬운 욕망체계를 문제삼았을 뿐이며 처음부터 과거나 벼슬에 관심이 없었다고 단정짓는 것은 크게 맞지 않다. 이에 대한 구체적인 논의는 이장우, 「퇴계 부자와 과거 시험: 가서를 중심으로」, 『대동한문학』 38, 2013, 47-78 참조.

로 한 식민지 교육학의 작동원리와도 상당부분 연계되는 점이라고 볼 수 있다.[93] 박종홍은 퇴계의 교육목적론에 대해 다음과 같이 제시하였다.

> 지적인 면(明明德, 格物致知)의 도야도, 실천적인 면(新民 誠意 正心 修身 齊家 治國 平天下)의 도야도 모두 목적으로 하는 것이나, 그의 궁극적인 목표는 지선(至善)에 머무는 데 있다. 바꾸어 말하면 인(仁)을 체득하여 성현이 되는 데 있다. 부귀 같은 것은 제이차적인 것이다. 세속적인 명예나 영리를 추구하여 본말을 전도하여서는 안 된다. 그리고 일률적으로 고정된 것일 수 없고 각기 발전단계에 순응한 것이라야 하는 것이요 그 이상으로 하는 바가 일(一)이면서 동시에 다(多)인 것이니, 각기 개성의 차이를 통하여 착한 본성을 실현케 하는 것이 교육의 목적이라고 생각되었던 것이다.

박종홍이 퇴계의 교육사상을 서술하면서 사용한 도야는 지적 도야(형식 도야)와 실천 도야(실질 도야)를 포괄하는 의미를 담고 있다. 이에 대한 부연 설명을 위해 당시 도야라는 말의 발생사적 사용맥락을 들여다볼 필요가 있다. 독일어 Bildung의 이념이 1870−80년 즈음에 니시 아마네(西周)에 의해 '도야(陶冶)'로 번역되어 도입될 수 있었던 배경에는, 당시 일본이 처한 정치·사회적 상황에서 기인한 면이 컸다고 말할 수 있다. 1870년대 일본에서 적극적으로 추진되었던 문명개화정책은 1880년대 이후 보수적 방향으로 전환되었고 1880년대 중반 이후 일본정부는 민권론자의 추방과 함께 국가주의·국수주의적 색채를 분명히 드러

---

93) 박종홍, 「퇴계의 교육사상」, 1928, 『박종홍전집(Ⅰ)』, 서울: 민음사, 1998, 135−136.

냈다.[94] 불안한 민심을 통합하고 비정치적인 일본 국민을 만들기 위한 이데올로기 구축이 필요했던 정치적 상황에서 일본의 교육학자들은 내면적 자기완성의 과정을 강조하는 도야 개념에 주목하였다.[95] 박종홍이 퇴계의 교육목적론(목적의 동적 이해)을 서술하는 과정에서 도야의 개념을 앞세우고, 지적 도야(형식 도야)와 실천 도야(실질 도야)의 조화를 교수원리로 제시한 배경에는 이렇게 메이지시대 이래의 근대 일본교육학이 자리 잡고 있었다.

3. 박종홍이 기술한 퇴계의 교육방법론

박종홍은 퇴계의 교육사상 중의 방법론에 대한 논의에서 방법총설, 학습론(교재론, 학습방법론), 훈육론, 학습과 훈육과의 관계(지행호진설, 경), 방법여론(양호론, 교육자론) 등을 기술하였다. 먼저 방법총설에서는 태교의 중요성, 청년기의 자각, 인생 전기·후기의 방법론, 입지론에 대해 논했다는 점에서 특징적이다.[96]

교육의 방법을 논하기에 앞서, 퇴계는 교육의 시기를 어떻게 구분하고 있었던가부터 알아보기로 한다. 퇴계는 역시 태교(胎敎)의 중요성을 인정하고 있다(『문집』 권10 「성학십도중 소학도」 참조). 그러나 이것은 차치하고 대체로 청년기, 즉 상당한 자각이 생겨 이른바 뜻을 세워 개성이 어지간히 현저하여지는 시기를 경계로 그 이전과 이후와의 둘로 나누어 생각한 것으로 볼 수 있다.……다음으로 퇴계의 교육방법론 중 특이하다고 할 것

94) 이명실, 「도야 개념의 수용에 관한 일 고찰」, 『한국교육사학』 39(4), 2017, 61-90.

95) 이명실, 위의 논문, 61-90.

96) 박종홍, 「퇴계의 교육사상」, 1928, 『박종홍전집(Ⅰ)』, 서울: 민음사, 1998, 136-138.

은 목적론과 관련하여 개성을 존중함은 말할 것도 없지만, 입지(立志)의 중요성을 강조하고 있는 점이다(『언행록』 권1 「교인 김수기」/『문집』 권7 「진성학십도차」/『문집』 권24 「답정자중」). 입지란 자각적인 태도의 확립이라고 할 수 있는 만큼, 상당한 연배, 즉 위에서 말한 후기 교육에 있어서 요구된 것 같기도 하다. 그리고 주로 이 후기의 방법론이 퇴계의 주요 관심사였다고 하겠다. 퇴계에게 직접 지도를 받은 문인들이 청장년기의 선비들이었음을 생각한다면 당연한 일이라고 하겠다(『문집』 권40 「이산원기」/『문집』 권16 「답기명언」). 언제나 심기를 고무하여 향학의 정신을 흥기시키는 것이 긴요하다. 여기에 개성의 특질이 더욱 현저하여지는 동시에 그에 따라 교육방법도 달라야 함을 생각한 것이다(『언행록』 권6 「언행통술 정유일잔」). 그러나 이처럼 뜻을 먼저 세운다고는 하나 역시 학의 진보와 아울러 더 일층 견고 원대하여질 것이요, 어느 때부터라고 일률적으로 판연한 구획이 있다는 것은 아니다. 그런 만큼 소년의 어린 시기라고 하여 입지에 유념할 필요가 없다는 것도 아니다. 오히려 그러한 자각을 갖도록 맹아를 북돋우려는 것이라고 하겠다.

박종홍은 퇴계의 교육사상을 논하면서 청년기·청장년기의 입지의 중요성을 주목하였고, 그들의 자각적인 태도의 확립, 향학의 정신과 학의 진보 등에 대한 얘기를 이어갔다. 유교성리학의 공부세계에서 입지의 중요성이 강조되지 않은 경우는 없다. 그런데 근대일본 교육학의 중심주제가 청소년의 입지였고, 그 입지는 응당 유교·주자학적 세계관과는 결을 달리하는 것이었다. 박종홍이 퇴계의 입지론을 주목하고 강조했던 순간에도 조선의 청년·학도는 일본식 입지론에 의해 삶의 패러다임이 재구축된 지대를 통과하고 있었음에 유의할 필요가 있

다.[97]

박종홍은 퇴계의 학습론을 구축하는 과정에서 교재론에 이어 학습방법론을 기술하였는데, 그 기술 과정을 보면 학습방법론과 교육방법론을 거의 동일 개념으로 받아들인 것을 알 수 있다. 박종홍은 퇴계의 학습방법론에 대해 기술하면서 장구(章句)·구이(口耳)의 말습을 넘어 지행호진설에 입각하여 지와 행의 밑받침이 되는 경을 논했으며, 이어서 야마자키 안사이와 엔도 류키치를 인용하면서 퇴계를 선유(先儒)들이 밝히지 못한 바를 밝힌 인물이자 동양감성론의 대성자라고 평했다.[98]

일본 막부(幕府)시대의 석유(碩儒) 야마자키 안사이(山崎闇齋)는 사단칠정을 이기(理氣)로 나누는 데 있어서 퇴계는 선유(先儒)들이 설(說)하여 이루지 못하였던 것을 밝혔다고 칭탄(稱嘆)하였고(山崎闇齋著『文會筆錄』권 5) 또 대정(大正)시대의 엔도 류키치(遠藤隆吉)라는 학자는 퇴계를 동양감정론의 대성자라고까지 하였다(日本『岩波哲學大辭典』).……이상의 퇴계의 학습론을 요약한다면 학습은 반복하여 숙독완미(熟讀玩味)하여야 하며 더욱 깊은 사색의 공을 쌓아 얻음이 있어야 한다. 그러기 위하여 독단적

---

97) 주자학적 세계관을 반영한 퇴계의 입지론은 식민권력의 인식론적 폭력이 자행되는 대표적인 공격 목표 중의 하나였다. 조선총독부 경무국 도서과에서 편찬한 『조선출판경찰월보』(1928.9.~1938.12.)를 중심으로 얘기하자면, 박종홍이 그려낸 퇴계의 입지론과는 상당한 격차와 괴리를 갖는 것이었다. 당시에는 정치적·이념적인 주장을 담은 입지론은 식민지 검열 체계를 통과하지 못했고, 그들의 정신/의식세계 그 빈자리를 남녀 간의 연애로 채우는 것은 허용되었다. 민족과 계급에 대한 감성적인 사랑을 부추기는 방식의 식민지인의 기획은 응당 금지된 감정이었다(류진희, 「금지된 감정: 『조선출판경찰월보』의 소설 기록과 탈/식민 센티멘털리즘」, 『비교문화연구』 54, 2019, 35-56.). 식민지인의 민족과 국가를 표상하는 기획에 민감했던 제국은 그들만의 입지론을 재구성/재구축하였다. 그것이 바로 군국주의적 팽창주의·침략주의를 희망의 이름으로 아름답게 포장한 일본식 입지론이었다(原田指月, 『海行かば: 立志美談』, 東京: 甲子書院, 1927.).

98) 박종홍, 「퇴계의 교육사상」, 1928, 『박종홍전집(Ⅰ)』, 서울: 민음사, 1998, 141-144.

인 편견에 사로잡힘이 없이 의문된 점은 철저히 추궁하여 예리한 비판적 태도를 결여하여서는 안 된다는 것이다.

박종홍은 일본 막부시대의 야마자키 안사이(山崎闇齋)를 거명하면서 퇴계는 사단칠정을 이기(理氣)로 나누는 데 있어서 선유(先儒)들이 이루지 못하였던 바를 밝혔다고 칭탄했음을, 그리고 다이쇼시대의 엔도 류키치(遠藤隆吉)를 거명하면서 퇴계가 동양감정론의 대성자임을 말하였다. 그런데 박종홍은 당시, 그리고 그 이후로도 야마자키 안사이의 정체를 제대로 파악하지 못했다는 사실을 지적할 수 있다. 우선 야마자키 안사이를 주자학의 범주에 넣고 얘기해왔으나 조금만 관심을 갖고 들여다보면 그는 주자학의 세계를 제대로 걷는 자가 아니었다는 것을 알수 있다. 야마자키 안사이는 스이카신도(垂加神道) 창립자이자, 미토학(水戶學)의 지향점을 제시한 자이며, 공자−맹자 생포론을 유포한 자이기도 했다. 박종홍이 야마자키 안사이를 퇴계와 연동시키고자 했던 배경에는, 교육칙어(1890) 발표 이래 퇴계−교육칙어 연계설이 유포되는 과정에서, 야마자키 안사이가 퇴계를 존숭했던 에도시대 주자학자 중의 한 사람으로 항상 거론되었기 때문일 것이다. 하지만 퇴계를 시초담론으로 삼는 이런 부류의 일본 주자학 얘기는 사실상 성찰도 자각도 결여된 퇴계관일 수밖에 없다. 야마자키 안사이의 사도론과 퇴계의 사도론을 비교해보더라도 양자는 그 결이 근본적으로 다르다는 사실을 확인할 수 있다. 야마자키 안사이에 대한 몇 가지 전해오는 기억 중에 "제자들은 흡사 고양이 앞의 쥐처럼 전율(戰慄)하여 야마자키 안사이를 우러러보는 자가 없었다"거나 "선생을 뵈러 나아갈 때는 흡사 감옥에 들어가는 느낌이었고, 물러날 때에는 흡사 범의 입을 벗어난 느낌이었다"는 전언은 유교적 사도문화·사제관계를 형용하는 모습과는 딴판이었

음을 알 수 있다.[99]

　박종홍이 야마자키 안사이에 이어 거명했던 엔도 류키치는 동양철학 일반의 관점에서 퇴계에 대한 논의를 보여주었고, 이어서 교육가의 수양(교육가, 교육자의 자격과 이상, 교육학의 국가적 건설), 수양방법론(주일무적, 지행합일, 미발의 중을 살피는 일), 동양윤리학, 망념망정(妄念妄情)의 문제 등에 대한 논의를 통해 동양윤리학의 차원에서 퇴계-교육가-수양 문제를 다루었던 인물이다. 박종홍의 퇴계 연구에는 엔도 류키치의 철학 일반 및 교육학(교육사상)에 대한 논의체계로부터 영향을 받았다는 것을 알 수 있다. 박종홍의 퇴계 연구, 그 기저에는 엔도 류키치의 철학에서 교육학으로 확장되는 연구사적 특징이 깔려 있음을 확인할 수 있다.

　박종홍이 퇴계의 학습론에 대해 "스스로 사색하는 것이 퇴계의 학습론에 있어서 가장 중요한 점"임을 지적한 것은 학습의 본의에 충실히 접근·해석하는 작업을 보여주었다는 의미를 갖는다. 퇴계의 논점에 대해 박종홍은 "성현의 언행을 마음에 지니고 조용히 잠심하여 참으로 이것을 나의 것으로 만들어야 한다. 거기에 진정한 학습의 의의가 있는 것이다. 그러기 위하여 낮에 읽은 것을 그에 그치지 말고 야반에 심경이 바로 안정되었을 때 반드시 생각하고 풀어 천리를 체인하여야 한다"고 하였다. 박종홍은 퇴계의 사색에 대해 "너무나 애를 써서 스스로 사색하였다"거나 "깊고도 끈기 있는 사색"을 보였다거나 "더욱 깊은 사색의 공을 쌓아 얻음이 있어야 한다"고 말하면서, 사색과 실행이 함께 이루어지기를 강조했던 퇴계의 학습론의 핵심을 지적하였다. 이처럼 사색의 중요성을 말한 것은 공자-맹자 이래의 유교적 공부론의 핵심을

---

99) 足立栗園, 『修養文庫 愛國百話』, 大阪: 積善館, 1911. 퇴계 이황과 야마자키 안사이의 서로 다른 결, 그 어긋남에 대해 논한 대표적인 연구로는 井上厚史, 「李退溪の敬説と山崎闇斎の敬説」, 『南道文化研究』 20, 2011, 131-174 참조.

짚어낸 것이기도 하다. 이는 고종과 퇴계의 11대손 향산 이만도 간의 대화를 통해서도 확인할 수 있는 장면이다. 1870년(고종 7) 2월 8일, 이만도는 여섯 번째 조강에 입시하였다. 『맹자』에서 제시한 "눈의 힘[目力]", "귀의 힘[耳力]", "마음의 생각[心思]"이라는 말 각각의 조어상의 차이와 쓰임새에 관한 토론을 통해 조강에서 심학(心學)의 요체에 대한 구체적인 논의가 이루어졌다. 고종이 "귀와 눈에는 힘이라는 말을 붙이고[在耳目則曰力] 마음에는 힘이라는 말이 아닌 생각이라는 말을 붙인다[在心則不曰力而曰思]"면서 그 까닭은 무엇인가를 묻자, 이만도는 퇴계의 『성학십도』를 인용하여 "생각이라는 한 글자는[思之一字] 바로 심학의 요체이기 때문에[卽是心學之要] 신의 선조 선정신 이황이[故臣先祖先正臣滉] 성학십도차자를 올려[進聖學十圖箚子] 생각이라는 글자와 배움이라는 글자를 맨 먼저 밝혔으니[以思字學字首發明之], 이는 바로 배울 때는 생각하지 않으면 안 되고 생각할 때는 배우지 않으면 안 된다는 것을 안 것입니다[是知學不可以不思思不可以不學也]"라고 답변하였다.[100]

박종홍은 퇴계의 교육사상 연구에서 훈육론에 대해서도 비중 있게 다루었다. 박종홍은 퇴계의 마음(天君, 心意)의 작용(動靜의 未發–旣發)에 주목하면서 학습과 훈육의 관계를 말하고, 훈육의 완성도를 높이기 위

---

100) 『孟子』, 卷7, 「離婁章句上」; 『響山集』, 卷2, 「經筵講義」; 박균섭, 「선비의 결단 1910: 향산 이만도의 앎과 삶, 그리고 퇴계학의 지평」, 『현대유럽철학연구』 53, 2019, 99–142. 유학의 원형적 가르침은 식민권력의 자장에 빨려들면서 "생각하는 마음[心思]"은 "마음의 힘[心力]"으로 변질되고 말았다. 생각하는 마음이 일본적 욕망에 의해 재해석되면서 마음의 힘으로 변형이 이루어진 것이다. 그 단적인 예를 친일 유교지식인들을 통해 확인할 수 있는바, 그들은 수양단을 조직하여 활동하면서 "1. 유한단련(流汗鍛鍊), 2. 동포상애(同胞相愛), 3. 헌신보국(獻身報國), 4. 윤리운동(倫理運動)"을 외쳤는데, 그것이 바로 그들이 말하는 "마음의 힘[心之力]"의 실체였다. 鄭國采, 「心之力」, 『彰明』 2, 1923, 26–30.

한 차원의 접근법(親愛의 中途, 敬의 工夫)을 제시하였다.[101]

박종홍은 퇴계의 훈육론에 대해 "사랑과 단속은 언제나 치우침이 없어야 한다"는 타이틀을 제시하고, 이를 부연하여 "애정에 끌리어 훈계를 소홀히 하는 일이 있어서는 안 된다", "너무 준열하게 책망할 것이 아니요 찬찬히 타이르기를 거듭하여 스스로 느끼며 깨치도록 하여야 한다", "대번에 꾸짖는 일이 없이 온화하면서도 엄숙한 태도로써 대할 때 만사는 스스로 다스려진다", "자제를 사랑하는 나머지 그 어질지 못함을 간과함은 친애의 치우침이요 그렇다고 교독을 지나치게 하여 은륜을 상하는 데 이른다면 친애의 도를 잃음이다", "사랑하되 그 잘못을 알며 엄하게 하되 지나치지 않는 것 그것이 친애의 중도를 얻음이다" 등을 말하였다.[102]

박종홍은 '치지'가 주로 학습에 관한 것이라면 '역행'은 훈육의 주안점을 일컫는다고 말하고, 이 역행도 타율적인 지도로부터 자각적인 노력에 의한 것으로 발전하는데 역행다운 진의가 있다고 말하였다. 그런데 이처럼 퇴계의 교육방법론으로 제시한 개념인 훈육은 근대 일본교육학의 도입·수용 이래 식민지 교육의 주요어이자 학교교육의 특수용어처럼 사용되기도 하였다. 당시 교육학에서는 교육작용에 대해 지육(知育), 훈육(訓育), 미육(美育), 체육(體育)으로 분류할 수 있으며, 지육은 인식방면에 대한 교육, 훈육은 도덕의식에 대한 교육, 미육은 미의식에 대한 교육, 체육은 신체에 대한 교육을 일컫는다고 보았다.[103] 교육의 관심사인 품성이란 필경 도덕실행의 능력을 일컫는 것이며, 도덕이 사람에 대한 최고의 권위를 보여주는 것이라면 품성은 사람의 사람다운 품위를

---

101) 박종홍, 「퇴계의 교육사상」, 1928, 『박종홍전집(Ⅰ)』, 서울: 민음사, 1998, 146-148.

102) 박종홍, 위의 논문, 145.

103) 渡辺碧嵐, 『愛より敎育へ』, 東京: 大同館書店, 1923, 89.

나타낸다고 말할 수 있다. 그렇다면 훈육은 교육 4방법(지육, 훈육, 미육, 체육) 중에서도 특히 주된 관심사일 수밖에 없음을 알게 된다.[104]

박종홍은 퇴계의 교육사상 연구에서 "학습과 훈육과의 관계"를 검토하는 란을 만들었다. 학습과 훈육의 관계에 대한 논의에서는 "지행호진설"과 "경"을 두 축으로 삼아 얘기한 데서 알 수 있듯이 그 핵심은 "경"에 대한 얘기였다.

> 지(知)와 행(行)은 서로 관철하고 서로 도와 호진(互進)할 것이다. 진지(眞知)와 실천(實踐)과는 실로 수레의 두 바퀴와 같고 새의 두 날개와 같아 그 중의 하나가 없어도 안 된다.……육왕학파(陸王學派)에 있어서 말하는 바 지행합일설을 의미함은 더구나 아니다. 지와 행은 어디까지라도 둘인 것이요 같은 하나가 아니다. 지를 행이라고 할 수도 없고 행을 지라고 할 수도 없는 것이다(『문집』 권41 「전습록논변」). 이상의 퇴계의 지행호진설은 바로 사단칠정론에 있어서 그의 이기호발설을 연상케 한다. 퇴계에 있어서 이(理)와 기(氣)는 언제나 꼭 같이 공발(共發)하는 것도 아니요 그렇다고 일정한 하나, 특히 기(氣)만이 발(發)하는 것도 아니었다. 즉 공발설(共發說)도 일도설(一途說)도 아닌 호발설(互發說)을 관철하였다. 여기서도 병진(竝進)이라고는 하나, 엄밀하게 말하여 지행(知行)이 마치 하나가 되

---

104) 당시 일본교육학의 훈육론에 대해 와타나베 아란은 훈육에서 도덕실행 능력인 품성의 확립으로 가기까지의 단계와 과정을 구조화하여 제시하였다(渡辺碧嵐, 『愛より教育へ』, 東京: 大同館書店, 1923, 94).

훈육	교수	지	선악 관련 지식	간접훈련	품성의 확립
			도덕적 판단		
		정	도덕적 정조		
	훈련	의	결의(선의 동기)	직접훈련	
			실행		

어 언제나 공진(共進)한다는 것도 아니요 또 선지(先知)니 선행(先行)이니 하지만 어느 하나만이 언제나 앞선다고 보아도 안 된다는 것이다. 사단칠정론에 있어서 이(理)가 발하는 경우와 기(氣)가 발하는 경우의 호발을 주장하였듯이 지행설(知行說)에 있어서도 지(知)가 선행하는 경우와 행(行)이 선행하는 경우가 각기 가능함을 생각하여 지행호진을 논한 것이다. 여기에 이르러 퇴계의 사색이 심원하였으며 그의 사상체계가 수미의 일관을 지향하고 있음이 짐작된다. 그러나 지행이 비록 긴밀한 관계를 지으며 호진한다고는 하지만, 이미 양자로 보는 이상, 그 뗄 수 없는 관계의 밑받침이 되는, 더구나 향상 발전을 촉진하는 힘이 되는 기본적인 자세가 필연적으로 요구되었고 이것이 다음 아닌 경(敬)이라는 개념이다.[105]

근대 일본교육학에서는 별다른 고민 없이 육왕학파(陸王學派)의 학문, 양명학(陽明學)의 지행합일설에 주목하였다.[106] 지행합일설은 심신일체의 훈련을 슬로건으로 삼아 황국민(皇國民)의 연성(鍊成)을 지향하는 사상적 기반이기도 했다.[107] 하지만 일제강점기, 식민권력의 입장에서는 퇴계의 지행호진설도 양명학의 지행합일설에 궁극적으로 포섭될 수 있는 것이라는 전제를 미리 갖고 있었을 것이다. 퇴계의 경(敬)이 궁극적으로 지향하는 바는 지행호진설로 설명하든 지행합일설로 설명하든 그것이 그리 중요한 일은 아니라고 보았을 것이기 때문이다. 지행호진설은 응당 경(敬)의 개념 제시와 그 최종의 지점인 지선(至善)의 경지에 당

---

105) 박종홍, 「퇴계의 교육사상」, 1928, 『박종홍전집(Ⅰ)』, 서울: 민음사, 1998, 148-150.

106) 근대 일본의 양명학 수용 양상, 그리고 그 흐름이 일본 보수·우익의 기저 사상으로 자리 잡게 된 성격을 검토한 글로는 박균섭, 「근현대 일본양명학의 특성 분석」, 『철학사상』 83, 3-48 참조. 특히 퇴계가 양명학을 비판하는 과정에서 우려했던 상황은 놀랍게도 일본 극우세력의 준동을 통해 확인할 수 있다(위의 논문, 35).

107) 木村元, 『學校の戰後史』, 東京: 岩波書店, 2015, 52.

도한다는 전제 하에서만 의미를 갖는 것이었다. 그렇다면 식민권력의 입장에서 지행합일설이든 지행호진설이든 그것이 굳이 문제될 리는 없었을 것이다.

박종홍은 학습과 훈육의 관계를 검토하는 장을 통해 지행호진설과 경(敬)을 두 축으로 삼아 논의를 전개하였다. 퇴계의 교육사상을 구축하는 동력은 경(敬)에 있다는 것을 강조하는 장면이다.[108]

박종홍은 퇴계의 교육사상의 핵심으로서의 경에 대해 「심학도」(『문집』 권7 「심학도」)를 통해 "일신(一身)의 주재인 심(心)을 다시금 주재하는 것이 경(敬)"임을 분명히 하였다. 그것은 "정신이 집중 통일된 상태요 이른바 무적(無適), 즉 마음을 방만하지 않도록 함"이자 "정제엄숙(整齊嚴肅), 모든 기거동작을 가벼이 함이 없이 만사에 조심하고 삼가는 태도"이며 "저절로 신심(身心)이 숙연하여지고 표리가 하나로 되는 경지"이며 이는 "천하 지성(至誠)이라야 만물이 그 성(性)을 다하게 되거니와 참되려고 노력하여야 하는 인간의 태도"라고 말하면서 "오직 경을 견지함으로써만 천지의 화육을 도울 수도 있는 것"이라고 규정하였다. 박종홍이 퇴계학의 핵심이라고 할 수 있는 경론을 제시하면서도 보다 엄밀한 논의를 보여주지는 못했는데, 이를 보다 정연한 구조로 재구성하자면 삼선생사조설(三先生四條說)을 통해 논의를 이어갈 수 있다. 경론(敬論)은 ① 자세를 바르고 엄숙하게 한 상태(整齊嚴肅: 程伊川), ② 주의를 하나로 집중하여 다른 데로 쏠리지 않은 상태(主一無適: 程伊川), ③ 마음을 수렴하여 아무것도 남아 있지 않게 한 상태(其心收斂不容一物: 尹和靖), ④ 항상 깨어 있는 상태(常惺惺: 謝上蔡) 등으로 정리할 수 있다(敬齋箴圖). 퇴계는 성인을 지향하는 교육론을 경설(敬說)을 통해 제시하면서 "십도(十圖)가

---

108) 박종홍, 「퇴계의 교육사상」, 1928, 『박종홍전집(Ⅰ)』, 서울: 민음사, 1998, 150-152.

모두 경(敬)을 위주로 한다"(大學圖)거나 "경(敬)은 마음을 주재한다"(心學圖)거나 "삶은 경 공부의 공간과 시간"(敬齋箴圖, 夙興夜寐箴圖)이라고 규정하였다.[109] 퇴계의 경은 언제 어디서나 사람들을 향한 고마워하는 마음이자 세상을 살면서 흔들리지 않고 일관된 마음을 갖고 살아가는 삶 그 자체이기도 했다.[110]

퇴계철학은 교육의 관점에서 범주화되고 이는 일선융합의 이데올로기로 활용되면서 식민교육의 자장에 깊숙이 빠져들었다.[111] 박종홍은 퇴계의 교육사상 연구, 그 중에서도 경의 철학을 강조하는 과정에서 칸트의 윤리설, 문화교육학, 근로교육, 자유교육 등의 개념을 동원하여 일제강점기 1920년대 중·후반의 교육상황을 일컬어 경의 결여상태로 규정하였다는 것을 알 수 있다. 특히 1920년대 일본교육학에서는 독일에서 도입한 문화교육학(에 있어서의 체험)을 강조하는 움직임을 보였다.[112] 박종홍은 지행호진설과 경을 두 축으로 삼아 학습과 훈육의 관계를 논하면서 체험교육을 강조하는 문화교육학에도 주목하였는바 그 내면의 불안을 자극한 것은 바로 경의 결여상태였다. 근대적으로 변형된 박종홍의 유교윤리에서 가장 근본적인 문제는 당대 지배권력에 대해

---

109) 『退溪集』, 卷7, 「進聖學十圖箚幷圖」의 제4도(大學圖), 제8도(心學圖), 제9도(敬齋箴圖), 제10도(夙興夜寐箴圖). 박균섭, 「퇴계교육철학과 근대교육」, 『교육철학』50, 2013, 35–36 참조.

110) 『退溪集』, 卷7, 「進聖學十圖箚幷圖」. 퇴계의 경을 당시의 언어감각에 맞게 풀이하자면 그것은 사람들을 향한 고마워하는 마음("고마경")이자 세상을 살면서 보이는 일관된 마음("일심 경")이기도 했을 것이다. "고마 경"과 "일심 경"에 대한 해석은 『新增類合』, 下, 「心術動止」 참조.

111) 박균섭, 「퇴계교육철학과 근대교육」, 『교육철학』50, 2013, 34.

112) 박종홍도 퇴계의 경을 논하면서 문화교육학의 체험을 거론하는 가운데 치지와 역행의 성격, 학습과 훈육의 기본을 말하였다. 당시 문화교육학에 대한 논의의 핵심은 이처럼 문화교육학과 체험교육의 연계성에 있었다. 入沢宗寿, 『文化教育学と体験教育』, 東京: 同文館, 1926.

철저히 비판한 적이 없다는 사실이다.[113] 박종홍은 퇴계의 교육사상 연구에서 일제 강점기의 교육현실을 경(敬)의 결여로 파악하면서 퇴계의 경(敬)의 사상을 추앙했다. 이러한 진단과 대응은 분명 민족구성원의 독립투쟁을 가로막는 일이기도 했다. 황도유학은 일본 제국주의의 확장을 위해 내선일체와 일시동인의 이념을 바탕으로 한 것이었으며, 사회과학적 현실과 정치 문제를 배제한 유학이었다.

4. 박종홍이 기술한 퇴계의 양호론

박종홍은 퇴계의 교육사상 연구에서 방법여론의 한 축으로 양호론을 제시하였는바, 이는 그리 익숙한 장면이라고 보기는 어렵다. 현대교육학의 관점에서 볼 때, 교육학/교육사상 연구영역에 양호론을 포함시킨 것은 이색적인 경우라고 말할 수 있다. 그렇다면 박종홍이 주목한 양호론은 어떤 발생 배경과 연원을 갖는지에 대한 고찰이 필요하다.

근대 일본교육학의 논의 구조를 보면, 교육학에 대한 논점으로 교육방법론을 1유형(① 教授論, ② 訓育論, ③ 養護論)[114], 2유형(① 教授論, ② 訓練論, ③ 養護論)[115], 3유형(① 養護論, ② 教授論, ③ 訓練論)[116]으로 구분 제

---

113) 김원열·문성원, 「유교 윤리의 근대적 변형에 대한 비판적 고찰: 박종홍(1903~1976)의 유교 윤리를 중심으로」, 『시대와 철학』17(1), 2006, 101-132.

114) 森岡常蔵, 『教育学精義』, 東京: 同文館, 1906.; 溝淵進馬, 『教育学講義』, 東京: 富山房, 1909.

115) 三浦藤作, 『教育大意講義: 附·教育史大意』, 東京: 大同館書店, 1925.; 椿真太郎, 『訓導必携』, 東京: 養護研究会, 1938.

116) 波多野貞之助, 『教育學: 附·學校管理法』, 東京·大阪: 寶文館, 1907.; 藤井利譽 編, 『女子師範教科 教育學』, 東京: 黑目書店, 1910.; 湯本武比占·中澤忠太郎 編, 『教育學教科書』, 東京: 開發社, 1910.; 立柄教俊, 『國民教育原理實用教育學』, 東京: 黑目書店, 1914.

시한 경우를 확인할 수 있다. 어느 유형이 되었건 양호론을 공통적으로 제시하고 있다는 특징을 갖는다. 양호론은 당시 文檢(文部省敎員檢定試驗)에서 자주 출제될 정도로 교육학의 중요 영역을 차지하였으며, 특히 일본식 교육학의 세 축(교수, 훈육, 양호)을 구성할 정도로 큰 비중을 갖는 것이었다. 양호의 개념적 정의는 학교교육에서 일반 아동·학생의 보건을 챙기는 일, 돌봄이 필요한 아동·학생을 보호하고 교육하는 일을 일컫는다. 특히 〈국민학교령〉(1941)의 '양호훈도' 조항(제17조: "양호훈도는 학교장의 명을 받아 아동의 양호를 담당한다.")에 주목하여 1941년을 일본 양호교사제도가 시작되는 해로 규정하는데,[117] 사실상 당시의 양호론은 아동·학생을 예비전력(reserve war power)–잠재전력(war potentials) 자원으로 취급하였음을 확인할 수 있다. 교육사 논의의 장에서는 근대일본교육학의 심신 상관론에 입각한 교수론–훈육론–양육론의 구축 내지는 지적 발달, 도덕 실천, 신체 건강의 연계를 강조하는 방식의 학교교육론이었다고 기술하지만,[118] 그 내막을 보면 메이지시대 이래의 제국주의·군국주의적 세계관과 전쟁욕망이 짙게 반영된 것이었다.

현대교육학에서 이론적으로 교육학과 의학(양호론)의 만남과 연계를 소홀히 하는 문제에 대해서는 응당 비판적 지적이 나올 수 있다. 하지만 일본발 근대교육학 및 식민지교육학에서 양호론을 주축으로 삼는 것 또한 일본적 욕망이 드러난 것으로 교육학 본연의 논의 과정을 보여

---

117) 大谷尚子, 「わが国における「養護」という言葉の使われ方について」, 『日本養護敎諭敎育学会誌』 4(1), 2001, 100-109.; 杉浦守邦, 「養護敎諭はどうしてこの名が付いたか」, 『日本養護敎諭敎育学会誌』 5(1), 2002, 14-23.

118) 당시의 학교교육은 플라톤의 심신이원론이나 아리스토텔레스의 심신일원론보다는 히포크라테스의 심신상관론을 이론적 기초로 삼아 몸과 마음의 단련과 훈련을 강조하였는데, 이는 당시 전교 조회 및 강당 훈화를 통해서도 확인할 수 있다. 森隼三, 『一日の敎育』, 東京: 寶學館, 1920, 49-67 참조.

주었다고 말하기 어렵다. 그 수상쩍음을 밝혀내기 위해 박종홍의 퇴계의 교육사상, 특히 양호론에 대한 설명과 논의를 들여다볼 필요가 있다. 근대일본교육학에서 양호론은 필수적인 논의 주제였기에, 박종홍은 퇴계의 교육사상을 작성하면서도 방법여론의 한 축인 양호론에 대해 얘기를 시작하였다.

박종홍은 퇴계의 양호론을 구성하는 계열 언어로 각고면려, 심신의 휴양, 리크리에이션의 필요, 무리한 공부와 그로 인한 고질, 자연을 벗삼는 신심 휴양, 고희의 장수, 노익장의 기세 등을 제시하였음을 확인할 수 있다. 박종홍은 퇴계의 양호론이라는 타이틀 아래, 양호의 기본과 양호론의 전제를 말해야 마땅한 상황에서 유교성리학 일반의 매우 익숙한 개념들을 끌어들여 양호론을 전개했음을 알 수 있다. 그것은 유교성리학의 양심(養心)·양기(養氣)·양성(養性)·양생(養生)·양진(養眞)의 개념을 동원하여 풀어쓰기 방식을 취한 것이었으나, 그것이 어색하고 생경한 논점을 드러낸 것이라는 점은 부인하기 어렵다.

박종홍은 1928년의 퇴계학 연구 이래, 양호론을 키워드로 삼아 퇴계학을 구성하는 작업을 시도하지 않았다는 것도 특징적인 장면이라고 말할 수 있다. 박종홍이 제시한 퇴계의 양호론은 배움에 뜻을 둔 자들이라면 모름지기 신고공부(辛苦工夫)와 휴양공부(休養工夫)의 조화를 통해 고결한 인격 수양의 경지에 당도해야 한다는 얘기이다. 성리학의 언어로는, 미발지시(未發之時)의 공부를 어떻게 할 것인가의 문제도 중요하지만 이발지시(已發之時)의 마음을 안정케 하는 과정도 중요하다는 얘기인바, 이를 통해 심기를 편안하게 하는 일, 기력을 돌보는 일, 물욕을 삼가는 일을 해낼 수 있다는 지적이다.[119]

---

119) 박종홍은 퇴계가 남언경과 이국필에게 보낸 답신(『退溪集』, 卷14, 「答南時甫[彦經][丙

퇴계의 양호론을 설명하기에 앞서 양호의 사전적 의미를 살필 일이다. 양호의 사전적 개념은, 자신의 몸과 마음을 요양·보호 대상으로 삼는다는 전제가 아닌 타인(아동, 학생)의 몸과 마음을 요양·보호한다는 전제를 갖고 있다. 논의의 초점을 퇴계의 앎과 삶의 세계에 두고 얘기하는 것이라면 이를 양호론으로 재구성하는 논의작업이 제대로 이루어지지 못한 것이며, 당시 학교교육 현장에서의 쓸모를 염두에 둔 교사와 학생 양자를 대상으로 한 것이라면 이를 범범하게 얘기하고 그칠 성격의 것이 아니라는 점에서 한계를 드러낸 것이다. 왜냐하면, 당시 조선총독부 학무국의 관심과 시선은 사실상 교사의 건강문제를 배제한 상태에서 아동·학생의 건강문제에만 쏠려 있었기 때문이다. 박종홍의 양호론 서술 과정에서는 누가 양호의 대상인지에 대한 개념적 구분과 실질적 대응을 소홀히 했다는 점에서 문제가 있다.

박종홍은 당시 일본교육학의 영향을 받은 가운데, 퇴계의 양심·양기·양성·양생·양진의 삶 속에서 관련 내용을 추출하여 이를 양호론이라는 개념틀에 넣어 설명하는 방식을 취하였다. 박종홍이 퇴계를 논제로 삼아 양호론을 구성하기까지의 적절성 문제를 짚어보기 위해, 퇴계의 양호론이 아닌, 양심·양기·양성·양생·양진의 삶에 관련한 얘기를 풀어가는 것이 순서일 것이다. 퇴계는 어떤 몸과 마음의 상태를 지녔으며 이는 삶의 실제에서 어떤 요양의 대상이었는지를 살펴보아야 할 것이다. 퇴계는 스스로를 병을 달고 다니는 사람—병객(病客)으로 규정하였다. 병객 퇴계의 선택은 "병든 몸을 구실 삼아 한가한 몸이 되어

辰]」, 卷39, 「答李棐彦[國弼][癸亥]」)에 주목하면서 마음의 병(心氣之患, 心恙)에 관한 문제를 기술하였다. 박종홍도 주목했을 것으로 보이는, 퇴계가 이국필에게 보낸 답신을 통해 "나는 일찍이 범으로부터 상처를 입었다[滉卽嘗傷於虎者]", "항상 마음의 병을 보호해야 한다[不可不常愼將護]"고 했던 말을 확인할 수 있다. 박종홍, 「퇴계의 교육사상」, 1928, 『박종홍전집(Ⅰ)』, 서울: 민음사, 1998, 153-154.

[因病投閒客] 깊숙한 곳 찾아와서 세속 인연 끊고 사는 일[緣深絶俗居]"이었고, 그러한 가운데 "머리가 하얗게 새도록 경서를 끼고 사는 것[白首抱經書]"도 또한 "참으로 즐거운 일이 무엇인지 알아가는 과정[欲知眞樂處]"이었다.[120]

박종홍이 퇴계의 방법론, 그것도 방법여론을 통해 다루었던 양호론은 사실상 양심·양기·양성·양생·양진을 일컫는다면 모를까, 그것이 개념적으로 근대일본교육학의 우산 아래에서 전개되는, 그것도 식민지 학교관리 차원에서 등장한 일본발 양호론을 염두에 둔 개념 설정이라면 이는 형식과 내용의 불일치를 방치한 상태의 글쓰기라는 지적을 받을 수 있다.

박종홍이 퇴계의 양호론을 발표한 시점인 1928년을 전후로 한 일본 교육학계 및 교육현장의 양호론은 양호의 대상과 주제를 특정의 범위로 제한한 것이었다. 예컨대 1930년대 이후의 양호론은 당시 제시된 교원의 직무를 통해서도 확인할 수 있는데, 교원의 직무 중 학급에 속한 사무 내용은 크게 ① 아동에 관한 사무, ② 교실에 관한 사무, ③ 교수에 관한 사무, ④ 훈련에 관한 사무, ⑤ 양호에 관한 사무 등으로 구성되었다.[121] 그리고 당시 교원의 사무는 자율적으로 구성·전개되지 못하였고, 그 전체적인 기조는 교사가 '자동축음기'에 비유될 정도로, 그저 교육·지도 사항을 반복 강조하는 데 머무는 존재에 불과했다.[122] 이러한 흐름을 역으로 추적하여 논하자면, 박종홍이 퇴계의 교육사상 연

---

120) 『退溪集』, 卷2, 「溪堂偶興[十絶]」.

121) 高橋濱吉, 『師範教科 朝鮮學校管理法』, 東京: 日韓書房, 1936, 155-156.; 김광규, 『일제강점기 조선인 초등교원 시책 연구』, 교육학박사학위논문, 서울대학교, 2013, 142-143에서 재인용.

122) 『동아일보』 1933.10.14.; 김광규, 『일제강점기 조선인 초등교원 시책 연구』, 교육학박사학위논문, 서울대학교, 2013, 143에서 재인용.

구에서 다룬 양호론은 교육문제에 대한 주체적 성찰과 논의를 담은 것이라기보다는 당시 근대 일본교육학의 틀에 따라 퇴계의 양호론을 주제로 한 무리한 조립 작업에 나선 것이라고 보아야 할 것이다.

1930년대 후반-1940년대 전반에 들어, 특히 1941년부터 국민학교령에 따라 전개된 국민학교 교육에서 양호론은 '전쟁과 교육'을 주제로 한 교육활동의 중요 과제로 부상하였다. 이는 1872년 이래의 병학일여-군교일치의 구도가 계속되는 가운데 무게추가 교육에서 전쟁으로 옮겨가는 형국에서 주목된 현상이었다고 말할 수 있다. 학교 양호훈도의 일반 집무사항은 신체검사, 국민체력검사, 위생훈련, 학교구급법, 질병 예방, 진료 보조, 아동 질병, 위생실 및 비품 관리, 건강상담 등이었다.[123] 양호의 방법론은 황국신민(皇國臣民)의 연성(鍊成) 과정이었고, 그 목적은 황국의 도(國體の精華, 臣民の道)를 달성하는 데 두었다.[124]

퇴계가 양심·양기·양성·양생·양진의 기조를 잃지 않도록 수양공부를 일삼았다고 한다면, 근대일본교육학에서 말하는 양호론은 제국주의·군국주의적 욕망에 따라 조립된 것으로, 당시 학교위생·학생건강의 목표는 사실상 예비전력의 확보 및 전쟁수행 능력의 극대화에 두었다. 당시 개인의 위생과 청결이라는 이름으로 포장된 신체는 국가권력의 감시와 통제의 대상이었고, 이는 조선인의 신체를 개인의 것이

---

123) 岡田道一, 『国民学校養護訓導必携』, 東京: 教育実際社, 1941.; 岡田道一, 『養護訓導執務要項精義』, 東京: 明治図書, 1943.

124) 岡田怡三雄, 『日本国民教育学及教育史』, 東京: 敬文堂, 1942. 오카다 이사오(岡田怡三雄)는 1920년대의 글을 통해, 칸트의 교육론을 주제로 하여 (1) 칸트의 인류에 대한 견해, (2) 교육과 칸트철학과의 관계, (3) 교육의 임무, (4) 교육의 목적과 의의, (5) 교육상의 주체와 객체와의 관계, (6) 양호, (7) 훈육, (8) 지육, (9) 덕육, (10) 학교론 등을 다루었음을 확인할 수 있다(岡田怡三雄, 『カントの哲學と現代の教育』, 東京: 中興堂, 1924). 그런데 1942년의 오카다 이와오의 교육학에서는 양호론이 황국민의 황국의 도에 이르는 과정[皇國民鍊成]에 목표를 둔 것임을 설명하였다.

아닌 국가의 전쟁 동원을 위한 자원으로 확보 · 관리하기 위한 것이었다.[125] 박종홍이 퇴계를 통해 양호 문제를 거론한 것이라면 이는 교사의 건강 문제도 논의 범주에 포함될 수밖에 없는 일이었으나, 애시당초 조선총독부 학무국의 식민교육 구상에 교사의 건강 문제는 포함되지 않았다.[126] 교사의 건강 문제는 1930년대 이후에 뒤늦게 관심을 보이기 시작했는데, 이는 교사의 건강 문제가 그대로 예비전력−잠재전력인 아동 · 학생의 건강에 좋지 않은 영향을 끼칠 것을 염려하여 마지못해 시작된 일이었다.

　박종홍의 퇴계의 양호론에 대한 기술은 퇴계의 양심 · 양기 · 양성 · 양생 · 양진론을 일본근대 교육학의 욕망의 틀에 맞추어 재구성한 것으로 '양호론'이라는 타이틀을 버리지 않는 한 '퇴계의 양호론'이라는 퇴계학에 대한 어색한 논의는 계속될 수밖에 없다. 이는 일본의 전전 · 전중의 교육학에서 양호론이 갖는 군국주의적 색채에 대한 비판적 검토를 거치지 않은 채 퇴계를 양호론의 틀에 집어넣는 방식의 무리수를 둔 것이었다고 말할 수 있다. 일제강점기의 경우처럼 식민적 욕망에 굴절 · 오염된 양호론이라면 곤란하다.

　퇴계가 자신의 양심 · 양기 · 양성 · 양생 · 양진론이 군국일본의 식민

---

125) 김순전 · 정주미, 「조선총독부 편찬 '보통학교수신서'에 나타난 '신체적 규율」, 『일본어문학』 33(1), 2007, 349−368. 퇴계의 양호론이 당시 학교교육의 현실에서 갖는 성격을 해석하기 위해서는 당시 제도권 교육에서 양호론이 어떤 동력을 지녔는가를 확인하는 작업이 중요하며, 이를 위해서는 특히 15년 전쟁(1931−1945) 기간에 주목할 필요가 있다. 통계 추이를 갖고 말하자면, 당시 가장 큰 이슈이자 현격한 변화는 아동 · 학생의 신장 축소−체중 감소 문제였고, 결핵의 확산으로 인한 사망률이 통계 개시 이래 최고치를 기록했다는 점이다. 莇昭三, 「十五年戰爭と日本の醫療」, 『15年戰爭と日本の醫學醫療硏究會會誌』 1(1), 2000, 1−17.

126) 김광규, 『일제강점기 조선인 초등교원 시책 연구』, 교육학박사학위논문, 서울대학교, 2013, 99−100.

교육에서 양호론으로 이름을 달고, 그 양호론을 통해 일본의 전쟁욕망을 뒷받침하는 현실을 목도하였다면, 아마도 퇴계는 그 모욕과 수치에 치를 떨었을 것이다.

5. 박종홍이 기술한 퇴계의 교육자론

박종홍은 퇴계의 교육사상 연구, 그 중에서도 방법여론을 다루면서 양호론과 함께 교육자론이라는 논의 영역을 제시하였다. 여기서 말하는 교육자는 교사―교원이라는 말보다는 넓은 의미 영역을 갖는 개념이지만, 어떤 명칭을 사용하건 식민권력에 복무하는 그들은 민족의식이나 국가의 독립과 같은 거대담론을 보여주기 어려운 처지의 존재들이었다. 교육자로서의 직업 특성상 그들은 존재 자체가 식민지성을 바탕으로 하는 것이며, 민족과 국가를 연상하면 할수록 자아정체성의 균열은 피할 수 없는 현실이었다.[127] 교수법―교육방법을 강조했던 당시에, "일본어가 곧 교육자"라고 규정했던 그 음험한 논리 앞에서, 당시의 교육은 교육이라고 불릴 만한 규범적 · 인지적 · 방법적 준거를 갖추지 못한 것이었다.[128]

---

127) 당시 피지배민족의 현실과 빼앗긴 국가의 현실 앞에서 온전한 자아정체성을 유지하는 것은 불가능한 일이었다. 박종홍의 퇴계학 논문 발표와 비슷한 시기에 발표된 교남고보(현 대륜고등학교) 교사 이상화(1901~1943)의 시 「빼앗긴 들에도 봄은 오는가」(『開闢』 70, 1926.6.)는 당시의 민족―국가에 대한 차가운 현실을 가장 정확하게 짚은 것이었다. 식민지 조선을 살아간다는 것은 거대한 감옥에서 감옥살이하는 것과 다름없는 일이었다(민족문제연구소 편, 『강제병합 100년 특별전: 거대한 감옥, 식민지에 살다』, 서울: 민족문제연구소, 2010). 그 때 유독 식민교육 종사자들은 식민권력에 대해 비판의 언어를 드러내지 않고 비난의 칼끝을 조선과 조선인을 향해 겨누었다. 조선인 민족성담론이라는 기만의 논리가 그럴듯하게 횡행했던 것도 식민지교육의 민낯을 보여준다.

128) "일본어=교육자"론이라는 음험한 논리에 대해서는 イ・ヨンスク, 『「国語」という思想: 近代日本の言語認識』, 東京: 岩波書店, 1996 참조. "일본어=교육자"론에 앞서 도쿠토

박종홍의 퇴계의 교육자론에 대한 기술 역시 이러한 식민교육의 시공간을 벗어난 어떤 진공상태의 교육을 말할 수 있는 것이 아니다. 일제강점기의 교육실제는 응당 거대담론이나 교사의 사회적·국가적 책임을 묻는 작업과는 동떨어진 것이었다. 그러한 교사론의 배경과 흐름에 유의하는 가운데 박종홍의 퇴계학 연구 성과, 그 중에서도 교육자론에 대한 논의를 들여다볼 필요가 있다.

평생 지근거리에서 스승을 모셨던 월천 조목은 스승 퇴계의 학문과 인격과 덕망을 표상하여 "선사께서 살아계실 적에[先師之在世] 도덕과 문장이[道德文章] 동방을 대표하는 해와 달이었고[爲東方之日月], 사림을 대표하는 산악이었고[爲士林之山嶽], 나라를 대표하는 원로였다[爲國家之蓍龜]"고 기술하였다.[129] 제문에서는, 교육자 퇴계에 대한 존경심을 담아 "조금씩 학문을 쌓아[銖寸積學] 자나 깨나 성리학에 전념하였다[寤寐濂洛]"는 점, "도에 나아가는 정성이[進道之誠] 연로할수록 더욱 독실하였다[老而彌篤]"는 점, "이치와 의리에 융합되고 정밀하여[理融義精] 이미 고명한 경지에 나아갔다[旣造高明]"는 점, "겸손한 덕으로 자신을 더욱 낮추었으며[愈撝謙德] 이러한 삶의 자세는 종신토록 계속되었다[不已不止]"는 점 등을 기렸다.[130] 박종홍은 퇴계의 교육사상 연구에서 방법여론의 이름으로 양호론과 교육자론을 제시하였지만, 교육자론이야말로 퇴계학의 정체성을 파악하는 중요한 근거라고 말할 수 있다. 박종홍이 제시한 퇴계의 교육자론은 다음과 같이 시작한다.

미 소호(德富蘇峰)가 1894년에 제시한 "청일전쟁=교육"론 내지 "청일전쟁=교육가"론을 상기할 필요가 있다.

129) 『月川集』, 卷6, 「祭李逢原[安道]文」.

130) 『月川集』, 卷6, 「祭退溪先生文[辛未]」.

① 자발적인 자학 · 자습 · 자율적인 수련을 쌓음은 물론 중요하다. 그러나 처음부터 스승의 지도를 배제하고 완전히 독자적인 태도를 취한다는 것은 있을 수 없는 일이다. 가사(假使) 이러한 태도만으로 일관할 수 있다 치더라도 인간의 짧은 생애를 통하여 과연 선인(先人)보다도 진보된 경지에 도달할 수 있을 것인가는 매우 의문이다. 적어도 모든 문화의 발전은 지지부진함을 면치 못할 것이다. 퇴계 자신 어려서 학(學)에 뜻을 두었으나 좋은 사우를 얻지 못하여 헤매인 지 수십 년에 어떻게 시작하여야 될 것인지조차 몰라 공연히 고심탐색(苦心探索)만 거듭하여 밤새 정좌(靜坐)한 채 자지 않다가 심병(心病)을 얻어 학(學)을 폐(廢)한 일이 있었다 하여 사우의 지시가 필요함을 말하고 있다. 퇴계의 겸사라고도 하겠으나 그의 교육사상에 있어서 교육자론이 차지할 의의가 짐작된다고 하겠다(『언행록』 권1 「학문 김성일기」).131)

② 그러면 교육자란 어떤 사람이어야 할 것인가? 교육자라지만 그도 학문을 하는 사람이요 학문은 본래 남을 위해서라기보다도 나 자신을 위하여 하는 것이나, 자기 스스로도 모르는 동안에 마치 심산무림(深山茂林) 속의 난초(蘭草)가 훈향(薰香)을 풍기듯이 저절로 감화를 그 주위에 미치는 것이다. 즉 교육자의 취할 바 태도는 자기자신의 수양으로부터 출발하여야 하는 것이요 그것이 근본이 된다고 생각한 것이다(『언행록』 권1 「교인서사기」).132)

③ 피교육자에 대한 태도는 먼저 그 뜻의 향하는 바를 보고 그 개성의 차이를 따라 취하되 입지(立志)와 근독(謹獨)으로 기질(氣質)의 변화를 꾀하도록 한다. 도에 뜻함이 성독(誠篤)함을 보면 이를 기뻐하여 더욱 힘써

---

131) 박종홍, 「퇴계의 교육사상」, 1928, 『박종홍전집 I 』, 서울: 민음사, 1998, 154-155.
132) 박종홍, 위의 논문, 155.

나아가도록 권장하고 해이(懈弛)하거든 이것을 근심하여 격려하되 두고두고 간곡하게 교도하기를 하나같이 참된 마음에서 우러나서 할 때 듣는 자로서 감분(感奮)하지 않을 수 없다. 이것은 교육자의 이상으로 생각한 것이 아니라 퇴계 자신이 몸소 실천궁행한 일이다. 교육자는 그저 사도(師道)로서 자처하여 스스로 초연한 태도를 취하기보다는 피교육자의 참된 반려가 되어 그의 충정을 근본적으로 이해할 수 있어야 한다(『언행통록』 권1 「언행통술 정유일찬」/『언행록』 권1 「교인 김성일기」). 이것이 나의 천성의 선함으로 미루어 천하의 영재를 교육하여 모두 착하게 함이다(『문집』 권7 「서명고증강의」). 이러한 신념으로 후학을 훈회하여 불염(不厭)—불권(不倦) 일생을 바친 것이 교육자로서의 퇴계 자신이었던 것이다.[133]

인용 1(김성일기)에서는 자학·자습·자율적인 수련을 쌓는 것은 물론 중요하지만 그렇다고 해서 스승의 지도를 배제하고 완전히 독자적인 태도를 취해서는 안 된다고 지적하고, 퇴계가 좋은 사우를 얻지 못하여 수십 년을 헤맸던 사실을 보더라도 학문의 세계에서 사우의 지시가 꼭 필요하다는 것을 역설하였다. 인용 2(서사기)에서는 퇴계가 그랬듯이 훌륭한 교육자가 되기 위해서는 위기지학, 자기자신의 수양을 근본으로 삼아야 한다는 점을 말하였다. 인용 3(정유일찬/김성일기)에서는 피교육자가 입지와 근독을 돈독히 하여 기질의 변화를 꾀하도록 인도해야 한다고 말하고, 피교육자의 해이한 태도에 대해서는 간곡하게 교도하여 그들이 감분할 때까지 잘 이끌어야 한다고 하였다. 교육자는 그저 사도를 자처하면서 초연한 태도를 취해서는 안 되며 피교육자의 참된 반려가 되어야 한다는 점을 지적하였다. 그것이 후학을 훈회하여 불

---

133) 박종홍, 위의 논문, 155-156.

염-불권의 열정을 바쳤던 교육자 퇴계의 모습이라는 점을 강조하였다.

그렇다면 박종홍의 퇴계의 교육자론은 퇴계의 스승으로서의 모습을 정확하게 형용한 것일까. 1920년대 식민교육현장에서 교사의 길을 걸었던 박종홍의 전이해·선입견이 은연중에 퇴계의 교육사상 논의에 가미된 요소는 없었을까. 퇴계학 본연의 모습을 굴절시키는 과도한 색조 화장은 없었는지를 살펴볼 필요가 있다.

④ 퇴계가 교육자로서 추앙되는 가장 훌륭하였던 점은 무엇인가? 순수한 교육애의 화신(化身)으로서 천생의 교육자였었다는 것을 먼저 생각하지 않을 수 없다. 칠순이 넘은 노령으로 숙환은 날로 심중하여 기력마저 형편없이 쇠약하여졌음에도 불구하고 오히려 불요불굴 그야말로 폐이후이(斃而後已)의 의기로써 끝끝내 교육자로서의 본분을 사수(死守)한 것이다.[134]

⑤ 멀리서 찾아온 학인들을 각기 심천에 따라 정성껏 이끌고 붙들어 계발하기에 전심한 그의 숭고한 희생적 정신은 생을 마치는 날까지 일관되어 다함이 없었다. 노쇠로 허탈하여진 몸을 이끌고 거의 실신(失神)의 경지에서 헤매면서도 이를 겉에 나타내지 않고 여전히 여러 문도들의 내종(來從)을 사절할 수 없었던 퇴계의 충정을 생각해 보라. 앞으로 한 달도 못 되어 세상을 떠나야 했던 그 중환(重患)에 시달리는 몸이었건만, 평일과 조금도 다름없이 강론을 계속한 그의 교육적 열성을 어찌 위대하지 않다고 할 수 있으랴(『언행록』 권1 「교인 김성일기」).[135]

---

134) 박종홍, 위의 논문, 127.

135) 박종홍, 위의 논문, 127-128. 박종홍이 퇴계의 교육자론을 기술하면서 퇴계의 죽음의 순간에 초점을 맞추어 얘기를 끌고간 것은 교육자론의 구성 과정에서 극적 효과를 드러내기 위한 것으로 보인다. 1570년 11월 9일부터 12월 8일까지, 퇴계의 병환과 죽음에 이

인용 ④와 ⑤는 칠순 노령 퇴계의 건강이 악화된 상황에 초점을 맞추고 있다는 것을 감안하더라도 퇴계 당시의 스승상을 그리는 장면이라고 보기는 어렵다고 볼 수 있다. 퇴계의 교육자론은 그의 공부론에서 강조했던 신고적누공부와 우유함영공부를 바탕으로 삼아 전개되는 것이었다. 하지만 박종홍의 퇴계의 교육자론에 대한 기술에서는 신고적누공부만 있을 뿐, 우유함영공부가 빠져 있다. 박종홍이 교육자 퇴계에 대해 "순수한 교육애의 화신(化身)으로서 천생의 교육자", "불요불굴 그야말로 폐이후이(斃而後已)의 의기로써 끝끝내 교육자로서의 본분을 사수(死守)", "정성껏 이끌고 붙들어 계발하기에 전심한 숭고한 희생적 정신" 등과 같은 표현법을 사용한 것은 유교사상 일반의 교사론에 입각한 논점이라고 보기에는 어색한 형용이자 어울리지 않는 어법임이 분명하다. 메이지일본의 사범교육학에서는 "우유(優遊)는 교육자의 본분이 아니다"[136]거나 "교육자는 모름지기 그 본분을 다해야 한

르기까지의 기록은 손자 이안도와 제자 서사에 의해 이루어졌다. 이에 대한 방증과 부연은 박균섭, 「고종기를 통해 본 퇴계의 인격」, 『퇴계학과 유교문화』 49, 2011, 73-98 참조.

136) 東洋學人, 「優遊は教育者の本分に非ず」, 『教育報知』 511, 1896, 5-5. 원래 우유(優遊)=우유함영(優遊涵泳)이라는 말은 유유자적하면서 자연을 완상하고 삶을 관조한다는 의미를 갖는다. 이 말은 공자가 "나이 칠십이 되어서는 마음 내키는 대로 행동해도[七十而從心所欲] 법도에 어긋남이 없었다[不踰矩]"고 했던 말의 부연적 성격을 갖는다(『論語』, 第2, 「爲政」). 주자는 『논어집주』에서 호씨(胡氏)의 말을 인용해 "성인이 이 말씀을 하신 것은[聖人言此] 학자가 마땅히 우유함영 해야지[一以示學者當優遊涵泳] 등급을 뛰어넘어 나아가서는 안 됨을 보인 것이다[不可躐等而進]"라고 말한 바 있다. 힘들고 어려운 삶의 과정으로 이해되는 궁리와 성찰은 각고공부[刻苦用工]·신고공부[辛苦工夫]·적누공부[積累工夫]·신고적누공부[辛苦積累之功]에 해당한다(『退溪集』, 卷28, 「與金而精」, 卷35, 「答李宏仲[德弘][辛酉]」, 「答李宏仲」, 卷37, 「答李平叔」). 궁리와 성찰로 인해 피폐해진 심신의 상태에서 벗어나기 위해 유유자적하면서 자연세계를 완상하는 일은 함영공부(涵泳工夫)·우유함영(優遊涵泳) 공부에 해당한다(『退溪集』, 卷14, 「答南時甫[彥經][丙辰][別幅]」, 卷35, 「答李宏仲[乙丑]」, 卷37, 「答李平叔」). 다산 정약용은 퇴계의 우유함영공부법을 논하면서 "우유함영공부법은 매우 신묘한 것이지만[其于

다"[137]는 기조에 따라 "열정과 정성을 다하는 교육자", "붉은 피가 뛰는 교육자", "교사다운 부동심"을 지닌 "교육애에 불타는 교육자"의 모습을 기대하였다.[138] 박종홍의 퇴계의 교육자론에 대한 설명방식과 양상

優游涵泳之方極是神妙], 만일 방탕하고 안일한 마음 상태에서 이 공부법을 쓰면[然若於放蕩宴佚之時亦用此法] 전혀 검속하고 수렴하는 유익이 없다[則全無檢束收斂之益]"고 지적하면서 각고공부법을 통해 사욕을 극복하는 엄밀한 과정이 전제되어야 한다는 점을 강조하였다. 마음과 정신이 번잡 초조하고 혈기와 신체가 쓸쓸하고 조급한 때에 우유함영공부법을 쓰면, "늦추고 죄며 펴고 움츠리는 것이[庶乎弛張舒蟄] 서로 달려가 구제하게 되어[互相奔揍] 음양과 한서를 한 가지라도 폐할 수 없는 것과 같이 될 것이다[如陰陽寒暑之不可偏廢也]"고 설명한 바 있다(『與猶堂全書』, 詩文集卷22, 「陶山私淑錄」). 이처럼 신고적누공부가 언어의 세계, 문화의 세계에 참여하는 것이라면, 우유함영공부는 침묵의 세계, 자연의 세계에 침잠하는 것이다. 이같이 성리학에 말하는 신고적누공부와 우유함영공부는 상호이질적이면서도 상호보완적인 성격을 갖는다(최진덕, 「퇴계 성리학의 자연도덕주의적 해석」, 김형효·최진덕·정순우·손문호·심경호, 『퇴계의 사상과 그 현대적 의미』, 경기 성남: 한국정신문화연구원, 1997, 141–236.). 퇴계의 공부론에서는 항상 이런 두 가지 상이한 계열의 공부가 교호작용을 일으킨다는 것을 알 수 있다. 이는 퇴계의 교육자론이라고 해서 달라질 것이 없다. 박균섭, 「퇴계철학의 교육학적 해석: 공부론을 중심으로」, 『한국교육』28(2), 2001, 104–105.

137) 岩田榮作, 「敎育者は須らく其の本分を盡すべし」, 『敎育報知』584, 1898, 19–20.

138) 박종홍이 크게 영향을 받았던 니시다 기타로(西田幾多郞)의 『선의 연구』(西田幾多郞, 『善の硏究』, 東京: 岩波書店, 1921)를 출발로 하는 교토학파의 철학, 그 핵심은 바로 교육애였다. 그들이 교육애를 강조한 의도는 너무도 분명한 것이었다. 교토학파의 고야마 이와오(高山岩男)는 교육애의 반대 사례로서, 전후 일본의 "선생이 스스로 노동자라고 칭하고 투쟁에 밤을 새우고 있던 전후의 세태"를 지적하였고, 전후의 "학동과 교사의 사이를 고용주와 피고용자의 관계에 있다고 말한다거나, 한 단 높은 교단에 서는 것은 민주적 평등에 위배된다고 하여 교단을 없애버리기도 하였고, 차별을 없애는 민주교육에서 성적의 평가를 모두 똑같이 하는 것이라고 한 것이라든지, 교사의 봉급을 애써서 임금이라고 부른다든지, 산업노동자와 똑같은 쟁의행동으로 나와, 교사에게 어울리지 않은 언동으로 나오게 되고, 교육의 대전제인 신뢰관계 같은 것은 일고할 가치조차 없다고 하는 풍조가 계속되었다"고 지적하고, "나는 대전쟁의 패전이라든가 패배라고 하는 것이, 결코 군사상의 패배로 끝나지 않고, 정신적 패배에까지 이른 두려워할 만한 사태를 적나라하게 보게끔 강요된 것으로 느꼈던 것"이라고 기술하였다(高山岩男, 『敎育哲學』, 東京: 玉川大學出版部, 1976. 한기언 역, 『교육철학』, 서울: 교학연구사, 1981, 373–375.). 고야마 이와오를 비롯한 교토학파의 교육관이 지극히 보수·우파적인 편향을 보였고 교육애의 순수성을 오염시켰다는 것을 확인할 수 있다. 그들의 전전·전중·전후의 학교교육에 대한 세계관은 기본적으로 교육애의 본질을 벗어난 것이었다. 교토학파 고야마 이와

은 이처럼 일본 근대교육학 및 사범교육론에서나 어울릴 법한 수사를 드러낸 것이었다고 말할 수 있다.[139]

퇴계의 제자 교육의 성격을 정리하자면, 그는 스스로 끊임없이 정진하는 학자의 모습을 지닌 스승이었으며, 그의 모습에서 수직적이고 권위적인 스승의 모습을 찾기 어렵다는 특징을 확인할 수 있다.[140] 자신을 낮추어 제자들을 질정하였고, 제자의 나쁜 태도에 대해 돌려 말하지 않고 거침없이 지적하는 엄한 스승이었으나 한편으로는 제자의 마음을 누그러뜨리는 온화한 가르침을 폈으며, 제자들의 공부에 대한 해석과 견해가 지나치게 과감해지는 것을 경계하면서 공부하는 사람 자신의 수양과 실천의 중요성이라는 학문의 기본 자세를 가다듬도록 지도했으며, 학문과 성정이 분리되는 것이 아니라는 관점에 따라 때로는 날카롭게 꾸짖고 때로는 부드럽게 이끌었던 스승이었다.[141] 퇴계는 후학들이 가르침을 청하면 서로 더불어 묻고 답하기를 종일토록 하여도 피곤하게 여기지 않은 사람이었고, 심지어 병환이 있어도 가르침을 게을리 하지 않은 사람이었으며, 마지막 임종의 순간이 다가올 때도 제자들과의 만남을 청했던 사람이었지만, 이런 그가 스스로 스승이기를 거부한 것은 쉽게 남의 스승 되기를 좋아하던 당시 세태에 대한 일침이기도 했다.[142] 그러했던 퇴계의 교육자론 내지 교육자로서의 모습에 대해, 박

오의 실체를 포착하기 위해서는 高山岩男, 『京都哲学の回想: 旧師旧友の追憶とわが思索の軌跡』, 京都: 一灯園灯影舍, 1995.; 花澤秀文, 『高山岩男: 京都学派哲学の基礎的研究』, 京都: 人文書院, 1999 참조.

139) 中野八十八, 『毎週反省教育教授新計画の実際』, 東京: 章華社, 1926, 1-10, 479-486.

140) 홍인숙, 「서간을 통해 본 퇴계의 스승으로서의 면모와 그 의의」, 『퇴계학논집』 11, 2012, 90-120.

141) 홍인숙, 위의 논문, 97-117.

142) 안경식, 『『언행록』에 나타난 퇴계의 제자 교육」, 『석당논총』 32, 2002, 119.

종홍이 "교육애의 화신", "천생의 교육자", "불요불굴 그야말로 페이후이의 의기", "끝끝내 교육자로서의 본분을 사수", "숭고한 희생적 정신" 등과 같은 수사를 동원하여 기술한 것은 당시 식민권력의 교사상 및 교육자론의 자장으로부터 자유롭지 못한 의식이 개입된 것이라고 말할 수 있다.

박종홍의 교육자론은 1920년대 초반의 경성사범학교장 아카기 만지로(赤木萬二郎)가 스승의 도에 대해 논하면서, 교육칙어의 정신과 일시동인의 큰마음이 학교 생도 교양의 방침이라고 했던 발언과 사실상 범주와 궤적을 같이한 것이었다고 말할 수 있다.[143] 아카기 만지로가 교사론의 확립 차원에서 퇴계의 성학 도통을 주목한 것도 퇴계에 대한 관심과 논의가 식민권력의 욕망 실현에 더없이 효과적인 소재였음을 간파했기 때문이다.[144] 이로써 보면, 식민권력에 의해 굴절된 유교학에서 교사론의 본질로서의 학습지도의 책무, 인격형성의 책무, 사회적 책무를 기대할 수는 없는 노릇이었다. 박종홍의 퇴계학 연구가 갖는 문제는 바로 이러한 관계망과 자장을 벗어날 수 없는 상태에서 퇴계학, 그것도 퇴계의 교육자론을 구성했다는 점일 것이다.

박종홍은 교육자 퇴계의 교육에 대한 평생의 열정을 형용하기 위해 '폐이후이(斃而後已)'의 의기를 강조하였다(인용 ④). 그런데 '폐이후이'라는 말을 공부하는 사람이 아닌 가르치는 사람이 취해야 할 자세나 태도로 규정했다는 것은 유교일반의 논점과는 결을 달리하는 것이자 엇박

---

143) 赤木萬二郎, 「師道」, 『經學院雜誌』 23, 1922, 64-69. 변은진 외 편, 『『경학원잡지』의 주요 강설』(전주대 한국고전학연구소 HK+연구단 자료총서 07), 서울: 선인, 2021, 175-178.

144) 赤木萬二郎, 「朝鮮에 在한 聖學의 道統: 李退溪先生을 憶함」, 『經學院雜誌』 30, 1929, 57-70. 변은진 외 편, 위의 책, 260-275.

자가 나는 부분이라고 말할 수 있다. 그 엇박자는 교육자의 책무와 사명을 무한 책임으로 강조했던 메이지시대 이래 변형된 해석의 한 양상으로 인한 것이다. 공부하는 사람을 향해 일반적으로 적용되었던 '페이후이'가 근대 일본교육학 및 사범교육론의 성립 과정에서 교육자의 열정과 각오를 표상하는 용법으로 변이를 일으킨 것이라고 말할 수 있다.

'페이후이'라는 말의 출전을 보면, 공자는 『시경』의 "높은 산을 우러러보고[高山仰止] 큰길을 걸어가도다[景行行止]"[145]라는 말에 대해 "시에서 인을 좋아함이 이와 같도다[詩之好仁如此]. 도를 향하여 가다가 중도에 쓰러질지언정[鄕道而行中道而廢], 몸이 늙음도 잊고 살아갈 햇수가 부족함도 알지 못하여[忘身之老也不知年數之不足也] 열심히 날마다 부지런히 힘써서 죽은 뒤에야 그만둔다[俛焉日有孶孶斃而後已]"고 하였다.[146] 물론 퇴계도 '페이후이'라는 말을 평생에 걸친 수양공부의 중요성을 강조하기 위해 사용하였음을 알 수 있다. 퇴계는 제자 성재 금난수(惺齋 琴蘭秀, 1530~1604)에게 보낸 답장편지에서 그의 공부가 아직도 세속의 이익을 탐하는 병통이 남아 있다는 문제인식에 따라 "진실로 마땅히 공부에 십분 힘써야 한다[固當十分用功]. 진실로 「학기」편에서 말했듯이 날마다 힘써서[眞如學記所謂俛焉日有孶孶] 죽은 뒤에 그만 두어야 한다[斃而後已]"고 지적하였다.[147] 위의 편지의 핵심은 공부의 성격과 의미를 제대로 살리는 자기활동과 자기 목소리를 낼 것을 주문했다는 데 있다. 이는 박

---

145) 『詩經』, 卷5, 「車舝」.

146) 『禮記』, 第32, 「表記」.

147) 위의 글은 1570년, 퇴계의 제자 금난수가 아들 셋과 함께 용수사(龍壽寺: 경상북도 안동시 도산면 운곡리 龍頭山 소재 사찰)에 들어가 공부할 때, 퇴계가 보낸 답장편지에 나오는 말이다. 퇴계는 금난수의 공부가 아직 세속의 이익을 탐하는 병통이 남아 있다고 경계하였다(『退溪集』, 卷36, 「答琴聞遠[庚午]」). 퇴계가 위의 편지글에서 인용한 「학기」편은 「표기」편에 대한 오류이다. 이는 『禮記』, 第18, 「學記」, 第32, 「表記」 참조.

종흥식의 "끝끝내 교육자로서의 사수해야 할 본분"을 말한 게 아니다. 박종홍의 교육자론은 식민적 욕망에 의해 굴절된 교사 중심—교사 주도의 교육을 상정한 것으로, 퇴계의 공부론이 갖는 본연적 지향과는 결을 달리하는 것이었다.

근대 일본교육학 및 사범교육론에 입각한 교육자론은 유교에서 그 연원을 가져오면서도 일본식으로 변형된 유교 논리를 장착하여 교사론을 구성한 것이기에 일본적 욕망의 크기만큼 그들은 경성과정(硬性過程)—연성교육(鍊成敎育)의 관점을 취할 수밖에 없었다. 이는 근대일본의 관변학자들이 유교를 재구성하면서, 노력 방면의 사상(周公, 孔子)과 노력하지 않는 방면의 사상(黃帝, 老子)을 나누고, 특히 후자에 대해 사람들이 흐트러지고 나태해지는 기풍으로 흐른다는 점, 근로를 천하게 여겨 세상일에 따르지 않는다는 점을 문제점으로 지적한 사실을 통해서도 확인할 수 있다.[148] 박종홍은 퇴계의 교육사상 연구, 특히 교육자론의 구성 과정에서 근대 일본교육학 및 사범교육론의 어법과 문법, 식민적 욕망의 법칙에 따른 교사론을 강력히 설파했다. 식민권력에 복무하는 교육자들, 노력하지 않는 방면의 사상영역에 대한 편견을 갖는 자들에게 노력 방면의 사상, 노력이 갖는 가치는 아무리 강조해도 지나치지 않은 것이었다.[149]

박종홍은 퇴계의 교육자론을 통해 교육자의 책무와 사명감을 말하고

---

148) 今井彦三郎, 「周公孔子之道」, 『經學院雜誌』 23, 1922, 69-74.

149) 식민권력의 입맛에 맞춰 식민교육을 실천하는 자들의 사상권역·사고구조 안에는 신교(身敎)=불언지교(不言之敎)=무위이화(無爲而化)의 사상, 그 보이지 않는 교육의 강한 교육력에 대해서는 애초부터 성찰과 논의의 주제가 될 수 없었다. 그들은 신교=불언지교=무위이화의 사상이 사유력 강화의 방법론으로 기능할 수 있다는 사실을 깨닫지 못하였다. 이에 대한 구체적 설명은 박혜순, 「사유력 강화의 방법론, 불언지교」, 『한국학』 163, 2021, 197-231 참조.

있으나 그 논의가 액면 그대로 퇴계의 교사론을 형용한 것인지에 대해서는 구체적인 논의가 필요하다. 박종홍의 교육학 공부 내지는 사범교육학의 범주는 메이지시대 이래의 일본적 욕망의 그림자가 짙게 드리워진 것임을 부인하기 어렵다. 당시 교사들이 지역사회의 유지들과 다를 바 없이 사회·경제적 지위를 갖고 행세했던 것은 식민권력의 의도에 맞춤형 반응을 보인 대가이기도 하였다.[150] 조선총독부 경무국과 학무국은 항상 조선의 저항·불순·불온세력을 주시하는 가운데, 일시동인·내선일체 이데올로기에 반하는 불령선인을 색출, 발본색원하는 일에 강박적으로 나섰다.[151] 그 식민정책적 배경을 소급하여 보면, 정무총감 야마가타 이사부로(山縣伊三郎)는 학교장강습회(1913.4.14.)에서 공립보통학교 '교장제군'을 향해 지대한 책임과 사명감을 갖고 조선의 무수한 청년들이 "선량한 국민의 성질"과 "선량한 국민의 정신"을 함양하도록 교화에 나설 것을 강조하였다.[152] 이는 선량한 국민의 성질과 정신을 보여주지 못하는 조선인은 불령선인이자 비국민임을 분명히 한 것이자, 그들에 대한 지도에 나서는 당시 교사들의 사회 교육·교화 활동은 그 자체로서 교직의 식민성을 드러내는 작업이었다는 것을 의미한다. 이처럼 식민권력의 앞잡이 역할을 통한 교육공적 쌓기 작업은 조선인의 일본에 대한 순응성을 높이기 위한 폭력성과 반민족성을 띤 것이었고, 이는 당시 교사들이 학식과 덕망과 전문성을 겸비한 교육자로서의 사회적 지위를 누리는 데 족쇄로 작용하였다.[153] 1920년대의 조선인 학

---

150) 김광규, 『일제강점기 조선인 초등교원 시책 연구』, 교육학박사학위논문, 서울대학교, 2013, 82.

151) 김태웅, 『신식소학교의 탄생과 학생의 삶』, 파주: 서해문집, 2017, 333-334, 339.

152) 『대한매일신보』 1913년 4월 16일 「학교장강습회」; 김태웅, 『신식소학교의 탄생과 학생의 삶』, 파주: 서해문집, 2017, 333에서 재인용.

153) 김광규, 「조선의 '교육효적자(教育效績者)': 식민권력이 표창한 모범교원들」, 『한국교육

생들의 백지동맹, 동맹휴학, 맹휴투쟁은 교육자들이 사도를 운위하거나 자처하면서 초연한 태도를 보여서는 안 될, 사명감과 책무성을 갖고 학생들이 감분할 때까지 간곡하게 교화·교도해야 할 사안이었다.[154] 조선총독부 학무국은 조선의 청년·학도가 민족과 국가에 대한 거대담론을 일삼지 못하도록 직업교육–노작교육–사상문제에 대한 연계 지도·선도를 강화하는 방책을 강구하였다.[155]

　박종홍이 퇴계의 양호론에 이어서 교육자론을 피력하면서 퇴계의 평생을 괴롭혔던 심병(心恙=心病)에 대해, 그것이 좋은 사우를 만나지 못한데다가 그들의 가르침을 받지 못한 데서 오는 병이라고 기술했던 점은 유심히 들여다볼 대목이다. 당시 식민권력과 그 주구세력은 퇴계의 심병(사우를 만나지 못한 데서 오는 마음의 병)을 난데없는 조선인의 심병(경의 결여 상태)으로 치환하여 조선인의 심병을 치유할 수 있는 양약은 바로 퇴계의 경의 정신을 실천하는 데 있다는 식으로 식민지 욕망의 어법을 작성해냈다. 식민권력의 자장 안에서 퇴계의 교육사상을 연구하다 보면, 이처럼 퇴계학의 정체성을 일그러트리는 위험한 일이 벌어질 수 있음을 알 수 있다. 이에 대한 엄밀한 경계와 성찰과 비판이 주어지지

사학」 42(1), 2020, 23–60. 교육효적자 관련 논의 자료로는 「教育效績者選獎」, 『文教の朝鮮』 1937年 3月號, 87–88.; 富永學務局長, 「教育效績者の選獎に就て」, 『文教の朝鮮』 1937年 3月號, 89–97 참조.

154) 조선총독부 학무국의 입장에서 볼 때 당시 학생들의 백지동맹, 동맹휴학, 맹휴투쟁은 청년·학도판 불령선인임을 드러내는 행동목록이었다[森五龍生, 「教育界の不祥事件を聞いて」, 『文教の朝鮮』 1927年 10月號, 88–89 참조]. '불령선인=비국민'론은 1920년대에 들어 자가발전을 이루었고, 특히 1929년 광주학생운동을 전후하여 조선인 학생을 불온시하는 눈빛은 더욱 강해졌으며, 그 반교육적 행보에는 주로 교육자들이 앞장서야 했다.

155) 직업교육–노작교육–사상문제의 계열성·연관성을 고려한 지도방식에 대해서는 朝鮮總督府學務局朝鮮教育會, 『文教の朝鮮』 1931年 6月號(職業教育特輯號), 1931年 10月號(勞作教育概論特輯號), 1931年 11月號(思想問題特輯號)를 통해 확인할 수 있으며, 이는 식민권력에 의해 자행된 인식론적 폭력의 단적인 사례라고 말할 수 있다.

못한다면 퇴계의 모독과 퇴계학의 오독은 계속될 수 있음을 경계하지 않으면 안 될 것이다.

박종홍의 퇴계학 연구는, 근대 일본교육학의 틀에 갇힌 채, 식민교육의 시선으로 퇴계의 철학·사상·교육을 응시한 것이었고, 이로 인해 퇴계학의 정체성은 굴절현상이 일어났으며, 이는 주체적이지 못한 한국 교육학의 현실을 만들어낸 것이기도 했다. 박종홍의 퇴계 교육사상 연구가 향후 퇴계학의 정체성 탐구 과정에서 디딤돌 역할을 할 수 있기 위해서는 퇴계학 연구에 드리워진 식민지 사범교육론의 장막을 걷어내는 작업이 따라야 할 것이다. 퇴계 연구의 정체성 확보를 위해, 근대 한국 교육의 속성, 그 단층/단절지대를 제대로 논구하는 작업이 요망된다고 하겠다.

제3장
일제 관제·관변 학자들의 퇴계학 연구 비판

1. 교육칙어―퇴계 연계설의 정체

메이지시대 일본의 교학성지(1879)―군인칙유(1882)―교육칙어(1890)로 이어지는 제국주의·군국주의 교육체제는 군대와 교육의 일치주의·친연관계(兵學一如, 軍敎一致)를 기본 특성으로 삼는 것이었다. 교육칙어체제의 사상적 특징은 신도경전/신도학의 세계가 잘 정리·반영된 것이라고 규정할 수 있다. 그동안 교육칙어에 대해 일본식 충효론을 제일 덕목으로 하는 유교적 가르침의 표준을 제시했다고 평가하는 자들이 많았다. 여기에 한술 더 떠서 교육칙어의 원천에 퇴계사상이 자리잡고 있다는 얘기도 오랜 기간 유통되어왔다. 에도시대 이래의 일본사상사에서 퇴계에 대해 보인 관심은 개별 학자들이 퇴계의 『자성록』이나 『주자서절요』 등을 읽으면서 수양공부에 임하는 정도였다. 그러던 것이 청일전쟁 이후, 1897년(대한제국 원년/메이지 30) 무렵을 기점으로 퇴계에 대한 설명방식이 크게 바뀌었다. 퇴계철학·사상은 메이지 이데올로기

와 결부되고 일본의 도의국가 담론에 포섭되었다.[156]

한국근현대사상사 장면에서 퇴계학은 일본의 관제·관변 학자들에 의해 호평 속에 강조되었고, 해방이후의 퇴계학은 일제강점기의 퇴계학을 무비판적으로 수용·계승하는 성격을 짙게 띤 것이었다. 일제강점기에는 전쟁으로 가는 길목에서 퇴계학의 본연에 대한 관심이 아니라 퇴계를 앞장세워 저비용—고효율의 식민교육을 추진하기 위한 목적으로 퇴계학이 연구되었다. 군국주의 일본의 철학적 기조는 도의철학에 있었고 이는 황도유학의 본령이기도 했다.

황도유학은 일본이 전쟁을 도발하여 확대하여 가는 과정에서 사상통제책의 일환으로 일본의 신국사상(神國思想)에 기반을 두고 도출된 이론으로, 경성제국대학 법문학부 조선어학문학과 교수였던 다카하시 도루가 조선인을 전쟁에 동원하기 위해서 만들어 낸 이론이다.[157] 역성혁명론을 부정하는 황도유학은, 천황을 절대신인 천조대신의 후손이자 만세를 하나의 핏줄로 이어온 신성불가침한 존재라고 받드는, 군국주의 파시즘의 상징적 산물이자 민중을 전쟁에 동원하기 위한 시대착오적인 이론의 결정판이다.[158]

군국주의 일본의 정신세계와 천황제 이데올로기를 탈각하지 못한 상태에서 이루어진 퇴계 연구는 1930—40년대의 상황에 비추어볼 때 전

---

156) 박균섭, 「교육칙어체제의 지속과 한국교육의 실패」, 『일본학보』 51, 2002, 439–454.; 柳生眞, 「日本における退溪·栗谷·茶山研究の流れ: 日本における韓國儒學言說を再檢討する」, 『退溪學論集』 10, 2012, 278–305.

157) 일본을 건국한 것은 천조대신이며, 천조대신의 후손인 천황이 대로 이어가면서 일본을 다스린다는 신국사상과 이에 입각한 황도유교에서는, 덕이 있는 사람에게 왕위를 물려주는 선양론이나 백성들의 생명과 재산을 보전해 주지 못하는 부덕하고 포악한 군주는 바꿀 수 있다는 역성혁명론을 수용할 태세를 갖고 있지 않다. 김순석, 「일제강점기 '황도유학皇道儒學'의 논리와 허구성」, 『국학연구』 27, 2015, 149–182.

158) 김순석, 위의 논문, 149–151.

쟁인문학으로 설명될 수밖에 없다. 그런데 이는 해방이후에도 그 성격에 큰 변함이 없었다. 아쉽게도 해방이후의 퇴계학은 해방이전의 퇴계학을 비판적으로 극복하지 못했다. 도의국가 · 국민도의 담론이라는 프레임의 원천은 일제강점기의 식민교육에 있다는 점에서, 그 주장과 선포가 1930-40년대의 전쟁인문학에 있다는 점에서 이는 악의 뿌리에 바탕을 둔 독수독과로서의 도의담론이었음을 유의하지 않으면 안 된다.[159] 일본 주도의 퇴계를 존숭하는 입장, 퇴계학의 위상을 구축하는 입장을 가상하게 여기다보니 우리는 그들의 구호, 선린우호와 평화애호에 매료되기도 했지만, 사실 이는 퇴계학의 본연에 다가서는 모습이 아니라 퇴계를 식민교육의 방편으로 삼았던 불순한 의도에 말려드는 형국이었음을 지적하지 않을 수 없다. 이처럼 해방이후의 한국사상 · 퇴계학 연구는 일본적 · 식민적 굴절을 교정하지 못한 채 퇴계학이라는 업적과 성과를 산출해왔고, 그러면서도 이를 주체성 교육과 국민정신 교육을 표방하는 소재로 삼아왔다는 사실은 한국교육의 슬픈 자화상이기도 했다.

다카하시 도루와 아베 요시오를 중심으로 퇴계철학 · 사상의 일본전파론과 선린우호와 평화애호의 도의담론에 개입된 악의 뿌리, 그 독수독과의 본질을 살피는 작업이 요망된다. 이는 기존의 퇴계학 연구 성과와는 별개로 접근 · 대응하는 방식의 연구이다. 한국 철학계 및 교육학계의 퇴계학 연구는 대체로 한국 근대교육=식민교육 장면에 그다지 유의하지 않은 채 조선시대의 퇴계에 대한 논의 연구를 한국 현대사회의 장면에 입각하여 논의 연구하는 방식을 취해왔다. 굴절 · 왜곡 · 질곡이

---

159) 독수독과(毒樹毒果): 법률학에서 불법으로 수집 · 채집한 증거는 증거능력을 갖지 못한다는 의미로 쓰는 말이다. 저자는, 그와는 달리, 불순한 동기 · 의도를 갖고 내세우는 기획 · 주장 · 연구물은 학술적 · 교육적 성과가 될 수 없다는 의미로 사용하고자 한다.

가장 심하게 가해진 식민지대=단층을 간과했다는 무거운 한계가 드러난다. 이에 대한 성찰과 논의를 심층 깊게 가져갈 때, 퇴계학의 지향에 묻어나는 식민적 굴절·왜곡·질곡의 흔적을 제대로 들춰내는 작업을 통해 향후 퇴계학의 본연과 정통을 확립하는 기반을 공고히 할 수 있을 것이다.

2. 다카하시 도루의 유학연구와 퇴계론의 수준

다카하시 도루(高橋亨, 1878~1967)는 1904년 말에 대한제국 초청으로 한성중학교(현재 경기고등학교) 교사로 내한하였고, 경술국치일(1910.8.29)의 다음 달인 1910년 9월에 『조선이야기집 및 속담』(朝鮮の物語集附俚諺)을 간행하였다. 1914년 6월에는 위의 책에 대한 증보판으로 『조선의 속담집 및 이야기』(朝鮮の俚諺集附物語)를 펴냈다. 다카하시 도루는 1916년에 개교한 대구고등보통학교(현재 경북고등학교) 교장에 부임하였다. 다카하시 도루의 조선인의 민족성에 관한 단행본 『조선인』은 1920년 12월 조선총독부에서 간행되었다.[160] 다카하시는 1926년 경성제국대학이

---

160) 다카하시 도루가 일찍이 일선동조 이데올로기의 대열에 참여·합류하지 않은 것은 그간의 그의 조선인론과 깊은 관련이 있다(金廣植, 「高橋亨の『朝鮮の物語集』における朝鮮人論に關する硏究」, 『學校敎育學硏究論集』 24, 2011, 18, 22−23.). 다카하시 도루의 조선인론(『조선인』, 조선총독부 학무국, 1920년 12월)에서는 10가지 성격(1. 사상의 고착, 2. 사상의 종속, 3. 형식주의, 4. 당파심, 5. 문약, 6. 심미관념의 결핍, 7. 공과 사의 무분별(公私混淆), 8. 관용(寬雍)−위엄(鷹揚), 9. 순종(從順), 10. 낙천적)을 제시하였다(高橋亨, 『朝鮮人』, 京城: 朝鮮總督府學務局, 1920, 구인모 역, 『식민지 조선인을 논하다』, 서울: 동국대학교출판부, 2010, 33−162.). 다카하시 도루가 식민교육의 장치를 개발하는 과정에서 특히 "공과 사의 무분별(公私混淆)"을 문제삼은 것은 주의를 요한다. 공과 사의 무분별을 문제삼은 것은 멸사봉공의 정신무장을 위한 것이었다. 단적인 예로 다카하시 도루는 충과 효를 분리해서 접근하는 한국인의 가치관을 문제 삼으면서 일본은 충과 효가 하나의 뿌리임을 강조하였다. 다카하시 도루가 일본의 국체를 설명하면서 군민일체(君國一體), 충효일본(忠孝一本), 군민일가(君民一家)를 내세운 데서도 충과 효

설립되자, 법문학부 교수로 임명되어 조선어문학 제1강좌(조선유학사)를 담당하여 일제에 순응하고 협력하는 이른바 식민지 지식인을 양성하는 데 기여하였다. 그 과정에서 이루어진 다카하시 도루의 글쓰기는 조선 총독부의 정책 수행을 강력 뒷받침하는 방식으로 이루어졌다. 다카하시 도루는 진화론의 우등과 열등 이론을 적용하여 조선과 조선인을 자의적으로 폄훼하였다. 다카하시 도루는 조선시대 성리학의 주리주기론을 식민철학으로 주조해냈다. 다카하시 도루의 식민철학은 조선인의 열등성을 유포하면서 조선인의 미래와 발전 가능성을 지우는 작업의 일환이기도 했다.[161]

다카하시 도루는 1939년 경성제국대학 교수를 정년퇴임하고 1940년에는 혜화전문학교(동국대학교 전신) 교장이 되어 불교교육에도 관여하였다. 다카하시 도루는 1944년에는 경학원 제학 겸 명륜연성소 소장과 조선유도연합회 부회장이 되어 일제말기까지 유생들의 교육에도 관여하는 등 일제말기까지 식민지교육자로서의 임무를 수행하였다. 다카하시 도루는 1950년 나라현 덴리시의 덴리대학 교수로 부임하여 그의 조선인론과 조선학을 계속 유포하였다.

다카하시 도루의 초기 유학연구에서는 사단칠정론에 대해서도 관심

의 본의를 비트는 그의 의도가 드러난다(高橋亨, 「序」, 喜田新六・高橋亨, 『國體明鑑』, 京城: 朝鮮儒道聯合會, 1944, 8.).

161) 高橋亨, 『朝鮮人』, 京城: 朝鮮總督府學務局, 1920, 구인모 역, 『식민지 조선인을 논하다』, 서울: 동국대학교출판부, 2010, 33-162.; 高橋亨, 「王道儒道より皇道儒道へ」, 『朝鮮』 295, 1939, 10-28. 다카하시 도루는 진화론의 우등과 열등 이론을 적용하여 우월한 일본인의 입장에서 열등한 조선인을 폄훼하였다. 일본의 제국주의적 욕망은 다카하시 도루, 아베 요시오, 박종홍이 교수(다카하시 도루, 아베 요시오)와 학생(박종홍) 신분으로 몸담았던 경성제국대학의 교육・연구 과정에 짙은 발자국을 남겼다. 식민지 조선에 대한 일본의 제국주의적 욕망은 경성제국대학 총장의 시무식 훈사를 통해서도 확인할 수 있다. 服部宇之吉, 「京城帝國大學始業式に於ける總長訓辭」, 『文敎の朝鮮(京城帝國大學開學記念号)』 1926年 6月號, 3-7.

을 크게 두지 않았고 퇴계에 대해서도 크게 다루지 않았다(중립 또는 무관심). 율곡을 퇴계보다 우위에 두는 다카하시 도루의 입장은 1915년의 지상논쟁을 통해 확인할 수 있다. 다카하시 도루가 율곡을 높이 평가한 것은 실천 중시의 철학이 유행했던 메이지유학계의 동향과 관계가 있다고 말할 수 있다.[162] 다카하시 도루는 순수학자인 퇴계보다 경세제민의 견식을 겸비하여 소위 시무를 중시했던 율곡을 진정한 유교 지식인·학자라고 생각했다. 이는 다카하시 도루의 유교 지식인·학자에 대한 분류법에 잘 드러나 있다.[163] 다카하시 도루는 율곡이 유교의 수양적 방면과 실용적 방면을 함께 발휘하고 종국에는 도학선생의 범주에 빠지지 아니 하였음을 들어 그를 진정한 유교 지식인·학자라고 높이 평가하였다.[164] 반면 다카하시 도루는 퇴계에 대해서는 율곡과 같은 수양과 실용의 지점에 올라서지 못했다면서 부정적인 관점을 드러내기도 했다.[165] 다카하시 도루가 이처럼 율곡을 두둔하는 성격의 노골적인 발

---

162) 李曉辰, 「高橋亨の韓国学研究: 儒学·仏教·文学研究を中心に」, 『退溪學論集』 12, 2013, 168-169.

163) 장지연-다카하시 도루 사이의 지상논쟁에는 유교 지식인·학자에 대한 분류법이 잘 드러나 있다. 논쟁에서 장지연은 "유자는 학자의 대명사[儒者卽學者之代名詞]"이며 "유는 학자를 지칭한다[儒學者之稱]"는 점을 들어 유교 지식인·학자를 儒者-儒學者를 구분하는 일은 억지나 다름없다고 보았다. 반면 다카하시 도루는 儒者-儒学者-道学者-道学先生-学究 등의 문자는 메이지시대 학계에서 새로이 안출된 개념으로 중국의 용례와는 직접 관련이 없다는 점을 강조하였다(『每日申報』 1918年 5月 18日, 6月 3日.; 李曉辰, 「高橋亨の韓国学研究: 儒学·仏教·文学研究を中心に」, 『退溪學論集』 12, 2013, 166-167에서 재인용.). 다카하시 도루의 분류법에 의하면 유교 지식인·학자의 대명사는 儒者이며, 儒學者는 상정되어 있지 않다. 1940년대 중반의 국민교육론을 언급한 "근세 국민교육은 神道家, 國學者, 儒者, 佛敎家, 心學者 등의 활동에 의한 것이 많다"는 지적에서도 儒學者에 내줄 공간은 없었음을 없음을 알 수 있다. 喜田新六·高橋亨, 『國體明鑑』, 京城: 朝鮮儒道聯合會, 1944, 242.

164) 高橋亨, 「経学史上の雲養集」, 『每日申報』 1915年 5月 18日.

165) 高橋亨, 「経学史上の雲養集」, 『每日申報』 1915年 5月 18日.; 李曉辰, 「高橋亨の韓国学研究: 儒学·仏教·文学研究を中心に」, 『退溪學論集』 12, 2013, 166에서 재

언을 한 것은 당시 강연의 성격상 노론(율곡학파)의 인물 경학원 제학 운양 김윤식(雲養 金允植, 1835~1922)의 자작수상축하회라는 점을 의식한 것일 수도 있겠으나,[166] 보다 근본적으로는 율곡사상이 퇴계사상보다 중시되었던 기류와 깊은 연관이 있다. 한 예로 당시 조선총독부는 조선을 정책적으로 제어하기 위해 향약을 적극 이용[167]했을 때에 그 방법에 대한 밑그림을 그리면서 율곡향약을 주로 참조하였고 퇴계향약은 부분적으로 참작했던 사실을 확인할 수 있다.[168] 이는 다카하시 도루가 이기론 프레임을 통해 율곡과 퇴계를 바라보는 특징이 그대로 노출된 것으로, 그의 세계관과 일본적 무의식이 짙게 작동한 것이라고 말할 수 있다.

다카하시 도루가 조선인의 열등성을 포착하여 제시한 것이 이기론 프레임으로서의 주리주기론이라고 말할 수 있다. 다카하시 도루의 이분법은 조선시대 성리학의 심층과 역동성을 대립상으로 표상하는 장치이기도 했다. 하지만 그의 주리주기론은 학문적·유형적 분석과 천착을 제대로 보여준 것이라고 보기 어렵다. 한국 철학계·교육학계에서 분에 넘치는 대접을 해온 다카하시 도루의 주리주기론은 그리 탁월한 주장도 아닌데다가 만고의 이론체계를 제시한 것도 아니며, 심지어

인용.

166) 李曉辰,「高橋亨の韓国学研究: 儒学·仏教·文学研究を中心に」,『退溪學論集』12, 2013, 167.

167) 향약은 조선총독부의 식민정책에 이용되기 이전, 1894년의 동학농민전쟁에서도 악용되었다. 당시 조선 관군·민보군·일본군 연합부대가 동학농민군 소탕 작전에 향약과 계를 활용했던 장면을 파악하기 위해서는 박균섭,「일본 시코쿠 변인과 홋카이도 변인 분석을 통한 동학농민전쟁 재인식」,『인문과학』119, 2020, 103-133 참조.

168) 한미라,「일제의 식민정책과 향약 인식: 1920년대를 중심으로」,『역사민속학』49, 2015, 59-86.

는 그가 제시한 절충파[169]라는 개념도 철학사상에 대한 분석과 고민을 그만 두겠다는 태만을 드러낸 것이다.[170] 일찍이, 우계학 텍스트 해석을 제대로 했더라면[171] 절충−절충파라는 말은 율곡을 대상으로 하여, 그것도 이기론이 주제가 아닌 학문 탐구 일반 영역에서 보여준 업적과 활동을 두고 사용할 수 있는 말이라는 점을 분명히 말할 수 있었을 것이다. 하지만 한국철학계는 이에 대해 전혀 주의를 기울이지 않았다.[172]

다카하시 도루의 이분법을 지적하자면, 조선시대 성리학의 유형은 그의 구분처럼 2개 정도로 낙착되지 않고, 적어도 6~7개의 갈래를 보이고 있다. 조선시대 성리학은 주기−주리의 학파적 차이에도 불구하고 기의 계열(氣, 氣學)보다 이의 계열(理, 理學)을 최고의 근원이자 가치로 삼는다는 점에서 공통성을 갖는다. 그렇다면 주리뿐만이 아니라 주기도 어디까지나 이학의 한 갈래일 뿐이다. 그럼에도 주리설은 전통적 윤리질서와 연결됨으로써 대체로 강력한 체제 옹호 내지 복고적 사회관을 보여준다고 해석하거나 이에 비해 주기설은 상대적으로 미래에 대해 열려 있는 사회관·역사관을 보여줄 가능성이 있는 것처럼 해석하는 견해를 어렵지 않게 만날 수 있다. 주기 계열의 사고가 근본적으로 이학에 터를 잡고 있다는 것을 유의하지 않고, 그저 기에 대해 현실(생리적 욕구, 신체의 욕망, 실용적 적용)을 존중하고 거기에 적용하려는 경향

---

169) 오늘날 한국철학 학계에서 사용하는 절충론·절충파의 개념은 高橋亨, 「李朝儒學史に於ける主理派主氣派の發達」, 京城帝国大学法文学会編, 『朝鮮支那文化の研究』(京城帝国大学法文学第二部論纂第1輯), 東京: 刀江書院, 1929, 93−140에서 사용하기 시작했다. 高橋亨, 이형성 편역, 『다카하시 도루의 조선유학사: 일제 황국사관의 빛과 그림자』, 서울: 예문서원, 2001 참조.

170) 한형조, 「주기 개념의 딜레마, 그리고 실학과의 불화」, 『다산학』 18, 2011, 307−335.

171) 『牛溪集』, 卷6, 「小學集註跋」.

172) 박균섭, 「우계 성혼의 수양공부론에 대한 재해석」, 『인격교육』 19(1), 2025, 190, 195.

으로 읽은 데서 이러한 큰 오해가 생겼다.[173] 다카하시 도루의 이분법에
서는 현실(생리적 욕구, 신체의 욕망, 실용적 적용)을 존중하는 학문적 입장이
율곡=유자론, 퇴계=유학자론으로 이어진다는 사실을 알 수 있다. 그것
은 이기론에 대한 오독을 양산해왔고, 이는 아직도 다카하시 도루를 디
딤돌로 삼아온 한국철학·교육학 연구자들에 의해 반복 재생산되는 경
향이 짙다.

초기 유학연구에서 퇴계에 대해 별다른 관심을 보이지 않았던 다
카하시 도루는 1920년대에는 오히려 퇴계를 비판하는 입장을 드러냈
다.[174] 다카하시 도루는 「조선유학대관」(1927년의 『조선사강좌』에 실림)에서
퇴계사상을 부정적으로 바라보고 이를 비판하였다. 퇴계는 침잠·사
색·연찬의 제일학자이며, 그에 의해 조선의 유학은 주자학파로 귀일
되었다고 말하고, 이로 인해 조선의 학계는 단일평판의 성격을 드러낼
수밖에 없었다는 얘기였다. 다카하시 도루는 퇴계의 학문은 전조선인
의 학문방향을 창의적·발명적 사고를 빈약하게 만들고 주자학을 무비
판적으로 계승·조술하는 양상을 드러냈다는 주장이다. 다카하시 도루
는 이를 일본의 유교 지식인·학자 이토 진사이(伊藤仁斎, 1627~1705)나

---

173) 한형조, 「주기 개념의 딜레마, 그리고 실학과의 불화」, 『다산학』 18, 2011, 307-335. '이
   학'의 성격과 의미를 파악하는 하나의 접근법으로, 정약용은 "옛날에 『중용』에서 '교(敎)'
   라고 말하고 『학기』에서 '학(學)'이라고 말한 것은 '유학[斯道]' 외에 다른 도가 없었으므
   로, 달리 표제를 더할 필요가 없는 것이었다. 송나라 이후로 '이학(理學)'이라 이름하여,
   이(理) 한 자를 더하였으니 이는 무게가 없는 말이다. 그러나 세상 사람들이 모두들 '이
   학'이라고 일컬으니, 그대로 부르는 것이 좋겠다"고 말한 바 있다(『與猶堂全書』, 詩文集
   卷17, 「爲盤山丁修七贈言[字乃則長興人]」). 사실상 '학'과 '이학'의 구분은 필요 없다는
   지적이며, 주자학의 시대에 들어서면서 '이학'이라는 신조어가 탄생했다는 얘기이다. 이
   는 '도학', '성학', '심학'의 개념을 규정짓는 일에도 사실상 동일한 기준이 적용될 수 있
   다.
174) 李曉辰, 「高橋亨の韓国学研究: 儒学·仏教·文学研究を中心に」, 『退溪學論集』 12,
   2013, 170.

오규 소라이(荻生徂徠, 1666~1728)가 보였던 호걸다운 면모와는 너무도 대조적인 장면으로 인식하였다.[175]

다카하시 도루는 율곡에 대해서는 늘 높이 평가하였는데 반해 퇴계에 대한 평가는 시기에 따라 중립(무관심)→비판→칭찬으로 변화하였다.[176] 우선은 다카하시 도루가 1939년부터 1940년에 걸쳐『사문』에 발표한 퇴계론에 주목할 필요가 있다.[177] 거기에서는 다카하시 도루의 퇴계에 대한 평가가 지금까지와는 크게 달라졌음을 확인할 수 있다. 조선의 유학을 연구하여 퇴계에 이르러 처음으로 "학문도덕을 겸비한 위대한 유학자[学問道徳兼備の偉大なる儒学者]"를 만났다는 사실과 함께, "『퇴계집』을 얻어 이를 시작으로 숭배하기에 충분한 고도수준에 달한 조선의 문헌에 접하는 환희에 빠짐을 깨닫는다[李退渓集を得て此に始めて崇拝するに足る高度の水準に達せる朝鮮の文献に接する歓喜に浸るを覚える]"고 하였다.[178] 이러한 변화의 배경에는 전적으로 식민교육 이데올로기의 지향점과 내용 구성 과정에서 퇴계와 교육칙어의 연계론을 회피할 수 없는 분위기 때문이라고 볼 수 있다.

다카하시 도루의 1939-40년의 퇴계론은『사문』에 총 5회에 걸쳐 연재되었다. 5회의 연재물 중에서 퇴계론이 교육칙어를 통한 식민교육의 구상에 따라 이루어진 것임을 밝힌 글로는 두 번째로 실린 퇴계론을 들 수 있다.『사문』21(12)에는 메이지천황의 성덕홍업을 받드는 글(鹽谷溫,

---

175) 李曉辰,「高橋亨の韓国学研究: 儒学・仏教・文学研究を中心に」,『退溪學論集』12, 2013, 169.

176) 李曉辰, 위의 논문, 170-172.

177) 高橋亨,「李退渓」,『斯文』21(11), 1939, 1-32.; 高橋亨,「李退渓(二)」,『斯文』21(12), 1939, 12-22.; 高橋亨,「李退渓(三)」,『斯文』22(1), 1940, 34-43.; 高橋亨,「李退渓(四)」,『斯文』22(2), 1940, 6-19.; 高橋亨,「李退渓(五)」,『斯文』22(3), 1940, 7-27.

178) 高橋亨,「李退渓」,『斯文』21(11), 1939, 1.

1-11)—다카하시 도루의 퇴계론(高橋亨, 12-22)—교육칙어 반포 당시의 상황(岡井愼吾, 23-25) 등의 순서로 글이 배치되었다는 사실, 그리고 권말에는 퇴계의 학덕을 경모했던 인물이자 후일 그의 학통이 모토다 나가자네에게 전수되었다는 오츠카 다이노에 대한 기념행사[大塚先儒祭] 관련 기사도 실려 있다.[179] 오츠카 다이노에 대한 기념행사에서는 유교사상이 오진천황[應神天皇] 때에 박사왕인에 의해 일본에 전승된 이래 2천수백년의 융화와 일본 국민사상의 근본을 이룬다는 점을 지적하였다. 식민교육 이데올로기의 구성작업에서 박사왕인과 퇴계가 주로 소환-호명되면서 추후 퇴계는 제2의 왕인이라는 위상을 차지하기에 이르렀다.[180] 다카하시 도루의 세 번째 퇴계론이 실린『사문』22(1)의 표지에는 아예 "황기 2600년을 축하하고[皇紀二千六百年を祝し] 황운의 융성을 받들어 기도한다[皇運の隆盛を祈り奉る]"는 점을 밝혔다.

다카하시 도루의 퇴계론에서, 퇴계가 "창의발명이 빈약[創思発明の貧弱]"한 자에서 "위대한 유학자[偉大なる儒学者]"로 크게 변한 이유는 무엇일까. 이러한 변화에 대해 1938년의 중일전쟁(그들의 표현으로는 지나사변) 발발로 인해 일선동조 · 일시동인 · 내선일체의 슬로건 아래, 조선인에게도 국가총동원체제에 참여토록 하기 위해 퇴계를 높이 평가하였

---

179) 鹽谷溫, 「明治天皇の聖德鴻業を仰ぎ奉りて」,『斯文』21(12), 1939, 1-11.; 高橋亨, 「李退溪(二)」,『斯文』21(12), 1939, 12-22.; 岡井愼吾, 「教育勅語渙發當時の事ども」, 『斯文』21(12), 1939, 23-25.; 斯文會,「大塚先儒祭」,『斯文』21(12), 1939, 84-85.

180) 일제강점기 식민교육의 방도로 호명 · 소환된 대표적인 한국사의 인물로는 왕인과 퇴계를 들 수 있다. 특징적인 사실은 퇴계는 퇴계의 이름으로 활용되었다기보다는 제2의 왕인으로 활용되었다는 점이다. 그들의 식민교육의 의도를 여실히 보여주는 장면이 아닐 수 없다. 제2의 왕인=퇴계론에 대한 심층연구로는 강해수, 「제2의 와니(王仁)로서의 이퇴계상과 도의담론: 근현대 한일 양국의 이퇴계연구를 중심으로」,『동서인문학』 49, 2015, 93-121 참조.

다고 말할 수 있다.[181] 다카하시 도루의 퇴계론의 변화는 중일전쟁 발발(1938)→황도유도론 생산(1939)이라는 구성작업에 유의할 필요가 있다.[182] 다카하시 도루의 황도유도론(1939)과 퇴계론(1939-40)은 1939-40년의 정치·군사·사회·문화적 상황과 직결된 것이기도 했다. 다카하시 도루의 황도유학은 일본 제국주의의 확장을 위해 내선일체와 일시동인의 이념을 바탕으로 한 유학을 일컫는 것으로, 사회과학적 현실과 정치적 문제의식이 배제된 유학이었다.

다카하시 도루는 당시 일본학술계에 팽배했던 한국유학=주자학이라

---

181) 井上厚史,「近代日本における李退溪研究の系譜學: 阿部吉雄·高橋進の學說の檢討を中心に」,『總合政策論叢』18, 2010, 77. 이효진은 다카하시 도루의 퇴계에 대한 긍정적 평가는 1935년 시점에서 확인할 수 있다고 지적하였다(李曉辰,「高橋亨の韓国学研究: 儒学·仏教·文学研究を中心に」,『退溪學論集』12, 2013, 171.). 하지만 다카하시 도루의 퇴계에 대한 긍정적 인식은 훨씬 이전부터 시작되었을 가능성이 높다. 조선총독부의 식민교육정책을 이론적으로 뒷받침했던 관제·관변학자로서의 그가 교육칙어 발표 40주년을 기념하는 1930년 10월 당시 조선총독부의 식민교육 차원에서 대대적으로 이루어진 퇴계-교육칙어 연계설을 몰랐거나 이를 외면할 수는 없었을 것이기 때문이다. 1930년은 식민지배 전략과 식민교육 정책에서 교육칙어가 발표된 지 40년이 되는 해로서 그들에게는 기념비적인 해였다. 물론 다카하시 도루는 퇴계-교육칙어 연계설에 대해 발빠른 대응을 보여주지는 못했다. 이는 그가 일찍이 조선인의 민족성을 폄훼하는 조직적인 글을 발표했던 사실로 인해 일어나는 충돌효과와도 무관하지 않다고 본다. 1930년 이래 계속 주조되었던 퇴계-교육칙어 연계설에 관해서는 다음을 참조. 安寅植,「教育家の奮起を望む」,『文敎の朝鮮』1930年 10月號, 61-63.; 平山正,「教育勅語渙發四十年を迎へて所感を述ぶ」,『文敎の朝鮮』1930年 10月號, 79-86.; 大山一夫,「教育勅語渙發四十年を迎へて」,『文敎の朝鮮』1930年 10月號, 87-94.; 松田甲,「日鮮史話 第六編(李退溪歿後三百六十年記念)」, 京城: 朝鮮總督府, 1930.; 李東基,「半島理學の祖 李退溪の思想一斑」,『文敎の朝鮮』1932年 1月號, 87-91.; 金聲律,「退溪學說の一斑としての自省錄」,『文敎の朝鮮』1934年 2月號, 84-91.; 高田誠二·藤原一毅,『日本の教育精神と李退溪(附李栗谷の擊蒙要訣と時事)』, 京城: 朝鮮事情協會出版部, 1934.; 朝鮮總督府學務局內朝鮮教育會,『「日本の教育精神と李退溪」に對する諸方面の反響』,『文敎の朝鮮』1935年 3月號, 195-197.; 松田甲,「教育に關する勅語と李退溪」,『文敎の朝鮮』1935年 10月號, 97-106.; 奧田槐堂,「李退溪の學統と日本思想界に及ぼせる影響」,『東洋之光』1939年 2月號, 41-47.

182) 高橋亨,「王道儒道より皇道儒道へ」,『朝鮮』295, 1939, 10-28.

는 도식을 무비판적으로 수용하였다. 그 결과 다카하시 도루는 한국 유학은 주자학에 불과하고 자신만의 철학은 없다는 한국유학 부재론을 주장했다.[183] 일본의 실천중시의 유학 개념을 원용하여 메이지학계에서 사용되고 있던 신용어를 가지고 한국유학을 설명하고자 했던 다카하시 도루의 유학연구는 식민사관과 연계되어 불안정한 한국유학 이해를 초래하였고, 이는 아직도 한국의 유학연구자들에 의해 비판받고 있다. 이처럼 다카하시 도루의 한국유학 연구는 자료와 내용은 한국유학계의 영향을 받으면서 방법론과 시점은 근대일본의 유학 개념을 사용한 것이었다.[184]

3. 아베 요시오의 퇴계사상 일본전파론과 퇴계학의 굴절

아베 요시오(阿部吉雄, 1905~1978)의 퇴계학 연구에 개입된 정치성과 식민성을 확인하는 방편으로, 그 배경과 의도를 가장 대비적으로 드러낼 수 있는 시점과 지대를 1940년대 태평양전쟁기로 설정할 수 있다. 그 시점과 지대를 주시하는 가운데 아베 요시오를 비롯한 일본의 관제·관변학자들의 퇴계철학과 사상에 대한 논의경향과 추세를 제대로 포착할 수 있다. 아베 요시오의 1940년대 퇴계학 관련 저술을 판독함으로써 과연 전파론은 우리에게 자긍심을 가져다 줄 수 있는 것인지를 비판적으로 검토하고자 한다. 아베 요시오는 다카하시 도루의 제자이다. 아베 요시오는 퇴계 연구에 전념하여 일본주자학과 퇴계의 관계를 상

---

183) 李曉辰, 「京城帝國大學における朝鮮儒學研究: 高橋亨と藤塚鄰を中心に」, 『退溪學論集』 14, 2014, 291-315.

184) 李曉辰, 「高橋亨の韓国学研究: 儒学・仏教・文学研究を中心に」, 『退溪學論集』 12, 2013, 174.

세히 규명해 왔다. 우리에게 지한파 · 친한파 인사로 알려진 아베 요시오가 일본 주자학을 야마자키 안사이(山崎闇齋, 1618~1682) 계열과 구마모토학파로 분류되는 오츠카 다이노(大塚退野, 1677~1750)—요코이 쇼난(橫井小楠, 1809~1869)—모토다 나가자네(元田永孚, 1818~1891) 계열로 구분 제시하면서 마련된 상상의 공간에는 퇴계철학이 짙게 자리 잡고 있다.[185]

아베 요시오는 퇴계학을 중핵으로 삼아 유교문화 연구와 그 보급에 힘쓰고 이를 통해 한일친선의 정신적 기반을 확립한다는 이상을 내세웠다. 그런 아베 요시오에 대해 우리는 퇴계철학과 사상을 정밀 연구한 학자로 우호적으로 평가해왔다. 하지만 이러한 우호적인 평가는 아베 요시오의 퇴계론에 도사리고 있는 정치성과 식민성을 전혀 간파하지 못했다는 것을 방증하는 것이기도 하다.

아베 요시오의 퇴계 연구의 궤적은 『이퇴계』(1944)→『일본주자학과 조선』(1965)[186]→이퇴계연구회 결성(도쿄, 1972)→『일본각판 이퇴계전집』(1975)→『이퇴계: 그 행동과 사상』(1977) 등의 시계열을 갖는다. 여기서 특히 『이퇴계』(1944)는 태평양전쟁의 길목에서 패전의 기운이 감도는 시기에 저술 · 발간되었다는 점에 유의할 필요가 있다.[187] 『이퇴계』(1944)와 『이퇴계: 그 행동과 사상』(1977) 두 책은 33년의 시간차를 보이면서 시리즈 명이 "일본교육선철총서"에서 "동양인의 행동과 사상"으로, 그리고 "도의철학의 창시자로서의 퇴계의 행실사상" 고찰이 "퇴계의 행동과

---

185) 퇴계철학의 일본 전파 및 그 수용 양상에 대해 시초담론-전파론의 개념을 중심으로 고찰한 글로는 강해수, 「근대 일본의 이퇴계 연구」, 『퇴계학논집』 2, 2008, 55-83 참조.

186) 阿部吉雄, 『日本朱子學と朝鮮』, 東京: 東京大學出版會, 1965.

187) 박균섭, 「전시동원체제와 퇴계학: 아베 요시오와 박종홍의 연속성」, 『교육철학연구』 36(4), 2014, 121-141.

사상"고찰로 바뀐 정도이다. 1940년대의 발언과 1970년대의 발언에는 사실상의 차이가 없음을 알 수 있다. 하지만 33년의 시간차에 대한 접근해석에는 이를 물리적 차원의 설명이 아닌 1944년과 1945년의 1년 사이에 벌어진 문제의 저변을 살피는 작업이 따라야 할 것이다. 퇴계 연구서『이퇴계』(1944)가 태평양전쟁의 길목에서 패전의 기운이 감도는 시기에 저술·발간되었다는 점을 주목한다면, 그리고 퇴계의 소환을 통해 조선의 젊은이들을 전쟁터에 몰아세웠던 사실을 감안한다면,『이퇴계』(1944)와『이퇴계: 그 행동과 사상』(1977) 사이의 격절, 33년의 시간차에 대한 착시효과로 인해, 사람들은 주로 후자의 증보연구 및 신규성과에 기대하는 듯하지만, 그 안에 기만의 수사학이 짙게 흐르고 있음을 간과해서는 안 될 것이다.

아베 요시오가 퇴계를 앞장세운 것은 반도 사회의 지식인들을 향해 황국일본의 국체의 본의에 합류하는 방법을 일러주는 작업이기도 했다. 아베 요시오는 퇴계야말로 식민지 조선인의 동화와 개조 작업에 긴요한 존재이자, 반도 사인의 혼을 근본적으로 구하는 양약이라고 단정하였다.[188]

단적으로 말하면 양 선생(山崎闇齋, 元田永孚)의 사상은 황국의 도에 근본을 두고 공자나 주자나 퇴계선생의 도의사상을 융회·순화·지양한 것으로서, 여기에서 일반적인 인의도덕의 가르침은 실로 황국의 도를 중핵으로 하는 인의도덕의 가르침이라고 말할 수 있다. 어쨌든 퇴계선생의 사상이 특히 일본정신사에서 선각자들에게 깊이 섭취된 것은 주의할 만한 것으로, 이로써 퇴계교학의 순수성을 살필 수 있다. 퇴계선생의 자성적·

---

188) 阿部吉雄,『李退溪(日本教育先哲叢書)』, 東京: 文教書院, 1944, 序文 2.

심학적 · 실학적인 교학이나 도의에 감분흥기토록 하는 교육방법 등은 특히 반도 지식인의 혼을 근본적으로 치유할 양약으로서의 성격을 갖는 것이었다고 생각한다. 그런데 반도 사회는 그의 교학을 반드시 제대로 받아쓰지 않았다. 그렇지만 지금 반도는 황국일본의 일환으로서 국체의 본의에 투철하고 도의를 확립하는 일을 기본적인 명제로 삼아 굳세게 약진하고 있다. 올 가을(1943년 10월)에 심혼의 엄숙한 연성, 부동의 도의심 함양을 제창한 퇴계교학의 현대적 의의를 고찰하는 일은 중요한 과제가 아닐 수 없다.

아베 요시오는 야마자키 안사이와 모토다 나가자네에 대해 "황국의 도에 근본을 두고 공자나 주자나 퇴계선생의 도의사상을 융회 · 순화 · 지양하였다"고 평가하였다. 이는 아베 요시오가 중국인(공자, 주자)이나 조선인(퇴계)보다도 이를 일본적 상황에 맞게 융회 · 순화 · 지양한 일본인(야마자키 안사이, 모토다 나가자네)이 뛰어나다는 것을 최종 확인한 셈이다.[189] 아베 요시오가 도의사상의 융회 · 순화 · 지양을 말하면서 이를 퇴계교학의 현대적 의의를 고찰하는 일로 높여 말한 것은 당시 경성제국대학 총장의 신동아 건설 사업의 성패여부에 대한 진단및 해법과도 일치한다. 신동아 건설 사업이 사상누각이 되지 않기 위해서 가장 절실히 요망되는 것은 상호문화 이해이며, 상호 이해가 제대로 이루어지지 못하여 오해를 사거나 경시 모멸의 기분을 갖게 된다면 사실상 신동아 건설 사업은 실패할 것이라는 경고와 동일 맥락을 갖는 말임을 알 수 있다.[190] 바로 그 기조에서 황국의 도를 중핵으로 하는 인의도덕의 가르

---

189) 權純哲, 「退溪哲學研究の植民地近代性: 韓國思想史再考Ⅱ」, 『日本アジア研究』3, 2006, 85-86.

190) 速水滉, 「日本文化の大陸進出」, 『文敎の朝鮮』1940年 2月號, 15.

침(퇴계의 언어로 말하자면 敬)이 요망되는 것이기도 했다. 아베 요시오는
『이퇴계』(1944)의 서문에서 이 책을 쓰기까지 도움을 받았던 상황을 다
음과 같이 밝혔다.[191]

① 이퇴계선생에 관한 연구의 종래 발표된 것으로는 다카하시 도루 박
사의 『이퇴계』(『斯文』 게재)가 가장 자세하며, 근세 일본—조선 유학의 역사
적 관계에 대해서는 마츠다 고(松田甲) 씨의 『일선사화』에 약간의 자료가
소개되어 있다. 본서를 집필함에 있어 이 두 저술에서 지시를 받은 바가
적지 않다(*원문에서는 "적다(少くない)"고 하였지만 "적지 않다(少なくな
い)"의 오기인듯 하여 "적지 않다"로 번역함 : 연구자). 또한 시라가 주키
치(白神壽吉) 씨의 『이퇴계선생전』(소책자), 박종홍 씨의 『이퇴계선생의 교
육사상』(『慶北の敎育』) 등을 참고하였다. 부기하여 선배의 연구에 존경의
마음과 감사의 뜻을 표하고자 한다. 1943년 10월.[192]

②의 (본서에) 원전(으로 실린) 『성학십도』(pp. 141-187)는 후치카미(淵

---

191) 阿部吉雄, 『李退溪(日本敎育先哲叢書)』, 東京: 文敎書院, 1944, 序文 3.

192) 아베 요시오가 『이퇴계』(1944)에 관한 저술을 내면서 참고했던 대표적인 문헌으로는 박
종홍(1928), 시라가 주키치(1934), 마츠다 고(1930), 다카하시 도루(1939-40) 등을 들
수 있다. 단연 박종홍의 문헌이 가장 앞선 연대에 해당한다. 박종홍은 대구고보 교사
로 있을 때에 「이퇴계선생의 교육사상」을 주제로 일문원고를 탈고(1927.7.18.)하고 이를
1928년 『경북의 교육』(제6호)에 게재하였다(박종홍, 「퇴계의 교육사상」, 『박종홍전집Ⅰ』,
서울: 민음사, 1928, 125-158.). 이는 박종홍이 1929년에 전문학교 입학 자격검정시험
에 합격하여 경성제국대학 법문학부 철학과의 선과생으로 들어가기 1년 전의 일이었다
(소광희, 「열암 박종홍의 생애와 사상」, 『서울대학교대학원동창회보』 17, 2011, 9-14.).
아베 요시오가 퇴계에 관한 저술을 내면서 참고했던 저자들 중에 마츠다 고를 제외한 다
카하시 도루, 시라가 주키치, 박종홍이 모두 대구공립고등보통학교 또는 대구공립여자
고등보통학교와 인연이 있었다는 것은 예사롭지 않다. 다카하시 도루는 대구공립고등보
통학교 교장, 시라가 주키치는 대구공립여자고등보통학교 교장, 박종홍은 대구공립고등
보통학교 교사를 역임했다. 이들은 퇴계를 호명하여 전쟁인문학의 소재로 삼았던 대표적
인 인물들이다.

上)와 오와다(大和田) 두 학생에게서 받은 책이다. 지금 두 학생은 학병이 되어 용감무쌍한 정신으로 전선을 향했다. 1944년 2월 다시 알림.[193]

아베 요시오는 『이퇴계』(1944)에 『성학십도』를 실었는데(141-187), 그 『성학십도』는 조선인 경성제국대학 학생 후치카미(淵上)와 오와다(大和田) 두 학생에게서 기증받은 책이다. 아베 요시오는 『이퇴계』의 서문에서 군이 퇴계-『성학십도』를 제시하면서 이 책을 선물한 두 학생은 학병이 되어 용감무쌍한 정신으로 전선을 향했다는 사실을 알렸다. 퇴계-『성학십도』의 취지는 급진론적 관점에서 국가를 되찾자는 입장이 아니라 나라가 망하고 없는 현실을 인정하고 그 안에서 최선의 앎과 삶의 길을 찾자는 논리, 식민지현실에 저항하지 말고 근대화(이용후생)를 위해 노력하는 조선총독부의 시정방침에 따르자는 논리로 이어졌다. 이는 『중용』적 세계관을 통해 친일을 정당화했던 당시 친일유림의 행태와도

---

193) 아베 요시오의 『이퇴계』(1944) 서문에 등장하는 『성학십도』 증정 얘기는 사실상 퇴계학에 대한 모독의 성격을 갖는다. 『성학십도』 연구에서 주목해야 할 논점으로 위기지학=성인지학=종신사업의 성격을 갖는 성학에 대한 탐구 일반과 함께 통치 매뉴얼로서의 인식과 대응 양상에 주목할 필요가 있다. 15세기 후반 주자학을 강조하는 사림세력이 등장하면서, 재이론(災異論)과 군주성학론(君主聖學論)의 공고한 결합이 이루어졌다. 그런데 자연현상에 대한 관찰 경험이 축적되면서 군주의 심성수양만이 유일한 재이 해소방안이라는 인식에 의문이 제기되었고, 그 과정에서 재이를 선험적이고 보편적인 '이(理)'가 아닌 경험에 근거하여 이해하려는 태도가 등장했다(고태우, 「한국 재난 인식 연구의 성과와 과제: 근대 이전 시기 역사학계의 연구를 중심으로」, 『인문학연구』 59, 2020, 50.). 퇴계 당시의 재이론은 군주를 압박하는 군주성학론이면서도 군주의 수기·수신·수양과 성찰을 돕는 논거로 작용하였다. 하지만 그 이후로, 자연과학적 규칙성을 갖는 재이현상은 군주의 성학과는 무관한 것이라는 인식이 확산되었고, 재이를 하나의 자연현상으로 보는 관점의 등장과 함께 천인감응론에 대한 천착을 거부하는 흐름이 대두하였다(고태우, 위의 논문, 51.). 퇴계의 『성학십도』에 대한 논의에는, 조선후기로 이어지는 『성학십도』에 대한 인식의 변화를 읽어내는 일은 물론, 일제강점기에 관제·관변 학자들에 의해 『성학십도』가 조선의 청년·학도를 향해 전쟁을 추동하는 방편으로 부연되는 장면을 확인하는 작업이 요망된다.

그대로 겹친다. 일제 강점기의 친일유림은 유교경전을 이론적 기초로 삼아 망국의 상황을 현실로 받아들이면서 그 안에서 최선의 방도를 찾자는 논법을 개발·유포하였다. 이는 조선의 현실을 거경—궁리 중에서도 전자의 결여·결핍 상태로 파악하면서 퇴계의 경설(경의 철학)을 양약으로 삼아 그 결여·결핍을 보충해야 한다는 얘기이기도 했다.[194] 퇴계사상에 대한 일본적 해석의 핵심은 사회과학적 현실과 정치적 문제의식이 배제된 성격의 유학, 비판의식을 잠재우는 유학이었고, 그것은 식민권력에 순응·협력하도록 만드는 기획이기도 했다.

아베 요시오는 퇴계를 앞장세워 조선의 청년·학도를 전쟁과 죽음의 대열로 내모는 데 필요한 일본국체와 도의철학을 강조하였다. 그야말로 관제·관변 학자들의 저비용—고효율의 식민교육방식을 통해 무반성·무자각의 퇴계학이 확산·유포되었던 것이다. 1944년 당시만 해도 아베 요시오는 퇴계학에 대한 전문성을 제대로 갖추지 못한 채 전쟁인 문학의 가동 공간을 확보하는 가운데 전쟁과 죽음을 추동하는 파시즘적 직분을 수행하였다. 여기서 참고로 도모에다 류타로와 아베 요시오의 퇴계—오츠카 다이노—모토다 나가자네—메이지천황—교육칙어로 이어지는 내러티브의 실상을 간취할 필요가 있다.

---

194) 퇴계-교육칙어 전파론에서는 퇴계의 경설(경의 철학)이 야마자키 안사이의 경설(경의 철학)로 이어졌다고 얘기한다. 하지만 야마자키 안사이의 경설은 유학의 틀을 벗어나 신도의 교의로까지 나아갔다. 야마자키 안사이의 사색의 격렬함은 때로는 광신적이라고도 할 수 있을 정도의 종교성을 띠고 있다. 그렇다면 전파론에서처럼, 퇴계와 야마자키 안사이를 같은 경설을 표방했다고 생각하는 것은 불가능하며, 또한 부적절한 것이다. 퇴계의 경설이 야마자키 안사이에게 미친 영향은 아베 요시오가 이해했던 것과 같은 단순한 것이 아니라, 한층 중층적으로 파악할 필요가 있다. 井上厚史, 「李退溪の敬説と山崎闇齋の敬説」, 『南道文化研究』 20, 2011, 131-174. 특히 야마자키 안사이의 경설이 유학의 틀을 벗어나 신도의 교의로까지 나아갔다는 점을 상기한다면 이는 유교와 신도사상의 교섭에 의한 산물인 유가신도학과 성격이 크게 겹친다는 사실을 알 수 있다. 渭川健三, 『日本と朝鮮における朱子學』, 京都: 同朋社出版, 1988, 10 참조.

① 일본의 근대화에 작용하였고 또 작용하고 있는 주자학의 정신이 뚝 떨어지게 섭취되고 있다.……(교육칙어에서 말하는) '황운'을 '국운'이라고 정정한다면, 이것은 어느 나라에도 통하는 인륜적 국가실현의 교육강령이다.……모토다 나가자네에 의한 이들 실천조목의 제시는 중한일과 동아시아의 세계에 흘러 있던 주자학의 근대적 의의를 재확인한 것이다.[195]

② 메이지유신 후, 서구사상이 일본을 풍미하여 일본의 교육지침도 크게 좌우로 동요되었을 때, 고래의 충효사상으로 교육의 연원으로 삼아야 함을 보여준 것이 메이지천황이며, 이를 보좌하여 교육칙어를 제시하는 데 진력한 것이 모토다 나가자네였다.……모토다 나가자네가 이퇴계 선생에게 경도한 오츠카 다이노의 학문적 흐름을 따른 자이었다는 것도 흥미 있는 역사적 사실이다.[196]

도모에다 류타로는 교육칙어에 대해 "어느 나라에도 통하는 인륜적 국가 실현의 교육강령"이라고 규정했으나, 그 발언이 그의 정체성과 세계관의 실체를 단적으로 드러내는 것임에 유의해야 한다. 문제는 교육칙어의 강령은 군국주의·제국주의·팽창주의의 본질과 속성을 내장한 것이었고, 바로 이 때문에 전후일본에서도 미군정에 의해 폐기된 교육강령이었다는 데 있다. 정상적인 역사의식을 갖고 있는 자라면 "어느 나라에도 통한다"는 식의 망언을 입에 담을 수 없는 일이다. 아베 요시오의 충효론은 일본적 유교의 성격을 몰랐을 리 없는 그가 "충과 효는 하나의 뿌리[忠孝一本]"라는 일본식 충효론을 퇴계사상과 억지 연계시키면서 메이지유신 이래의 서구사상이 일본을 풍미하는 상황에서 퇴계—

---

195) 友枝龍太郎, 「인륜의 도로서의 충과 효」, 『퇴계학보』 15, 1977, 116-117.

196) 阿部吉雄, 「일본의 충효론」, 『퇴계학보』 15, 1977, 99-100.

오츠카 다이노—모토다 나가자네 등으로 이어지는 일본교육의 군국주의적 속성을 드러냈다는 점에서 문제가 있다.[197]

아베 요시오는 퇴계를 일본의 교육선철로 추앙하는 가운데 그를 제2의 왕인으로, 그리고 반도 도의철학의 창시자로 추켜세웠다.[198] 제2의 왕인=퇴계론의 연장·확대판은 이퇴계연구회의 설립취지문(1972)을 통해서도 확인할 수 있다. 아베 요시오는 이퇴계연구회의 설립취지문에서 "이퇴계는 한국이 자랑하는 가장 위대한 학자이며 교육가이고 또한 삼백수십 년 동안 일본의 뜻있는 학자들로부터 대단히 존중받았던 사람이다. 극언하면 제2의 왕인이라고 하여도 좋을 정도의 영향을 일본의 정신사 위에 남겼다. 이러한 사실을 지금의 일본인들은 많이 잊어가고 있다. ……"고 지적하였다.[199] 도모에다 류타로는 퇴계를 주제어로 삼아 동아시아 모든 국민의 정치·경제·교육·문화 전반에 걸친 연대의식을 거론하면서 퇴계연구를 통해 동아시아의 평화와 세계평화의 실현에 기여할 수 있다고 주장했다.[200] 퇴계와 평화를 연계짓는 작업에 대해 말하자면, 적어도 아베 요시오나 도모에다 류타로나 우노 세이이치의, 퇴계를 동아시아의 연대의식, 선린우호, 세계평화 담론의 원천으로 삼는 작업은 퇴계학의 본연과는 동떨어진 평화론이자 식민교육의 불순한 의도가 고스란히 녹아든 평화론이라는 점에 유의할 필요가 있다.[201] 퇴계

---

197) 박균섭, 「유교사상의 일본적 변형: 충효론을 중심으로」, 『한국사회과교육연구학회 국제학술대회 및 학술답사자료집』(2004.2.18. 서울교육대학교), 25-35.

198) 阿部吉雄, 『李退溪(日本教育先哲叢書)』, 東京: 文教書院, 1944, 2.

199) 阿部吉雄, 『李退溪: その行動と思想(東洋人の行動と思想 11)』, 東京: 評論社, 1977, 김석근 역, 『퇴계와 일본유학』, 서울: 전통과 현대, 1998.; 阿部吉雄, 「李退溪の史的地位と日本儒學との異質性」, 『李退溪研究會☒報』 4, 1978, 37-52 참조.

200) 友枝龍太郎, 『李退溪: その生涯と思想』, 서울: 退溪學研究院, 1985, 246-247.

201) 공존공생 담론(동아시아의 연대의식, 선린우호, 세계평화)을 내세우면서도 극우세력의 식민사관을 원형적으로 간직해왔던 인물 중의 한 사람으로 이퇴계연구회 제3대 회장을

학 본연의 평화론을 구축하기 위한 연구작업은 일본적 요소와 식민교육적 맥락을 제거한 상태에서 이루어져야 한다.

이퇴계연구회의 제3대 회장을 지낸 우노 세이이치(宇野精一)는 이퇴계연구회가 1940년에 도쿄 우에노공원 안에 건립된 왕인박사의 송덕기념비를 새롭게 대신하는 형태로 결성되었음을 전하였다.[202] 전시동원체

역임했던 우노 세이이치를 들 수 있다. 이는 응당 이퇴계연구회 제1대 회장과 제2대 회장의 세계관과 퇴계론을 판독하는 과정에서도 중요한 기준점이 될 것이다.

202) 宇野精一, 「일본에 있어서의 이퇴계 연구 소사」, 『퇴계학보』 44, 1984, 470–471. 우노 데츠토(宇野哲人)의 아들 도쿄대학 문학부 교수 우노 세이이치(宇野精一)는 1984년 9월 9일, 서독의 함부르크대학 초청 제7차 퇴계국제학술대회에서 "왕인 박사는 일본문화의 은인"이라고 찬양했다. 그런 그가 2005년 시점에서는 평소의 그의 깊은 생각을 과감하게 드러냈다. 2004년 1월 1일 고이즈미 준이치로 일본총리가 태평양전쟁 A급 전범들의 위패가 있는 야스쿠니신사를 기습 참배했고, 2005년 10월 17일 또다시 참배했다. 고이즈미 총리의 야스쿠니신사 기습 참배에 대한 일본의 반응을 검토하는 과정(『文藝春秋』 2005年 7月號 "大論爭アンケート: 小泉總理 靖國參拜是か非か")에서 "일본에 전범이 없다"는 의견과 "평화헌법을 되새겨야 한다"는 의견이 양 갈래로 표출되었음을 확인할 수 있다. 그 과정에서 이퇴계연구회 제3대 회장 우노 세이이치의 반응도 확인할 수 있다. 당시 우노 세이이치의 글은 다음과 같다.: 〈우리나라에 '전범'이란 없다.〉—우노 세이이치(도쿄대 명예교수). "야스쿠니신사는 우리나라의 전몰자에 대한 제사 시설이며 제사 받는 분들은 국회에서 승인을 받았으니 국가 의지로서 존경과 감사의 뜻을 전하는 것은 당연합니다. 외국에서 뭐라고 말을 들을 필요가 전혀 없습니다. 전후 쇼와천황을 비롯 역대 총리도 참배해왔습니다. A급 전범이라는 논리가 있는데 우리나라에는 '전범'이 존재하지 않습니다. 이것은 국회에서 의결된 사항이고 먼저 도쿄(전범)재판을 맡아더, 키난, 웹 등 전원 오류가 있었다고 인정했고 재판 그 자체가 국제법상 위법이었다고 무효임이 판명되었습니다. 외국에서 뭐라고 비난을 해도 내정간섭이라고 물리쳐야 합니다. 속국이 아닌데 더 강하게 대응 못하는 정부의 약한 모습이 정말 한심스럽습니다."(「일 언론 "야스쿠니신사 양보 없이도 실속 챙겼다"」, 『오마이뉴스』 2005.6.23.). 이쯤해서 우노 세이이치의 학문연구는 어떤 양상과 지향을 보이는지를 확인할 수 있다. 이퇴계연구회 제3대 회장 우노 세이이치를 비롯한 일부 그룹에서는 퇴계를 통해 선린우호, 교류협력, 미래지향적 한일우호를 발설하면서도, 과거 침략범죄의 역사를 미화하는 일을 벌이고 있다. 이는 퇴계를 동원하여 그들의 전쟁욕망을 드러내는 것에 다름 아니다. 우노 세이이치를 비롯한 일본 관변학자들의 전쟁국면의 관심사, 비상시의 대응법에 대한 궤적을 확인하기 위해서는 다음 자료를 참고할 수 있다. ① 宇野哲人, 「非常時と倫理運動」, 日本弘道会編, 『非常時に直面して』, 東京: 日本弘道会, 1933[이 글에 대한 검토는, 「非常時と日本精神」(服部宇之吉), 「非常時の社會教育」(春山作樹), 「非常時と思想教育問

제 하에서는 왕인에 이어 퇴계를 제2의 왕인으로 추켜세우면서 내선일체의 도의철학을 강구하였고, 해방이후에는 왕인과 퇴계의 호명을 통해 동아시아의 연대의식, 선린우호, 세계평화 담론을 유포하였다.[203]

아베 요시오가 퇴계를 일본의 교육선철, 반도 도의철학의 창시자로 높인 의도는 태평양전쟁 막바지에서 퇴계의 군국주의적·제국주의적·식민교육적 효용가치를 간파했기 때문이다. 퇴계를 앞세워 저비용-고효율의 방식으로 전환기의 신윤리를 부식하여 전쟁의 승리를 얻어내기 위함이었다.

일·한 병합 이래 반도는 황국의 땅이 되었(다.)……도의의 땅 조선은

題」(吉田熊次),「非常時と青年」(高島平三郎),「非常時と修養」(松平直亮),「非常時と教化」(松井茂) 등도 참고.]. ② 宇野精一,「解説 歴史学習はこれでよいか 高山論文「社会科教育をどうする」を読んで 高山岩男氏の論文要旨」,『内外教育』2177, 1970, 2-5. ③ 宇野精一,「解説 歴史学習はこれでよいか 高山論文「社会科教育をどうする」を読んで 独立の教科で歴史教育を強化せよ」,『内外教育』2177, 1970, 5-7. ④ 宇野精一,「阿部博士と李退渓研究」,『東アジアの思想と文化: 故阿部吉雄博士を偲ぶ』, 韓国研究院 企画·編集. 東京: 図書文献センター, 1980[이 글은 도모에다 류타로의 글과 함께 살필 필요가 있다. 友枝竜太郎,「李退渓の四七論弁と理動説」,『東アジアの思想と文化: 故阿部吉雄博士を偲ぶ』, 韓国研究院 企画·編集. 東京: 図書文献センター, 1980.]. ⑤ 宇野精一,「靖国参拝 総理に贈る孔子の教え: 総理の公式参拝は孔子の理想「仁」に通じる」,『文芸春秋』83(12), 2005, 126-132.

203) 〈제2의 왕인=퇴계〉론을 아베 요시오와 박종홍에 대한 논의를 중심으로 풀어낸 글로는 강해수,「황도유학과 도의 담론, 그리고 식민지조선」,『한국학연구』28, 2012, 1-36.; 강해수,「제2의 와니(王仁)로서의 이퇴계상과 도의담론: 근현대 한일 양국의 이퇴계연구를 중심으로」,『동서인문학』49, 2015, 93-121 참조. 〈제2의 왕인=퇴계〉론이 식민교육의 자장 위에 만들어진 허상이라는 점을 파악하기 위해서는 왕인 전승 그 자체에 개입된 일본의 욕망에 대해서도 고찰할 필요가 있다. 이에 대해서는 박균섭,「왕인 관련 사료와 전승 검토: 식민 교육과 주체성 교육 문제」,『한국교육사학』34(2), 2012, 25-48.; 한미옥,「설화의 정치성과 전승전략: 도선설화를 중심으로」,『남도민속연구』27, 2013, 257-283 참조.

이제……황민의 도 연성[204)에 즈음하여 황국 일본을 이루어내기 위해 새로운 도의의 세계 건설에 매진하고 있다. 금년 가을(1943년 10월)에, 반도 제일의 교학자, 도의철학의 창시자다운 퇴계의 행실사상을 돌아보며 황민으로서의 사색을 깊게 하고 심혼을 연마하는 것은 결코 무의미한 것이 아닐뿐더러, 반도의 현실에 직면하여 교육·교화의 임무를 맡은 자에게는 절실한 현실적 의의를 갖는다고 믿는다.[205)

아베 요시오는 "금년 가을(1943년 10월)"의 상황과 "퇴계의 행실사상"을 연결짓는 무리수를 두었다. 그것은 결코 퇴계학 본연을 위한 것이 아니었다. 퇴계의 호명·소환을 통해 조선인 청년·학생들의 젊은 피와 목숨과 희생을 얻어내기 위한 기만책일 뿐이었다. 수상쩍은 장면이 아닐 수 없다. 전시동원체제는 중일전쟁 발발(1937.7.7.), 일본군의 난징점령(1937.12.13.), 지원병제 실시(1938.2.), 국민징용령 공포(1939.9.30.), 국민학교령 공포(1941.3.), 태평양전쟁 발발(1941.12.8.), 징병제 공포(1943.3.1.) 및 시행(1943.8.1.), 학도전시동원체제 발동(1943.7.), 학병제 실시(1943.10.20.) 및 입영 시작(1944.1.), 전시교육령(1945.5.)이라는 좌표를 만들어갔다. 아베 요시오가 『이퇴계』(1944)의 서문을 쓴 시점(1943.10., 다시 알림 : 1944.2.)은 학도전시동원체제 발동(1943.7.)—학병제 실시(1943.10. 20.)—학병 입영 시작(1944.1.)이라는 전쟁과 죽음의 시계열과 그대로 일치한다. 아베 요시오의 퇴계를 통한 학생 동원과 전선

---

204) 황민의 도 연성은 인고단련의 실천을 전제로 삼는다. 인고단련의 실천은 왜소·퇴영적 정의를 일소하는 일이기도 하며, 국체명징과 내선일체를 증명하는 일이기도 하다. 野中齋之助,「紀元二千六百年を迎へて若き敎育者に寄する」,『文敎の朝鮮』1940年 2月號, 39.

205) 阿部吉雄,『李退溪(日本敎育先哲叢書)』, 東京: 文敎書院, 1944, 7-8.

투입에 관한 무의식은 황국의 땅, 황민의 연성, 도의의 세계 건설, 심혼의 연마로 이어지는 식민교육의 전시장이었다. 아베 요시오가 "지금이야말로 반도는 황국 일본을 이루어내기 위해 국체의 본의에 투철하여 도의를 확립하는 일을 기본적인 명제로 삼아 약진해야 한다"[206]고 역설한 것도 조선의 청년·학도를 전쟁과 죽음에 내몰기 위한 기만의 어법을 드러낸 것이었다. 아베 요시오는 이처럼 전시동원체제하의 시정방침에 철저히 부응하는 가운데 전쟁인문학의 제단에 퇴계를 희생양으로 갖다 바쳤다.

4. 퇴계의 이름으로: 도의입국—문교보국

일제강점기의 퇴계 연구는 다카하시 도루와 아베 요시오의 연구가 영향력을 행사하는 가운데 해방이후의 퇴계연구로서 다카하시 스스무의 연구도 중요한 성과를 제시할 수 있었다.[207] 다카하시 도루의 퇴계연구는 그의 연구 이력을 놓고 볼 때, 비교적 뒤늦게 시작된 것으로 전문성을 담보할 수 있는 것은 아니었다. 아베 요시오의 전파론은 퇴계사상이 일본에 전파되어 일본사상계에 크게 영향을 끼쳤다는 주장으로 한국인으로부터 특히 환영받는 관점이다. 다카하시 스스무의 철학적 평가는 퇴계사상이 철학적 완성도가 높은 사상체계라는 분석이어서 이역시 한국의 학계에서는 좋은 이미지로 환영받는 관점이다.

전체적인 흐름을 놓고 말하자면, 메이지시대 이래 퇴계의 재발견이이루어지면서 전전·전중·전후의 구분 없이 퇴계 평가는 (a) 부자연스

---

206) 阿部吉雄, 『李退溪(日本教育先哲叢書)』, 東京: 文教書院, 1944, 序文 2–3.

207) 高橋進, 『李退溪と敬の哲學』, 東京: 東洋書院, 1985.

러울 정도로 과학적으로 높이 평가되었고, (b) 부자연스러울 정도로 주자보다 높이 평가되었다.[208] 퇴계의 철학 · 사상은 (1) 경의 철학, (2) (기대승과의) 사단칠정논쟁, 그리고 (3) (『심경』을 중심으로 하는) 심학 등으로 짜여져 있는데, 그동안 일본의 퇴계 연구는 (1)>(2)>(3)의 비중으로 관심을 보였으며, (3)에 대한 연구는 전무하다시피 하였다.[209] 퇴계학의 완전성을 놓고 볼 때, 퇴계철학의 근본에 해당한다고 볼 수 있는 심학세계가 사실상 무관심의 영역으로 방치된 셈이다.[210] 퇴계학 연구영역으로 성인관의 이해, 사단칠정과 이기호발의 윤리적 의미의 이해, 경의 이해와 실천, 지행병진의 이해와 실천, 자신의 인격 형성 관점과 퇴계의 관점 비교 성찰 및 모색 등을 들기도 한다.[211] 핵심은 퇴계 연구 및 퇴계학의 구성 과정에서 전체적인 구성을 제대로 보여주기가 쉽지 않다는 점이다. 이는 식민체제와 분단체제를 거치면서 각각의 정치적 필요에 따라 특정의 요소와 가치만을 뽑아서 논하는 현실과 깊은 연관이 있다.

일본발 퇴계학 연구를 대하는 통념적 반응과 해석은 이런 것이다. 우리는 전통사상과 문화에 대해 무관심한 반면 오히려 이웃나라 일본에서 우리의 전통사상에서 가르침을 구하려 든다는 것, 그래서 우리는 특별히 각성하지 않으면 안 된다는 지적과 훈계로 넘쳐난다. 유념해야 할 것은, 일본 관제 · 관변 학자들의 퇴계연구는 본연의 관심에 의한 것이 아니라 전시동원체제의 강행과 황국신민 교육론의 실천을 위한 그들의

---

208) 井上厚史, 「近代日本における李退溪研究の系譜學: 阿部吉雄 · 高橋進の學說の檢討を中心に」, 『總合政策論叢』 18, 2010, 79.

209) 井上厚史, 위의 논문, 73.

210) 井上厚史, 위의 논문, 73.

211) 이영경, 「고등학교 윤리교육에서 퇴계사상의 내용 구성 방향과 수업 방략 탐색」, 『윤리교육연구』 22, 2010, 109-130.

욕망 채우기의 일환이었다는 점이다. 발설의 맥락을 간파하지 못한 채 이루어지는 지적이나 훈계는 진정한 가르침이 될 수가 없음에도 이러한 부류의 지적과 훈계는 여전히 넘쳐난다.

일제강점기, 그것도 태평양전쟁의 와중에서 퇴계를 호명·소환·이용하는 방식의 철학을 철학이라고 한다면 이는 진정한 철학이 될 수 없다. 권력의 편에 서서 말하는 자들은 이를 분명 시대의 요청에 부응하는 철학이라고 말할 것이다. 그러나 이는 철학 없는 시대, 전쟁과 파멸의 시대에 조립된 전쟁인문학에 불과한 것이다. 퇴계를 앞세워 도의입국─문교보국을 강조하면서 전쟁과 죽음을 추동하는 세력을 일컬어 진정한 퇴계학 전문가라고 말할 수는 없다. 다카하시 도루와 아베 요시오라는 걸림돌·장애물을 걷어내지 못한다면 퇴계(학)에 대한 정확한 모습, 그 본질을 제대로 구성하기 어렵다. 전쟁과 파멸의 시대에 내선일체, 충군애국, 도의입국을 외치는 근거로 호명된 퇴계는 우리가 알아야 할 퇴계가 아니다. 우리는 아직도 퇴계라는 텍스트, 본연의 자리에 돌아가서 퇴계학을 제대로 탐구하는 가열찬 공부가 필요한 상황에 놓여 있다. 왜곡·굴절·질곡의 시대를 거치면서 소위 퇴계 연구자들에 의해 잘못 생성·유포된 퇴계학의 거품과 허상을 걷어내야만 진정한 퇴계의 공부론, 퇴계학의 본연을 만날 수 있다.

제4장
전전·전중·전후 일본의 퇴계론 비판

1. 정한론이라는 이름의 전쟁욕망과 퇴계학

일제강점기에 식민통치의 효율적 수행을 위해 발간한 대표적인 잡지로는 『朝鮮及滿洲』(1912~1941), 『朝鮮公論』(1913~1944), 『文敎の朝鮮』(1925~1945) 등을 들 수 있다(이하 『朝鮮及滿洲』는 『조선급만주』로, 『朝鮮公論』은 『조선공론』으로, 『文敎の朝鮮』은 『문교의 조선』으로 표기). 『조선급만주』는 그 전신인 『조선』까지 포함해서 34년간이나 발행된 식민지조선의 최장수 종합잡지이다. 1908년 3월 창간된 『조선』은 1912년 1월(통권 47호)부터 잡지명을 『조선급만주』로 개제하여 1941년 1월(통권 398호)까지 발간되었다.[212] 『조선급만주』는 역사, 정치, 경제, 사회, 문화, 교육, 국제정세 등을 망라한 종합잡지적 성격이 강한 잡지로 일제강점기 시대적 흐름과 식민정책의 변화과정을 잘 보여주고 있다.[213] 개제의 배경을 통해

---

212) 최혜주, 「잡지 『조선』(1908~1911)에 나타난 일본 지식인의 조선인식」, 『한국근현대사연구』 45, 2008, 80-115.

213) 김채수·아라키 마사즈미·전형식·정병호, 『일제강점기 일본어 잡지 자료집: 목록과

서도 드러나듯이『조선급만주』는 선만개척−대륙진출이라는 제국주의적 욕망을 담아낸 종합잡지라고 말할 수 있다.『조선』의 초기편집주간을 맡았던 기쿠치 겐죠(菊池謙讓)는 구마모토 출신이며, 동향 출신의 도쿠토미 소호(德富蘇峯)가 경영하는 민우사(民友社)의『국민신문』특파원으로 언론활동을 시작하였다. 이후 기쿠치 겐죠는 동향 출신의 아다치 겐조(安達謙藏)가 국수주의단체인 구마모토 국권당을 조직하고『한성신보』를 창간한 후에 명성황후 시해사건을 일으켰을 때 이에 가담했던 자였다.[214]

『조선공론』은 1913년 4월(1호)부터 1944년 11월(380호)까지 31년 8개월간 발행된 잡지로, 당시 조선에서 발행된 일본어잡지인『조선급만주』와 함께 일제강점기 조선의 대표적인 종합잡지였다. 1910년대부터 1940년대까지 일제강점기의 전시대를 종단하면서 식민정책 및 사회·문화 인식과 대응에 관한 많은 자료를 담았다.[215]

『문교의 조선』은 조선총독부의 식민정책과 식민교육을 위한 대표적인 기관지로 알려져 있다. 천황제 이데올로기를 담고 있는 교육칙어(1890)는 식민교육의 근거로 작용하였으므로『문교의 조선』의 방향과 식민교육의 양상을 포착하는 틀을 갖추고 있다고 말할 수 있다. 일제강점기의 식민교육은 광주학생운동(1929.11.3.) 이후의 상황을 국난의 위기(사상국난, 경제국난, 유물배금주의)로 규정하면서, 퇴계−교육칙어 연계설을 내세워 경거망동을 일삼지 않고 식민정책에 순응·협력하는 조선인을 만들기 위한 공작이었다. 그 공작은『문교의 조선』의 특집호에서 강조

목차』, 서울: 보고사, 2004, iii.

214) 최재목·김정곤,「구도 다케키(工藤武城)의 '의학'과 '황도유교'에 관한 고찰」,『의사학』51, 2015, 665.

215) 윤소영,「해제편」,『조선공론 총목차·인명색인』, 서울: 어문학사, 2007, xx.

했던 논점을 통해서도 확인할 수 있다. 그렇다면 식민교육에 순응·협력하는 자들이 그들의 교육논리를 펴는 장면에서 끌어들인 퇴계론 내지 퇴계학은 어떤 성격을 갖는 것인가, 과연 그들의 주장은 역사적 근거와 배경을 지닌 것인가에 대해 정밀 검토가 필요한 부분이다.

조선총독부 학무국 내에 조직을 두었던 조선교육회에서 발간한 『문교의 조선』을 대본으로 삼되, 그 프레임을 통해 논의되어왔던 퇴계학 연구의 지평은 (1) 임진왜란사 기록의 관점이나 (2) 독립운동사 기록의 관점이 아닌, (3) 식민교육사 구성의 관점에서 전개되었다. 그 한계와 문제를 바로잡기 위해, 제1부 제4장에서는 식민교육사 구성의 관점(전쟁인문학으로서의 퇴계학)에 대해 논의하고, 제2부 제7장에서는 퇴계학 연구의 지평을 임진왜란사 기록의 관점(학봉 김성일의 도학과 절의) 및 독립운동사 기록의 관점(향산 이만도의 도학과 절의)에 대해 논의하고자 한다. 대일본제국이라는 권력의 자장에 빨려들었던 자들은 식민교육사의 한 장으로 기록될 수 있는 퇴계-교육칙어 연계설의 유포를 통해 식민지를 살아가는 방법적 욕망을 드러냈다. 그들은 그 욕망에 입각하여 나라를 되찾기 위한 움직임을 경거망동이라 매도하였고 그런 조선인을 향해 불령선인이라는 딱지를 붙였다. 한국-일본의 관계사는 정한론 에너지에 의해 설명될 수 있다. 거기에 실질적 근거 없이 등장하는 퇴계-교육칙어 연계설은 그 에너지가 미미한 것이며, 설명의 진정성을 보여주기 어렵다.

2. 식민교육사 구성의 관점: 전쟁인문학으로서의 퇴계학

퇴계사상 연구 과정에서 일본 관련설(영향설) 또한 중요한 논점에 해당한다. 퇴계사상의 일본에 끼친 영향에 대해서는 야마자키 안사이(山

崎闇斎, 1619~1682)의 학통을 잇는 기몬학파(崎門學派)와 오츠카 다이노
(大塚退野, 1678~1750)의 학통을 잇는 구마모토학파(熊本學派)를 통해 설
명할 수 있다. 필담창화집에 보이는 퇴계 관련 필담을 보면, 1682년 당
시를 보더라도 일본에서는 퇴계의 저술인『자성록』,『주자서절요』,『성
학십도』 등을 읽으면서 학습하는 일각의 장면을 확인할 수 있으며, 18
세기에 들어서면서 기몬학파를 중심으로 퇴계에 대한 관심이 확장되는
것을 확인할 수 있다.[216] 문제는 퇴계의 영향력을 앞세웠던 그들의 활동
에너지가 어느 정도였는가에 대해 주의를 제대로 기울인 바 없다는 사
실이다. 이에 대한 정밀 검토를 위해서는 일본의 정한론(征韓論) 에너지
에 비추어 퇴계의 일본 관련설을 살피는 작업이 요망된다고 하겠다.

　일제강점기는 퇴계-교육칙어 연계설이 부각되었다는 사실에 대한
논의가 집중 조명될 필요가 있다. 이 조명 작업에는 한국 근대의 유림
이 문제 집단(친일유림, 전시체제형유림)으로 여겨졌다는, 그 불편한 진실
을 말할 수 있어야 한다. 친일유림·전시체제형유림의 일본을 향한 감
상의 기록(1921:『경상북도유림내지시찰감상록』, 1937:『성전성시집』, 1943:『축징
병제실시』 등)은 소위 내선의 역사문화적 동질성 탐색에 열심이었고, 내
선융화라는 책략적 동화논리의 내면화에 열정적이었고, 반공자적·반
민본적·탈정치적 성격의 일본형 충효론(진충보국론)의 보급에 적극적이
었다.[217] 지난날 특권세력으로 군림했던 전통유림은 대부분 유혹의 파
시즘에 흔들리면서 친일유림·전시체제형유림으로 전락하였다. 그것은

---

216)　일본의 퇴계학 수용과 전개에 관해서는 權五鳳,『李退溪家書の總合的研究』, 京都: 中
　　　文出版社, 1990, 787-792.; 구지현,「필담창화집에 보이는 퇴계 관련 필담의 의미」,『서
　　　강인문논총』44, 2015, 41-68. 참조.
217)　박태일,「근대 신유교의 한 모습: 나라잃은시대 경북·대구 지역 유림의 부왜 문학」,『어
　　　문론총』68, 2016, 249-287.

한마디로 유교적 가르침의 파탄과 실종을 의미했다. 그 당시 강조된 퇴계학 역시 학술적 정체성을 빗나간 형태로 조립·유통될 수밖에 없었다.

한국 근·현대의 유교사상에 대한 논의 과정은 식민체제와 분단체제를 경험한 세대의 학술사상·정치적 태도와 긴밀하게 연결되어 있다. 특히 식민체제와 해방 공간에서 생산된 다양한 유교이론은 미묘한 맥락을 지닌데다가 복잡한 양상을 띠고 있다. 한국 유교사상은 일제 강점자들에 의해 주리-주기의 도식으로 재해석되기도 하였고, 지배체제 구축을 위한 차원에서 해체를 통한 재구성작업이 이루어지기도 하였다. 거기에 황도유학, 일본식 충효론, 교육칙어체제를 위한 퇴계학의 재구성 등의 양상을 확인할 수 있다. 이와 같은 한국유교의 식민성(식민적 재구성 과정)과 황도유학의 잔재는 그 유령을 탈각하지 못한 채 은밀하지만 강력하게 현대 한국유교의 헤게모니로 작동하고 있다.[218] 해방 후의 퇴계학에 대한 논의를 위해, 해방 전의 다카하시 도루와 아베 요시오의 퇴계론은 어떠한 해석과 극복의 대상이었는가를 살필 필요가 있다. 다카하시 도루와 아베 요시오, 그리고 추가로 언급할 박종홍은 모두 경성제국대학을 거점으로 삼아 퇴계론을 전파했던 인물들이다. 그만큼 그들이 유포했던 퇴계론을 무비판적으로 수용·계승하는 일은 식민적 굴절로 도포된 퇴계학을 퇴계학의 본연(그 자체)인 것처럼 오인하는 어리석음으로 이어질 것이다.[219] 퇴계학의 본연에 맞는 연구를 위해서는 퇴

---

218) 김경호, 「탈식민과 한국유교: 식민지 근대성의 그늘, 너머」, 『유교사상문화연구』 62, 2015, 91-124.

219) 퇴계학은 큰 틀에서 보면 식민적 굴절과 설화적 변용이라는 두 갈래의 오독 양상이 드러난다. 퇴계는 일제강점기에는 식민교육의 소재로 이용되었고(식민적 굴절) 조선시대 이래의 구전설화에서는 음담패설의 주인공으로 곧잘 등장했다(설화적 변용). 설화적 변용(강재철·홍성남·최인학 편, 『퇴계선생설화』, 서울: nosvos, 2011)에 관해서는 본 연

계학의 식민적 굴절·왜곡 양상에 해당하는 퇴계학의 일본전파론을 극복하는 문제, 전쟁인문학으로서의 퇴계학을 탈각하는 문제가 지적될 수 있다.

퇴계사상이 교육칙어로 연계된다는 영향사의 관점을 설정하고 퇴계학의 일본전파론을 내세우는 입장에서는 기본적으로 퇴계의 저술을 전파론의 도구로 삼아 논의를 전개해왔다. 퇴계학의 일본전파론을 구체적으로 파악하기 위해『주자서절요』와『자성록』과『성학십도』에 대한 접근과 해석 양상을 고찰할 필요가 있다. 퇴계의 전파론을 설파했던 우노 세이이치는 퇴계의 저술 또는 관계문헌으로 한국과 일본 양국에서 중시되었던 책(『주자서절요』), 한국에서는 중시되었어도 일본에서는 그렇지 못했던 책(『성학십도』), 일본에서는 중시된 데 반해 조선에서는 그렇지 못했던 책(『자성록』,『주자행장』,『서명고증강의』)을 구분하여 설명한 바 있다.[220] 그런데 이러한 설명방식에 따른다면, 경성제국대학 졸업생 박종홍이 퇴계론을 제시하면서 퇴계—『성학십도』—교육칙어로 이어지는 논점을 제시했던 사실은 설명력을 갖기 어렵다. 전파론을 따르면서도 왜『성학

구주제가 아니지만 추후 식민적 굴절에 대한 논의와 연계하여 종합적으로 살피는 과제로 삼을 만하다. 퇴계에 관한 설화는 본래의 기능을 상실한 채 퇴계의 삶을 왜곡하며 후세 사람들의 이목을 어지럽히고 역사의 영역에서 불신을 초래하며 퇴계학의 정체성을 흔들 수도 있다(김언종, 「퇴계의 행적과 일화의 여러 양상」,『퇴계학보』138, 2015, 107-157.). 특히 퇴계-두향서사에 대한 비판적 독해는 박균섭, 「단양 1548: 단양군수 퇴계이황을 논함」,『철학·사상·문화』44, 2024, 1-22.; 박균섭, 「퇴계-두향 서사자료 검토」,『탈경계인문학』16(1), 2023, 79-113.; 박균섭, 「퇴계-두향 연애서사 비판」,『인문과 예술』16, 2024, 41-64 참조.

220) 宇野精一, 「일본에 있어서의 이퇴계 연구 소사」,『퇴계학보』44, 1984, 478.; 阿部吉雄,『日本朱子學と朝鮮』, 東京: 東京大學出版會, 1965. 특히 에도시대 주자학자들은 퇴계의 학문적 성과를 통해 주자학의 세계에 입문하는 경향을 보였다. 이에 대해서는 阿部吉雄, 「序」, 李退溪研究會,『日本刻版李退溪全集(上)』, 서울: 退溪學研究院, 1975, 1-6 참조. 그들은 퇴계의『주자서절요』를 먼저 공부하여 주자학에 대한 지적 체계를 갖추고, 그 다음에 방대하고도 난해한『주자대전』을 공부한다는 방략을 취하였다.

십도』가 추가되었는지를 생각한다면 다카하시 도루—아베 요시오—마츠다 고—시라가 주키치—박종홍의 순환구조로 움직이는 퇴계론은 사실상 어느 누구도 퇴계에 대한 연구의 전문성을 제대로 확보한 자가 없었다는 얘기이다.

퇴계사상의 일본전파론은 일본을 발신지로 하여 식민교육론의 장르를 이루는 것임에도, 한국인·한국연구자들은 그 의도를 간파하지 못한 채 이를 맹목적으로 수신하는 관점과 태도를 취한다. 그러다 보니 그 전파론을 통해 퇴계의 위대함을 역설코자 하는 에너지는 만만치가 않다. 하지만 근·현대사 장면에서 퇴계학의 본연과 정체성에 대한 연구가 제대로 이루지지 못했음을 헤아린다면 향후 퇴계학 연구에 조정작업이 요망된다는 점은 분명하다. 일본사상사의 큰틀을 놓고 말하자면, 에도시대 이래 일본사상사에서 조선이나 퇴계를 비판하는 언설은 강도 높게 작동하였다. 그들은 일관되게 한국의 사상과 문화에 대해 과시 아닌 무시의 전략을 채택해왔다. 그들에게 줄기찬 흐름이었던 정한론은 진공상태에서 갑자기 튀쳐나온 게 아니다. 근세를 통해 조선의 특정 인물(예컨대 퇴계)이나 문물에 대해 존경하는 마음을 가진 주자학자들이 존재하긴 했으나 이들은 일본 내에서 사상사적으로 크게 주목받거나 영향력을 행사할 수 있는 위치에 있지 않았다.[221] 이러한 일본사상사의 큰 흐름에 비추어볼 때 다카하시 도루나 아베 요시오의 퇴계론은 학술적 차원의 접근과 논의의 산물이 아니라 식민주의적 차원의 목표를 이루어내기 위한 방편 내지 소재로 이용되었다고 말하는 것이 마땅하다. 그들의 퇴계론에는 진정한 도덕관념과 선의지가 작동되지 않았다.

---

221) 井上厚史, 「近代日本における李退溪硏究の系譜學: 阿部吉雄·高橋進の學說の檢討を中心に」, 『總合政策論叢』18, 2010, 63.

단지 식민통치와 식민교육의 효율성을 높이기 위한 전략으로 퇴계학을 조직·구성하였다.[222)]

다카하시 도루와 아베 요시오의 퇴계론을 통해 확인할 수 있는 바처럼, 식민교육의 차원에서 퇴계를 호명·소환·동원한 결과로서의 퇴계론은 퇴계의 앎과 삶으로부터 동떨어진 퇴계론이라고 말할 수 있다. 퇴계론에서 주목할 것은 박종홍의 퇴계 연구자로서의 전문성 문제이다. 박종홍은 퇴계의 도덕이 일본에 끼친 명확한 사례로, 조선총독부 촉탁 마츠다 고(松田甲)가 수집한 역사적 예화[223)]를 인용하면서, 이를 대체로 틀림없을 것이라고 신뢰하였다.[224)] 박종홍은 "퇴계의『성학십도』에 나타난 학의 기본정신이……교육칙어의 골자가 된 것이라고 하여도 무방한

---

222) 우노 세이이치는 오츠카 다이노(大塚退野, 1677~1750)―요코이 쇼난(横井小楠, 1809~1869)―모토다 나가자네(元田永孚, 1818~1891)로 이어지는 구마모토학파를 중심으로 퇴계학의 의미를 설명한 바 있다(宇野精一, 「일본에 있어서의 이퇴계 연구 소사」, 『퇴계학보』44, 1984, 469-470.). 그런데 메이지유신 이래 구마모토 출신들은 황도주의·국가주의 이념을 강력 표방했던 자들이었다. 구마모토의 국권당(1889년 조직)도 주목할 일이다. 예컨대 명성황후 시해사건에 관련된 당시 민간인 48명 중에 21명이 구마모토현 출신이었다(稲葉繼雄, 『舊韓國~朝鮮の日本人教員』, 福岡: 九州大學出版會, 2001, 9.; 최재목·김정곤, 「구도 다케키의 의학과 황도유교에 관한 고찰」, 『의사학』 51, 2015, 670에서 재인용). 오츠카 다이노로부터 시작된 구마모토의 학통은 우리의 향교 격인 구마모토를 대표하는 학교 지슈칸(時習館)을 통해 이어졌다. 요코이 쇼난―모토다 나가자네―이노우에 고와시 모두 지슈칸 출신이다. 그런데 그 학통에 영향을 끼친 인물이 다름 아닌 조선의 대유학자 퇴계 이황이라는 것이다(최재목·김정곤, 「구도 다케키의 의학과 황도유교에 관한 고찰」, 『의사학』 51, 2015, 669-673.). 그들 스스로가 그들의 존재에 대한 역사문화적 탐구와 성찰을 보여줄 수 있었더라면 그들의 존재를 언급하는 장면에서 퇴계를 함부로 그들의 서사 장면에 갖다 붙이지는 않았을 것이다. 구마모토 국권당에 대해서는 문일웅, 「구마모토 국권당(熊本國權黨)의『한성신보(漢城新報)』 창간과 그 의도」, 『역사문제연구』 24(2), 2020, 173-212.; 배병욱, 「개항기 구마모토국권당[熊本國權黨]의 조선어학생 파견사업」, 『지역과 역사』 44, 2019, 77-125.; 佐X博雄, 「熊本国権党と朝鮮における新聞事業」, 『人文学会紀要』 9, 1977, 21-38.

223) 松田甲, 『日鮮史話 第六編(李退溪歿後三百六十年記念)』, 京城: 朝鮮總督府, 1930.

224) 박종홍, 「우리사표 이퇴계선생(하)」, 『지방행정』 9권 77호, 1960, 271-275.

것이다"[225]라고 하면서도, 그 주장의 출처에 대해서는 "지금의 필자인 나로서 부언하여야 할 것은 내가 여기서 언급한 일본 사람들의 문헌은 아직도 나 자신이 직접 섭렵하는 기회를 가지지 못한" 상태라고 말하면서 마츠다 고가 이미 소개한 바 있는 글에 많이 의거했음을 밝혔다. 그러면서도 박종홍은 "우리는 도의를 구호로 부르기 전에 진정한 우리를 알 필요가 있을 것 같다"고 주체성 교육의 중요성을 역설하였다.[226] 박종홍이 퇴계론을 제시하면서 믿고 인용했던 마츠다 고는 한일문화교류사에 관한 자료 수집 및 해석 작업을 통해 동화정책–식민정책의 동력을 확보코자 했던 대표적인 인물이었다. 그런데 마츠다 고는 한일문화교류사를 천착했다고는 하지만, 역사 · 철학 · 사상에 대한 전문성을 갖춘 인물이 아니었다. 마츠다 고의 1930년의 『일선사화』(제6편)는 퇴계의 360주기 기념호(李退溪歿後三百六十年記念)였고, 이는 조선총독부가 1930년을 교육칙어 반포 40주년이라며 대대적으로 기념했던 해였음을 유의한 결과 나온 산물이기도 했다. 이 예사롭지 않은 시점(1930)은 박종홍의 퇴계론(1928)과 함께 거론해야 마땅한 작업이라고 볼 수 있다. 박종홍은 일찍이 일본의 관제 · 관변 학자 내지 인물들이 유포했던 퇴계론에 안주한 채 퇴계의 교육사상을 기술했을 뿐이었다. 박종홍은 "진정한 우리를 알 필요가 있다"는 점을 말했으나, 식민교육의 장치를 제대로 걷어내지 못했던 상태였음을 감안할 때, 어쩌면 우리를 제대로 아는 일은 불가능에 가까운 일이었는지도 모른다.

---

225) 박종홍, 「이퇴계론: 경으로 일관된 생애와 사상」, 『박종홍전집(Ⅳ)』, 서울: 민음사, 1963, 387. 박종홍의 『성학십도』에 나타난 학의 기본정신이 교육칙어의 골자가 된 것이라고 하여도 무방한 것이라는 주장은 학적 탐구가 전혀 이루어지지 못한 무책임한 주장임은 말할 것도 없다.

226) 박종홍, 위의 논문, 389.

박종홍의 퇴계연구는 일제강점기의 식민교육 이데올로기로 등장한 퇴계론을 극복하지 못한 전형적인 모습이라고 말할 수 있다. 다카하시 도루의 조선유학 이해 및 연구는 제국주의의 앞잡이가 조선의 식민통치를 정당화하기 위한 목적으로 바라본 조선유학이며, 메이지일본의 학문방법론을 적용해 바라본 조선유학이라는 특징을 갖는다.[227] 다카하시 도루와 아베 요시오와 같은 일본의 관제·관변학자들이 일제강점기 전체 시기에 행한 연구와 작업은 후일 한국의 학교와 교과서, 우리 학자와 저술 등에 지독한 훈습이 배도록 만들었다.[228] 그동안 많은 한국의 철학자·역사학자·교육학자들은 다카하시 도루의 세계관을 비판하고 성찰하는 과정을 엄밀히 보여주었다고 말하기 어렵다. 이들은 아직도 다카하시 도루를 걸림돌이 아닌 디딤돌로 삼으면서 교육·연구·저술활동을 수행하는 경우가 많다. 걸림돌과 디딤돌에 대한 구분과 변별이 제대로 이루어질 때 한국의 철학·역사학·교육학은 토대연구의 조건을 확보할 수 있을 것이다.

1930-40년대 제국주의·군국주의의 시대, 15년전쟁을 추동했던 인문학을 일컬어 전쟁인문학이라고 규정할 수 있다. 당대의 삶을 주도하고 도포하는 사고와 가치의 핵심은 전쟁이었다. 하지만 전쟁인문학이라고 해서 항상 피 냄새와 화약 냄새가 나는 것만은 아니다. 전쟁과 파멸의 지점을 도포한 것은 도의, 문화, 창조, 건설, 신윤리, 신체제, 신동아, 신질서, 전환기, 감분흥기 등과 같은 긍정적 세계관과 희망 가득한

---

227) 김기주, 「다카하시 도루의 조선유학관을 다시 논함」, 『퇴계학보』 132, 2012, 275-307.; 이동희, 「다카하시 도루의 조선조 주자학 연구의 허와 실: 오늘날 철학적 관점에서의 비판적 고찰」, 『한국학논집』 60, 2015, 203-240.

228) 권인호, 「高橋亨의 皇道儒學: 李滉, 高橋亨, 朴鍾鴻의 주자성리학과 중앙집권·국가주의 비판」, 『대동철학』 55, 2011, 1-24.

레토릭이었다.

전시동원체제와 퇴계학에 대한 논의를 통해 우리는 퇴계를 내세워 제국·군국·식민적 욕망을 채웠던 관제·관변 학자들을 만나게 된다. 전쟁 중에 퇴계를 내세워 식민적 욕망의 구현체인 도의입국론을 표방했던 아베 요시오는 전후에도 여전히 퇴계 연구의 의의를 국가 재건과 아시아 평화에서 찾는 작업을 계속해 왔다. 전후에도 교육칙어체제에 입각한 도의국가 담론을 주조해냈던 것이다. 아베 요시오의 퇴계학 연구가 추동력을 발휘하면서 한·일의 범주를 넘어 퇴계학의 국제화가 촉발된 것도 이러한 아베 요시오의 레토릭을 맹목적으로 흡수했던 사실과 무관하지 않다. 전쟁인문학의 가동 공간에서 국가(대일본제국)는 전쟁을 수행하는 장치이고 국민(대동아민족)은 그 전쟁의 희생자일수밖에 없었다. 이처럼 전쟁인문학은 전체주의의 가치를 표방하면서 파시즘의 직분을 적극 수행하였다.

다카하시 도루―아베 요시오―박종홍으로 이어지는 흐름에 대한 해석에는 1930-40년대의 전쟁에 대한 해석이 중심을 차지한다. 1940년 5월 28일부터 『조선일보』에 특집 〈현대가 요구하는 신윤리〉가 연재되었다. 그 첫 칼럼으로 〈결단의 시대: 전환기를 뚫고 나가는 힘〉을 쓴 박종홍은 결단이야말로 현대가 요구하는 윤리라고 말하면서 당시 분위기를 표상하였다.[229] 이때의 결단은 자유의지에 따른 선택과는 거리가 멀며, 진인사대천명의 자세로 모든 삶을 걸고서 시작하는 긴장된 게임에 해당한다.[230]

---

229) 박종홍, 「현대가 요구하는 신윤리 : 〈결단〉의 시대―전환기를 뚫고 나가는 힘」, 『박종홍 전집(Ⅰ)』, 서울: 민음사, 1940, 422-423.

230) 조관자, 「세계사의 가능성과 나의 운명: 서인식의 역사철학과 교토학파」, 『일본연구』 9, 2008, 44.

1940년은 식민통치 및 식민교육의 과정에서 특별한 해이다. 1940년
은 그들의 소위 진무천황(神武天皇)의 건국 2600년을 맞은 해이기도 하
고(1940년 2월 11일: 神武天皇 즉위 2600주년 紀元節). 그들이 동화=일본화=
내선일체 이데올로기의 완성품으로 상정한 창씨개명정책의 개명신청이
시작된 것도 1940년 2월 11일이었다. 1940년은 또한 1937년의 중일전
쟁 이래 신동아 건설이라는 성스러운 과업(聖戰=聖業=天業)을 4년째 수
행하는 해이기도 했다. 그들에게 신동아 건설, 그 성스러운 과업의 완
수를 위해 특히 중요한 일은 창조심의 발전을 위한 교육, 바로 창의성
교육이었다.[231] 오늘날 교육학에서 강조하는 창의성 교육과 비교한다면
그 격절은 하늘과 땅의 차이를 갖는다.

『조선일보』의 특집에서 박종홍이 〈현대가 요구하는 신윤리〉로 "결단
의 시대: 전환기를 뚫고 나가는 힘"[232]을 발표한 것도 이러한 상황과 맥
락을 읽어내야만 그의 내심을 제대로 짚어내어 말할 수 있다. 박종홍이
"현대=신윤리=결단=전환기=뚫고나가는 힘"을 말한 것은 너무도 분명
하게 1940년대 총독부 특히 학무국의 지향을 그대로 반영하는 것임을
분명히 해둘 필요가 있다. 1940년은 진무천황이 새 터전[大和の國橿原の
地]에 건국한 지 2600년이 되는 해라는 사실을 주지하면서 당시의 어법
과 수사를 해석할 수 있어야만 군국주의로 도포된 철학·사상·교육의
문제를 포착할 수 있다. 당시의 상황은 신체제 건설을 목표로 내걸면서

---

231) 小西重直, 「國史の特色と敎育の使命」, 『文敎の朝鮮』 1940年 2月號, 14.

232) 1940년을 전후하여 일제강점자들은 더더욱 구미의 개인주의사상에 대해 거부감을 드러
    냈고, 국체의 존엄을 관념으로 터득하는 것만이 아니라 국가봉사를 제일로 삼는 신민의
    도를 강조하였다. 문부성 교학국에서 펴낸 『신민의 도』에서도 제1장(세계신질서의 건설)
    에서는 "1. 세계사의 전환, 2. 신질서의 건설, 3. 국방국가체제의 확립"을 말하였다. 박
    종홍의 신윤리=전환기를 뚫고나가는 힘은 사실상 대일본제국의 신민의 도라는 자장을
    벗어날 수 없는 것이자 그 틀에 갇힌 신윤리일 수밖에 없었다. 文部省敎學局, 『臣民の
    道』, 東京: 文部省敎學局, 1941 참조.

수행된 전쟁(總力戰, 綜合戰)의 성격을 파악함으로써 설명할 수 있다. 조선총독부 학무국의 국책과제는 전쟁을 통한 건국의 대이상 실현에 있었다. 그러나 그들의 수사법에 의하면 전쟁과 파멸 대신에 그 자리를 분칠한 것은 바로 건설과 평화의 언어였다(〈표 2〉 참조).

〈표 2〉 『문교의 조선』 1940년 당시의 교육목표 관련 핵심어

『문교의 조선』 1940년 당시의 교육목표 관련 핵심어	출처[233]
신동아 건설[新東亞の建設]	鹽原時三郎(1940: 6) 野中齋之助(1940: 38)
신동아 건설 사업[新東亞建設の事業]	速水滉(1940: 15)
동아신질서 건설[東亞新秩序の建設]	速水滉(1940: 15) 野中齋之助(1940: 38)
신동아 건설의 성업[新東亞建設の聖業]	川島義之(1940: 18)
팔굉일우의 천업[八紘一宇の天業]	鹽原時三郎(1940: 6)
지금이야말로 동아의 천지에 팔굉일우적인 야마토적 신질서를 건설 [今や東亞の天地に八紘一宇的な大和的新秩序を建設]	小西重直(1940: 12)
역사적 대전환기[歷史的大轉換期]	川島義之(1940: 19)
전세계를 뒤덮는 세계사적 전환기[全世界を蔽ふ世界史的の轉換期]	近衛文麿(1940: 10)
제국의 중책=국민자질의 순화향상[帝國の重策=國民資質の醇化向上]	野中齋之助(1940: 38)
국가총동원 하의 시국[國家總動員下の時局]	川島義之(1940: 19)
영광스러운 임무에 감분흥기[光榮ある任務に感奮興起]	川島義之(1940: 19)
반도인 지원병제도의 실시[半島人志願兵制度の實施]	野中齋之助(1940: 38)
전선에서 산화하는 순국의 영령=사람들의 사표 [戰線に散華せる殉國の英靈=人の師表]	川島義之(1940: 19)

233) 鹽原時三郎, 「皇紀二千六百年の紀元節を迎へて」, 『文教の朝鮮(紀元二千六百年記念號)』1940年 2月號, 5-6.; 近衛文麿, 「紀元二千六百年を祝ぎ奉りて」, 『文教の朝鮮(紀元二千六百年記念號)』1940年 2月號, 7-11.; 小西重直, 「國史の特色と教育の使命」, 『文教の朝鮮(紀元二千六百年記念號)』1940年 2月號, 12-13.; 速水滉, 「日本文化の大陸進出」, 『文教の朝鮮(紀元二千六百年記念號)』1940年 2月號, 14-17.; 川島義之, 「全鮮教育者諸兄に望む」, 『文教の朝鮮(紀元二千六百年記念號)』1940年 2月號, 18-19.; 野中齋之助, 「紀元二千六百年を迎へて若き教育者に寄する」, 『文教の朝鮮(紀元二千六百年記念號)』1940年 2月號, 33-40.

'신동아 건설', '동아신질서 건설', '팔굉일우', '역사적 대전환기', '세계사적 전환기', '국민자질의 순화향상', '국가총동원 하의 시국', '영광스러운 임무', '감분흥기', '반도인 지원병제도', '순국영령', '사람들의 사표' 등으로 이어지는 언어적 표상과 형용은 전쟁과 죽음과 파멸로 빠져드는 형국에서 언표되는 이음동의어였던 것이다. 이들의 선전 구호에 동조·협력·지지하는 입장을 보인다면, 이는 분명 그들의 의식세계가 식민성, 야만성, 폭력성, 기만성에 오염된 정신 상태라는 것을 단적으로 드러낸 것임이 분명하다.

일제 강점자들은 총력전·종합전의 승리를 위해 국가(대일본제국)－국민(대동아민족)의 총동원체제 및 신체제의 혁신운동을 강력 실천하였다.[234] 체제 혁신을 외친 당대의 체제 협력자들이 그렇듯이 박종홍은 인류 생활이 새로운 단계로 이행하는 세계사적 전환을 꿈꾸면서 그 역사적 사명을 달성하기 위해 멸사봉공하는 국민적 자세를 촉구하였다.[235] 문제는 박종홍이 1934~35년 이래 강조했던 '우리'와 '현실'이 '대일본제국'의 식민지 땅을 살아야 했던 박종홍에게 과연 어떤 대상을 상정한 어법이었는지를 물어야 한다. 근대적으로 변형된 박종홍의 유교윤리에서 가장 근본적인 문제는 당대의 지배 권력에 대해 철저히 비판한 적이 없다는 사실이다. 박종홍은 민족과 국적을 불문하고 어떤 지배 권력이든 그 권력을 어쩔 수 없는 현실로 인정한 채 자신의 유교윤리를 그 권력에 복속시켰다.[236] 그 흐름 속에서 퇴계의 경설(경의 철학)은 망국의 현실

---

234) 조관자, 「세계사의 가능성과 나의 운명: 서인식의 역사철학과 교토학파」, 『일본연구』 9, 2008, 45.

235) 『매일신보』 1940년 11월 20일.; 조관자, 「세계사의 가능성과 나의 운명: 서인식의 역사철학과 교토학파」, 『일본연구』 9, 2008, 45에서 재인용.

236) 김원열·문성원, 「유교 윤리의 근대적 변형에 대한 비판적 고찰: 박종홍(1903~1976)의 유교 윤리를 중심으로」, 『시대와 철학』 17(1), 2006, 101-132.

을 그대로 받아들이면서 그 안에서 최선의 방도를 찾자는 『중용』의 논리와 친연성을 갖는다. 이는 분명 민족구성원의 독립투쟁을 가로막는 일이기도 했다.[237]

박종홍은 "현실파악의 길! 그것은 일상적 현실이 구체적 실천을 매개로 자각하는 과정이요, 문화의 창조를 위한 투쟁이요, 국가의 건설을 위한 성전이다"고 하였다.[238] 박종홍은 결단의 윤리를 말하면서 이를 "최후 긴장된 일순간의 태도"라고 설명하기도 하고 "새로운 실천으로 일보를 내디디는 찰나의 태도"라고 부연하기도 하였다.[239] 하지만 철학 없는 그 시대에, 전쟁판국에서 내놓은 박종홍의 결단의 윤리는 수상쩍은 것일 수밖에 없다. 그것은 사회에 대한 분명한 태도를 가로막고 판단과 책임을 방해하는 맹목성을 뜻하는 것일 수도 있기 때문이다. 식민지시대 이래 배태된 박종홍의 철학은 태생적으로 기존 지배체제를 옹

---

237) 박균섭, 「전시동원체제와 퇴계학: 아베 요시오와 박종홍의 연속성」, 『교육철학연구』 36(4), 2014, 121-141.

238) 박종홍, 「현실파악」, 1939, 『박종홍전집(Ⅰ)』, 서울: 민음사, 1998, 432. 박종홍의 "현실파악=구체적 실천=자각하는 과정=문화의 창조=투쟁=국가의 건설=성전" 그리고 "현대=신윤리=결단=전환기=뚫고 나가는 힘"은 당시 조선총독부 학무국의 교육에 대한 지침 및 기조와 그대로 일치하는 것이었다. 박종홍의 언명은 1940년 당시 조선총독부 학무국의 교육관으로 제시되는 "일본의 역사에서 일대 비약적 의의를 갖는 금번의 지나사변은 聖戰이라고 말하지 않으면 안 되는 것, 이는 실로 도의 구현이다.……(이는) 동아에 야마토[大和]의 신질서를 건설하는 聖業의 실행 실천이다.……창조심의 발전을 위한 교육은 실은 일본 고유의 일본정신에 입각한 교육이다"는 규정과 만날 때 정확한 판독이 가능하다. 小西重直, 「國史の特色と敎育の使命」, 『文敎の朝鮮』1940年 2月號, 13-14. 학도와 성전을 연결짓는 선전방식의 연속성 사례로는 당시 보성전문학교장 김성수의 글을 들 수 있다. 金性洙, 「先輩의附託④: 文弱의痼疾을버리고尙武氣風助長하라」, 『每日申報』 1943年 8月 5日. ; 金性洙, 「學徒여聖戰에나서라③: 大義에죽을째皇民됨의責務는크다」, 『每日申報』1943年 11月 7日 참조.

239) 박종홍, 「현실파악」, 1939, 『박종홍전집(Ⅰ)』, 서울: 민음사, 1998, 425-432. ; 박종홍, 「현대가 요구하는 신윤리 : 〈결단〉의 시대—전환기를 뚫고 나가는 힘」, 1940, 『박종홍전집(Ⅰ)』, 서울: 민음사, 1998, 422-423.

호하는 학문태도로 나아갈 수밖에 없었고, 박종홍은 충량한 황국신민을 양성한다는 식민교육의 목적을 전파하는 모범생이었다.[240] 박종홍은 민족 말살의 식민지 현실에서 결단의 시대, 신윤리, 전환기를 뚫고 나가는 힘을 말하면서도 민족의 독립에 대해서는 한마디도 말하지 않았다.[241] 일각에서는 박종홍의 퇴계연구(1928)에 대해 왜 하필 퇴계를 연구대상으로 선택했는지를 분석하면서, 오늘날의 중등학교교사(에 해당하는 교유) 지위의 박종홍이 조선 주자학을 대표하는 퇴계를 연구했다는 것은 조선시대로 대표되는 조선인의 정체성—열등성을 극복하려는 의지의 표현임을 말하였다.[242] 박종홍의 퇴계 연구는 그야말로 조숙한 연구라고 말할 수 있는데 이는 조선의 우수성을 드러내려는 목적에서 시작되었다는 것이다.[243] 그와 같은 관점에서 보자면, 일각에서 박종홍을 친일적인 황도유학의 표본인 것처럼 비난하는 일은 사후적 읽기의 과도한 이데올로기적 폭력일 수밖에 없다는 해석도 나올 수 있다.[244] 이처럼 박종홍을 황도유학으로 비난하는 것은 옳지 않다는 근거로, 박종홍의 조숙한 퇴계 연구가 사상사적으로 퇴계학의 핵심을 천착했다는 사실과 박종홍은 황도유학을 표방한 것이 아니라 일제강점기 내내 서양철학의 세계에 침잠했다는 사실을 들기도 한다.[245] 하지만 박종홍의 연구궤적을 들여다보면, 그가 퇴계학의 핵심을 천착했다거나 황도유학이 아닌 서양철학에 침잠했다고 규정짓기는 어렵다.

---

240) 양재혁, 「근대 백년 논쟁의 사람들: (8) 박종홍」, 『교수신문』 2010년 9월 13일.

241) 양재혁, 위의 글.

242) 이황직, 「한국 민족주의의 재현 양상에 대한 문화사회학적 연구: 일제강점기 박종홍과 함석헌의 저술을 중심으로」, 『문화와 사회』 8, 2010, 106-107.

243) 이황직, 위의 논문, 107.

244) 이황직, 위의 논문, 107.

245) 이황직, 위의 논문, 107.

박종홍의 철학·사상은 해방 전·후의 연속성을 특징으로 한다. 다만 박종홍은 노골적인 언표를 구사하지 않았던 관계로 해방 이전의 박종홍의 연구이력에 대해 제대로 문제삼지 않았다는 사실을 지적해야 할 것이다. 박종홍은 1959년과 1960년에는 퇴계를 우리 민족 도의의 사표로 집중 조명하였다.[246] 이는 다카하시 도루와 아베 요시오의 영향을 받아 종합된 퇴계론이었다고 말할 수 있다. 물론 그 주장과 표현에 묻어나는 논조로 보면 다카하시 도루보다는 아베 요시오의 영향을 짙게 받았다고 보아야 할 것이다. 문제는 박종홍이 대일본제국의 전쟁을 추동하는 방향으로, 그리고 조선의 독립에 대해 일언반구도 하지 않는 방향으로 나아갔다는 데 있다. 그러면서도 박종홍은 퇴계를 주제어로 삼아 경의 철학과 도의의 사표를 역설했다. 그의 사상세계는 여전히 일제강점기의 사상적 자장으로부터 벗어나지 못했다는 것을 알 수 있다.

3. 1972: 이퇴계연구회의 출발

전전·전중의 퇴계 연구는 퇴계를 끌어들일 필요가 없음에도 굳이 퇴계를 끌어들이고, 신도사상에 기반을 둔 교육칙어를 통해 황민화 교육을 계속하면서도 유교사상 일반에 입각한 것처럼 기만의 레토릭을 구사해왔다. 일본의 퇴계 연구는 전전·전중의 연구가 전후에도 별다른 질적 변화 없이 그대로 계속되었다. 그럴 수밖에 없는 것은 그들의 전전·전중의 연구가 퇴계교육철학에 대한 본연의 관심에 의한 것이 아니고, 식민교육·황민화교육의 방편으로 불순한 의도를 갖고 출발한

---

246) 박종홍, 「우리사표 이퇴계선생(상)」, 『지방행정』 8권 75호, 1959, 227-234.; 박종홍, 「우리사표 이퇴계선생(중)」, 『지방행정』 8권 76호, 1959, 228-234.; 박종홍, 「우리사표 이퇴계선생(하)」, 『지방행정』 9권 77호, 1960, 271-275.

것이기 때문이다. 전전·전중의 연구에서 식민교육의 이념을 제공했던 연구자들이 전후에는 새로운 프레임으로 퇴계를 거론하는 방식의 연구 지평을 만들어갈 수도 있었을 것이다. 하지만 다카하시 도루와 아베 요시오로 대표되는 이들의 궤적에서 그러한 반성과 새로운 출발을 확인할 수는 없었다. 그들은 일본적 이익을 위해 전전·전중·전후의 구분 없이 시종일관 에도시대 이래의 퇴계를 시초담론으로 삼는 한일교류사와 상호이해교육의 중요성을 발설할 뿐이었다. 그들은 일본의 앞날을 충고할 때에도 전쟁으로 시작하여 전쟁으로 끝난 근대일본에 대해 문제삼는 것이 아니라, 여전히 국체와 도의의 나라 황도일본의 영광을 들먹인다. 일본을 바로잡겠다면서 과거 잘못된 일본을 모델로 삼으라고 충고하는 격이다.

1970년 12월 20일, 서울에 퇴계학연구원이 설립된 지 얼마 지나지 않아 1972년 7월, 일본 도쿄에서는 아베 요시오를 회장으로 하는 이퇴계연구회(李退溪硏究會)가 조직되었다.[247] 당시 아베 요시오는 국가의 재

---

247) 우노 세이이치는 李退溪硏究會의 설립에 관한 숨은 이야기를 소개하였다. 1984년 시점의 우노 세이이치에 의하면 "지금부터 10여 년 전(1970년대 초: 저자 주), 한국계 일본인 김용기(金容基)라는 사람이 있었다. 이 사람은 1930년경에 왕인박사의 송덕기념비를 우에노공원의 일각에 건립할 즈음에 당시의 일본 학자들을 설득하여 실현시킨 인물이었다.……전기한 김씨는 왕인박사의 비석 건립 시에 지면이 있던 필자의 부친(宇野哲人)을 찾아와(왕인박사비 건립 때 관계한 학자들은 모두 사망하고 생존학자는 부친뿐이었다.) 왕인박사에 필적할 이퇴계는 일본문화의 제2의 은인이므로 그 기념비를 왕인박사 비석과 나란히 건립하고 싶다고 말했다. 부친은 그때 이미 90여 세의 고령이었으므로 그 무렵, 이퇴계 연구가로서 거의 일본에서 유일하다 할 아베 요시오(1905~1978) 박사와 상담한 결과 비석을 세우기보다는 학문적으로 현창할 일이라 하여 이퇴계연구회가 창립된 것이 1972년이었다.……이퇴계연구회의 초대회장은 필자의 부친 우노 데츠도(宇野哲人)였으나 부친의 사후(1974) 아베 요시오 박사가 회장이 되었고 아베 요시오가 세상을 떠난 후(1978)로는 필자(宇野精一)가 3대째의 회장이 되어 오늘에 이르고 있다"고 술회하였다(宇野精一, 「일본에 있어서의 이퇴계 연구 소사」, 『퇴계학보』 44, 1984, 470-471.).

* 참고: 도산서원 자료실, 〈국내외의 퇴계학 연구기관과 연구회〉(https://www.

건을 위해서도, 아시아의 선린우호 및 평화를 위해서도 도의의 회복과 확립이 요청되는바 그것이 바로 퇴계 연구의 현대적 의의라고 주장하였다. 전전·전중은 물론 전후에도 여전히 퇴계를 통한 도의의 회복과 확립을 담론의 주제로 삼고자 했던 것이다.

1972년 7월, 도쿄에 이퇴계연구회가 설립된 지 1년 후인 1973년 7월, 국내 대학 최초로 경북대학교에 퇴계연구소가 문을 열었다. 박종홍은 경북대학교 퇴계연구소의 학술지『한국의 철학』의 창간호(1973.10.)에 대한 축사를 남겼다.[248] 박종홍은 일본에 이퇴계연구회가 있음을 의식하면서 "경북대학교의 퇴계연구소는 우리나라 대학에서 특정인의 학문을 연구하는 기관을 둔 것은 아마도 효시가 될 것"이라고 평가했다.[249] 박종홍은 퇴계학연구원의 학술지『퇴계학보』의 창간호(1973.10.)에 대한 창간사에서도 일본보다 못한 우리의 퇴계에 대한 무관심을 부끄럽다고 말했다.[250] 박종홍은 "교육입국=국적 있는 교육=한국교육의 이념"은 국민교육헌장에 제시되어 있음을 강조하면서, 국민교육헌장의 "경애와 신의에 뿌리박은 상부상조의 전통"을 살리고 가꾸어나가기 위

---

andong.go.kr/dosanseowon/bbs/. 작성일: 2008-07-03). 몇 가지 사항을 덧붙이자면, 1972년에 설립된 이퇴계연구회의 이사장이 하필이면 식민교육에 앞장선 인물 야기 노부오(八木信雄)였다. 그리고 전후 40년이 경과한 1985년에는, 이퇴계연구회-구마모토 회장 도모에다 류타로와 이퇴계연구회-지바 회장 다카하시 스스무가 각각 퇴계연구서를 발간한 것도 주목할 만하다. 友枝龍太郎,『李退渓: その生涯と思想』, 東京: 東洋書院, 1985.; 高橋進,『李退溪と敬の哲學』, 東京: 東洋書院, 1985.

248) 박종홍, 「경북대학교 퇴계연구소 간,『한국의 철학』창간호 축사」,『박종홍전집(Ⅶ)』, 서울: 민음사, 1973, 198-199.

249) 박종홍, 「『퇴계학보』제3집 권두사」,『박종홍전집(Ⅶ)』, 서울: 민음사, 1974, 191-192.

250) 박종홍, 「퇴계학연구원 간,『퇴계학보』창간사」,『박종홍전집(Ⅶ)』, 서울: 민음사, 1973, 186-190.

해서도 퇴계의 교학정신과 사상을 널리 보급하자고 역설했다.[251]

1976년 5월 경북대학교에서 열린 제1차 퇴계학 국제학술회의(1976. 5. 18-20)에서 당시 일본의 이퇴계연구회장 아베 요시오의 기조강연이 있었다. 아베 요시오는 1976년 5월 22일에 유기춘 문교부장관으로부터 국민훈장 동백장을 수여받았다. 태평양전쟁 말기에 경성제국대학을 거점으로 도의담론을 펼쳤던 아베 요시오는 전쟁 후에도 퇴계를 정점으로 한 도의담론을 유포했고 이는 여전히 주효했다. 그 배경에는 다카하시 도루나 아베 요시오의 한국유학사상·퇴계연구를 걸림돌이 아닌 디딤돌로 삼아온 제1세대 한국철학 연구자 및 제1세대 한국교육학 연구자들이 있었다. 과연 다카하시 도루나 아베 요시오를 디딤돌로 삼아도 되는 것인지에 대해서는 독수독과론을 통해 설명할 수도 있겠다. 악의 뿌리에서 자란 나무의 꽃과 열매는 분명 독성을 지닐 수밖에 없다. 그렇다면 박종홍의 한탄처럼 일본보다 못한 우리의 퇴계에 대한 무관심을 부끄럽다고 말할 것이 아니라 디딤돌로 삼지 말아야 할 일본의 퇴계연구를 무비판적으로 흡수했던 우리의 학문태도를 부끄럽게 여기는 게 마땅한 일이다. 진정 무엇이 부끄러운지를 아는 자야말로 부끄러움을 말할 자격이 있을 것이다.

1972년 7월의, 우노 데츠토를 회장으로 하고, 아베 요시오와 우노 세이이치를 부회장으로하는 이퇴계연구회의 발족을 놓고 보면, 그리고

---

251) 박종홍, 『한국교육이념의 탐구』의 서문—서울특별시 교육위원회 간, 『박종홍전집(Ⅶ)』, 서울: 민음사, 1973, 213-216. 국민교육헌장은 1968년 12월 8일 선포되어 5차 교육과정 때까지 교과서 앞부분 속지에 제시되어 교육 교본으로 삼았다. 박종홍은 국민교육헌장의 "경애와 신의에 뿌리박은 상부상조의 전통"을 살리고 가꾸어나가기 위해서도 퇴계의 교학정신과 사상을 널리 보급하자고 역설했다. 하지만 1993년에 열린 제25회 국민교육헌장 선포기념식을 끝으로 1994년 11월부터 각급 학교 교과서에서 국민교육헌장은 삭제, 폐지되었다.

특히 아베 요시오가 전전·전중의 교육장면에서 퇴계-교육칙어 연계설을 유포시킨 대표적인 인물이었음을 감안한다면, 퇴계-교육칙어 연계설은 지속적으로 유포되었으리라는 상상을 해볼 수 있다. 하지만 일본 사회·교육·문화계에서 퇴계는 어떤 의미로 읽혀지고 있는가. 그 현실과 실상을 제대로 파악하기 위해서 다음의 움직임을 들여다볼 필요가 있다. 1972년의 이퇴계연구회에 이어 1983년의 지바 이퇴계연구회의 발족과 관련된 논의사항은 다음과 같다.

1983년 2월 26일(토) 오후 2시 東金市立東金圖書館에서 會의 창립을
완료한「千葉 李退溪研究會」設立趣意書

……그런데 일본의 전통적 고유문화는 주지하는 바와 같이 대륙문화를 수용해 오면서 형성된 것으로, 고대이래의 대륙문화는 우선 한반도에 수용되어 그것을 통해서 일본에 전래되는 일이 많고 특히 고려로부터 이조시대에 걸쳐서는 당지에 수용되어 다시 개성적으로 창조·형성된 다양한 학문·문화가 일본에 전래되어 일본근세문화의 형성 및 사회체제에 중대한 영향을 주고 있습니다.

그 중에서도 이조전기에 걸출한 대유 이퇴계는 주자학을 중심으로 한 중국유학을 수용하여 그 진수를 파악함과 함께 스스로도 개성적·독자적인 학문을 형성한 사람입니다. 斯學의 태두 고 阿部吉雄박사는 "이퇴계는 한국이 자랑하는 가장 위대한 학자이며 교육가이고 또한 이 삼백수십년래 일본의 뜻있는 학자로부터 대단히 존경되었던 사람이다. 극언하면 제이의 왕인이라고 하여도 좋을 정도의 영향을 일본의 精神史上에 남겼다. 이러한 일은 지금의 일본인들은 대부분 잊어버려가고 있다. 그 위에 그 인간탐구의 깊이에 있어서나, 또 마음의 맑음이나 높음을 구하는 수양법에 있어서 현대에 있어서도 크게 계발되고 시사되는 바가 있다"라고 말

하고 있습니다.

그런데 에도초기의 후지와라 세이카, 하야시 라잔, 야마자키 안사이는 다함께 이퇴계의 학문 및 인격을 존숭하여 야마자키 안사이 문하 삼걸의 한 사람인 佐藤直方은 "조선의 이퇴계의 뒤로 이 도를 負荷하고자 한 자, 나는 지금껏 그 사람이 있음을 듣지 못했다"라고 심복하고 있었습니다.[252] 佐藤파의 稻葉默齋는 "주자이래의 일인", "주자의 도통"이라고 존숭하고 있습니다. 稻葉默齋는 그 아버지 迂齋와 함께 이같은 학통을 계승하고, 더구나 본현 〈上總道學〉 발전의 중심이 된 극히 특색 있는 위대한 학자 이었던 것은 주지하는 바와 같습니다. 또 이들 학문의 전통은 뒤에 이퇴계를 대단히 존숭하여 형성된 熊本實學派의 개화에 의해 명치유신 및 명치의 교육방침의 확립에 커다란 공헌을 하고 있습니다.

앞에서도 말하였듯이 현금 세계문화의 추세는 동양의 정신문화에 기대하는 바 지극히 큰 것입니다. 이때에 당하여 이미 1973년에 설립되어 있는 『李退溪硏究會』(東京都文京區 湯島聖堂內)와 궤를 같이하고 더욱이 〈상총도학〉의 전통까지도 충분히 존중하면서 이퇴계의 학문·인물의 연구를 중심으로 〈상총도학〉의 연구와 그리고 널리 동양의 전통적 정신문화의 천명·보급에 힘쓰고, 그럼으로써 현대에 있어서의 고도공업기술문명사회에 대하여 참다운 문화적 기반을 형성할 것을 기함과 함께 위대한 문화적 영웅으로서의 이퇴계를 낳은 한국 사람들과의 문화적 교류와 친선을 깊게 해나갈 것을 염원하여 여기에 우리들은 『千葉 李退溪硏究會』를 설립하는 것입니다.

---

252) 야마자키 안사이(山崎闇齋, 1618~1682)는 퇴계의 저작을 독파하고, 그 학문과 사상, 인격에 깊은 감화를 받았다. 야마자키 안사이의 제자 사토 나오카타(佐藤直方, 1650~1719)는 「동지문」(冬至文)을 통해 퇴계를 "유학의 단 한 사람"으로 꼽았다. "조선의 이퇴계 이후[朝鮮李退溪之後] 성인의 학문을 떠맡은 사람이[欲負荷此道者] 또 있다는 소리를 나는 듣지 못했다[吾未聞其人焉]"고 하였다.

이상에 述한 본회설립의 취지에 찬동하여 한 사람이라도 많이 입회하여줄 것을 切望하는 바입니다.

千葉 李退溪硏究會會則

제1조 본회는 千葉 李退溪硏究會라 칭하고 사무소를 당분간 동금시립 동금도서관내에 둔다.

제2조 본회는 이퇴계의 학문을 중심으로 동양정신문화의 연구와 그 보급에 힘쓰고 일한친선의 정신적 기반을 확립할 것을 목적으로 한다.

제3조 본회는 그 목적을 달성하기 위하여 다음의 사업을 행한다.

① 강연회 · 연구회 · 전람회의 개최

② 이퇴계 및 상충도학에 관한 자료수집

③ 이퇴계 및 상충도학에 관한 연구업적의 간행

④ 기타 긴요한 사항.[253]

이상의 취지서는 퇴계학에 대한 성찰과 논의가 전혀 이루어지지 못한 것임을 드러낸 것이다. 일본에서 퇴계와 퇴계학에 대한 관심과 논의가 많다고 하여 그 일들을 확대 · 해석하고 의미를 부여하기보다는 그 인식과 논의가 과연 퇴계학에 대한 성찰적 논의를 제대로 보여주었는지에 대한 검토가 필요한 것임을 지적할 수밖에 없다. 그들의 잘못된 논점과 활동 양상에 대해 우리가 맹목적이다시피 응원하는 방식으로 접근하다보면, 퇴계와 일본의 연계성을 높이려는, 그리 순수하지 못한 그들의 작업에 휘둘리는 상황은 계속되고 말 것이다. 단적인 사례로, 『부산일보』 기사(1984.7.5.)의 퇴계 연구 단체의 옹골찬 추동력과 과감성(지바 이퇴계연구회의 '이퇴계 및 상충도학')에 대한 다음과 같은 보도를 접하

---

253) 千葉李退溪硏究會, 「千葉 李退溪硏究會」設立趣意書」, 『退溪學報』 38, 111-114.

면서도 계속 일본발 퇴계학에 대한 상찬으로 이어질 수밖에 없을 것이
다.

日의 敬사상 退溪서 起源 韓國에 온 日本 高橋교수 밝혀

『철학의 나라 獨逸에서 동양철학속의 退溪學을 검토하고 이해하는 국
제학술대회를 개최하는 것은 대단한 의미를 가지는 것입니다.』 지난달
28~30일 韓國精神文化연구원이 주최한 제3회 국제학술회의(주제＝韓
國사상의 특성)에 참가하기 위해 韓國에 온 日本축파大 高橋進교수(부총
장 겸 대학원연구과장)는 오는 9월 西獨함부르크대학에서 열리는 제7회 退
溪學국제학술회의의 뜻을 이같이 평가하며 자신의 개인 생각으로는 이
를 동아시아민족의 문화적 승리라고까지 보고 있다고 밝혔다. 따라서 高
橋교수 자신도 이 회의에 꼭 참석할 것이라 한다. 高橋교수는 본래 서양
철학에서 출발했다가 나중에 동양철학으로 방향을 바꿔 朱子學과 陽明
學에 심취했다. 그러나 日本人으로서 이러한 학문을 연구하다보니 韓國
의 철학을 이해하지 않고서는 中國에서 日本으로의 흐름을 이해할 수 없
음을 깨닫게 되었다는 것이다. 『그러던 중 지금부터 8년 전 退溪全集인
陶山全書를 접하게 됐습니다. 이에 비로소 退溪의 위대함을 발견했고 日
本 江戸초기 日本 儒學을 대표했던 후지와라 세이카·하야시 라잔·야
마자키 안사이 등 3대학자의 敬사상이 退溪의 철학에 기인했다는 맥락을
찾게 되었습니다. 이를 계기로 본격적으로 退溪에 달려들었고 이를 체계
화해야겠다는 생각을 지니게 되었습니다.』3년 전에 千葉 李退溪研究會
를 만든 것도 이러한 작업의 일환으로 현재 약 100명의 회원을 거느리고
있다. 『日本思想史를 연구하는 학자들은 敬사상이 어디에서 온 것인지를
몰랐습니다. 退溪를 연구하면서야 그 전래된 바를 알게 되었지요. 退溪
가 자연의 이치와 인간의 이치가 동일한 것으로 보고 그것을 합치시킨 것

이 敬사상이라는 것을 알게 된 것입니다.』 高橋교수는 이 敬사상은 日本
人들의 생각 사고판단 생활 속에 깊이 스며들어 오늘날 日本번영의 기틀
을 이루었다고 지적, 退溪철학은 결국 日本에 건너가 꽃을 피웠다고 역설
했다. 高橋進 日本축파大부총장[254]

지바 이퇴계연구회의 다카하시 스스무가 "동아시아민족의 문화적 승
리"를 전제로 제시하면서 "일본사상사를 연구하는 학자들은 경 사상이
어디에서 온 것인지 몰랐"지만, 차후 "퇴계의 경 사상에서 연원한 것임
을 알게 되었다는 식의, 퇴계를 앞세워 그들의 변주된 욕망, 일본적 정
한론 에너지를 담아낸 기만적 메시지를 전달하고자 하였다.

2000년대에 들어 그러한 극우현상은 소위 천황 개념의 작동과 함께
더욱 짙은 그림자를 남기기에 이르렀다. 『동아일보』의 기사를 통해 그
현상을 대강 살펴보기로 하자. 중요한 것은 여기에 퇴계 연계설은 전혀
거론되지 않는다는 점이다. 그동안의 퇴계 전파론이 얼마나 철저히 계
산된 활용법에 의해 놀아났는지를 확인하는 장면이다. 일본 우경화의
심연 '천황제'에 대한 탐색 과정에서 교육칙어의 성격을 만날 수 있으
나, 식민 교육의 실제에서 그토록 강조되었던 퇴계─교육칙어 연계설은
이제 전혀 드러나지 않는다. 이는 그들의 만들어진 근대적 기억이 얼마
나 부실한 것이었는가를 드러낸 셈이라고 말할 수 있다. 『동아일보』의
「일본 우경화의 심연 '天皇制'」에 의하면, 천황제 이데올로기는 1882년
군인칙유와 1890년 교육칙어를 통해 강화되고, 청일전쟁과 러일전쟁을
거치면서 그 정착이 이루어졌다. 그런데 그 어디에도 퇴계─교육칙어
연계설은 등장하지 않는다.

---

254) 「日의 敬사상 退溪서 起源」, 『부산일보』 1984.7.5.

일본 사회에 우경화의 격랑이 몰아치고 있다. 주변국의 반발에도 불구하고 각료와 의원들이 줄줄이 야스쿠니 신사 참배를 강행하고, 평화헌법을 개정하려는 움직임도 시작됐다. 제2차 세계대전 뒤 일왕을 처벌하지 못했고, 군국주의 세력 청산에 실패한 것이 오늘날 일본의 우경화로 이어지고 있다는 지적이 나온다.……1990년대 초 거품경제 붕괴와 장기 경기 침체는 군국주의 망령이 부활하는 토양이 됐다. 일본 사회 전반에 위기감이 커지자 전후 "미국이 심어놓은 사회시스템과 교육체계가 잘못됐다"며 일본인 중심의 '국민의 역사'를 회복해야 한다는 주장이 조직적으로 확산됐다. 자칭 '자유주의 사관'이라는 그룹이 역사 왜곡 교과서 제작에 나섰고 일본의 근대사를 반성하는 목소리에 대해서는 '자학(自虐)사관'이라고 공격했다.……히로히토 일왕은 평생 제2차 세계대전에 대한 책임을 철저히 외면했고 반성도 하지 않았다. 일본이 무조건 항복을 선언한 1945년 8월 15일 800자의 '대동아전쟁 종결조서 선언문'에서부터 자기변명으로 일관했다. "……일찍이 미영 2개국에 선전포고를 한 까닭도 실로 제국의 자존과 동아의 안정을 간절히 바라는 데서 나온 것이며 타국의 주권을 배격하고 영토를 침략하는 행위는 본디 짐의 뜻이 아니었다." 1975년 10월 31일 궁내청 기자회견. 히로히토 일왕이 미국 방문 때 백악관 만찬 석상에서 "내가 깊이 슬퍼하는 그 불행한 전쟁"이라고 한 말을 인용해 한 기자가 "이는 천황이 전쟁 책임을 느끼고 있는 점을 나타내는 것이냐"고 물었다. 그러자 일왕은 "그런 언어의 뉘앙스에 대해서는, 나는 그런 문학 방면은 그다지 연구를 하지 않았기 때문에, 잘 모르기 때문에, 그런 문제에 대해서는 대답을 할 수 없다"고 말했다.……일본 히토쓰바시대 교수였던 미국의 역사학자 허버트 빅스는 히로히토 일왕의 일생을 추적해 2000년에 내놓은 저서 『히로히토 평전: 현대 일본사회의 형성』에서 "쇼와 천황은 반성 없는 생애를 살았다"고 비판했다. 이 책은 이듬해 퓰리

처상 논픽션 부문을 수상했다. 빅스 교수는 "히로히토 일왕이 중일전쟁에서 화학무기와 최루탄 사용을 375차례 허가했고, 식민지 국민과 전쟁포로를 상대로 생체실험을 한 731부대 창설을 재가했다"고 고발했다. 또 그는 "히로히토 일왕은 명목상의 인물이나 소극적인 방관자, 황실 고무도장이나 서류에 찍는 무기력한 인물이 아니었다"며 "책임의 한계는 항상 모호하기 마련이지만 그는 폭넓은 군사지식을 갖춘 간섭주의 성향의 역동적 군주였다"고 강조했다.……제2차 세계대전 3대 전범국가 지도자 중 히틀러 독일 총통은 자살했고 무솔리니 이탈리아 총리는 반(反)파시스트 유격대원에게 살해됐다. 유일하게 히로히토 일왕만 처벌을 면했다. 그 이면에는 미일(美日) 간의 거래가 숨어 있다. 전후 처리 과정에서 더글러스 맥아더 연합군사령관은 점령 통치의 효율성을 높이기 위해 히로히토 일왕의 전쟁 책임을 맞바꿨다.……수십 년간 히로히토를 연구한 도요시타 나라히코(豊下楢彦) 간사이학원대학 법학부 교수는 저서『히로히토와 맥아더』에서 "도쿄 재판은 주역을 빼놓은 채 도조 일파에게 모든 책임을 뒤집어씌운 미일의 합작품이었다. 이렇게 해서 전후 일본에서 히로히토에게 전쟁 책임을 묻는 것은 사실상 터부가 됐다"고 지적했다.[255]……천황제 이데올로기는 1882년 군인칙유와 1890년 교육칙어를 통해 강화되고 청일전쟁과 러일전쟁 승리 경험을 통해 확실히 정착됐다. 천황제 이데올로기는 패전 후 히로히토 일왕의 '인간 선언'과 함께 해체됐지만 그 영향력은 지속되고 있다. 일왕은 56대 고레히토(惟仁) 일왕 이후 125대인 현재의 아키히토 일왕까지 여덟 번의 예외를 제외하고 모두

---

255) 도요시타 나라히코는 전후 일본은 미국과의 전략적·정치적 거래를 통해 발전했다는 점을 지적하면서, 히로히토의 '전쟁책임'을 문제 삼는 것에 이어, 특히 히로히토의 '전후책임'을 문제 삼았다. 豊下楢彦,『昭和天皇·マッカーサー會見』, 東京: 岩波書店, 2008. 도요시타 나라히코, 권혁태 역,『히로히토와 맥아더: 일본의 전후는 어떻게 만들어졌는가』, 서울: 개마고원, 2009.

히토(仁)를 이름에 쓰고 있다.……분명한 것은 일본 우경화의 심연(深淵)에는 천황제가 있고, 일부 우익세력이 상징 천황인 일왕을 우경화의 동인(動因)으로 악용하는 데 대해 뜻있는 일본 지식인들의 개탄이 이어지고 있다는 점이다.[256]

교육칙어, 일본 우경화, 일억총참회론,[257] 전쟁책임 회피, 교육재생 등으로 이어지는 문제현상이 퇴계와 연결관계 없이 얼마든지 논의되고 있음을 확인활 수 있다. 그런데 퇴계 관련성을 근현대사 속에서 드러냈던 인물들, 특히 이퇴계연구회 제3대 회장을 지냈던 우노 세이이치의 "仁"에 대한 설명[258]은 "일왕은 56대 고레히토(惟仁) 일왕 이후 125대인 현재의 아키히토 일왕까지 여덟 번의 예외를 제외하고 모두 히토(仁)를 이름에 쓰고 있다."는 사실에 유의한다면, "인"의 의미는 이렇게 원래적 의미와는 전혀 딴판으로 쓰일 수 있다는 사실을 보여준다.

4. 2017: 일본 학자들의 교육칙어 교재사용 반대성명

일본정부는 2017년에 교육칙어를 학교 도덕교육의 교재로 사용할 수 있다는 구상을 명백히 하면서 교육칙어 도덕교육 교재화 가능성을 제기하였다. 전후 70년이 지난 시점에서 일본 정부는 교육칙어 사용법 관련 답변서(2017.4.18.)를 통해, 2017년 4월 18일 "교육칙어의 사용법에

---

256) 「일본 우경화의 심연 '天皇制'」, 『동아일보』 2013.5.18.

257) 일억총참회론은, 히가시쿠니노미야(東久邇宮) 내각이 발족(1945.8.17.)하면서, 연합국 측의 천황전범론에 대한 반동·반론 차원에서 등장한 개념으로, 천황에게는 전쟁책임이 전혀 없으며 오로지 일본인 모두가 참회해야 할 문제라는 대응 논리를 말한다.

258) 宇野精一, 「靖國參拜 總理に贈る孔子の敎: 總理の公式參拜は孔子の理想「仁」に通じる」, 『文藝春秋』83(12), 2005, 126-132.

대해 헌법이나 교육기본법에 위반되는지 여부의 판단을 교육위원회나 학교의 설치자에게 맡기겠다는 견해"를 표명했다. 1948년 시점의 소각 처분되었던 교육칙어가 이제 다시 전후 일본의 전전·전중 일본의 기억을 다시 불러일으키는 방향으로 극우적 행태를 드러낸 것이다. 일본의 교육사학회이사회는 일본 정부의 교육칙어 사용법 관련 대답서에 대해 "교육위원회나 학교의 설치자가 각각에 '판단'할 필요도 없고, 헌법, 교육기본법 및 국회 결의에 반하는 것은 상기의 경위 내에서 분명하다"는 점을 명백히 하였다.

일본 교육사학회이사회는 성명을 통해 교육칙어가 동아시아 근대사에 끼친 세 가지 폐해에 대해 ① 교육칙어가 전전·전중 일본의 천황에 의한 신민 지배의 주요한 수단으로 작용하였다는 점, ② 학교현장에서는 교육칙어가 단순히 도덕과 관련된 텍스트였던 것에 그치지 않고 교육칙어등본 자체가 신성시되어 학교현장에 불합리와 비극을 초래하였다는 점, ③ 교육칙어가 일본의 민족적 우월감의 근거로 작용하였고, 이는 이민족(조선, 대만)에 대한 식민지 지배의 도구로 사용되었다는 점을 지적 비판하였다. 선제적으로 결론부터 말하자면 다음과 같다.

교육사학회이사회는 학술연구를 담당하는 자로서의 입장에서 역사적 자료로서 비판적으로 취급하는 것 이외의 목적으로 교육칙어를 학교교육에서 사용하는 것에 대해, 교육사연구를 통해 분명히 해온 전전 일본의 교육제도나 교육실제에 관련된 여러 사실에 비추어 허용되어서는 안 된다는 견해를 여기에 표명하는 바이다.[259]

---

259) 「〈教育ニ關スル勅語〉(教育勅語)の教材使用に関する声明」, 教育史学会理事会, 2017年5月8日. 일본커리큘럼학회 理事有志-일본교육방법학회 會員有志에 의한 2017년 5월 25일부 별도독자의 제언을 공표.

교육사학회이사회는, 1890년(메이지 23) 10월 30일에 메이지 천황의 이름을 붙여 나온 교육칙어가 근대사에 끼친 사회적 영향과 문제를 장기간에 걸쳐 연구하여 그 성과를 축적해온 입장에서 볼 때, 앞으로 2017년 일본 정부가 교육칙어를 학교교육 교재로 사용하려는 것은 매우 우려스러운 일임을 지적하였다.[260]

일본 교육사학회이사회는, 교육칙어는 단순히 도덕과 관련된 텍스트였던 것에 그치지 않고 교육칙어등본의 신성화를 통해 학교현장에 불합리와 비극을 가져왔다는 점을 문제로 들었다.

교육칙어는 천황제 국가의 신민 교육에 결정적 · 절대적 역할을 수행하였다. 특히 교육칙어의 이념 보급에 기여한 학교 의식의 역할을 빼놓을 수 없다. 1900년 소학교령 시행규칙에 의해 정형화된, 전전의 3대절(기원절 · 천장절 · 1월 1일, 1927년부터 명치절이 더해져 4대절) 학교의식은, 교육칙어 봉독, 어진영(천황 · 황후의 사진)에 대한 배례, 기미가요 제창, 교육칙어의 취지에 관한 교장 훈화, 식가 제창을 더해, 전국에서 일률적으로 거행되었다. 이 의식 내용은 입학식 · 졸업식 등 다른 학교 의식의 의례에도 영향을 주고, 교육칙어 봉독과 기미가요 제창은, 입학식 · 졸업식 등에서 필수 의례로 확립되었다. 어진영과 교육칙어등본은 1891년 문부성 훈령(〈양 폐하의 어영 및 칙어등본 봉치의 건〉)에 의해 교내 일정의 장소를 택해 최고로 존중하여 봉호(奉護: 받들어 지킬 것)[261]할 것이 요구되었다. 그

---

260) 「〈教育ニ關スル勅語〉(教育勅語)の教材使用に関する声明」, 教育史学会理事会, 2017年5月8日.

261) 봉호(奉護)와 보호(保護): 어진영과 교육칙어등본은 봉호의 대상인 반면, 아동 · 학생은 보호의 대상이었다. 교사들은 전쟁 · 화재 · 지진 · 재해 시에 봉호의 대상인 어진영과 교육칙어등본을 우선적으로 목숨 걸고 지켜야 했으며, 보호의 대상인 아동 · 학생은 그 다음 단계의 일이었다.

결과, 화재 · 지진 재해 시에는 어진영과 교육칙어등본을 화재 소실로부터 구하기 위해 순직(殉職)하는 교직원이 끊이지 않았다. 더욱 확실한 봉호를 위해, 1920년대경부터, 교사(校舍) 밖에 봉안전(奉安殿)이라는 보관고를 설치하여, 아동 학생이 등 · 하교시에 봉안전을 향해 최고의 존경심을 담아 경례[最敬禮]하는 것이 일상화되었다. 1943년의 〈학교방공지침〉에서는 방공 관련의 최우선 사항을 어진영 · 교육칙어 등 조칙 등본의 봉호에 두었고, 아동 학생의 보호는 그 다음으로 정해, 피난도 어진영 · 교육칙어가 아동보다 먼저 실시되었다. 이와 같이, 각 학교에 일률적으로 하달된 교육칙어는, ① 수신과 교육, ② 학교의식, 그리고 ③ 일상의 봉호라고 하는 학교생활의 전체로, 국체의 이해를 철저히 하는 도구가 되었다. 도덕과 관련된 비판적인 사고의 깊이는 가벼워져 조건반사처럼 교육칙어를 암송한다는 차원에서 도덕 내용의 신체화에 기여했다. 이 점에서 교육칙어는 도덕교육의 충실이라기보다는 그 형해화와 인명 경시를 가져왔다고 말할 수밖에 없다.[262]

천황 밑에서 독자의 국체를 구축해 온 일본인은, 그 독자적인 국체 때문에 도덕적으로도 뛰어나다고 하는 교의를 이민족에 대해 드러내는 꼴이었고, 그 대강은 "이를 중외에 베푼다(之ヲ中外ニ施シテ悖ラズ)"고 하는 보편적인 도덕률을 표방하고 있지만, 다른 한편으로 "너희 선조의 유풍을 현창하기에 족하다(爾祖先ノ遺風ヲ顕彰スルニ足ラン)"는 식의, 그러나 실제로는 중외(中外)에서 널리 펼칠 수 있는 성격의 것이 아니었다. 1910년대 초반에 대만용 교육칙어를 극비리에 기초하는 시도가 이

---

262) 「〈教育ニ關スル勅語〉(教育勅語)の教材使用に関する声明」, 教育史学会理事会, 2017年5月8日.

루어지고, 또 조선에서 3·1독립운동이 일어났을 때에는 교육칙어의 해석의 전통을 맡고 있던 철학·윤리학자 이노우에 테츠지로(井上哲次郎)가 "너희 선조운운(爾祖先云々)"이라고 한 교육칙어의 문언은 조선인의 분노를 부르는 것이라며 조선용 교육칙어를 따로 기초해야 한다는 논점을 제안했다. 하지만 이럴 경우, 교육칙어의 권위를 떨어뜨리고 만다는 우려로 인해 실현에는 이르지 않았지만, 이러한 사실은, 교육칙어가 보편성으로부터는 멀고, 자민족 중심주의, 배타주의를 본질로 삼아 구축된 것임을 드러낸 셈이다.[263]

2017년 5월 8일 교육사학회이사회의, 교육칙어 교재 사용에 대한 선도적인 반대성명에 이어, 2017년 6월 16일(2017년 7월 31일 갱신) 일본의 총 26개 교육 관련 학회가 반대성명을 발표하였다.[264]

---

263) 「〈教育ニ關スル勅語〉(教育勅語)の教材使用に関する声明」, 教育史学会理事会, 2017年5月8日. 교육칙어가 보편성으로부터는 멀고, 자민족 중심주의, 배타주의를 본질로 삼아 구축된 것이라는 지적은 일본의 국가신도론이 등장한 지 1세기가 지나 21세기 초를 맞이한 현재 국가신도 논쟁이 다시 뜨겁게 진행 중인 사실과도 연관성을 갖는다. 국가신도를 둘러싼 애초의 쟁점이 국가신도가 종교인지 아닌지에 있었다면, 최근 20여 년간의 쟁점은 국가신도가 국민도덕을 중심으로 하는 국민적 종교로서 유효한가, 아니면 국가신도는 천황신앙을 핵심으로 삼아 전시기 국가주의이데올로기를 추동한 것으로 단죄되어야 할 대상인가에 있다(이예안, 「가토 겐치의 국체신도 개념: 21세기 국가신도 논쟁과 '신황신앙'의 문제」, 『용봉인문논총』 62, 2023, 213-214.). 이러한 논의가 현재에도 여전히 계속되는 배경에는, 일본의 전전과 전후 모두에서 국가신도 개념 자체가 애매한 형태로 성립한 점, 국가신도 개념을 구성하는 연관 개념들이 정밀하게 분석되지 않은 상태로 적지 않은 시간이 경과한 점, 그리고 최근 일본의 보수화 경향 등이 맞물린 상황 등이 있다(이예안, 위의 논문).

264) 교육칙어 교재사용 반대성명에 참여한 학회는 일본교육학회, 관동교육학회, 교육사학회, 교육목표·평가학회, 아동과자연학회, 대학평가학회, 중부교육학회, 일본음악교육학회, 일본학습사회학회, 일본가정과교육학회, 일본기독교교육학회, 일본사회교육학회, 일본생활지도학회, 일본체육학회, 일본미술교육학회, 일본복지교육·볼런티어학습학회, 유아교육사학회, 일본교육제도학회(6.16.추가), 일본교사교육학회(6.18.추가), 일본커리큘럼학회(6.23.추가), 일본환경교육학회(7.4.추가), 일본체육과교육학회(7.10.추가), 일본지리교육학회(7.12.추가), 일본학교보건학회(7.14.추가), 북해도교육학회(7.26.추가),

정부의 교육칙어 사용 용인 답변에 관한 성명(2017.6.16. 2017.7.31.갱신)

정부는 제193회 국회 본회의와 위원회 심의-답변서(2017.4.18.)에서 〈교육에 관한 칙어〉(교육칙어)에는 보편적인 가치가 포함되어 있어 일본 헌법 및 교육기본법 등에 반하지 않는 한 교재로 사용할 수 있다는 취지의 답변을 반복했다. 그 중에는, 학교 조례(朝礼)에서 교육칙어의 낭독(朗読)이나 암창(暗唱)·창화(唱和)조차 일괄적으로는 부정하지 않는다는 취지의 답변도 있었다.

일련의 정부 답변은 전전·전중의 교육칙어가 일본의 교육과 사회에 가져온 잘못된 역사(負の歴史)를 무시하고, 전후 국회가 교육칙어의 배제(排除)·효력 상실(失効)을 확인한 사실도 경시한 것이다. 우리는 교육학을 연구하는 자로서, 또한 대학 등에서 교단에 서는 자로서, 이러한 움직임을 용인할 수 없다.

교육칙어는, 전전·전중에 군주인 천황이 신민에 대해서 국체사관(国体史観)에 근거하는 도덕을 밀어붙여, 천황과 국가를 위해서 목숨을 바칠 것을 명령한 문서이다. 천황은 현인신(現人神)이며, 일본은 신국(神国)이라는 관념 하에, 교육칙어는, 누구나가 안고 있는 가족이나 동포에 대한 애정이나 세상에서 도움이 되는 사람이 되고 싶다는 마음을 드러내면서, 국민을 배외주의적·군국주의적 애국심으로 이끄는 데 사용되었다. 이 때문에, 교육칙어는 국민주권·기본적 인권존중·평화주의를 기본이념으로 하는 일본국헌법과는 전혀 어울릴 수 없는 것이며, 오늘날은 역사적 자료로서밖에 그 존재가 허용되지 않는 것이다.

일본 헌법 공포 전인 1946년 10월 8일, 옛 문부성의 교육칙어를 유일한 이념("연원")으로 하는 교육을 부정하는 취지의 통첩에 따라, 일시(적으

일본교육방법학회(7.31.추가) 등 총 26개 교육 관련 학회이다.

로)는 이를 유일한 이념으로 하지 않는 한 교육칙어에 근거한 교육도 가능하다는 의견도 있었다. 따라서 일본 헌법 시행 후 1948년 6월 19일 중의원의 교육칙어 배제 결의 및 참의원의 효력 상실 확인 결의에 의해 국회는 국권의 최고기관으로서 학교 교육에서 교육칙어를 완전히 배제하겠다는 의사를 나타냈다. 문부성은 이를 수용하여, 1948년 6월 25일, 1946년의 통첩에 의한 교육칙어의 취급을 변경해, 전전·전중에 학교에 배부된 교육칙어를 모두 반환하도록 통지했다. 이와 같이 교육칙어는 70년 전에 일본 헌법 및 교육기본법에 반하는 것으로 (판명 난 것으로) 학교교육에서 완전히 배제된 것이다.

따라서 교육칙어는 전전·전중의 교육과 사회의 문제점을 생각하기 위한 역사적 자료로서 비판적으로밖에 사용할 수 없는 것이며, 보편적 가치를 갖는 것으로 여기면서 교육칙어를 긍정적으로 취급할 여지는 전혀 없다.

그런데 정부는 교육칙어를 교육의 유일한 이념으로 하는 것은 부정되었다고 해도 교육칙어에는 보편적인 가치가 포함되어 있어 일본국 헌법 및 교육기본법에 반하지 않는 한 긍정적으로 취급하는 것도 용인된다는 취지의 답변을 반복하였다.[265] 한편 어떤 사용법이 일본 헌법에 위배되는지의 질의에는 답변을 기피하고, 학교·설치자·관할청의 판단에 맡기겠다는 답변으로 일관했다. 이것은 국회 경시일 뿐만 아니라, 전전·전중과 같은 교육칙어의 사용을 용인 또는 조장하는 일이다.

---

265) 여기에 해당하는 대표적인 퇴계론자가 바로 아베 요시오, 도모에다 류타로 등의 교육칙어론이다. 이들은 전후 일본의 이런저런 상황과 배경 속에서 꾸준히 교육칙어의 보편적 가치를 내세우는 방식으로 교육칙어 긍정론과 교육칙어 교재 사용론을 펼친다. 이는 분명 일본의 교육사학회이사회가 지적 비판했던 것처럼, 일본 국민을 배외주의적·군국주의적 애국심으로 이끄는 것이라고 말할 수 있다. 그러면서도 이들은 교육칙어를 통한 동아시아의 선린우호·교류협력·평화주의를 입에 담는다. 전전·전중의 래퍼토리를 전후에도 연속적으로 반복하고 있는 것이다.

우리는 정부에 대하여 제193회 국회에서의 교육칙어의 사용 용인 답변을 철회하고, 전전·전중의 교육과 사회의 문제점에 대한 비판적 검토를 위한 역사적 자료로 이용하는 경우를 제외하고는, 교육칙어의 사용 금지를 다시 확인하도록 요구한다. 또한 교사, 학교, 교육위원회에는 제193회 국회에서의 정부의 교육칙어 사용 용인 답변에 현혹되지 말 것과 교육칙어에 대해 보편적 가치를 갖는다는 식의 긍정적으로 취급할 여지는 전혀 없다는 것을 이해해달라고 요구하는 바이다.

2017년 6월 16일

교육사학회이사회의 입장 및 26개 교육 관련 학회의 입장을 통해 왜 교육칙어가 전전·전중 교육의 반성과 비판을 위한 역사적 자료로서밖에 그 존재 의미가 허용되어서는 안 된다는 것인지를 확인할 수 있다. 일본의 교육사학회를 비롯한 26개 교육 관련 학회는, 교육사연구를 통해 분명히 해온 전전 일본의 교육제도나 교육실제에 관련된 여러 사실과 행태에 비추어볼 때, 학교교육에서 교육칙어를 교재로 사용하는 일을 허용되어서는 안 된다는 견해를 표명한 것이다. 그러한 일본 학회의 논의와는 별도로, 식민지조선에서 발동한 교육칙어—퇴계 연계설은 애초부터 근거 없고 사실도 아닌 얘기가 강력한 정한론 에너지의 힘을 업고 가동되었으며, 이에 대한 학문적 비판이 엄연히 따라야 함에도 그러한 비판적 논의는 제대로 이루어지지 못했다.

이상으로 전전·전중 일본의 교육칙어에 대한 인식과 대응, 그리고 2017년 장면에 대한 비판과 성찰을 통해, 일본근현대교육사에서는 애시당초 교육칙어—퇴계 연계설은 작동된 바 없다는 것을 알 수 있다. 그만큼 교육칙어—퇴계 연계설은 식민교육용 기만책으로 탄생하여 조선 안에서 악용된 교육기만술이었다는 것을 알 수 있다.

일본 교육현장에서는 그저 퇴계가 빠진 채, 교육칙어에 대한 회고와 동경은 소위 교육재생의 관점에서 계속 논의대상으로 재소환되고 있다. 그 교육재생은 사실상 교육칙어의 재생이기도 할 것이다. 일본 우익의 정신세계에서 전전·전중·전후 교육은 연속성을 기본 전제로 삼는 것인 만큼, 재소환이라는 말은 적절한 표현이 아닐 수도 있다.[266] 다만 식민지 조선에서는 퇴계-교육칙어 연계설을 통해 식민교육을 전개했던 반면, 전후 일본의 일각에서 나타나는 교육칙어에 대한 특별한 애착과 관심은 퇴계와는 무관한 방식으로 전개된다는 특징을 갖는다. 이는 일제강점기의 퇴계/퇴계학을 동원했던 작업이 퇴계철학 그 자체에 대한 존중과는 아무런 상관없이 그저 그들의 기만책을 드러낸 것임을 보여준다.

식민교육의 장면에서 식민권력에 의해 실학론이나 단군론이나 화랑론이 등장하는 것은 일단 의심하고 보아야 한다. 그 담론은 분명 그들에게 요긴한 쓸모를 제공하는 것이기 때문이다. 반면 일제강점기에 어떤 경우라 할지라도 수용 불가 항목으로 목록에 들어 있었던 것이 바로 유학사상의 핵심이라 할 수 있는 도학사상과 절의정신에 대한 논의였다. 그것은 바로 독립운동사의 방향성을 띠는 것이었고, 여기에는 응당 퇴계사상, 퇴계의 도학사상과 절의정신, 퇴계학의 정체성에 대한 탐구 작업과 연계되는 것이기에, 이는 애초부터 일본적 관심사나 논의 영역에 들어와 있지 않았다.

패전 이후, 2006년의 교육기본법 개정에 이르는 동안 일본에서는 과거지향적인 움직임이 계속되었다. 일본의 과거지향적인 움직임으로는

---

266) 박균섭, 「한국에서 본 전후일본교육의 궤적: 교육칙어와 교육기본법의 연속과 불연속」, 『일본근대학연구』 50, 2015, 23-46.

기원절 부활, 교과서 공격, 역사수정주의 역사관 확산, 그리고 교육기본법 개정 등을 들 수 있다.[267] 2017년 2월 16일을 전후로 한 오사카 소재 학교법인 모리토모학원(森友學園)의 정치스캔들을 한 예로 들 수 있다. 모리토모학원을 통해 드러난 교육칙어의 '재생' 현상은 일본사회의 역사인식의 상태를 단적으로 보여주는 장면이다.[268] 일본의 개정 교육기본법 제2조에서는 도덕심, 일본의 전통과 문화, 공공의 정신, 나라와 향토 사랑 등의 덕목이 교육목표로 제시되어 있는데 이것은 과거 메이지시대 교육칙어의 내용을 연상시킨다.[269] 메이지유신 150주년을 맞이하는 2018년 시점을 전후하여 역사 왜곡의 에너지가 강도 높게 표출되면서 전후 일본체제를 탈피하는 방식으로 그들의 정신상태가 응축되면서 교육칙어의 재생 양상은 계속되고 있다. 전후 일본은 일억총참회론을 징검다리 삼아 전전·전중 일본으로 회귀하는 움직임은 더욱더 힘을 받을 것이다. 하지만 그 어디에도 교육칙어—퇴계 연계설은 거론되지 않는다. 퇴계는 그렇게 그들의 식민교육적 기만책에 악용되었던 것이다.

---

267) 서종진, 「근대 일본 교육칙어의 재생」, 『동북아역사재단 뉴스레터』, 2017.10.17.

268) 아베 신조 총리의 부인 아베 아키에가 명예교장이었던 모리토모학원 유치원에서 "교육칙어를 암송하게 한다는 보도를 전후하여 일본의회에서는 교육칙어에 대한 각료의 인식이 논란이 되었다. 그러다가 2017년 3월 31일에 아베 내각은 교육칙어의 사용 금지를 요구한 질문주의서에 대해 "칙어를 우리나라 교육의 유일한 근본으로 삼도록 지도하는 것은 부적절하다"고 하면서도 "헌법과 교육기본법 등을 위반하지 않는 형태의 교재로 사용하는 것은 부정하지 않는다"는 답변서를 각의하였다(서종진, 「근대 일본 교육칙어의 재생」, 『동북아역사재단 뉴스레터』, 2017.10.17.)

269) 서종진, 「근대 일본 교육칙어의 재생」, 『동북아역사재단 뉴스레터』, 2017.10.17.

제
2
부

퇴계학의 정체성 탐구

제5장
퇴계의 공부와 인격

1. 교육보다 공부

우리가 알고 있는 '교육'이라는 단어는 지금으로부터 2,300여 년 전 『맹자』에 처음 등장한다.[270] 군자삼락 중 세 번째 즐거움으로 언급되는 "천하의 영재를 얻어 이들을 교육한다[得天下英才而教育之]"는 문장에 '교육'이라는 용어가 처음 나온다. 여기서 영재는 어떻게 규정되는지, 그리고 그 교육의 성격은 무엇인지에 대한 검토 과정도 필요하지만, 당시의 교육활동이 갖는 본질적인 성격은 바로 즐거움·기쁨·보람의 정서 상태를 표상한다는 점이다. 그 교육이 즐거움의 대상으로 그려지고 있다는 점에 유의할 필요가 있고 이는 첫 번째 즐거움(父母俱存, 兄弟無故)과 두 번째 즐거움(仰不愧於天, 俯不怍於人)과의 연계·연동을 통해 교육의 의미를 새겨보기를 권고하는 의미를 담고 있다고 말할 수 있다. 그런데 문제는 유교문화권/성리학적 교육학의 시대를 건너뛴 근현대교육학에

---

270) 『孟子』, 卷13, 「盡心章句上」.

서는 교육의 기간 정신에 대한 성찰은 빠진 채, 서구어(education)의 번역어로 그저 『맹자』의 '교육'이라는 글자가 채택되면서, 이 말은 근현대교육학을 주도하는 개념으로 작동하기 시작했다는 사실을 알 수 있다.

1895년 2월 고종황제는 갑오경장의 일환으로 교육입국조서를 발표하였는데, 그 조서에서는 대뜸 덕양(德養), 체양(體養), 지양(智養)을 교육의 요체로 삼았으며, 이는 덕·체·지가 아닌 지·덕·체라는 말로 현재 통용되고 있다. 근거는 스펜서(Herbert Spencer)가 그의 저술(Education: Intellectual, Moral, and Physical, 1860)을 통해 지육(intellectual education), 덕육(moral education), 체육(physical education)을 논했던 데서 찾을 수 있다. 스펜서의 삼육 개념은 헤르바르트의 교육학과 아울러 19세기 이래 학교에서의 체계적 가르침이나 교육개념 형성에 중요한 패러다임으로 작용하였다.[271] 1895년 2월 고종의 교육입국조서의 등장을 전후하여 다양한 교수-학습 관련 개념(敎化, 敎導, 敎學, 敎授)이 '교육'이라는 단일 개념으로 통합되어가는 상황을 확인할 수 있는바, 그것은 덕양(德養)-체양(體養)-지양(智養)을 특징 구조로 삼는 '교육'이었다.[272] 그런데 당시 서양과 일본에서는 지·덕·체를 말한 반면, 대한제국의 경우는 덕·체·지를

---

271) 조선시대에는 '교육'이라는 용어를 사실상 사용하지 않았으며 당시의 교육 관련 용어는 '공부'였다. 이는 『퇴계집』에 '교육'이라는 용어가 등장하지 않는 것을 통해서도 알 수 있다. 퇴계는 '공부'라는 용어(工夫, 工扶, 功夫, 功扶, 用工, 用功)를 통해 당시 교육의 현상과 작용과 문제를 논하였다. 근현대교육학의 도입과 적용 과정에서 일본을 거쳐 서양의 교육 관련 용어가 도입되면서 교육-교육학의 개념이 일반적인 상황으로 자리잡았다. 『맹자』에서 유래하는 '교육'은 일락-이락-삼락의 연동 관계 속에서 교육의 의미를 살피는 것이었지만, 일본발 번역어 '교육'은 서양의 'education'에 대한 일본식 이해 양상이 짙게 드러나 있다. 메이지 일본의 미츠쿠리 린쇼(箕作麟祥, 1846~1897)의 'education'에 대한 번역상의 혼효(養育→敎導→敎育)에 주목할 필요가 있다. 미츠쿠리 린쇼(箕作麟祥)에 대한 후지와라 게이코(藤原敬子)와 아시다 히로나오(芦田宏直)의 연구에 대해서는 한용진 외 5명, 『근대한국 교육 개념의 변용』, 서울: 학지사, 2020 참조.
272) 한용진 외 5명, 『근대한국 교육 개념의 변용』, 서울: 학지사, 2020, 39, 62.

말했다는 사실에 대한 통찰적 논의가 요망된다. 덧붙이자면, 이는 후쿠자와 유키치의 영향권 아래에 있었던 개화파 일단에 의한 준비론=개조론=양성론 계열의 식민성 문제와 연관되어 있다는 점에 유의할 필요가 있다.

교육학(교육에 관한 학문)에 대한 인식과 적용 양상을 보면, 교육 개념의 문자적 정의 여부를 떠나 근현대교육학 및 근대 공교육제도를 통해 교수학 중심의 가르침의 의미를 짙게 띤 것이었으나, 근현대교육학 100년의 역사를 지난 시점에서 기존의 프레임과는 달리 스스로 찾아 익히는 배움론이나 학습학 등에 관심을 갖기 시작하였다.[273] 이러한 배움론 · 학습학의 현상 및 흐름은 성리학시대의 공부론과 큰틀에서 지향을 같이한다는 특징을 갖는다.

전통교육에서 말하는 공부(工夫, 工扶, 功夫, 功扶, 用工, 用功)는 오늘날의 공부와는 그 성격과 의미를 달리한다. 당시의 공부란 오늘날과 같은 지식의 추구나 확충이라는 편협하고도 일방적인 성격의 것이 아니라 몸과 마음을 갈고 닦고 다듬고 가꾸는 수렴의 과정에 역점을 두는 것이기도 했다. 유교 학문을 수기치인지학(修己治人之學)이라고 명명한 데서도 알 수 있듯이 그 공부는 수기 · 수신 · 수양을 본질로 삼으면서도 정치 · 사회 · 공동체 문제에 대한 해석과 대응을 소홀히 하지 않았다는 특징을 갖는다.

퇴계는 주리철학의 입장에서 공부론을 설명하면서, 공부는 때와 장소를 가리지 않고 추구하는 것이며, 그 과정은 엄숙하고 차분한 자세로 항상 옳은 일에 몰두하는 삶의 자세여야 한다는 점을 가르쳤다. 이렇게 퇴계철학과 그에 입각한 공부론은 개인의 수기 · 수신 · 수양이라는

---

273) 한준상, 「배움: 미래교육의 새로운 관점」, 『미래교육연구』1(1), 2011, 1-8.

위기지학의 문제에 충실했던 것은 말할 것도 없고 정치·사회·공동체 문제를 전체적으로 고려하고 대응하는 삶의 문제를 적극 표명하였다. 사람의 마음은 광활하고 거대한 것이어서 이에 대한 해석 과정에는 특별한 접근법과 대책이 필요하다고 보았다. 퇴계철학/공부론은 사람의 됨됨이(된 사람)에 관한 문제를 다루는 것이자 앎과 삶에 대한 주체적 성찰과 끊임없는 재구성 과정을 보여주는 것임을 분명히 하였다.

유교사상의 수기치인지학을 가장 정밀하게 그려냈던 퇴계의 공부론은 근현대사 속에서 어떤 해석과 적용 양상을 드러냈는지, 그리고 근현대 연구공간에서 퇴계학은 어떤 모습으로 우리 앞에 등장했는지에 대해서도 다룰 필요가 있다. 당대의 퇴계학과는 달리 근현대 퇴계학 연구에는 퇴계학의 본질을 벗어난 논의가 연구의 미명 아래 이루어졌음을 감안하면서 퇴계학의 굴절에 개입했던 욕망의 법칙을 지적·비판코자 하였다. 여기에는 응당 퇴계학의 이름으로 자행된 인식론적 폭력을 폭로하는 작업도 감행하였다. 이를 제대로 감당할 수 있어야만 우리는 진정 퇴계의 공부론, 그 본연의 모습을 제대로 그려낼 수 있고, 그에 따라 오늘날의 공부와 교육이 갖는 한계와 문제를 조정하는 힘을 발휘할 수 있다. 이러한 일련의 작업을 역사적 평론의 관점에서 제시하기 위해 『퇴계집』을 통한 당대의 논점을 제시하는 데 그치지 않고 문인·문도의 기억과 회고를 바탕으로 한 기술에도 유의하였다.[274]

---

274) 퇴계의 문인·문도의 기억과 회고를 바탕으로 한다는 것은 주로 학봉 김성일(鶴峯 金 誠一, 1538~1593), 간재 이덕홍(艮齋 李德弘, 1541~1596), 창계 임영(滄溪 林泳, 1649~1696)의 기록을 일컫는다. 『鶴峯集』, 續集卷5, 「退溪先生言行錄」, 『艮齋集』, 卷 5, 「溪山記善錄[上](記退陶老先生言行)」, 卷6, 「溪山記善錄[下]」, 『滄溪集』, 拾遺, 「退 溪先生語錄」. 퇴계와 그의 제자들의 이야기를 담고 있는 『언행록』을 보면, 퇴계는 자신 이 깨우친 진리와 알고 있는 지식을 최선의 언어를 통해 전달하고자 애쓴 흔적이 역력하 며, 그리하여 퇴계학에는 유학의 기본 이념인 내성외왕(內聖外王)과 수기치인(修己治 人)의 길이 잘 제시되어있다고 말할 수 있다(이영호, 「퇴계학 혹은 학퇴계의 사이」, 『공자

2. 성리학과 공부론

퇴계는 정치·사회적으로 사화(士禍)의 시대로부터 직·간접의 영향을 받으면서 유교지식인, 선비의 길을 걸을 수밖에 없었다. 4대 사화 (1498: 무오사화, 1504: 갑자사화, 1519: 기묘사화, 1545: 을사사화)의 역동성과 역학관계를 감안한다면 어느 것 하나 심각하지 않은 것이 없었지만, 특히 기묘사화(1519)와 을사사화(1545)는 퇴계의 유교지식인으로서의 앎과 삶, 선택과 결단에 심대한 영향을 끼치는 것이었다. 퇴계가 위인지학(爲人之學)이 아닌 위기지학(爲己之學)의 의미에 투철한 삶을 지향했던 것은 정치에 쉽사리 흔들리는 당시 학문의 현실을 극복하는 성격을 갖는 것이기도 했다. 퇴계의 위기지학은 이기론(理氣論)을 기반으로 삼아 발전된 공부론(工夫論)이기도 했다. 퇴계의 이기론은 이(理)에 발동능력·자기동력을 부여하면서 그 존귀성과 완전성을 크게 중시했다는 점에서 특징적이다(理發說, 理動說, 理自到說, 理尊氣卑說, 理貴氣賤說). 퇴계는 우리의 삶이 자기 보존을 위한 욕망과 충동으로 인하여 굴절되어서는 안 된다고 보았기에 이기론에서 기(氣)와 뒤섞이거나 어울리지 않은 상태로서의 이(理)를 관건으로 삼았다. 퇴계는 분명 '기발(氣發)'이 아닌 '이발(理發)'의 성격에 주목했으며, 경우에 따라서는 기(氣)를 논외로 하면서

학』48, 2022, 375.). 퇴계의 제자들은 퇴계학을 배우면서, 어떤 제자는 내성(內聖)의 의미를, 어떤 제자는 외왕(外王)의 의미를 중시하는 경향을 보였는데, 특히 이덕홍(李德弘)은 윤돈(尹焞)의 '경'에 대한 주장을 중심으로 스승의 사상을 수용했기에, 퇴계학의 근본인 내성학(內聖學)을 깊이 궁구했다는 평가를 받는다(이영호, 위의 논문). 퇴계 또한 『심경부주』를 중심으로 유학의 내성학에 몰입하였기에, 사제 간의 학문연마는 매우 구체적이고 열정적이었다(이영호, 위의 논문). 이러한 내성 지향은 자칫 외왕의 소홀로 이어질 여지가 있었는데, 정구(鄭逑)는 외왕에 중심을 두고서 퇴계학을 수용하였는바, 영남 퇴계학이 이덕홍의 관점을 통해 짙게 해석되는 반면, 근기퇴계학은 정구의 관점을 통해 재해석되는 특징을 갖는다고 말할 수 있다(이영호, 위의 논문).

"이(理)를 특정하여 언급하는 일이[只指理言者] 어떤 미비 상태는 아니다[非不備也]"는 점을 분명히 하였다.275)

퇴계는 이(理)에 대해 "사물에는 크고 작음이 있지만[事有大小] '이'에는 크고 작음이 없다[理無大小]"거나 "놓아도 밖이 없는 것이 이 '이'이고[放之無外者此理也], 거두어도 속이 없는 것이 또한 이 '이'이다[斂之無內者亦此理也]"고 말하면서 "정해진 곳도 없고 형체도 없지만[無方所無形體] 어디에나 충만해 있으면서[隨處充足] 저마다 하나의 태극을 갖추고 있어[各具一極] 모자라거나 남는 곳을 볼 수가 없다[未見有欠剩處]"고 하였다.276) 퇴계는 '이(理)' 자의 뜻에 대하여 "그것을 알기가 어려울 것 같지만 실제로는 알기가 쉽다[知之似難而實易]"면서, 이를 배가 물 위를 다니고 수레가 땅 위를 다니는 이치를 예로 들면서, 사람됨과 사람다움의 문제로 의미를 확장 해석하였다.

① 배는 물 위를 가고 수레는 땅 위를 가는 것이 당연하니, 이것이 이(理)이다. 배가 땅 위를 간다거나 수레가 물 위를 가는 것은 이(理)가 아니다. 임금은 어질어야 하고 신하는 공경스러워야 하고, 아버지는 자애로워야 하고 자식은 효성스러워야 하는 것, 이것이 이(理)이다. 임금이 어질지 않고 신하가 공경스럽지 않고 아버지가 자애롭지 않고 자식이 효성스럽지 않으면 이것은 이(理)가 아니다.277)

② 기(氣)는 상생하기도 하고 상극하기도 하고, 순행하기도 하고 역행

275) 『退溪集』, 卷7, 「進聖學十圖箚[幷圖]」.

276) 『滄溪集』, 拾遺, 「退溪先生語錄[理氣]」.

277) 『滄溪集』, 拾遺, 「退溪先生語錄[理氣]」. "夫舟當行水, 車當行陸, 此理也. 舟而行陸, 車而行水, 則非其理也. 君當仁臣當敬父當慈子當孝, 此理也. 君而不仁臣而不敬父而不慈子而不孝則非其理也."

하기도 하고, 상승하기도 하고 하강하기도 하고, 떠나가기도 하고 되돌아 오기도 하고, 오기도 하고 가기도 하고, 열리기도 하고 닫히기도 하고, 왕 성하기도 하고 쇠락하기도 하고, 어지러이 뒤섞이거나, 전도되고 얽히고 설켜, 순후하고 경박하고 맑고 탁함이 모두 제각각이다. 사람이 이 기(氣) 를 품부 받아서 태어났으니, 그 기질이 서로 같지 않은 것이 무슨 이상한 일이겠는가.[278]

퇴계의 이와 기의 해석에 입각한 논점으로는 "성인은 이(理)에 순수 한 존재이기 때문에 정(靜)으로써 동(動)을 제어하여 기(氣)가 이(理)의 명 령을 받는다"는 사실과 "중인은 기(氣)에 따르는 존재이기 때문에 동(動) 으로써 정(靜)을 파괴하여 이(理)가 기(氣)에 빼앗겨버린다"는 구도를 제 시하였다.[279] 이기론에 대한 논의의 핵심은 이(理)의 활동성을 인정하 는 방식으로 이루어지고 있음을 알 수 있으며, 이는 이기론이 수기 · 수 신 · 수양의 원천적 근거로 작용한다는 것을 보여준다.

① 더 없이 위태로운 것이 인심(人心)이다. 사람의 마음은 욕심에 빠지 기 쉽고 그리하여 이(理)의 본 모습으로 돌아오기가 어렵다. 더없이 미묘 한 것이 도심(道心)이다. 도심은 순식간에 이(理)에 깨어 있다가도 이내 욕 심에 의해 가려진다. 이제 사욕에 빠지기 쉬운 인심으로 하여금 유혹을 물리치고 사욕이 일지 못하게 하며, 또한 순식간에 이(理)에 깨어나 도심 으로 끊임없이 이어지게 하여, 예로부터 어진 제왕이 전해오던 집중지학

---

278) 『滄溪集』, 拾遺, 「退溪先生語錄[理氣]」. "其爲氣也, 或生或克或順或逆或升或降或往或 復或來或去或闢或闔或旺或衰, 紛綸交盪, 顚倒錯綜, 淳漓淸濁, 有萬不齊. 人禀是氣 而生, 則其氣質之不同, 何可恠乎."

279) 『退溪集』, 卷42, 「靜齋記」.

(執中之學)을 성취하고자 한다면 바로 정일집중의 공부[精之一之之功]가 아니고서 다른 무엇으로 할 수가 있겠는가.[280]

② 아무개[某: 김성일]가 『대학』을 읽다가 이(理)와 기(氣)에 대해 잘 이해하지 못하자, 선생은 "그대가 『태극도설』을 배우지 않아 이렇게 담장을 마주한 것처럼 답답한 것이다"고 말하고는, 곧바로 그 책을 읽게 하였다. 또한 "『태극도설』의 "군자는 닦아서 길하고[君子修之吉] 소인은 어겨서 흉하다[小人悖之凶]"라고 한 이 구절은 배우는 사람들이 가장 힘써서 공부해야 할 대목이다. 닦느냐 어기느냐는 단지 공경하느냐 제멋대로 행동하느냐에 달려 있는 것이니, 두려워하지 않을 수 있겠는가"라고 말하였다. 이는 배우는 자는 그 본체를 우선으로 하지 않아서는 안 되기 때문에 『태극도설』, 『서명』, 『역학계몽』 등의 글로써 가르친 것이다. 남명 조식이 그 말을 듣고는, 손으로는 물 뿌리고 마당 쓰는 예절도 모르면서 입으로는 천리의 오묘함을 말하는 것에 대해 말한 일이 있다. 그러자 선생은 편지를 보내면서 이에 대해 변론하였다. 문하생인 이덕홍이 처음 학문에 뜻을 두었을 적에 『역학계몽』을 배우고자 한 적이 있었다. 그러자 선생은 "자네는 그저 『논어』, 『맹자』, 『대학』, 『중용』을 읽도록 하게. 『역학계몽』은 급한 것이 아니네"라고 말씀하셨다.[281]

『심경』에서는 우리의 마음은 왜 경의 태도를 취하지 않으면 안 되는

---

280) 『退溪集』, 卷6, 「戊辰六條疏」. "莫危者人心, 易陷於欲而難復乎理. 莫微者道心, 蹔開於理, 而旋閉于欲故也. 今欲使易陷者, 退聽而不得作, 蹔開者, 接續而無間斷, 以成就於帝王相傳執中之學, 非精一之之功, 何以哉."

281) 『滄溪集』, 拾遺, 「退溪先生語錄[敎人]」. "某讀大學, 於理氣上未達. 先生曰君未學太極圖說, 故面墻如此, 卽令讀之. 又曰太極圖中, 君子修之吉, 小人悖之凶一句, 最學者用功夫地頭. 修之悖之, 只在敬肆之間, 可不懼哉. 盖學者不可不先體段, 故多敎以太極西銘啓蒙等書. 南冥曺植聞之, 乃有手不知洒掃之節, 而口談天理之奧云. 先生貽書辨之. 門生李德弘初志於學, 嘗欲啓蒙. 先生曰君第讀四書, 此非所急也."

것인가에 대한 질문을 던지고 그 해법을 "약간의 차실이라도 있으면[毫釐有差] 하늘과 땅이 자리를 바꾼다[天壤易處]"는 명제를 통해 제시하였다.[282] 이와 동일한 맥락에서 퇴계는 약간의 차실로 인하여 인성의 파괴는 물론 천지의 변란이라는 엄청난 결과가 초래될 수 있음을 지적하였다.[283] 퇴계는 기본적으로 마음의 문제에 대한 통찰을 통해 공부론을 작성했음을 알 수 있다.

① 선생께서 말씀하셨다.: "일찍이 금난수의 집에 간 일이 있었는데, 산길이 꽤 험하여 갈 적에는 고삐를 잡고 집중해서 말을 몰면서 계속 마음을 놓지 않았다. 그런데 돌아갈 적에는 술에 좀 취하여 오는 길이 험했던 것은 싹 잊고 마치 탄탄대로라도 가는 듯 내맡겨 두고 편안하게 왔다. 마음을 관리하는 일은 매우 두려운 것이다."[284]

② 화려하고 요란한 와중에는 사람의 마음이 흔들리기가 아주 쉽다. 내가 일찍이 이에 대해 힘을 써서 흔들리는 일이 거의 없게 되었다. 그런데 언젠가 의정부사인(議政府舍人)으로 있을 적에 노래 부르는 기생들이 앞에 가득 모여 있는 것을 보고는 마음 한편에 기쁜 마음이 일어나는 것을 문득 느낀 적이 있었다. 이에 비록 통렬하게 욕망을 억눌러서 겨우 구렁텅이에 빠져드는 것을 면하기는 하였지만, 그 기미는 바로 삶과 죽음이 갈리는 곳이다. 그러니 두려워하지 않으면 되겠는가.[285]

---

282) 『心經附註』, 卷4, 「朱子敬齋箴」.

283) 『退溪集』, 卷37, 「答李平叔問目」.

284) 『滄溪集』, 拾遺, 「退溪先生語錄[心法]」. "先生曰, 嘗往琴蘭秀家, 山蹊頗險, 去時則按轡敬馭, 心常不弛. 及還微醉, 頓忘來路之險, 蹊然安行, 如履坦途. 心之操舍, 甚可懼也."

285) 『鶴峯集』, 續集卷5, 「退溪先生言行錄」. "先生曰, 紛華波蕩之中, 最易移人. 余嘗用力於此, 庶不爲所動, 而嘗爲議政府舍人, 聲妓滿前, 便覺有一端喜悅之心. 雖痛窒慾, 僅"

③ 황중거에게 답한 편지에서 말씀하시기를 "나는 궁벽한 산골에 엎드려 있으면서 '우벽(迂僻)'이라는 두 글자를 단단히 붙들고 사는 것을 일생 동안의 단단한 계획으로 삼고 있습니다. 공이 마땅히 처신해야 하는 것은 아마도 이것과 맥락을 같이하지 않을 것입니다. 다만 그대가 이미 벼슬길에 나아갔으니 맹렬하게 살피지 않아서는 안 되는 것이 있습니다. 정(正)을 지키면 애로가 많고 대중을 따르면 지조를 잃게 되니, 이것이 제일 처신하기 어려운 일입니다"라고 하였다.286)

퇴계의 마음에 대한 해석 양상을 보면, "마음은 이와 기가 모여 만들어진 것[心者理氣之合, 會理氣而爲心]"이라는 관점을 제시하면서287), 그 기의 작용으로 인해 우리의 마음은 항상성을 잃게 된다는 입장을 제시하였다. 퇴계는 "이가 주재가 되어 기를 거느리면 마음이 고요해지고 생각이 안정되어 저절로 쓸데없는 생각이 없어지게 된다"고 하였고, "이가 주재하지 못하여 기에 의해 부림을 받으면 이 마음이 끝없이 어지러워지고 흔들리게 된다"고 하였다.288) 그리하여 마음은 항상 "아주 흔들리기 쉬운 상태[最易移人]"에 있으며, 응당 "마음을 관리하는 일은[心之操舍] 매우 두려운 일[甚可懼也]"이라는 관점을 제시하였다. 수기 · 수신 · 수양 공부의 과정은 "그 기미는 바로 삶과 죽음이 갈리는 곳이다[其機則

免坑塹, 而其機則生死路頭也. 可不懼哉." 퇴계는 1542년 5월에 의정부사인(議政府舍人)에 임명되어 12월에 사헌부장령(司憲府掌令)에 발령 나기까지 그 직을 수행하였다(『退溪先生年譜』, 卷1, 「二十一年壬寅[先生四十二歲]」). 퇴계의 "언젠가 의정부사인으로 있을 적"의 얘기는 1542년 5월에서 11월 사이의 어느 날이었을 것이다.

286) 『退溪集』, 卷20, 「答黃仲擧」. "答黃仲擧書曰, 某踪伏窮山, 硬着迂僻二字, 爲斷了一生計. 在公所處之宜, 恐不與此同條共貫也. 但旣出有不可不猛省者. 守正則多礙, 隨衆則失身, 此爲第一難事."

287) 『退溪集』, 卷29, 「答金而精」.

288) 『滄溪集』, 拾遺, 「退溪先生語錄[理氣]」.

生死路頭也]"는 말에 유의하여 이루어질 것이며, 그래야만 삶의 과정에 서 "구렁텅이에 빠지는 일을 겨우 면할 수 있다[僅免坑塹]"고 보았다.[289] 이러한 관점은 분명 유교사상 특유의 우환의식과 겹치는 면이 있다. 하 지만 이는 항상 유교 지식인의 앎과 삶의 세계를 규율하는 힘으로 작용 했다. 퇴계가 62세 되던 해에 금계 황준량에게 보낸 편지를 보도록 하 자.

황준량에게 답한 편지에서 말씀하시기를 "나는 평소 술에 빠지는 실수 가 있었는데, 근래에 조금씩 고쳐 이 잘못을 이미 면했다고 스스로 여겼 습니다. 그런데 저번 달에 방백(方伯)이 방문하였는데, 뜻하지 않게 감정 이 상기되어 나도 모르게 만취하여 법도를 잃는 행동을 많이 하였습니다. 깨고서 생각하니, 바로 한유가 말한 "힘껏 매달려도 한 치를 오를 수 없 고, 한 번 놓치면 천 길이 넘도록 굴러 떨어진다"고 말한 상황과 같았습니 다. "마음을 보존하느냐 놓아 버리느냐"와 "선이 되느냐 악이 되느냐"의 갈림길이 이와 같습니다"라고 하였다. 선생의 이때 연세가 62세였다.[290]

퇴계의 마음의 문제에 대한 통찰은 그의 공부론의 전체적 지향을 설

---

289) 『鶴峯集』, 續集卷5, 「退溪先生言行錄」.

290) 『退溪集』, 卷20, 「答黃仲擧」. "答黃仲擧書曰, 某素有沈酒之失, 近年稍稍醫治, 自謂已 免此過. 前月方伯見訪, 偶發情興, 不覺昏醉, 多至失常. 醒而思之, 正如韓子所謂躋攀 分寸不可上, 失勢一落千丈强. 一操舍之間, 而善惡之分如此. 先生時年六十二歲." 퇴 계는 "힘껏 매달려도 한 치를 오를 수 없고, 한 번 놓치면 천 길이 넘도록 굴러 떨어진다" 는 한유(韓愈)의 말을 인용했다. 한유는 〈영사의 거문고 연주를 듣고〉(聽穎師彈琴)라는 시에서 "힘껏 매달려도 한 치를 오를 수가 없다[躋攀分寸不可上]. 한 번 놓치면 천 길이 넘도록 굴러 떨어진다[失勢一落千丈强]"고 하였는데, 이는 유교 공부론의 토대와 심층 을 보여주는 것이기에, 후세의 유현들은 한유의 시를 근거로 삼아 마음을 붙잡아 간직하 는 일에 대한 경계로 삼았다(『星湖僿說』, 卷30, 「退之琴詩」; 『修堂集』, 卷6, 「遊千房寺 舊址記」).

명하는 힘을 갖는다. 퇴계는 『성학십도』의 경재잠(敬齋箴: 제9도)과 숙흥야매잠(夙興夜寐箴: 제10도)을 통해 공부의 일상과 일상의 공부에 대한 성찰적 논의를 정교하게 제시하였다. 경재잠에서는 공부하는 공간(用工地頭)의 의미를 강조하는 방식으로, 그리고 숙흥야매잠에서는 공부하는 시간(用工時分)의 의미를 강조하는 방식으로 삶의 모든 영역과 삶의 모든 과정이 사람됨과 사람다움의 형성으로 이어지는 것임을 밝혔다.

> 도는 삶의 일상 속에서 유행하여 어디를 가건 없는 곳이 없다. 그러므로 어느 한 자리라도 '이'가 없는 곳이 없으니 어느 곳에선들 공부를 그만둘 수 있겠는가. 도는 잠시라도 어쩌다 정지하는 일이 없는 까닭에 한 순간도 '이'가 없는 때가 없으니 어느 때인들 공부를 하지 않을 수 있겠는가.291)

퇴계의 공부론에 대해서는 그의 앎과 삶의 세계에 대한 시계열 점검을 통해 정밀한 논의를 이어갈 수 있다. 퇴계는 1548년 단양군수를 지냈는데, 당시 퇴계가 어떤 수령의 길을 걸었는지에 대한 얘기는 『동국여지지』에서 단양군의 명성이 높은 수령[名宦]으로 퇴계 이황과 그의 제자 금계 황준량을 꼽았던 사실을 통해서도 확인할 수 있다. 퇴계에 대한 기록을 보면 "명종조에 단양군수가 되었다[明宗朝爲丹陽郡守]. 청렴하고 신중하게 정사를 펼치고[淸愼爲政] 솔선수범하면서 성의가 간곡하였으므로[以身率物誠意懇惻] 백성들이 사랑하고 복종하였다[民自愛服]"고 기

---

291) 『退溪集』, 卷7, 「進聖學十圖箚[幷圖]」. "夫道之流行於日用之間, 無所適而不在. 故無一席無理之地, 何地而可輟工夫. 無頃刻之或停, 故無一息無理之時, 何時而不用工夫"

술하였다.[292] 『東國興地志』의 기록을 통해 단양군수 퇴계의 인격에 대한 단면, 수기치인학의 범주와 지향을 확인할 수 있다.

1558년(명종 13) 2월, 율곡이 퇴계를 방문하여 3일 동안 머물면서 유교 학문의 근본 주제에 대한 탐구를 진행한 것은 특별한 의미를 갖는다.[293] 퇴계는 율곡에게 자신을 "늙고 병든 몸에 궁벽한 시골에 살고 있는 사람[暮年多病我荒村]"으로 소개하면서 "내 나이가 많은데도 경건한 몸가짐을 갖지 못한 것이 부끄럽다[堪愧年前闕敬身]"거나 "좋은 곡식은 피가 잘 익기를 용납하지 않는다[嘉穀莫容稊熟美]"거나 "떠도는 먼지는 새로 닦은 거울을 그냥 두지 않는다[遊塵不許鏡磨新]"고 한 말은 공부하는 삶, 삶을 통한 공부의 위기지학적·종신사업적 특성을 제시하는 가운데 제대로 된 공부의 세계로 나아갈 것을 스스로 다짐하는 것이기도 했다.[294] 당시 퇴계-율곡의 대담에서 논한 주제 중에 육신효행의 문제가 들어가 있었던 것도 공부의 본연에 대한 근원적인 문제를 짚은 것이라는 점에서 의의를 갖는다.

1561년에 완성된 도산서당의 암서헌(巖栖軒)은 공부의 근본과 지향을 함축하고 있는 공간이라고 말할 수 있다.[295] '암서(巖栖)'라는 이름은

---

292) 『東國興地志』, 卷3, 「丹陽郡」. 퇴계를 이어 또 한 명의 단양군의 명성이 높은 수령으로 지목받은 퇴계의 제자 금계 황준량의 경우에도 단양군수 시절의 상황에 대해 "명종 말기에 단양이 쇠잔하자 군수로 선발되었다[明宗末以丹陽凋弊選爲郡守]. 황준량이 고을에 이르러 사방을 살펴보니[俊良至郡視四境] 민호가 겨우 약간만 남아 있는데[則僅餘若干戶] 그마저도 모두 병들고 지쳐서 쓰러질 지경이었다[盡尫悴顚連者]"고 지적하고 이러한 상황에서 선정을 베풀어 "임금이 특명을 내려 10년간 세공을 경감토록 하니[上特命限十年蠲貢] 백성들이 모두 고무되어 흩어져 떠났던 백성들이 사방에서 모여들었다[民皆鼓舞流亡四集]"고 하였다(『東國興地志』, 卷3, 「丹陽郡」).

293) 『退溪集』, 別集卷1, 「李秀才[珥字叔獻]見訪溪上雨留三日」.; 『退溪集』, 卷14, 「答李叔獻[珥]」.

294) 『退溪集』, 外集卷1, 「贈李叔獻[四首]」.; 『栗谷全書』, 卷14, 「瑣言」.

295) 『退溪集』, 卷3, 「陶山雜詠[幷記]」.

주자의 "학문에 대한 자신감을 오래도록 갖지 못하여[自信久未能], 바위에 기대어 조그만 효험이라도 바란다[巖棲冀微效]"296)는 글에서 따온 것으로, 고봉 기대승은 이에 대해 "의지를 가다듬는 일은 오직 처음의 상태를 회복하기 위함이다[勵志唯應冀復初]"297)고 해석한 바 있다. 이는 『주역』 복괘(復卦)의 이미지를 통해 암서헌의 수양공부론적 의미를 정리한 것이라고 말할 수 있다.

복괘(䷗)의 상괘는 곤괘(☷: 땅)이고 하괘는 진괘(☳: 우레)이다. 복괘의 괘상은 땅 속에 우레가 묻혀 있는 모습이다. 땅 속의 우레는 안정된 상태를 유지하면서도 그 근본적인 속성은 동적이다. 복괘는 착한 본성을 타고난 사람들에 대한 이야기이자 그들의 탈선·실수·실패를 어떻게 해석·대응할 것인가의 문제를 다루는 기준점이기도 했다. 복괘 초구의 "멀리 가지 않고 돌아온다면[不遠復] 후회함에 이르지 않을 것이다[无祗悔]. 크게 길하다[元吉]"298)는 말은 누구나 할 수 있는 탈선·실수·실패를 무조건 탓하고 문제삼을 것이 아니라 그 잘못을 바로 알고 제대로 뉘우친다면, 그리하여 두 번 다시 그와 같은 잘못을 반복하지 않는다면 이 또한 후회할 지경까지 가지 않는 일이자 오히려 일의 전체를 놓고 보자면 크게 길한 일일 수도 있다는 견해를 제시한 것이다. "멀리 가지 않고 돌아온다"는 말의 뜻은, 이처럼 착하지 못한 상태로 미끄러지는 순간, 속히 이를 바로잡아 착한 상태로 돌아와야 한다는 뜻을 천명한 것임을 알 수 있다.299) 그렇지 않아도 퇴계는 "더 없이 위태로운 것이 인심이다[莫危者人心]. 사람의 마음은 욕심에 빠지기 쉽고 이의 본연

---

296) 『朱子大全』, 卷6, 「雲谷二十六詠」.

297) 『高峯集』, 續集卷1, 「巖棲軒」.

298) 『周易』, 卷1, 復卦, 初九, 爻辭.

299) 『心經』, 卷1, 「復初九不遠復章」.

으로 돌아오기 어렵다[易陷於欲而難復乎理]"고 말한 바 있다.300) 불원복의 가르침은 삶의 일상에 대한 상식적인 접근과 해석을 담고 있지만 사람의 마음은 욕심에 빠지기 쉽고 이의 본연으로 돌아오기 어렵다는 전제를 의미심장하게 받아들일 필요가 있다.

퇴계는 남언경에게 보낸 답신에서 "심기의 병은[心氣之患] 바로 이치를 살핌에 투철하지 못하여 공허한 것을 파고들어 억지로 탐구하고[正緣察理未透而鑿空以强探], 마음을 지킴에 방법이 어두워서 알묘조장하며[操心昧方而揠苗以助長], 마음을 괴롭히고 정력을 극도로 소모하여 이러한 잘못된 상태에 이르게 된 것이다[不覺勞心極力以至此]"고 지적하였다.301) 정약용은 퇴계의 의견에 대해 다음과 같이 설명을 덧붙였다.

일찍이 선현의 문자를 보니 대부분 스스로 "마음의 병[心疾]이 있다"고 일컬었으므로 처음에는 꽤 의혹스럽게 여겼다. 그런데 요즘 와서 점차 생각해 보았다. 대개 일반인들은 어지러워서 일찍이 점검하여 탐찰하지 않는다. 그러므로 비록 천 가지 병, 백 가지 아픔이 있더라도 볼 적에는 모두 파악할 만한 것이 없다. 이는 비유컨대, 미친 사람의 마음 안에는 도무지 근심이라고는 없는 것과 같으니 이는 곧 조찰의 공부[照察之功]가 지극하지 못했기 때문이다. 우리들이 진실로 마음 다스리는 학문[治心之學]에 유의한다면, 곧 마음 안에 허다한 병통이 있는 것을 느낄 것이다. 주자는 "이같이 하는 것이 병이 됨을 알면[知如是病] 이같이 하지 않는 것이 약이 되는 것을 곧 알 것이니[便知不如是爲藥], 바야흐로 맹렬한 공부가 있을 뿐이다[方得猛下工夫]"고 하였다. 배우는 사람들이 마음의 병이 있는 경

---

300) 『退溪集』, 卷6, 「戊辰六條疏」.
301) 『退溪集』, 卷14, 「答南時甫[彦經][丙辰]」.

지에 이르지 못하면, 어떻게 '이'가 순조롭고 '기'가 조화로운 경지[理順氣
和的光景]를 이루겠는가. 마땅히 독실이 탐찰해야 할 것이다.[302]

퇴계의 공부론은 이렇게 공부의 구조와 성격을 미시적으로 설명한
것이자, 문제 상황을 극복하기 위한 공부의 자세를 엄밀히 가져갈 것을
지적한 것이라고 말할 수 있다. 퇴계의 공부론에 대해 정약용이 "이가
순조롭고 기가 조화로운 경지[理順氣和的光景]"라고 규정한 것은 공부의
상태와 지향을 가장 적실한 언어로 설명했다고 말할 수 있다.

3. 공부론의 구조: 위기지학, 성인지학, 종신사업, 도덕사업

퇴계는 나를 갈고 닦고 가꾸고 다듬는 공부, 위기지학을 난초의 비유
를 들면서, 그것은 "마치 깊은 산 울창한 숲속의[如深山茂林之中] 한 포기
난초가[有一蘭草] 하루 종일 향기를 풍기면서도[終日薰香] 스스로 그것이
향기인 줄 모르는 것과 같다[而不自知其爲香]"고 설명하였다.[303] 난초는
원래 벗과 벗 사이의 짙은 우정을 일컫는 말이었다. 『주역』의 "두 사람
이 마음을 같이하면[二人同心] 그 날카로움이 쇠를 자를 수 있고[其利斷
金], 마음을 함께 하는 말은[同心之言] 그 향기가 난초와 같다[其臭如蘭]"
는 말은 우정의 의미와 그 소중함을 지적한 것이다.[304] 하지만 퇴계는

---

302) 『與猶堂全書』, 詩文集卷22, 「陶山私淑錄」. "嘗見先賢文字, 多自稱有心疾, 始頗致惑.
    近漸思之. 蓋衆人汨亂, 不曾點檢探察. 故雖有千病百痛, 看來都無可捉. 比如狂人心
    內, 都無憂患纏繞, 卽其照察之功未至也. 吾人苟留意治心之學, 便覺心內有許多病痛.
    朱子所云, 知如是病, 便知不如是爲藥, 方得猛下工夫. 學者未到有心疾地界, 如何得
    理順氣和的光景. 當憷憷乎探察也."

303) 『艮齋集』, 卷5, 「溪山記善錄上[記退陶老先生言行]」.

304) 『周易』, 卷1, 「繫辭傳上」.

다소 이색적이게도 위기지학의 본연을 이처럼 난초 향기에 비유하면서 학문의 본질적 가치를 제시했던 것을 알 수 있다. 퇴계는 이처럼 난초의 비유를 통해 위기지학을 설명하였지만, 이는 그야말로 "내가 갖추어야 할 공부는 모두가 옛날의 도[在我者皆古之道也]"에 관한 것이었고,[305] 이는 "성인의 학문을 향해 가는 경의 확립 과정[敬爲聖學之始終]"이라는 점을 강조하였다.[306]

퇴계의 위기지학=성인지학=종신사업의 성격을 논하는 과정에서도 그 근원은 『논어』의 위기지학-위인지학의 개념에서 찾게 되며, 그 과정에서 자연스럽게 스승 공자와 제자 안연에 대한 얘기가 등장한다.[307] 일찍이 퇴계는 독서공부에 열중했던 자신의 삶을 책벌레(蠹書蟲, 蠹魚)에 비유한 바 있다. 하지만 퇴계와 책벌레 사이에는 같음과 다름이 있다. 퇴계는 자신이 책벌레와 다름에 대해 "책벌레가 글자를 먹은들 어찌 맛을 알겠는가[蠹魚食字那知味]"라고 하면서 하지만 자신은 "하늘에서 여러 책을 내리니 즐거움이 책 속에 있다[天賦羣書樂在中]"고 하였다.[308] 퇴계는 그 연장선에서 "책 속에는 참된 맛이 들어 있어[書中有眞味] 살찌고 배부름이 고기보다 낫다[飫沃勝珍庖]"고 말하였다.[309]

"정이천(程伊川=程頤)이 18세에 태학에서 공부하고 있을 때에, 호안정(胡安定=胡瑗)이 "성인의 문하에 문도가 3,000명이었는데 안연만이 배우기를 좋아한다고 공자께서 칭찬하셨는데, 시서(詩書)와 육예(六藝)를 3,000명의 제자가 익혀서 통달하지 않음이 없었으니 그렇다면 안연

---

305) 『退溪集』, 卷12, 「擬與豐基郡守論書院事[丁巳/郡守金慶言]」.

306) 『退溪集』, 卷7, 「進聖學十圖箚并圖」.

307) 『論語』, 第14, 「憲問」.

308) 『退溪集』, 卷3, 「東齋感事十節」.

309) 『退溪集』, 卷3, 「山堂夜起」.

이 유독 배우기를 좋아했다는 학문은 어떤 학문인가"라는 과거 시험 문제에 대해 작성한 답안이 바로 '안자소호하학론(顏子所好何學論)'이다.[310] 공자와 안연의 공부, 그리고 이에 대한 정이천의 해석 이래 유교사상의 배움에 대한 관념은 대체로 위기지학, 즉 성인이 되기 위한 수양공부를 의미했다.

위기지학과 교육의 내재적·본질적 목적을 원천적으로 보여주는 정조의 해석에 유의할 필요가 있다.[311] 정조는 1781년(정조 5) 이문원에서 열린 『근사록』 경연 석상에서 '안자소호하학론'에 대해, "정이천이 약관의 나이가 되기도 전에 이 안자호학론을 지었기 때문에[伊川未弱冠著此論] 혹 미진한 부분이 많다[故或多未盡善處]"고 했던 주자의 말을 인용하면서, 그리고 『태극도설』에 대한 검토 과정에서 퇴계의 "정을 말하면 무극의 진은 그 중에 있는 것이다[言精而無極之眞在其中]"라는 말을 연계 논의하는 입장을 취하였다. 그것은 큰 흐름을 놓고 볼 때, "명교 안에 절로 즐거운 땅이 있다[名敎中自有樂地]"는 앎과 삶의 근본에 대한 가르침이기도 했다.

퇴계의 경의 확립 과정을 삼선생 사조설(程伊川: '整齊嚴肅', '主一無適', 尹和靖: '其心收斂不容一物', 謝上蔡: '常惺惺')을 통해 설명하면서 이를 "병을 다스리는 일에 비유하자면[譬之治病] 경은 백 가지 병을 다스리는 약이다[敬是百病之藥]. 그것은 한 가지 증세에 대해 한 가지 약재를 쓰는 것과는 비교가 되지 않는다[非對一證而下一劑之比]"면서 '정제엄숙'을 대표로 내세워 그 안에서 '주일무적', '기심수렴불용일물', '상성성'이 작동

---

310) 『近思錄』, 卷2, 「爲學」.; 『心經附註』, 卷1, 「顏淵問仁章」.; 『二程全書』, 卷43, 「顏子所好何學論」.

311) 『正祖實錄』 1781年(正祖 5) 3月 18日.; 『弘齋全書』, 卷65, 「近思錄二」.

한다는 점을 말하였다.[312] 삼선생사조설에 대한 보충 설명을 덧붙이자면, 제자 김명일의 질문에 대한 스승 퇴계의 답변 중에 다음과 같은 말이 나온다.

김명일이 의심되는 점을 물었더니, 선생이 '오두역거(烏頭力去)'의 뜻을 들어 이르기를 "사상채(謝上蔡=謝良佐)가 정자(程夫子)에게 와서 공부하다가 하직하고 돌아가는 날, 윤화정(尹和靖=尹焞)에게 이르기를 "우리들이 아침저녁으로 선생을 따르면서, 행실을 보고 배우고 말을 듣고 깨달은 것은 마치 오두(烏頭)를 먹는 것과 같은 것이었다. 그 약을 먹으면, 얼굴빛이 광채가 나고 근력이 강성하지만, 하루아침에 오두의 효력이 다하고 나면 장차 어떻게 할 것인가"라고 하였다. 윤화정이 이 말을 정자에게 말하였더니, 정자가 "참으로 유익한 벗이라고 할 만하다"라고 하였다고 한다. 오두는 약 이름으로서, 그것을 먹으면 사람의 병을 낫게 할 수 있다. 사람이 어진 스승 곁에 있어서 늘 좋은 말과 선한 가르침을 들을 때마다 그 심병(心病)을 고치는 것은, 마치 이 약이 그 몸의 병을 고치는 것과 같은 것이다. 이제 스승을 떠나 멀리 가게 되면 좋은 가르침을 듣지 못하게 되어, 전날의 심병이 다시 도지더라도 그것을 다스릴 약이 없게 된다. 이것이 '오두역거'의 걱정이 있다는 까닭이다"라고 하였다.[313]

퇴계가 1560년 손자 안도에게 들려줬던 부부에 대한 이야기를 통해서도 경의 사상의 핵심을 포착할 수 있다. 퇴계는 부부간의 윤리를 인륜의 시작이자 만복의 근원이라고 규정하면서 "아무리 지극히 친하고

---

312) 『退溪集』, 卷29, 「金而精」.
313) 『退溪集』, 言行錄卷1, 「敎人」.

지극히 가까워도[雖至親至密] 또한 지극히 바르고 지극히 삼가야 하는 자리이다[而亦至正至謹之地]"거나 "세상 사람들이 예우하고 공경하는 것은 온통 잊어버리고[世人都忘禮敬] 다짜고짜 친압하여[遽相狎昵] 마침내 업신여기고 능멸하여 못할 짓이 없는 데까지 이르게 되는 것은[遂致侮慢凌蔑無所不至者], 모두가 서로 손님같이 공경하지 않는 데서 나오는 것이다[皆生於不相賓敬之故]"고 지적하였다. 집안을 바르게 하는 일, 그 삶의 시작부터가 경의 태도 확립을 근간으로 삼는다는 얘기였다.[314]

퇴계 당시에도 이처럼 나를 갈고 닦고 가꾸고 다듬는 공부, 위기지학 공부의 본연에 충실히 임하는 이들은 많지 않았다. 이를 당시 퇴계가 교육기관의 수장을 맡았을 때의 경험담/목격담을 통해 생생하게 파악할 수 있다. 1558년 퇴계는 성균관 대사성 재임시의 교육현실에 대한 검토를 통해 당시의 공부가 얼마나 잘못된 지향과 한심한 상태를 드러냈는지를 지적한 바 있다. 퇴계의 목격담을 통해 당시 성균관 부설 중등교육기관이었던 사부학당(동학=동부학당, 서학=서부학당, 남학=남부학당, 중학=중부학당)의 유생들의 공부 및 인격의 상태가 얼마나 형편없는 것이었는가에 대해 확인할 수 있다. 퇴계가 당시를 살아가는 사람들의 공부와 인격의 괴리 양상에 대해 문제삼으면서 "한 번 잃으면 이적이 되고[一失則爲夷狄], 두 번 잃으면 금수가 된다[再失則爲禽獸]"고 한 것은 그 심각성을 지적한 것이다.[315] 이는 유교학문을 앎과 삶의 기조로 삼는 사람들의 태도, 모습, 자세에 비추어볼 때 대부분 공부의 실종, 공부의 종말 상태에 맞닥뜨린 것이라고 보아도 좋을 것이다. 성균관과 사학은 학규(學規)-학령(學令)이 크게 무너져서 스승은 엄하지 못하고 생도는 공

---

314) 『退溪集』, 卷40, 「與安道孫[庚申]」.

315) 『退溪集』, 卷41, 「論四學師生文」.

경하지 못하는 모습이 자주 목격되기도 했다.

　얼핏 들으니 사부학당의 유생들이 스승 보기를 길가는 사람 보듯 하고, 학궁(學宮) 보기를 여관방 보듯 하며, 평상시에 예복을 갖춘 자가 열에 두세 사람도 없고, 흰옷과 검은 갓 차림으로 줄줄이 왕래하며, 스승이 들어오면 수업을 받고 가르침을 청하는 것은 고사하고 읍례를 행하는 것까지 꺼리며 부끄럽게 여긴다고 한다. 서재에 번듯이 누워서 흘겨보고 나오지도 않고, 그 이유를 물으면 공공연하게 "나는 예복이 없다"고 대답하며, 스승 가운데 이 폐습을 바로잡으려는 이가 있어서 며칠을 연달아 읍례를 받으면 크게 해괴하고 이상하게 여겨서 떼를 지어 기롱하고 욕한다.…… 도리를 알고 예로써 몸을 검속한다는 사람들이 차마 이런 행동을 할 줄 생각이나 했겠는가.……평소에 사장(師長)을 공경할 줄 모르는 마음이 곧 다른 날에 군부(君父)를 공경할 줄 모르는 마음이 되는 것이니, 평상시에 조금이라도 사장을 능멸하는 마음이 있어서야 되겠는가. 설혹 그런 마음이 있다 하더라도 이것을 당연하게 여겨 고치지 않아서야 되겠는가. 말이 여기에 이르니 마음이 답답함을 금치 못하겠다.[316]

　군사부일체론의 정당성 여부는 차치하더라도, 당시 퇴계의 공부론에 입각하여 말하자면 군사부일체론의 정상구조를 뒷받침하는 리트머스시험지는 자식이 부모를 대하는 방식에 있다기보다는 제자가 스승을 대

---

316) 『退溪集』, 卷41, 「諭四學師生文」. "仄聞四學儒生, 視師長如路人, 視學宮如傳舍, 常時其禮服者, 十無二三, 白衣黑笠, 唯唯往來, 及其師長之入, 受業請益, 姑不言, 至以行揖禮爲憚爲恥. 偃臥齋中, 睨而不出, 問之則公然答曰, 我無禮服, 其有師長欲矯此弊者, 連數日受揖禮, 則大相駭異, 羣譏聚罵.……曾謂識道理以禮律身者, 忍爲是乎.…… 平日不知敬師長之心, 卽異日不知敬君父之心, 則居常其可有一毫淩師長之心乎. 設或有之, 其可以是爲適然而莫之改乎. 言之至此, 可爲於悒."

하는 방식에 있다는 것을 말해준다고 하겠다. 퇴계는 "내가 병들고 형편없는 사람으로서[滉以癃疾無狀] 스승의 자리에 잘못 앉았으되[謬處皐比] 회피할 길이 없으니[無路引避], 하루라도 이 자리에 있다면[一日居此] 마땅히 그 하루에 대한 책임이 있는 것이다[則當有一日之責]. 듣고 보는 바에 근심과 한탄을 이기지 못하여[所聞所見不勝憂歎] 마음이 격해져 나도 모르게 말이 많아졌다[中心所激不覺辭煩]"고 하였다.[317] 퇴계는 당시 성균관–사부학당에서 공부하는 유생들에 대해 그들은 모두 인재로 뽑히고 빼어나다고 천거되어 양현고의 밥을 먹고 있는 자들이라는 점을 감안한다면 이들은 더더욱 염치를 알고 예의를 좋아하며 자중하는 사람이 되어야 하는데도, 애초에 편하게 멋대로 하던 습관이 폐단으로 이어지고 점점 동화되어 용감하게 빠져나오지 못한 결과 걷잡을 수 없이 타락한 모습을 드러냈다고 본 것이다.[318] 그들의 습관의 뜰을 거니는 모습과 태도를 비추어볼 때 수기치인학의 이상을 실현하는 길은 요원하

---

317) 『退溪集』, 卷41, 「諭四學師生文」.

318) 퇴계는 손자 안도에게 위기지학의 의미를 되새기는 차원에서 "가까이 있는 달콤한 복숭아나무는 거들떠보지 않고[棄卻甜桃樹] 시큼한 배를 따러 온 산천을 헤맨다[巡山摘醋梨]"는 주자의 말을 인용하여 나무란 적이 있다(『退溪集』, 卷40, 「與安道孫」). 하지만 이 말이 과거공부를 반대하거나 부정하는 말은 아니라는 사실에 유의해야 한다. 퇴계는 성균관에서 공부하고 있던 손자 안도에게 쓴 편지(1562.12.17.)에서 "성균관은 처신하기가 몹시 어려운 곳인데, 너의 경우는 더욱 어려운 점이 있을 것이다. 언행은 언제나 겸손하고 조심해서, 알지 못하는 것을 안다고 하지 말고, 반드시 몸가짐을 바르게 하거라. 방종하거나 오만한 행동도 하지 말고, 말도 많이 하지 말아라. 거듭 경계하거라. 그리고 논문·책문 공부[論策工夫]는 부지런히 익혀서 짓도록 하고, 짓지 못하겠다는 핑계를 대면서 늘 다른 사람의 손을 빌려 지어서 과제나 때우려고 하지 말아야 할 것이다. 가지고 있는 책은 부지런히 읽어서 강론 중에 나올 질문에 대비하는 것이 좋을 것이다"라고 지도하였다. 이황 지음, 정석태 옮김, 『안도에게 보낸다: 퇴계가 손자에게 보낸 편지』, 서울: 들녘, 2005, 52-54, 334-335. 그 밖의 아들과 손자에게 과거공부에 대해 어떤 지침을 내렸는가에 대해서는 이황 지음, 이장우·전일주 옮김, 『퇴계 이황 아들에게 편지를 쓰다』, 고양: 연암서가, 2008 및 이황 지음, 정석태 옮김, 『안도에게 보낸다: 퇴계가 손자에게 보낸 편지』, 서울: 들녘, 2005 참조.

다는 것이 퇴계의 당시 교육현실에 대한 진단이었다.

퇴계의 공부론에 대한 논의는 응당 공부와 인격의 역학 관계를 부연 설명하는 힘을 갖는다. 퇴계의 인격은 겸의 미덕(겸손, 겸양, 겸허, 공경)을 발휘하는 과정이기도 했다. "문하의 제자들을 벗을 대하듯 했다[待門弟如待朋友]"는 스승, "젊은 사람이라 해도 이름을 바로 부르거나 '너'라는 호칭을 쓰지 않았다[雖少者亦未嘗斥名稱汝]"는 스승, "전송하고 맞이할 적에는 반드시 계단 아래까지 내려갔다[送迎必下階]"는 스승, "일을 주선하고 예의를 갖추는 데 공경을 다하였다[周旋揖遜致其敬]"는 스승, "자리에 앉고 나면 반드시 먼저 부형의 안부를 물었다[坐定先問父兄安否]"는 스승, 스승의 삶은 그렇게 겸의 미덕(겸손, 겸양, 겸허, 공경)으로 응축된 것이기도 했다.[319]

퇴계가 세상을 떠나기 하루 전날(1570년 12월 7일), 병세가 위독하여 이덕홍이 동문들과 함께 점을 쳤다. 퇴계 말년의 제자였던 이덕홍은, 스승이 세상을 뜰 때까지 12년간 곁에서 모시면서 학문을 전수받았으며, 그 결과물이 퇴계 만년의 학문과 일상을 핍진하게 그려내고, 죽음의 순간까지 그 가르침의 현장을 고스란히 담아낸 『계산기선록』이다.[320] 스승은 평소에 점을 치지 말라고 했건만, 스승의 마지막 순간을 포착하는 장면에서 이덕홍을 중심으로 한 제자들은 점을 치는 일에 주저하지 않았던 것으로 보인다. 점을 친 결과, 『주역』 겸괘(謙卦)의 '군자유종(君子有終)'의 효사(爻辭)를 얻었다. 이는 『주역』 15괘인 겸괘의 구삼효(九三爻)를 얻었다는 말이다.

구삼(九三)의 효사(爻辭)−상사(象辭)에서는 무슨 말을 하였을까. 효사

---

319) 『滄溪集』, 拾遺, 「退溪先生語錄[敎人]」.

320) 이영호, 「퇴계학 혹은 학퇴계의 사이」, 『공자학』 48, 2022, 375−403.

에서는 "겸손함을 애써 실천하는 군자로다[勞謙君子], 끝까지 길한 일이 있을 것이다[有終吉]"라고 하였고, 상사에서는 "겸손함을 애써 실천하는 군자는[勞謙君子] 만민이 따른다[萬民服也]"고 하였다.[321] 겸괘 해석을 통해 말하자면, 구삼(九三)은 그 자리에 가만 있기만 해도 거만하다는 평을 듣게 되어 있다. 구삼(九三)은 스스로 다른 사람들(아랫사람: 1효, 2효, 윗사람: 4효, 5효, 6효)에게 다가가서 머리를 숙여야 한다.

겸괘(☷☶)의 상괘는 곤괘(☷: 땅)이고 하괘는 간괘(☶: 산)이다. 겸괘의 괘상은 땅 속에 산이 묻혀 있는 모습이다. 이는 겸양을 미덕으로 하는 인격 함양의 성격과 의미를 상징적으로 보여준다. 자연과 물리의 세계에서는 산은 본디 땅 위에 솟아 있는 게 정상이지만, 음양과 역리의 세계에서는 이와 달리, 땅 밑에 높은 산이 있는 형상이다. 위로 솟을 수 있는 힘을 갖고 있음에도 불구하고 땅 밑에 묻혀 있는 산의 형국을 통해, 자기를 드러내려고 안간힘을 쓰거나 작은 성취에 가려 큰 갈래를 잡아내지 못하는 뒤틀린 삶에서 벗어나라는 가르침을 읽을 수 있다. 앞서 퇴계어록에서 말한 "선생은 겸허한 덕을 지녀[先生謙虛爲德] 털끝만큼도 자만하는 마음이 없었다[無一毫滿暇之心]. 도를 명징하게 터득했음에도 마치 보지 못한 듯이 행동하였고[見道已明而望之若不見], 덕이 높은 수준에 이르렀음에도 마치 얻지 못한 듯이 행동하였다[德已尊矣而歉然若無得]"는 말에 딱 해당되는 말이다.[322]

---

321) 『周易』, 卷, 「謙卦」, 九三, 爻辭, 象辭.

322) 『滄溪集』, 拾遺, 「退溪先生語錄[心法]」. 퇴계가 정존재 이담(靜存齋 李湛, 1510~1575)에게 답하는 편지에서 "나이 60인데[年至六十] 아직도 반쯤 밝고 반쯤 어두우며, 마음이 보존된 듯 잃어진 듯함을 면하지 못합니다[猶未免半明半暗若存若亡者耶]"라고 하였다 (『退溪集』, 卷10, 「答李仲久[庚申]」). 이에 대해 다산 정약용은 "선생의 반쯤 밝고 보존된 듯하다는 말은[先生半明若存之說] 참인지 거짓인지 모르겠다[不知是眞是不眞]. 대현의 지위에 이르러도[到大賢地位] 오히려 이러한 광경이 있겠는가[猶有如是光景否]. 아마도 겸손으로 한 얘기일 것이다[殆謙挹之辭也]"고 평한 바 있다(『與猶堂全書』,

1570년 12월 8일, 한서암(寒棲菴)에서 세상을 떠났다. 퇴계는 유언을 통해 묘표에 '퇴도만은진성이공지묘(退陶晚隱眞城李公之墓)'라고 쓰라는 훈계를 남기고, 직접 묘지명을 작성하였다.[323] 퇴계는 「자찬묘지명」에서 "중년에는 어찌하여 학문 즐겼고[中何嗜學] 만년에는 어찌하여 벼슬하였는가[晚何叨爵]. 학문은 구할수록 아득하기만 했고[學求愈邈] 벼슬은 사양하면 더욱 내려졌네[爵辭愈嬰]"라는 말을 남겼다.[324] 이 말은 제자 후학들의 다음과 같은 논점과 일치한다.

　　선생께서는 연세가 많아지면서 병이 더욱 깊어졌지만 그럴수록 더욱더 학문에 나아가는 데 힘썼고, 더욱더 무거운 책임을 지고 도를 자임했다. 늘 장중하게 지경·수양 공부에 임했는데 깊숙이 홀로 자유롭게 지낼 수 있는 공간에서 더욱더 자신에 대해 엄격하였다. 평소에는 날이 밝기 전에 일어나서 세수하고 머리를 빗고 의관을 차려 입었으며, 종일토록 글을 읽으면서 더러는 향을 피우고 정좌를 하기도 하였는데, 항상 이런 마음을 가다듬고 살피는 것이 해가 처음 떠오르는 것처럼 활력이 있었다.[325]

　　묘지명을 통해 퇴계의 공부와 인격, 그의 정치·사회 문제에 대한 노심초사를 읽을 수 있다. 공부의 본연에 충실할 때, 그 공부는 그 사람의 인격으로 자리 잡을 수 있다. 공부가 인격이 되기까지의 시간 변수를 고려하여 논할 때 우리는 만절(晚節)의 개념에 주목하기도 한다. '만절'

　　詩文集卷22, 「陶山私淑錄」).

323) 『艮齋集』, 卷7, 「退溪先生墓誌銘」.

324) 『鶴峯集』, 續集卷5, 「退溪先生史傳」.

325) 『滄溪集』, 拾遺, 「退溪先生語錄[心法]」. "先生年益高病益深, 而進學益力, 任道益重. 其莊敬持養之功, 尤嚴於幽獨得肆之地. 平居未明而起, 必盥冠櫛衣, 終日觀書, 或焚香靜坐, 常提省此心, 如日初昇."

의 중요성에 대한 논의 과정에서는 응당 '폐이후이'의 공부론이 연동 관계에 있음을 알 수 있다. 생의 막바지, 말년의 삶에 들어설수록 의리와 지조와 절의정신은 더더욱 빛을 발할 수밖에 없는 것인바, 이는 공부의 주제가 정치·사회 문제에 대한 노심초사를 반영한 것이기도 했다.

그의 임금을 사랑하고 나라를 걱정하는 충심은 조정에 나아가거나 시골로 물러났다고 해서 차이가 있지 않았다. 이에 좋은 정령(政令) 한 가지가 시행되었다는 말을 들으면 기뻐서 잠을 이루지 못했으며, 혹 조처한 것이 마땅하지 않으면 걱정스런 기색을 얼굴에 나타냈다. 항상 임금의 덕을 보양하는 것과 사림을 보호하는 것을 급선무로 삼았다. 일찍이 벼슬하는 것은 도를 행하기 위해서이지 녹봉을 구하기 위한 것은 아니라고 여겼다. 그러므로 벼슬한 40년 동안 네 임금을 거치면서 출처와 진퇴를 한결같이 의리에 따라 하여, 의리에 온당치 못한 바이면 반드시 몸을 거두어 물러났는데, 이와 같이 한 것이 총 일곱 차례나 되었다. 조정에 나아가기는 어렵게 여기고 관직에서 물러나기는 쉽게 여기는 지조는 만 길이나 되는 절벽처럼 우뚝하였는데, 말년에 들어서는 그 지조가 더욱더 드러났다.[326]

위의 "그의 임금을 사랑하고 나라를 걱정하는 충심은[其愛君憂國之心] 조정에 나아가거나 시골로 물러났다고 해서 차이가 있지 않았다[不以進退而有間]"는 말로 시작하여 "조정에 나아가기는 어렵게 여기고 관직에

---

326) 『鶴峯集』, 續集卷5, 「退溪先生史傳」. "其愛君憂國之心, 不以進退而有間. 聞一政令之善, 喜不能寐, 或擧措失宜, 憂形于色. 常以輔養君德, 扶護士林爲先務. 嘗謂仕所以行道, 非以干祿. 故筮仕四十年, 更歷四朝, 而出處進退, 一循乎義, 義有未安, 則必奉身而退, 如是者前後凡七度. 難進易退之操, 壁立萬仞, 尤著於晚節."

서 물러나기는 쉽게 여기는 지조는[難進易退之操] 만 길이나 되는 절벽처럼 우뚝하였는데[壁立萬仞], 말년에 들어서는 그 지조가 더욱더 드러났다[尤著於晚節]"고 한 말은 퇴계의 공부와 그 인격이 어떤 방향과 성격의 것이었는지를 단적으로 보여주는 것이라고 하겠다. 그 중의 "항상 임금의 덕을 보양하는 것과[常以輔養君德] 사림을 보호하는 것을 급선무로 삼았다[扶護士林爲先務]"는 말은 국가·사회 문제에 대한 책임의식이 강하게 작용했음을 보여준다.[327]

도산서당의 설립(1561) 이후, 1564년(명종 19)에 남명이 퇴계에게 보낸 편지(1564.9.18.)와 퇴계가 남명에게 보낸 답신에 대한 검토를 통해 퇴계의 많은 제자들이 공부했던 도산서당, 그리고 그 공부를 바라보는 외부의 시선에 대한 점검이 필요해 보인다. 1564년 9월 18일 남명이 퇴계에게 보낸 편지[328]에서 "요즘 공부하는 사람들을 보건대[近見學者] 손으로 물 뿌리고 비질하는 절도도 모르면서 입으로 천리를 논하고[手不知灑掃

---

327) 퇴계는 향리에 물러나 있으면서도 국가·사회 문제에 대해 노심초사하는 마음은 여전하였다. 퇴계는 제자들이 개인의 이익과 욕망을 위해 점을 치는 것을 만류했는데, 이는 점을 치는 일이 발생사적으로 공동체와 국가 문제에 대한 관심으로부터 시작된 것임을 지도한 것이기도 했다. 스승(퇴계 이황)과 제자(간재 이덕홍) 사이에 오가는 질의응답에서 퇴계는 점을 통해 뭔가를 알아보고 그러면서 두려움의 정서를 드러낸 바 있는데, 그것은 개인을 넘어 국가 차원의 관심사를 드러낸 것이기도 했다.: [퇴계 이황] "요즘 점괘가 한결같이 이에 이르니 몹시 두렵구나[近日爻象一至於此甚爲可懼]." [간재 이덕홍] "선생께서 이미 시골에 계시는데 무슨 두려울 일이 있겠습니까[先生旣在山林何懼之有]." [퇴계 이황] "만일 나 한 몸이라면 걱정할 것이 못된다[如愚一身不足恤焉]. 그러나 사림이 위태하고 종사가 쇠퇴함에 이르러서는 어쩐단 말이냐[其於士林之範危宗社之殄瘁何]."(『艮齋集』, 卷6, 「溪山記善錄[下]」) 퇴계의 가르침은 그런 것이었다. 이덕홍이 제자로 들어왔을 때 지도한 가르침을 한 예로 들 수 있다.: 이덕홍이 젊었을 때 선생이 불러서 "너는 너의 이름의 뜻을 아는가"라고 물었다. 이덕홍이 "모릅니다"라고 답하니, 선생이 이르기를 "덕(德) 자는 행(行)을 따르고 직(直)을 따르며 심(心)을 따른 것이니, 곧 곧은 마음을 행한다는 말이다. 옛사람은 이름을 지을 때에, 반드시 그 사람을 고려하여 지었다. 너는 너의 이름을 본받아라"라고 하였다.(『退溪集』, 言行錄卷1, 「敎人」)

328) 『南冥集』, 卷4, 「與退溪書」.; 『退溪集』, 卷26, 「與鄭子中」 동시참조.

之節而口談天理] 헛된 이름이나 훔쳐서 남들을 속이려 하고 있다[計欲盜名而用以欺人]"면서 "나와 같은 사람은 마음을 보존한 것이 황폐하여[如僕則所存荒廢] 배우러 찾아오는 사람이 드물지만[罕有來見者], 선생은 몸소 상등의 경지에 도달하여[若先生則身到上面] 우러러보는 사람들이 아주 많으니[固多瞻仰] 그들에게 십분 억제하도록 타이르는 것이 어떻겠습니까[十分抑規之如何]"라고 제안하였다. 요즘 공부하는 사람들의 잘못된 공부를 '선생과 같은 어른[先生長老]'이 꾸짖어 그만두게 했으면 하는 바람을 드러낸 것이다. 이에 대한 퇴계가 남명에게 보낸 답신329)에서는 남명의 "배우는 자들이 이름을 훔치고 세상을 속인다는 주장[學者盜名欺世之論]"에 대해서는 "이는 선생만의 걱정거리가 아니고[此非獨高明憂之] 나도 또한 그것이 걱정거리[拙者亦憂之]"라고 동의하면서도, "그러나 이를 꾸짖어 억제토록 하는 일도[然而欲訶抑者] 그리 용이한 일이 아니다[亦非易事]"고 고충을 털어놓았다.330) 성호 이익은 남명의 지적에 대한 퇴계의 반론 성격의 편지(先生咨書)를 다음과 같이 3단으로 정리 제시하였다.

　[1단]: "성품을 하늘에서 받아 착한 것을 좋아하는 것은 사람마다 모두 같은데, 만약 세속의 악습을 범했다고 하여 일체 꾸짖고 금지만 한다면 이는 하늘이 명하여 착한 것을 준 뜻에 어긋나며, 천하 사람들로 하여금 도에 향하는 길을 끊어버리는 것이니, 내가 하늘과 성현의 문하에 득죄함이 많게 될 것이다."331)

---

329) 『退溪集』, 卷10, 「答曹楗仲[甲子]」.

330) 『退溪集』, 卷10, 「答曹楗仲[甲子]」.

331) 『星湖僿說』, 卷15, 「陽城重名」. "降衷秉彝人同好善, 若以犯世患之故, 而一功訶止, 是違帝命錫類之意, 絶天下向道之路, 吾之得罪扵天與聖門, 已甚矣."

[2단]: "사람의 기질이 각기 다르므로 그 배움이 총명한 자는 너무 앞 서고 둔한 자는 너무 뒤떨어지며, 옛것에 뜻을 둔 자는 너무 과격한 듯하 고 큰 것에 뜻을 둔 자는 미친 듯하며, 익힘이 익숙하지 못한 자는 허위인 듯하고, 쓰러졌다 다시 분발하는 자는 속이는 듯하여, 처음에는 부지런하 다가 나중에 태만한 자가 있고, 잠시 폐지했다가 바로 회복하는 자도 있 다."[332]

[3단]: "무릇 이러한 자들은 전심치지를 못하는 관계로 성공을 기약하 기에는 그 허물이 없지는 않으나, 그 마음만은 가상하니 오히려 선한 부 류에 속하는 자들이다. 어찌 간사하고 기만하는 자라고 하여 배척할 수가 있겠는가. 또한 자주 상종하여 서로 격려하는 것이 옳을 것이다."[333]

위의 [1단]-[2단]-[3단]에 대한 해석을 위해 『주역』 태괘(䷊)에 대한 논점을 들여다볼 필요가 있다. 유교사상에 바탕을 둔 가르침은 항상 자 기 수양과 이를 통한 사회적 책임을 당부하는 성격을 갖는다. 자연세계 는 하늘이 위에 있고 땅이 아래에 있지만, 『주역』 64괘 중의 하나인 태 괘(泰卦)는 땅이 위에 있고 하늘이 아래에 있는 형상을 취한다. 땅은 내 려가려 하고 하늘은 올라가려 하기 때문에 하늘과 땅이 만나 화평을 이 룰 수 있다는 게 태괘의 메시지다. 정작 중요한 의미는 태괘의 두 번째 효사(爻辭)에 있다. 그것은 자기 수양과 이의 실천을 강고하게 묻는 작 업이기도 하다. 거친 무리들을 포용하고[包荒], 맨몸으로 강을 건너는

---

332) 『星湖僿說』, 卷15, 「陽城重名」. "人之資稟有萬不同, 其學也銳者凌躐, 鈍者滯泥, 慕古 者似矯, 志大者似狂習, 未熟者如偽, 蹎復奮者如欺, 有始懃而終忽者, 有旋廢而頻復 者."

333) 『星湖僿說』, 卷15, 「陽城重名」. "凡若此類, 其不能專心致知, 以期扵有成固不能無 罪, 然其心可尙猶是此一邉人, 其可槩以欺盜而揮斥之乎. 其亦在所相從而共勉 也."

이들도 받아들이며[用馮河], 사회 구석진 곳에 있는 자들을 방치하지 않고[不遐遺], 사사로운 패거리를 없애라[朋亡]는 가르침이다.[334] 거친 존재로 가득 찬 세상에서 그들을 설득하여 끌어안아야 한다. 모두가 한마음으로 뭉치지 않으면 회생할 수 없다. 사회 구석진 곳에 있는 자들[遐]을 보살피다 보면 가까이 있는 사람들[朋]이 섭섭하여 떠날 수도 있다. 이런 식으로라도 패거리를 없애야 한다. 그렇게 하는 것이 상황에 맞는 일이고 태평성세를 만드는 일이 될 것이다[得尙于中行]. 이렇게 태괘는 정치사회적 지위가 높은 자일수록 낮은 곳을 향해 실천하는 행위를 견지함으로써 태평성세를 이룰 수 있다는 메시지를 전한다. 이는 앎과 삶의 분절이야말로 좋은 세상을 만드는 데 치명적이라는 것을 무겁게 가르치는 장면이다.[335]

남명이 퇴계에게 부친 편지(1564.9.18.)는 1561년 기점으로 도산서당이 설립된 이후, 전국에서 제자들이 많이 모여들어 공부하는 상황을 상정하여 얘기가 전개되었다는 사실에 유의할 필요가 있다. 남명이 당시 기준으로, 요즘 배우는 사람들의 공부 행태를 지적하면서 퇴계에게 "십분 억제하도록 타이르심이 어떻겠습니까"라고 제안한 것은 도산서당에 머무는 제자들에 대한 가르침의 중요성을 피력한 말이다. 하지만 남명이 말한 요즘 배우는 사람들의 문제는 당시 공부하는 젊은이들 모두를 향해 문제삼으면서, 그 과정에서 퇴계의 제자들에 대해서도 문제삼은 발언이었다. 자신의 학교 산천재(山天齋, 1561년 설립)에는 제자들이 거의 없는 반면 도산서당(陶山書堂, 1561년 설립)에는 제자들이 많이 모여들어 배우기 때문에 그들의 잘못된 공부를 십분 억제하고 타이르는 지

---

334) 『周易』, 卷1, 「泰」.

335) 박균섭, 『선비정신연구: 앎, 삶, 교육』, 서울: 문음사, 2015, 15-16.

도가 특히 필요하다는 지적이었다. 성호 이익은 퇴계가 영남에서 학문을 제창했을 때 따르는 선비들이 수없이 많았으나 기묘사화를 겪고 난 후로 학문을 피하는 경향이 있었다고 언급하면서, 그 점도 영향을 끼친 듯, 퇴계와 남명은 삶의 규모나 기상이 매양 엇갈렸다고 지적한 바 있다. 이는 물론 1564년 시점보다 훨씬 이전의 상황을 그린 것이어서 이를 액면 그대로 받아들일 일은 아니지만 일정 정도의 참고 자료로 삼을 필요는 있을 것이다. 하지만 퇴계가 남명의 지적을 받고 그에 따라 문도 교육에 어떤 변화를 모색했던 것은 아니다. 퇴계는 남명과는 공부론 및 제자 지도 문제에 대한 인식과 대응을 달리했으며 남명의 지적을 받은 이후에도 자신의 생각을 변경 조정하는 일은 없었다.[336]

도산서당 서쪽의 농운정사(隴雲精舍)는 여덟 칸 크기(공부하는 방: 時習齋, 잠자는 방: 止宿寮, 강물을 바라보는 마루: 觀瀾軒)를 갖춘, 제자들이 머물며 공부할 수 있도록 마련된 건물[門徒居業之所]이었다. 농운정사의 건물 구조는 공부(工夫)를 뜻하는 '공(工)'자 모양으로 지었다. 농운정사의 '농운(隴雲)'은 산마루에 제자들이 구름처럼 모여드는 모습을 형용한 말이었다. 농운정사는 공부하는 방 시습재와 잠자는 방 지숙료를 두 축으로 하였다는 것을 알 수 있는데, 아무래도 공부의 중심 공간은 농운정사의 시습재였다. 하지만 고봉 기대승은 도산서당의 관란헌에 대해 다음과 같이 부연하였다.

구덩이를 채우고 험한 곳을 향해 나아가는 일 어떠한가. 도에 뜻을 두고 문장을 이루는 일 참으로 감탄할 일이다. 급한 여울도 눈여겨보면 본원이 있음을 알 것이니, 선철이 많은 사람들을 흥기시켰음을 흠앙할 일이

---

336) 『星湖僿說』, 卷15, 「陽城重名」.

다.[337]

기대승의 도산서당〉농운정사〉관란헌에 대한 공부론적 해석은 맹자의 "근원 있는 샘물은 끊임없이 솟아나서[原泉混混] 밤낮으로 쉬지 않고 흐르기에[不舍晝夜], 구덩이를 채운 뒤에도 계속 나아가[盈科而後進] 바다에 이른다[放乎四海]"[338]는 기대와 전망을 통해 공부의 위기지학적 · 종신사업적 성격을 강조한 것이다. 관란헌 · 관란정이라는 이름은 그 사용자에 따라서 지나친 사치를 표상하는 것일 수도 있고 극도의 충성심을 표상하는 것일 수도 있다. 그 변용의 편차가 크다는 것을 역사적으로 확인할 수 있다. 하지만 적어도 퇴계의 경우에는 '관란(觀瀾)'의 본연적 의미가 정통으로 구현되고 있음을 확인할 수 있다.

도산서당의 경관, 특히 정우당(淨友塘)과 절우사(節友社)의 경우를 통해서도 공부의 기본 전제와 지향을 확인할 수 있다. 그 공부는 벗들의 만남과 어울림을 통한 공부라는 성격에 주목한 것이기도 했다. 퇴계의 공부론에서 여러 벗에 대한 이야기가 등장하는 것도 특징적이다. 그 벗들은 "육우=정우+절우+퇴계"의 모습으로 드러난다. 고봉은 정우당의 연꽃에 대해 "진흙에도 물들지 않는[淤泥不染] 깨끗하고 밝은 모습[濯濯明姿]"이라고 형용하였다.[339] 이는 일찍이 주돈이(周敦頤)가 연꽃에 대해 "진흙에서 나왔으면서도 물들지 않고[出於游泥而不染] 맑은 물결에 씻기면서도 요염하지 않다[濯淸漣而不夭]"고 칭송했던 말을 따른 표현이었음

---

337) 『高峯集』, 續集卷1, 「觀瀾軒」. "盈科行險事如何. 志道成章足歎嗟. 寓目急湍知有本, 仰欽先哲起人多."

338) 『孟子』, 卷8, 「離婁章句下」.

339) 『高峯集』, 續集卷1, 「淨友塘」.

을 알 수 있다.340) 절우사에는 매화, 대나무, 소나무, 국화 등 여러 화초와 수목을 심고 가꾸었다. 고봉의 형용을 취하자면 절우사는 "대나무, 소나무, 매화, 국화의 상호 어울림 상태[竹松梅菊便相參]"라고 말할 수 있고 그러기에 절우사의 상호 어울림 상태를 보면서 "조화의 미묘한 기틀을 스스로 아는 일[造化微機幸自諳]"이야말로 공부의 본연을 찾아가는 작업이라고 말할 수 있다. 연꽃의 별칭이 정우(淨友)였듯이 매화, 대나무, 소나무, 국화 등을 일컫는 별칭은 절우(節友)였다. 정우당과 절우사의 공부론적 성격을 파악하는 과정에서 주목할 것은 절우사의 매화에 대한 이야기이다. 퇴계가 절우사를 통해 매화의 미덕을 드러낸 것은 특별한 의미를 갖는다. 퇴계는 매화에 대하여 "도연명의 동산에는 소나무와 국화, 그리고 대나무[松菊陶園與竹三]. 매화는 어찌하여 그 안에 들어있지 않은가[梅兄胡奈不同參]"라고 말하고, "내 이제 매화를 포함하여 풍상계를 만들 것이니[我今倂作風霜契], 매화의 굳은 절개와 맑은 향기를 너무 잘 알기 때문이다[苦節淸芬儘飽諳]"라고 말하였다.341) 도연명의 동산(소나무, 국화, 대나무)과 퇴계의 동산(소나무, 국화, 대나무, 매화)이 갖는 차이는 바로 매화에 있었다. 굳은 절개와 맑은 향기를 보여주는 것이지만, 특히 매화는 풍상계, 그 교분을 쌓을 때의 가장 두드러진 미덕을 갖

---

340) 『古文眞寶』, 後集卷10, 「愛蓮說」. 정우당은 네모난 연못[方塘]이다. 왜 연못은 네모난 모습인가. 주자는 사람의 마음은 네모반듯한 것이어야 한다는 인식을 짙게 드러냈다. 주자는 이를 "반묘의 네모난 연못 거울 하나 열렸는데[半畝方塘一鑑開], 하늘빛과 구름 그림자가 함께 배회한다[天光雲影共徘徊]"고 풀이하였다(『朱子大全』, 卷2, 「觀書有感」). 네모난 연못에 핀 연꽃, 이는 우리의 마음이 맑고[淨] 분명한[方] 것이어야 한다는 수양공부론의 이상을 드러낸 것이라고 말할 수 있다. 퇴계가 18세에 지은 「野池」에서 "작은 연못 맑고 깨끗해 티끌조차 없어라[小塘淸活淨無沙]"(『退溪集』, 外集卷1, 「野池」)라고 했던 것은, 비록 그 연못을 네모난 모양으로 상정했다는 근거는 제시되지 않았으나 마음의 맑고 깨끗한 상태를 상정했다고 볼 수 있다. 그 전제는 먼 훗날 그의 정우당의 구현을 통해 보다 명징하게 드러났다.

341) 『退後集』, 卷3, 「陶山雜詠[幷記]」.

는다고 보았음을 알 수 있다.

4. 공부론의 굴절: 향원과 유속

향산 이만도(李晩燾 響山, 1842~1910)는 집안의 족손 이명호(李命鎬)의 시국 인식을 통해, 세상은 이제 매화가 풍상계의 일원이 되기에는 초췌하고도 형편없는 상태로 전락했음을 지적한 바 있다. 이명호는 도산서당에 들어가 공부하다가 뜰 앞의 늙은 매화나무를 가리키며 "퇴계 당시의 풍상계를 맺었던 매화가[老梅當日風霜契] 지금은 애석하게도 너무도 초췌해졌다[可惜今朝已憔悴]"고 한탄했다.342) 이명호는 퇴계의 "내 이제 매화를 포함하여 풍상계를 맺으니[我今倂作風霜契], 매화의 굳은 절개와 맑은 향기를 너무 잘 알기 때문이다[苦節淸芬儘飽諳]"라는 시를 전거로 삼아, 굳은 절개도 맑은 향기도 없이 초췌한 삶을 살아가는 19세기 유교지식인의 행태를 지적하였다. 유교지식인의 공부, 앎과 삶의 세계에 대한 보다 정밀한 논의를 위해서는 '향원(鄕愿)'을 덕의 적이라고 규정했던 2500년 전의 상황에 비추어 왜 조선 말에는 사이비 유교 공부가 횡행하면서 '유속(流俗)'이라는, '향원'보다도 훨씬 위험한 존재들이 출현했는지에 대한 검토가 필요할 것이다. '19세기 서울의 유속'에 대한 매서운 논의가 사상된 결과, 종당에는 '20세기 매국의 유속'이 출현하고 만 것에 대한 검토가 요망된다.343)

19세기 서울의 유속에 대한 매서운 논의가 사상되었다는 말, 종당에

---

342) 『響山集』, 別集卷4, 「祭族孫景初[命鎬]文」.

343) 노관범, 「19세기 서울의 새로운 인간형, 유속(流俗)」, 『고전산문』 2010.4.5.; 박균섭, 『선비정신연구: 앎, 삶, 교육』, 서울: 문음사, 2015. 특히 9장 3절의 "멋과 풍류의 소멸: 19세기 서울의 유속, 20세기 매국의 유속"을 참조(298-302).

는 20세기 매국의 유속이 출현하고 말았다는 말에 유의한다면, 도학사상과 절의정신을 근간으로 한 퇴계학이 일제강점기, 소위 국민문학·전쟁인문학·악마의 강의로 이어지는 속성을 드러내면서 퇴계·퇴계학이 소환·호명된 실상을 제대로 읽어낼 수 있어야 한다. 그래야만, 퇴계학의 본연, 그 정체성에 대한 탐구가 제대로 이루어질 수 있기 때문이다. 20세기, 매국의 유속이 배경과 바탕으로 깔리던 때에, 퇴계/퇴계학 연구가 나름의 동력을 확보했다는 것을 주목할 일이며, 여기에는 아베 요시오에 대한 얘기를 시작으로 하여, 우노 데츠토, 우노 세이이치로 이어지는 퇴계론에 대한 논의를 이어갈 필요가 있다.

향산 이만도는 1910년 나라가 망하자 자정순국을 결단하고 이를 실행에 옮겼다. 향산 이만도는 퇴계 이황의 11대손으로 퇴계학의 기간 정신을 계승하여 올곧은 선비의 길을 걸었던 대표적인 인물이기도 했다. 송사 기우만(松沙 奇宇萬, 1846~1916)이 작성한 향산 이만도에 대한 묘갈명(1914)에는 퇴계학의 계열성이 명징하게 새겨져 있다.

> 우리나라가 융성하였을 때 퇴도 선생이 도학으로써 일치문명(一治文明)의 운세를 열었고, 나라가 망하려 할 때 향산 선생이 절의로써 만세강상(萬世綱常)의 소중함을 붙들었다. 무릇 도학과 절의는 길은 달라도 향하는 곳은 하나이며 일은 달라도 공덕은 같아서, 둘 다 천지 사이에 하루라도 없어서는 안 되는 것인데, 두 선생이 우리 동방의 백성으로 하여금 영원토록 그 내려준 은덕을 받게 하였다.[344]

---

344) 『松沙集』, 卷34, 「響山李公墓碣銘[并序]」. "惟我國家隆盛, 退陶夫子以道學啓一治文明之運. 國家將終, 響山先生以節義扶萬世綱常之重. 盖道學節義, 殊道而一致. 異事而同功, 不可一日相無於天壤之間, 而使東土生民受其賜於無窮者乎." 1910년 나라가 일제에 병합되자 그해 9월 6일, 퇴계의 후손 향산 이만도(響山 李晩壽)가 순국(殉國)했다. 그가 순국하자 맏아들 이중업(李中業)과 안동 유림들이 향산묘문을 송사 기우만(松沙

퇴계는 도학의 탐구를 통해, 향산은 절의의 실천을 통해 그들 각각의 세계관과 정체성을 보여주고자 하였다. 그 도학과 절의는 성격을 달리하는 어떤 가치가 아니라 같은 뿌리에서 나온 유교공부의 총화에 대한 형용이 다를 뿐이다. 퇴계 당시 외환이 없던 시대에는 도학이라는 문명의 개념이 전면에 부상되었지만, 향산 당시 절멸의 시대에는 절의라는 강상의 개념이 전면에 부각될 수밖에 없었다. 유교사상의 가르침은 수기치인과 입신양명의 본의에 충실했던 삶을 살라는 것이었고, 그 범주와 지향 속에서 주어진 상황과 경우에 따라 도학사상과 절의정신은 각각의 표현 양상을 드러내는 것이다. 퇴계는 퇴계의 앎과 삶의 길을 걸었고 향산은 향산의 앎과 삶의 모습을 보여주었을 뿐이다. 그것이 퇴계의 도학 탐구로 드러나고 향산의 절의의 실천으로 드러난 것이라고 보면 된다.

문제는 근현대의 시공을 통과하면서 식민권력의 자장 안에서 퇴계학의 굴절과 왜곡이 일어났고, 퇴계학의 본질, 그의 공부와 인격에 대한 서사는 사실상 실종되고 말았다. 당시, 소위 퇴계학의 전문가로 등장해서 활약했던 대표적인 인물 아베 요시오(阿部吉雄)는 "반도사인(半島士人)의 혼(魂)을 구할 양약(良藥)"으로서의 퇴계론을 제시했고, 박종홍은 이를 이어받아 "경(敬)으로 일관된 우리의 사표(師表)"로서의 퇴계론을 반복 강조했다. 퇴계학의 심층을 보여준 것으로 평가되는 이들의 퇴계 연구에는 식민적 굴절의 언어가 암호처럼 붙박여 있다. 그 암호를 풀기 위해서는 나라가 망한 시점에서 이만도가 그랬던 것처럼 퇴계학을 도

奇宇萬)에게 위촉했다. 기우만은 고봉 기대승의 방손(傍孫)이며 노사 기정진(蘆沙 奇正鎭)의 손자로, 호남 의병장으로, 학문과 절의를 갖춘 시대의 거목이었다. 천 리 먼 길을 돌아 자신을 찾는 퇴계가(家) 후손들의 속내를 읽은 그는, 퇴계 선생의 도학과 향산 선생의 절의가 이름은 다르지만 그 공로는 같다고 평가한 다음 장편의 추모문을 지었다(곽진, 「영·호남 학술교류의 자취를 찾아서」, 『다산포럼』 제1071호, 2021.7.27.).

통관념에서 풀이되는 절의의 실천이라는 관점에서 재구성하는 작업이 요망된다고 하겠다.[345]

근현대 퇴계학 연구에 대한 비판적 논의를 위해서는 유교사상 연구를 도통론의 관점에서 전개할 것인가, 문명론의 관점에서 전개할 것인가의 문제를 정면으로 탐색할 수 있어야 한다. 20세기 한국유학사 연구의 문제는 한국유학에서 원론적으로 중시했던 도학사상과 절의정신에 기반을 둔 도통관념을 배제하고 그 자리에 문명담론을 들어앉힌 연구가 대세를 이루어왔다는 점에 있으며, 이는 분명 심각한 수준에서 연구사적 오류를 범한 것임을 알 수 있다. 반복 강조하지만 유교사상 및 유교지식인 연구에서는 20세기 문명담론에 대한 제대로 된 비판 위에 도통관념(도학사상, 절의정신)을 복권시키는 과제가 요청된다는 것을 알 수 있다.[346] 20세기 유학 연구에서 도학사상이나 절의정신에 대한 인식과 성찰이 철저하지 못하다는 것은 그만큼 유교사상의 일본적·식민지적 굴절에 대해 제대로 감지하지 못했다는 뜻이다. 20세기 문명담론을 비판하고 도통관념에 입각한 한국유학사를 재구성하는 과정에서 응당 퇴계(도학의 탐구)−향산(절의의 실천)의 연계성을 포착하는 일은 중요한 의미를 갖는다.

근현대 퇴계학 연구의 굴절 양상을 정밀 분석하기 위해서는 아베 요시오의 『이퇴계』(1944)에 대한 점검이 필요하다.[347] 아베 요시오는 일본 주자학을 야마자키 안사이(山崎闇齋, 1618~1682) 계열의 주자학[348]

---

345) 박균섭, 「선비의 결단 1910: 향산 이만도의 앎과 삶, 그리고 퇴계학의 지평」, 『현대유럽철학연구』 53, 2019, 99~142.

346) 김미영, 「이상은의 '한국유학사관'과 '도의정신': 국정국사교과서에 반영된 '실학관' 비판을 중심으로」, 『철학연구』 50, 2014, 61~93.

347) 阿部吉雄, 『李退溪』, 東京: 文敎書院, 1944.

348) 야마자키 안사이(山崎闇齋)는 에도시대 일본의 대표적인 주자학자라고는 하지만 동시에

과 구마모토학파 계열의 주자학으로 구분 제시하면서, 후자의 대표 인물로는 오츠카 다이노(大塚退野, 1677~1750), 요코이 쇼난(橫井小楠, 1809~1869), 모토다 나가자네(元田永孚, 1818~1891) 등이 있음을 지적하였다. 그리고 전자의 주자학이든 후자의 주자학이든 모두 퇴계사상에 대한 관심과 공부에 에너지를 쏟았음을 지적하였다. 정작 중요한 문제는 아베 요시오의 저술 『이퇴계』(1944)가 아시아·태평양전쟁의 길목에서 일본이 패전의 기운이 짙게 감도는 시기에 저술되었다는 데 있다. 아베 요시오의 『이퇴계』는 퇴계의 호명·소환·동원을 통해 조선의 청년·학도를 전쟁과 죽음과 파멸의 지대로 내몰려는 의도가 역력한 저술이었다. 아베 요시오의 『이퇴계』는 1940년대의 국민문학·전쟁인문학 계열의 저술에 속한다.[349] 그런데 그는 1945년 이후에도 어떤 반성

스이카신도(垂加神道)라고 불리는 유가신도(儒家神道)를 창도한 인물이었다. 그런 그가 퇴계학을 계승했다고만 말한다면 그것은 받아들이기 곤란한 주장이다(井上厚史,「李退溪の敬説と山崎闇斎の敬説」,『南道文化硏究』20, 2011, 131-174.). 퇴계의 가르침과 달리 야마자키 안사이의 가르침은 엄격일변도였고, 그 엄격함 때문에 제자들은 두려운 마음으로 스승을 대했다. 제자들 앞에 마치 살아 있는 신이 등장하는 것처럼 나타나기도 했던 야마자키 안사이는 제자들을 가르칠 때에는 그 말이 종소리와 같고 얼굴은 항상 화가 나 있는 것 같아 청강하는 제자들은 얼굴을 들어 바라보는 것조차 불가능했다(前田勉,『江戶の讀書會: 会読の思想史』, 東京: 平凡社, 2012, 조인희·김복순 역,『에도의 독서회: 회독의 사상사』, 서울: 소명출판, 2016.). 퇴계-야마자키 연계설이 얼마나 황당한 연계작업에 의한 것인지를 알 수 있다.

349) 이는 당시 용어로 국민문학·전쟁인문학 계열의 저술이라고 명명할 수 있다. 전쟁을 미화·두둔하는 이러한 전쟁주의적인 태도는 때로는 노골적으로, 때로는 은밀한 언어를 통해 확산되었다. 그것은 전쟁인문학을 넘어, 학생들을 전지에 내모는 '악마의 강의'였던 것이다. 그것은 '사랑과 죽음의 철학', '죽음의 철학', '死者의 발견'이라고 일컫는다. 당시 교토학파는 이를 선도하는 데 앞장섰다. 이에 대해서는 다나베 하지메(田邊元)의 1939년 5~6월의 교토대학 강의(『역사적 현실』 1940년 출판)가 왜 '악마의 강의'로 규정되는지에 대한 논술을 참조(佐藤優,『學生を戰地へ送るには田邊元「惡魔の京大講義」を讀む』, 東京: 新潮社, 2017.). 그리고 이에 대한 논의와 해석은 牧野英二,「「惡魔の講義」と「懺悔道」: 哲學者の戰爭責任をめぐって」, 韓國日本近代學會 第45回 國際學術大會(2022.10.29. On-line學術大會), 117-134 참조. 다나베 하지메에 대한 추가 자료로

문/참회록도 쓰지 않고 퇴계학에 대한 후속 연구를 이어갔다. 아베 요시오의 말과 글 어디에서도 자기반성의 흔적을 확인할 수 없다.

아베 요시오에 대한 검토 과정에서 특히 1972년, 동경에 설립된 이퇴계연구회에 대해 주목하고 그 전후사를 들여다볼 필요가 있다. 퇴계선생사백주기기념사업회장 박종홍은 퇴계 서거 400주년을 기념하기 위해 1970년 10월 20일 서울 남산에 동상(〈퇴계이황선생상〉: 건립위원장 박종홍)을 건립하였다. 1970년 12월 20일에는 서울에 퇴계학연구원이 설립되었고, 1972년 7월에는 동경에 이퇴계연구회가 조직되었다. 1973년 7월에는 경북대학교 퇴계연구소가 문을 열었다. 박종홍은 경북대학교 퇴계연구소의 학술지『한국의 철학』창간호(1973.10.)의 축사에서 "경북대학교의 퇴계연구소는 우리나라 대학에서 특정인의 학문을 연구하는 기관을 둔 것은 아마도 효시가 될 것"이라는 견해를 밝혔다. 이어서 퇴계학연구원의 학술지『퇴계학보』창간호(1973.10.)의 창간사에서 "일본보다 못한 우리의 퇴계에 대한 무관심이 부끄럽다"고 말했다.

는 家永三郎, 『田辺元の思想史的研究: 戦争と哲学者』, 東京: 法政大学出版局, 1974.; 北森嘉蔵, 『西田幾多郎・田辺元・京都学派』, 中央公論 70(11), 1955, 470-476.; 伊藤益, 『愛と死の哲学: 田辺元』, 東京: 北樹出版, 2005.; 岩井洋子, 「田辺元と高山岩男における「第三の社会」, 『社会思想史研究: 社会思想史学会年報』46, 2022, 108-127.; 林鎮國, 廖欽彬 訳, 「廃墟に浄土を再建する: 田辺元の懺悔道哲学」, 『倫理学』21, 2005, 99-114.; 花澤秀文, 「田邊元の高山岩男「場所的論理と呼応の原理」批判」, 『比較思想研究』29, 2002, 50-53.; 末木文美士, 「〈死者〉の発見: 田辺元の〈死の哲学〉をめぐって」, 『日本の哲学』6, 2005, 93-110.; 竹花洋佑, 「田辺元の思想形成と西田の「永遠の今」: 微分から瞬間へ」, 『日本の哲学』13, 2012, 102-127.; 花澤秀文, 「田邊元の高山岩男批判: 「場所的論理と呼応の原理」に関する「田邊書簡」をめぐって」, 『岡山大学大学院文化科学研究科紀要』15, 2003, 43-71.; 山崎好裕, 「大東亜共栄圏の経済哲学: 西田幾多郎・田邊元・三木清(中島章子教授 退職記念号)」, 『福岡大学経済学論叢』66(2), 2022, 153-166.; 西村拓生, 「田邊元の側から読む木村素衞: 教師にとってのイデアと政治をめぐって」, 『人間文化研究科年報』33, 2017, 147-158.; 大庭景利, 「科学教育基礎理論に関する研究(13) 理科教育の領域に於けるデューイ氏の教育哲学と田辺元氏の科学哲学との関連について」, 『高知大学教育学部研究報告』21, 1969, 1-7.

1976년 5월에 열린 제1차 퇴계학 국제학술회의(1976.5.18.-5.20. 경북대학교)350)에서는 일본의 이퇴계연구회 회장 아베 요시오의 기조강연이 있었고, 그는 당시 유기춘 문교부장관으로부터 국민훈장 동백장을 수여받았다(1976.5.22.). 퇴계의 공부론을 오독하고 모독하는 행보는 1972년 동경에 설립된 이퇴계연구회의 1대회장: 우노 데츠도(宇野哲人), 2대회장: 아베 요시오(阿部吉雄), 3대회장: 우노 세이이치(宇野精一)로 이어지면서 계속되었다. 우노 데츠토의 아들 우노 세이이치는 1972년의 이퇴계연구회 설립은 1940년에 도쿄 우에노공원 안에 건립된 왕인박사의 송덕기념비를 새롭게 대신하는 형태로 이루어진 것임을 밝힌 바 있다. 그 속내를 들여다보면, 전시동원체제 하에서는 퇴계를 제2의 왕인으로 추켜세우면서 내선일체의 도의철학을 표방하였고, 이는 해방 이후에도 계속되어 왕인과 퇴계를 대표로 내세워 동아시아의 연대의식, 선린우호, 세계평화 담론을 유포했던 것인데, 이에 앞장선 대표적인 인물이 바로 우노 데츠토의 아들 우노 세이이치였다.351) 우노 세이이치는 특히 2005년 시점에서 그의 우익적 태도를 노골적으로 드러냈다.352) 그

---

350) 1976년 5월(1976.05.18.-05.20.) 경북대학교에서 제1차 퇴계학 국제학술회의가 개최된 이후, 2020년 11월(2020.11.16.-17.) 국립고궁박물관에서 제28차 퇴계학 국제학술회의가 개최되었다. 전체적인 퇴계학 국제학술회의 개최 상황은 사단법인 국제퇴계학회 홈페이지(http://itoegye.org) 참조.

351) 일제강점기 식민권력은 왕인 띄우기에 이어 퇴계를 제2의 왕인으로 띄우는 작업에 적극 나섰음을 알 수 있다. 이에 대한 논의는 강해수, 「제2의 와니(王仁)로서의 이퇴계상과 도의담론: 근현대 한일 양국의 이퇴계연구를 중심으로」, 『동서인문학』 49, 2015, 93-121 참조.

352) 『문예춘추』 2005년 7월호에는 고이즈미 준이치로 총리의 야스쿠니신사 참배 문제에 대한 지식인 81명의 앙케이트 조사가 실렸다(「国論を二分する大激論小泉総理「靖国参拝」是か非か: 識者81名アンケート」, 『文藝春秋』 83(9), 2005, 132-160.). 당시 우노 세이이치는 "평화헌법을 되새겨야 한다"는 의견이 아닌 "일본에 전범이 없다"는 의견을 과감히 제시하였다.

런 그가 벌인 왕인-퇴계 띄우기가 어떤 세계관과 의도를 갖고 행한 동작인지는 명약관화한 일이다.

문제는 제1세대 한국철학 연구자들이 아베 요시오를 비롯한 관제·관변학자들의 연구를 맹신·맹종하면서 일본보다 못한 우리의 퇴계에 대한 무관심과 퇴계 연구의 수준에 대해 부끄럽다는 정서적 반응을 드러냈다는 데 있다. 퇴계학 연구가 주체적으로 제대로 이루어졌더라면 우리의 무관심과 현실을 한탄하기 이전에 일본의 식민권력과 관제·관변학자들에 의해 조립된 퇴계 연구를 퇴계학 연구의 디딤돌로 삼아서는 안 된다고 말했어야 한다는 점이다. 진정 부끄러운 일, 한심스러운 일은 퇴계학의 걸림돌에 불과한 연구물을 맹신하고 디딤돌로 받아들이는 무신경·무감각에 있다는 것을 알아야 할 것이다. 이런저런 얘기를 종합하여 한마디 덧붙이자면, 우리는 근현대의 길목에서, 퇴계철학의 본의와 지향을 순수정밀하게 논구하는 궤적을 제대로 보여주지 못했다는 점을 지적하고자 한다. 퇴계의 공부론에 대한 정밀 탐구를 통해 그 공부가 향하는 곳, 그 공부를 통한 앎과 삶의 세계 구축에 대한 얘기를 멈추어서는 안 된다는 사실을 확인할 수 있다.

5. 공부의 오래된 미래

조선시대의 공부를 통해서도, 공부 아닌 공부라는 잘못된 길로 빠지거나, 거기에서 헤어나지 못한 채 살아가거나 그리하여 앎과 삶의 분리·분절·괴리 상태를 드러내면서도 이를 아무렇지 않게 여기며 살아가는 세상 사람들의 모습을 만날 수 있다. 퇴계는 매화의 굳은 절개와 맑은 향기에 주목하면서, 여기에 소나무-국화-대나무를 추가하여 풍상계를 맺기도 했지만, 세상은 그러한 흐름과 무관한 방향으로 나아갔다. 퇴계의 풍상계와 관련하여 그 정신과 지조를 지키지 못하는 우리들의 삶의 문제에 대해서는 특히 포저 조익(趙翼 浦渚, 1579~1655)이 매화를 사랑하는 많은 사람들의 이중인격을 비판했던 사실을 논할 필요가 있겠다.353) 포저 조익은 앎과 삶의 분리ㆍ분절ㆍ괴리 현상을 문제 삼으면서, 이를 '자신이 좋아하는 것[所喜者]'과 '자신이 살아가는 것[所爲者]'의 괴리 상태로 표상하고, 이에 대해서는 '탄식이 절로 나오는 괴이한 일[可怪而嘆者]'로 규정하였다.354) 많은 사람들이 매화의 미덕을 귀하게 여기지만, 그렇다면 그들도 매화의 미덕을 본받아 귀한 존재가 되도록 노력해야 마땅할 것이다. 하지만 사람들은 매화를 귀한 존재로 상찬하면서도 정작 자신은 천한 존재, 경박한 존재, 한심한 존재로 남아 있으면서 이를 별로 아쉬워하지 않는다. 우리들 대부분은 그렇게 살아간다. 그렇게 살아왔고 그렇게 살고 있으며 앞으로도 그렇게 살아갈 것이다. 성찰 없는 삶에 익숙한 것이어서 그렇지 그것은 분명 탄식이 절로 나오는 괴이한 일인 것이다.

퇴계의 공부론과 문도 교육을 상징하는 한 장면으로 정우당의 정우(淨友: 蓮)와 절우사의 절우(節友: 梅, 竹, 菊, 松), 그리고 여기에 퇴계 자신을 포함한 육우(六友)의 세계에 대한 얘기를 이어갈 수 있다. 문제는 이세상에 도와 덕을 갖춘 자, 맑고 깨끗한 자는 드문 반면에, 잘못된 길로 미끄러진 자, 비행ㆍ악행을 일삼는 자는 항상 많다는 데 있다. 이를 퇴계의 언어로 말하자면, 공부를 통한 인격 형성 과정이 제대로 자리 잡히지 못했고, 그리하여 그 앎과 삶의 분리ㆍ분절ㆍ괴리 상태가 계속되고 있다는 점이다.

---

353) 『退溪集』, 卷3, 「陶山雜詠[幷記]」.; 『浦渚集』, 卷23, 「愛梅說」.
354) 『浦渚集』, 卷23, 「愛梅說」.

우리는 흔히 누군가의 미덕을 본받겠다, 역사 속에서 교훈을 얻겠다고 호기롭게 말하지만, 이는 그만큼 입으로 말하고 귀로 듣고 흘러보내는 삶에 익숙해 있다는 것을 의미한다. 사람들은 어떤 인격을 찬탄·경모하고 어떤 역사를 성찰·각심하면서도 이를 직접 나의 삶의 문제로 끌어쓰는 일에 별로 노력을 기울이지 않는다. 우리는 외적 대상과 풍경, 타자의 삶에 대해 이를 찬탄하고 경모하는 정서적 반응을 보이면서도, 이를 자기교육을 위한 연속동작으로 이어가지 못한 경우가 대부분이다. 이처럼 입으로 말하고 귀로 흘려듣는 공부(口耳之學, 口上之理, 口談天理, 耳底之學)가 갖는 한계와 문제에 대해 우리는 새로운 형용으로 스스로를 문제 삼을 필요가 있다. 사람들 대부분이 겪고 있는 공부와 인격의 균열, 앎과 삶의 괴리 상태를 거듭 목도하고 비판하면서도 이를 나의 앎과 삶의 문제로 바라보지 못하는 현실, 그것은 어찌 보면 이해하기 힘든 괴이한 세상사이기도 할 것이다.

동서 고전을 통틀어서 첫 문장이 배움의 즐거움에 대한 얘기로 시작하는 고전으로는 『논어』가 유일하다. 학습[學而時習之]을 말하면서 기쁨·즐거움·보람의 정서를 본질로 삼는 것은 유교사상에서 말하는 공부가 위기지학과 교육의 내재적 목적을 지향하는 것이기 때문이다. 이는 현대교육의 추동력 안팎에 배움의 기쁨·즐거움·보람이 사라진 모습과는 대조적인 상황임이 분명하다. 어느 쪽일까. 왜 우리는 공부를 기쁘고 즐겁고 보람된 마음으로 할 수 없는 세상에 태어나, 그 어렵고 힘들고 고통스러운 공부에 매달려야 하는가. 그 목표가 잘못 설정된 것일 가능성이 다분한 것임에도 우리는 왜 이를 박차고 나오지 못하는 것일까. 이 역시 생각해보면 참으로 괴이한 일이 아닐 수 없다. 우리는 경쟁 일변도의, 일등 제일주의의, 지옥과 같은 교육현실을 마주하면서도, 그 안에서 행복한 삶과 축복의 나날을 꿈꾸는 무망한 기대는 접어야 한다. 그 상황 속의 그 기대는 분명 괴이한 일이기 때문이다.

제6장
고종기를 통해 본 퇴계의 앎과 삶

1. 사화의 시대, 그 자장으로부터 자유롭지 못했던 퇴계

　퇴계 이황(退溪 李滉: 1501~1570)의 시대는 사화(士禍)의 시대였다. 무오사화(1498, 연산군 4)는 퇴계가 출생하기 2년 전에 일어났다. 이후, 퇴계는 갑자사화(1504, 연산군 10), 기묘사화(1519, 중종 14), 을사사화(1545, 명종 원년)로 이어지는 47년에 걸친 4대 사화, 그 난세를 모두 거쳤다. 그러한 연혁이 반영되면서, 포은 정몽주(문묘종사자)—야은 길재—강호 김숙자—점필재 김종직(사화희생자)—한훤당 김굉필(사화희생자/문묘종사자) 및 일두 정여창(사화희생자/문묘종사자)—정암 조광조(사화희생자/문묘종사자)로, 다시 퇴계 이황(문묘종사자), 우계 성혼(문묘종사자), 율곡 이이(문묘종사자)로 이어지는 도통의 계보가 확립되었다.

　도통의 계보에서 뚜렷한 위상을 차지하고 있는 인물인 한훤당 김굉필(寒暄堂 金宏弼, 1454~1504)과 일두 정여창(一蠹 鄭汝昌, 1450~1504)은 합칭하여 '한두(寒蠹)'라고 일컫기도 한다. 김굉필은 김종직의 문하에서 『소학』을 공부하였고 스스로 소학동자(小學童子)라 자임하였다. 성종 연간, 사마시에 입격하였고, 뒤에 품행이 뛰어나다고 하여 천거되어 남부 참봉, 전생서 참봉, 군자감 주부, 감찰 등을 역임하였고, 연산군 초기에 형조 좌랑에 이르렀다. 1498년(연산군 4) 무오사화 때 김종직의 일파로 몰려 평안도 희천(熙川)에 유배되었다가 뒤에 전라도 순천(順天)으로 이배되었으며, 1504년(연산군 10) 갑자사화 때 사사(賜死)되었다.[355]

정여창 역시 김종직의 문인으로 일찍이 지리산에 들어가 학문을 닦았고, 1490년(성종 21) 12월에 별시 문과에 급제하여 검열을 거쳐 시강원 설서, 안음 현감 등을 역임하였다. 정여창은 특히 1494년(성종 25), 외직을 구하여 안음 현감으로 나가 5년 동안 재임하면서 어진 정치를 펼치고 교화를 일으켰다. 당시 김굉필이 합천군 야로현(冶爐縣)의 말곡(末谷)에 있었으므로 정여창과 김굉필은 여러 번 서로 만나 정담을 나누고 강론을 펼쳤다. 1498년(연산군 4) 무오사화 때 김종직의 일파로 몰려 함경도 종성(鍾城)에 유배되었고, 유배지 종성에서 사망(1504.4.1.)한 뒤 1504년(연산군 10) 갑자사화 때 부관참시(剖棺斬屍)되었다.[356] 김굉필과 정여창 두 사람 모두 중종 때 우의정에 추증되고, 광해군 때 문묘에 배향되었다.

이처럼 김굉필과 정여창은 거의 동일한 비중으로 주목받았던 두 인물이건만 퇴계는 당시 판결사 임호신(任虎臣)에게 다소 의외의 편지를 보낸 바 있다. 퇴계는 정여창의 정치적 역정에 대한 정보를 거의 갖고 있지 못했기 때문에, 정여창의 사위 임호신을 통해 자세한 정보를 알아내고자 했던 것이다. 다산 정양용도 퇴계가 정여창의 사위 임호신에게 정여창 관련 구체정보를 구하는 장면에 큰 관심을 드러낸 바 있다.

---

355) 『桐溪集』, 卷4, 「文獻公一蠹鄭先生神道碑銘[幷序]」의 해제.
356) 『일두집』 해제—한국고전번역원.

선정(先正) 정여창은 어느 고을 사람이며, 어느 해에 과거에 급제하였으며, 벼슬은 무슨 관직에 이르렀습니까. 안음현감(安陰縣監)이 된 것은 무슨 일로 인하여 그렇게 외직에 보임되었으며, 그 죄를 얻게 된 것은 점필재(佔畢齋) 문도였기 때문이라 하나 자세한 것은 또한 무슨 일 때문인지 모르겠으며, 관북(關北)에 귀양 간 것이 정확히 어느 지방이며, 죄를 입은 해는 어느 해이며, 장사는 어느 지방에 지냈습니까. 아울러 일러주기 바랍니다.[357]

정약용은 사화의 여파로 선현의 언행을 전하는 기록들이 일실되었음을 안타까워하면서, 퇴계가 정여창의 생년, 출신지, 이력 등에 대한 기본 정보를 알아내기 위해 정여창의 사위 임호신(任虎臣)에게 편지를 띄웠던 사례를 제시한 바 있다. 정약용은 이 문제를 해석하기를 "퇴계선생의 당시에도 오히려 일두(一蠹)의 행적을 알지 못함이 이와 같았다. 대개 퇴계선생 이전에는 사화(士禍)를 여러 번 겪어서 모든 선현들의 언행이 다 없어져서 남은 것이 없었다. 그러므로 연대가 그다지 멀지 않았으되 그 아득하여 알지 못함이 이와 같았으니, 어찌 개탄할 일이 아니겠는가"라고 상황을 정리한 바 있다.[358]

동계 정온(桐溪 鄭蘊, 1569~1641)의 〈문헌공일두정선생신도비명〉에는 정여창에 대한 행적이 잘 제시되어 있다. 한강 정구의 문하에서 수학한

---

357) 『與猶堂全書』, 詩文集卷22, 「陶山私淑錄」.

358) 『與猶堂全書』, 詩文集卷22, 「陶山私淑錄」. 정온이 정여창이 갑자사화로 부관참시당한 장면을 기술하면서 "이 해 가을에[是年秋] 사화가 다시 일어났는데[史禍復作] 그 상황에 대해서는 차마 말을 하지 못하겠다[其可忍言之哉]"고 한 장면, 그리고 "애석하게도 하신 말씀이[惜其微言餘論] 세상에 조금도 전하지 않고[不少傳於世] 선생이 평소에 저술해 둔 글도[而先生平日著述] 무오년의 사화에 소실되었다[又火於戊午之禍]"(『桐溪集』, 卷 4, 「文獻公一蠹鄭先生神道碑銘[幷序]」)고 한 말을 통해서도, 퇴계의 정여창에 대한 정보가 왜 크게 부족했는지를 짐작할 수 있다.

정온은 1610년(광해군 2)에 문과에 급제하였고, 1614년(광해군 6)에 영창대군의 처형을 반대하는 상소를 올렸다가 10년간 제주도에서 유배생활을 하였다. 1636년(인조 14) 병자호란 때 화의론에 강력 반대하다가 거창 모리재로 낙향하여 은거생활 5년 만에 세상을 떠났다. 그런 이력에 비추어볼 때, 정온은 정여창의 행적에 대한 이해의 심층이 남달랐을 것으로 보인다.

선생의 휘는 여창(汝昌), 자는 백욱(伯勗)이며, 선대의 관향은 하동(河東)인데, 뒤에 함양군(咸陽郡)으로 옮겨 가서 살았다.……(선고) 좌윤공이 의주 통판(義州通判)으로 있을 때에 선생은 어린 나이였다. 중국 사신 장영(張寧)이 한 번 보고 선생이 비상한 아이라는 것을 알고 명설(名說)과 함께 이름을 지어 주었다. 뒤에 좌윤이 함길도우후(咸吉道虞候)가 되어 반란을 일으킨 장수 이시애(李施愛)를 막다가 죽자, 선생이 졸도했다가 다시 깨어나서 쌓인 시체 속에 들어가 부친의 시신를 모시고 돌아와 장례를 치렀으니, 당시에 공의 나이가 17세였다. 삼년복을 마치자, 상이 국가를 보위하다 목숨을 바친 좌윤의 공로를 가상하게 여겨 그 아들에게 관직을 명하니, 선생이 아비의 죽음으로 자식이 영화를 누리는 것은 차마 할 수 없다 하여 사양하고 받지 않았다. 모부인을 봉양하여 맛있는 음식을 골고루 올려 드렸고 모부인의 하는 일이 의리에 그다지 해로운 것이 아니면 감히 어기지 않았으니, 모부인도 아들의 뜻을 알고 상심시키지 않고자 하였다. 그러므로 모부인은 지나친 거조가 없었고 아들도 무조건 순종하다 잘못을 저지르는 경우가 없었다. 계묘년(1483, 성종 14)에 진사시에 입격하였는데, 모부인이 대과에 급제하는 것을 보고자 하므로 성균관에 들어갔다. 깊은 밤마다 단좌하였는데, 이에 성균관에서 선생에게 도학공부가 있음을 알고 더욱 존경하였다.……경술년(1490, 성종 21)에 문과 병과로 급제하여, 예문관 검열에 보임되었다가 시강원 설서로 옮겨서 올바른 도리로 보필하였지만, 동궁이 그다지 좋아하지 않았으므로 곧바로 외직으로 나가기를 요구하여 갑인년(1494, 성종 25)에 안음 현감으로 나갔다. 안음현이 평소에 피폐한 고을로 일컬어졌으므로 선생이 우선적으로 백성들의 고통을 찾아서 과조(科條)를 엄격하게 세우고 사소한 폐단까지 말끔히 제거하니, 백성들이 소생하게 되었다. 짧은 기간에 은택과 신뢰가 두루 미쳤으며, 관리와 백성이 서로 경계하여 감히 속이거나 저버리는 일이 없었다. 그런 여가에 고을의 자제들 중에 뛰어난 자들을 불러 모아서 친히 가르치니, 원근에서 소문을 듣고 많은 사람이 와서 배웠다. 무오년(1498, 연산군 4)의 사화에 연좌되어 종성(鍾城)에서 7년 동안 유배생활을 하였지만, 조금도 원망하거나 후회하는 기색을 보이지 않았다. 종성부가 뜰에 횃불 밝히는 일을 맡기자, 사신(使臣)이 관부(官府)에 들어올 때마다 직접 횃불을 밝히는 일을 게을리하지 않았으니, 선생이 환난 속에서 처신한 것이 이와 같았다. 육진(六鎭)은 오랑캐 지역과 가까워서 문풍이 없어진 지가 오래되었다. 선생이 더불어 말할 만한 자를 선발하여 열심히 가르쳤더니, 얼마 지나지 않아 진사 시험에 입격한 자가 있었다. 이것이 바로 지나는 곳마다 감화를 입는다는 오묘한 진리가 아니겠는가. 갑자년(1504, 연산군 10) 여름 4월 1일에 유배지에서 세상을 떠나니, 향년 55세였다. 상여를 함양(咸陽)으로 모시고 돌아와 승안동(昇安洞) 간좌곤향(艮坐坤向)의 언덕에 안장하였다. 이어지는 기사의 갑자년(1504, 연산군 10) 가을을 지칭하여 "이 해 가을에[是年秋] 사화가 다시 일어났는데[史禍復作] 그 상황에 대해서는 차마 말을 하지 못하겠다[其可忍言之哉]"는 말은 '부관참시'라는 말을 차마 입에 담지 못해서일 것이다. 몇 년 지나지 않아 그 원통함이 남김없이 신원(伸冤)되었고 포증(褒贈)과 사전(祀典)이 갈수록 더욱 융성하였다. 고을의 유생들이 서원을 건립하니, 남계서원(灆溪書院)으로 특별히 사액하고 봄가을로 소뢰(小牢)를 써서 제사를 지내게 하였다.……한 훤당(寒暄堂) 김 선생과 함께 점필재(佔畢齋) 김 선생의 문하에서 수학하였는데, 뜻이 같고 도가 합하여 서로 막역한 사이가 되었으며, 도를 논하고 학문을 강론할 때면 언제나 서로 수행하였다. 그러나 애석하게도 하신 말씀이 세상에 조금도 전하지 않고 선생이 평소에 저술해 둔 글도 무오년 (1498, 연산군 4)의 사화에 소실되었으니, 어찌 후학들의 길고 긴 통한이 되지 않겠는가.…….[359]

이상으로 퇴계가 미처 제대로 파악하지 못했고, 그리하여 궁금한 사항과 행적에 대해 임호신에게 질문했던 바는 전체적으로 확인된 셈이다. 퇴계의 정여창의 행적에 대한 질문은 일반적으로 보기에는 의외의 일이었다. 성호 이익이나 다산 정약용의 반응은, 퇴계가 그럴 수밖에 없는 사정을 잘 이해하는 편이었다고 말할 수 있다. 참고로 성호 이익의 정여창론을 제시하면 다음과 같다.

가형(家兄) 옥동 선생(玉洞先生)[360]이 일찍이 나에게 이르기를 "정일두가 지리산에 들어가 3년을 나오지 않고 오경을 연구하여, 체용의 근원이 같으나 나뉜 것이 다르다는 것을 알고, 선악의 성품이 같으나 기질이 다르다는 것을 알고, 유교와 불교의 도가 같으나 자취가 다르다는 것을 알았다"고 했으니, 그 논설이 지극히 의심스럽다. 허무적멸하고 윤리가 없는 학설을 우리 유교의 성명학(性命學)에 비겨서 도가 같다고 하는 것이 옳겠는가. 그런데 내가 『해동야언』을 상고해 보니 과연 그러하다. 그가 다

---

359) 『桐溪集』, 卷4, 「文獻公一蠹鄭先生神道碑銘[幷序]」.

360) 성호 이익이 말한 "가형 옥동 선생"은 그의 셋째 이복형 옥동징사 이서(玉洞徵士 李漵, 1662~1723)를 일컫는다. 이서는 경기도 포천의 옥동산 아래에서 살았다.

만 사화(士禍)에 원통히 죽은 것만으로 사람들이 분하게 여기고 억울하게 여겨, 그 평생에 한 일을 감히 평론하지 않는다면 이는 또 잘못이다. 그는 평소에 마늘이나 파 따위를 먹지 않았고 마소의 고기도 먹지 않았다. 젊어서 서당(書堂)에 들어갔을 적에는 코만 골고 잠을 자지 않았으므로, 함께 자던 자들이 이를 깨닫고 드디어 떠들어대기를 "정 아무개는 참선하느라고 잠을 자지 않는다"고 했으니, 그 당시에 벌써 이런 논평이 있었던 것이다. 361)

퇴계는 50세가 되던 1550년에는 형 온계 이해(溫溪 李瀣, 1496~1550)가 정치적 모함을 받아 죽임을 당하는 충격을 겪었다. 362) 이는 퇴계의 앎과 삶의 세계에 커다란 충격으로 작용하였으며, 정치-교육 문제에 대한 실존적 고민과 대응의 직·간접적 계기로 작용하였다. 금계 박동량(錦溪 朴東亮)이 기술한 그 역사적 장면을 살펴보면 다음과 같다.

대사헌 이해(李瀣)는 퇴계선생의 형이다. 성격이 추진하는 데 과감하여 항시 공명을 세우기를 장담하였다. 이기(李芑)가 인종 초기에 새로 우의정에 임명되자 공이 탄핵하여 갈고서야 그만두었다. 퇴계에게 글을 보내어 "언제나 한가하게 물러서 있기만 하면[一向恬退] 일평생 배운 것을 언제 펴 보게 될 것이냐[何時展盡平生所學耶]"고 책망하자, 퇴계가 답서를 보내

---

361) 『星湖僿說』, 卷11, 「鄭一蠹」.

362) 퇴계의 넷째 형인 이해(李瀣, 1496~1550)는 충청감사를 지냈기에 감사공(監司公)으로 불리기도 한다. 이해는 권신 이기(李芑)를 우의정에 발탁하려는 것을 반대하고 탄핵하였다가 이기의 원한을 샀는데, 명종이 즉위하고 소윤세력이 득세하면서 이기의 심복인 사간 이무강(李無彊)의 탄핵을 받아 무고 사건에 연좌된 구수담(具壽聃)의 일파로 몰렸다. 결국 갑산으로 귀양 가던 도중 양주에서 병사하였다. 강원도·황해도·청홍도 관찰사를 지냈으므로 감사공이라 부른 것이다. 퇴계가 단양군수, 그리고 넷째 형(溫溪 李瀣, 1496~1550)이 충청도 관찰사로 부임할 당시의 충청도의 이름은 청홍도였다.

어 "고향으로 돌아와 분수를 지키십시오[還鄕自守]"라고 권고하기도 하였다. 충주에 이사 온 최하손(崔賀孫)이라는 사람이 그 고을 벼슬아치와 향회의 명단[一鄕品官鄕會名目]을 훔쳐내어 그것을 가지고 장차 고변하려다가 어떤 사람에게 잡혀 고발되므로 원님[邑倅] 이치(李致)가 감사에게 보고하자, 공이 감사로서 처형하라고 명하였는데 그가 마침내 죽었다. 이홍남(李洪男)이 전부터 공에게 감정이 있었는데 이 일이 있자 대간을 부추겨 이해가 비밀을 보장하려고 사람을 죽여 역적을 옹호한 것이라고 밀어대어 공을 잡아다가 옥에 가두었다. 고문을 당하여 도중에서 죽었는데 때가 마침 한 여름이어서 시체가 붙어터졌다. 예로부터 화를 받는 참상은 이처럼 심한 적이 없었다. 퇴계 선생의 영원히 벼슬에서 떠나려는 뜻은 이때에 더욱 결연하여 돌아서지 않았다.363)

퇴계의 형 이해의 죽음은 퇴계의 행보에 결정적인 영향을 끼쳤다. 박동량은 퇴계의 형 이해에 대해 "이해가 고문을 당하여 도중에서 죽었는데[受訊道死] 때가 마침 한 여름이어서[時方盛夏] 시체가 붙어터졌다[尸體糜爛]. 예로부터 화를 받는 참상으로[自古受禍之慘] 이처럼 심한 적이 없었다[未有如此者]"는 말에 이어, "퇴계 선생의 영원히 벼슬에서 떠나려는 뜻은[退溪先生長往之意] 이때에 더욱 결연하여 돌아서지 않았다[於是乎益浩然不回矣]"는 기록을 남겼다. 퇴계사상의 중심은 성인지학(聖人之學), 위기지학(爲己之學), 종신사업(終身事業)을 본연으로 하는 교학체계와 공부론이었다고 말할 수 있는데, 이 역시 형의 죽음으로 인해 더욱 깊은 논점을 갖추게 되었다고 말할 수 있다.

---

363) 『大東野乘』, 朴錦溪東亮著, 『寄齋雜記』, 寄齋雜記[三], 歷朝舊聞[三]: 明宗.

2. 30일간의 기록, 퇴계의 고종기에 대한 해석과 부연

퇴계의 자제 및 문인들은 퇴계의 죽음에 이르는 30일간의 기록, 고종기(考終記)를 남기고, 이를 통해 앎과 삶과 됨의 문제, 삶과 죽음의 전체상을 보여주고자 하였다. 퇴계사상에 대한 그동안의 연구 성과에도 불구하고, 퇴계사상이 오늘날 우리들에게 어떤 의미를 가져다주는지에 대한 설명을 듣기는 쉽지 않다. 퇴계의 고종기에 주목하는 것은 그것이 앎과 삶의 본연, 인격 도야의 문제를 직접화법으로, 실존적 무게를 갖고 설명하는 힘을 갖기 때문이다.

고종기는 퇴계의 손자 이안도, 그리고 제자 이덕홍, 유운용, 조목 등에 의해 기술되었다. 그런데 유운용과 조목은 퇴계의 장례와 관련된 기록에 등장하며, 퇴계의 병환과 죽음에 이르기까지의 기록은 손자 이안도와 제자 이덕홍에 의해 기술되었다는 것이 특징이다. 1570년 11월 9일부터 12월 8일까지, 한 달 동안 스승의 곁을 지키면서 죽음에 이르기까지의 상황을 일기형식으로 적은 기록이다. 매일의 기록이라기보다는 그날그날의 의미심장한 장면을 특기하는 방식으로 구성되었다. 고종기에서는 그 특별한 날들을 11월 9일, 11월 12-15일, 12월 2일, 3일, 4일, 5일, 7일, 8일로 잡았다.[364]

1570년 11월 9일, 퇴계는 종가 제사에 참여하였는데, 그곳에 머무는 동안 감기(寒疾)에 걸린 것이 결국 죽음에 이르는 병이 되고 말았다. 기후가 편치 않다며 제사 참석을 만류하는 자제들에게, 퇴계는 "내가 이제 늙어[余今老矣] 제사를 모실 날이 많지 않으니[行祭之日不多] 참석하지

---

364) 『退溪集』, 言行錄卷5, 「考終記」.; 『退溪集』, 退陶言行通錄卷5, 「考終記(凡二十二條)」.; 『蒙齋集』, 卷2, 「考終記」.

않을 수 없다[不可不參]"며 참석하였다(李安道記). 이때 걸린 감기에 대해 임금 선조는 의원을 보내어 진찰토록 하였다. 하지만 의원이 도착하기도 전에 퇴계는 세상을 떠나고 말았다.[365]

11월 12일부터 15일까지의 고종기는 하나의 문단으로 처리되어 있다. 퇴계는 병세가 깊어지자 11월 12일부터 가력일기(家曆日記) 쓰는 일을 중단하였다. 11월 15일에는 병세가 더욱 위중해졌다. 이때, 기대승이 사람을 보내 편지로 문안하였다. 이에 퇴계는 자리에 누운 채 기대승이 보낸 편지에 답장을 썼다. 이승을 떠나는 퇴계의 마지막 학문 활동인 이 편지에서 퇴계는 치지격물설(致知格物說)에 대한 자신의 주장이 잘못되었음을 시인한 내용을 자제들을 시켜 정서하게 하여 기대승과 정유일에게 보냈다(李安道記). 퇴계는 기대승과 8년(1559~1566)에 걸친 사단칠정논변을 벌였지만, 세상을 떠나기 바로 전달까지도 이렇게 성리학의 논점에 대한 질의응답을 이어나갔다.[366] 이 부분에 대한 보충 설명을 위해 다음 기록에 유의할 필요가 있다.

① 과거에 선정신 이황은 희대의 참된 선비로서 식견이 고명하여 선

---

365) 『鶴峯集』, 續集卷5, 「退溪先生史傳」.

366) 퇴계는 26세 연하의 고봉 기대승과 토론하면서 끝까지 서로 견해가 맞지 않아도 "그대는 그대대로 연구하고[只當爾月斯征] 나는 나대로 연구하여[我日斯邁] 또 십여 년 공부를 쌓아야 할 것이니[又積十餘年之功], 그런 다음 저마다 자신의 견해로 이 문제가 어떠한지 보면[然後各以所造看如何] 피차의 옳고 그름을 알 수 있을 것이다[彼此得失於此始可定耳]"고 하면서 상대방의 의견을 늘 존중하는 태도를 보였다(『退溪集』, 卷16, 「答奇明彦[論四端七情第二書]」). 이는 주자학자 퇴계의 주자와 다른 모습이기도 했다(이상하, 「〈적벽부(赤壁賦)〉와 소동파(蘇東坡)의 마음」, 『고전포럼』 217, 2012.6.13.). 퇴계와 주자 사이에, 같은 주자학자로 분류되면서도 사상적 지형도에 차이가 드러나는 것은, 퇴계와 달리 주자의 경우에는, 금(金)의 침략으로 인한 국가적 위난 상황이 절박한 문제로 떠올랐기 때문으로 보기도 한다. 박균섭, 『선비정신연구: 앎, 삶, 교육』, 서울: 문음사, 2015, 46.

불리 다른 사람을 인정한 적이 없었으나 항상 기대승과는 도학을 논변하고 서찰을 주고받아 동방에 끊어진 학통을 일으켰다고 여겨서, 일찍이 그를 칭찬하기를 "조정에 나오지 않았을 때 이름이 원근에 퍼졌고 나오자마자 온 나라의 이목이 그에게 쏠렸다. 태극을 논설함에 있어 충분히 나의 사고를 틔워 주고 나의 안목을 열어 주었으므로 비로소 호남에 이와 같은 인물이 있다는 것을 알았다"고 하였고, 또 탑전에서 아뢰기를 "기대승은 이학에 대해 소견이 뛰어나니 바로 통유입니다"라고 하였습니다.[367]

② 다만 보내오신 내용을 보건대 고봉 선생 서원의 〈청액소〉 초안에 '고 대사간(故大司諫)'이라고만 쓰고 공신호와 증직은 쓰지 않은 것을 가지고 타당하지 않다고 하셨는데, 혹시 제현께서 생각을 깊이 하지 못한 것은 아닙니까. 퇴계 선생의 유계에는 '퇴도만은(退陶晚隱)'의 호만을 묘석에 쓰도록 하셨는데, 이는 옛적의 군자는 관작을 외물로 치부하여 도의 경지와 벼슬의 높낮이는 전혀 관계가 없다고 여겼기 때문입니다.[368]

12월 2일에는 퇴계의 병세가 악화되었다[疾革]. 약을 복용한 뒤에 "오늘은 장인어른의 기일이니[今日乃外舅忌日也] 고기반찬을 놓지 말라[勿用肉饌]"고 지시하였다(李德弘記). 퇴계는 평소에도 부모의 제삿날이나 왕실의 기일에는 육류를 받지 않고, 또 보내오면 모두 돌려보냈다. 1565년 겨울에 안동부사 윤복(尹復)이 문안하고 무엇을 놓고 갔다. 나중

---

367) 『高峯集』, 別集附錄卷2, 「月峯書院事實[請額疏高用厚晴沙]」. "昔先正臣李滉, 以間世眞儒, 識見高明, 未嘗輕易許人, 而常與奇大升論辨道學, 書尺往復, 以爲東方絶學之唱, 嘗稱之曰, 未出而名播邇, 始出而一國盡傾. 論說太極, 足以發人意思, 開人眼目, 乃知湖南有如此人物也, 又啓於榻前曰, 奇大升於理學, 所見超詣, 乃通儒也."

368) 『高峯集』, 別集附錄卷2, 「月峯書院事實[高晴沙答月峯疏會儒生書]」. "但來示以高峯先生書院請額疏草納, 只書故大司諫, 不書功臣贈職, 爲未妥焉. 無乃諸賢思之不深耶. 退溪先生遺誡, 只以退陶晚隱之號, 書於墓石, 蓋古之君子以官爵爲外物, 而道之所在, 位秩崇卑, 初無所輕重於其聞故也."

에 그가 가고난 뒤 뜯어보니 노루고기였다. 퇴계는 그날이 제삿날이므로 편지를 써서 함께 돌려보냈다.[369] 또 12월 24일에 월천 조목이 술과 고기를 가지고 와서 선생을 대접했는데, 술은 받고 고기는 물리쳤다. 그날이 성종 임금의 기일이었기 때문이다.[370]

12월 3일에는 퇴계가 이질로 방 안에서 설사를 하였다[痢泄]. 이때 매화 화분이 곁에 있었는데, 다른 곳으로 옮길 것을 부탁하면서, "매형에게 깨끗하지 못하면 내 마음이 편할 수 없다[於梅兄不潔心自未安耳]"고 말하였다(李德弘記).[371] 이 날 병세가 위독(甚篤)해지자, 자제들에게 빌린

---

369) 퇴계와 안동부사 윤복에 대한 얘기는 『사계전서』에 다음과 같이 등장한다.: 퇴계가 안동부사(安東府使) 윤복(尹復)에게 준 편지에 이르기를 "전에도 간혹 기일을 만나 손님을 대접하게 되었을 경우에는 내 스스로 생각하기를 "나의 상제례에 관련된 일(忌) 때문에 손님을 소찬(素饌)으로 대접하는 것은 이미 미안한 것이다"라고 여기고 있었습니다. 그런데 만약 손님이 주는 고기를 받아 두었다가 뒷날 먹는다고 하면, 이는 더욱더 부당한 일이기 때문에 으레 감히 고기를 받지 못하였습니다. 어저께 단자(單子)를 받았을 적에 미처 살펴보지 못하였다가 날이 저문 뒤에야 그 속에 노루고기와 전복 등의 물품이 들어 있다는 것을 알았습니다. 만일 이미 받은 것이라고 하여 그냥 둔다면 전에 했던 것이 헛된 일이 될 뿐만 아니라, 뒤에 재차 사양하기도 어려울 것입니다. 이에 삼가 사람을 보내어 두 가지 물품을 하인에게 돌려 드립니다. 삼가 미약한 정성을 굽어 살피시고 괴이하게 여기지 말아 주시기 바랍니다"라고 한 데 대하여: 비록 상중이라고 하더라도 다른 사람이 어육(魚肉)을 줄 경우에는 받아서 제전(祭奠)으로 올리거나 노친을 봉양하면 될 것이다. 기일(忌日)에 고기를 사양하여 받지 않는 것은 상정(常情)에서는 구속되어 통하지 않는다. 그러나 마음 씀의 세밀함은 다른 사람이 미칠 수 없는 바이다. 『沙溪全書』, 卷 42, 「喪祭禮答問辨疑」.

370) 권오봉, 『퇴계선생 일대기』, 서울: 교육과학사, 2001.

371) 항간에는 1570년 12월 3일 아침의 그 매화 화분을, 1548년 단양군수 퇴계-관기 두향의 연애서사의 소재로 삼기도 한다. 퇴계가 풍기군수로 전보발령을 받아 떠나던 날, 두향이 그 매화화분을 이별선물로 바친 것이라는 애틋한 연애서사는 아직도 재생산 중에 있다. 애초에 퇴계-두향 연애서사는 사실이 아니었고, 후세에 가공된 얘기이지만, 설령 그렇다고 해도 그 선물이 두향의 선물이 맞다면 퇴계가 이를 대뜸 '매형'이라고 불렀을 리도 없다. 이에 대한 논의는 박균섭, 「퇴계-두향 서사자료 검토」, 『탈경계인문학』16(1), 2023, 79-113.; 박균섭, 「단양 1548: 단양군수 퇴계 이황을 논함」, 『철학·사상·문화』 44, 2024, 1-22.; 박균섭, 「퇴계-두향 연애서사 비판」, 『인문과 예술』16, 2024, 41-64 참조.

책들을 남김없이 돌려줄 것을 지시하였다. 또한 손자 안도에게 말하기를, "전일에 교정한 경주본 『심경』을 아무개가 빌려갔으니[所校慶州本心經爲某人所借去], 네가 받아와서 이를 한참봉에게 보내어[汝可推還因便送傳韓參奉] 판본 중에 틀린 곳을 고치게 하는 것이 좋겠다[使之釐正板本中訛舛可也]"고 하였다. 전날 집경전(集經殿) 참봉 한안명(韓安命)이 경주본 『심경』에 틀린 곳이 많이 있으므로 퇴계의 교정을 청하였다. 이때 그 책이 다른 곳에 있어서, 부치지 못했기 때문에 이런 명이 있었다(李安道記). 이날, 30여 명의 문인들이 병문안을 위해 밖에 대기하였으나, 병이 심해 성사되지 못하였다.

1570년 12월 4일에는 조카 영(甯)에게 사후의 일에 관한 유계(遺戒)를 받아쓰도록 하였는데, 그 내용을 이안도는 다음과 같이 기록하였다.

첫째, 예장을 하지 말라[毋用禮葬]. 예조에서 전례에 따라 예장을 하겠다고 하면 유언이라고 일컫고 자세히 말해서 굳게 사양하라. 둘째, 유밀과를 쓰지 말라[勿用油蜜果]. 셋째, 신도비를 세우지 말라[勿用碑石]. 다만 조그만 돌을 쓰되, 앞면에는 '퇴도만은진성이공지묘(退陶晚隱眞城李公之墓)'라고 쓰고, 뒷면에는 향리(鄕里), 세계(世系), 지행(志行), 출처(出處)의 대강만을 『가례』에서 말한 대로 간략히 쓰라. 이런 일을 다른 사람에게 부탁한다면, 가령 잘 아는 기대승 같은 이는 필시 사실에도 없는 일을 늘어놓아[必張皇無實之事] 세상의 비웃음을 살 것이다[以取笑於世].372) 내

---

372) 자신의 묘갈문을 기대승에게 부탁하지 말라면서 "사실에도 없는 일을 늘어놓아 세상의 비웃음을 살 것"이라고 말한 사실을 기대승도 이미 알고 있었고, 기대승은 퇴계의 묘갈명을 작성할 때 이 말을 인용한 바 있다. 앞뒤 정황으로 보아 퇴계의 유계는 기대승에 대한 우려를 드러냈다기보다는, 기대승의 묘갈명 작성 가능성을 내다보면서, 묘갈명에 기술될 자신의 삶의 행적 자체를 겸사로 처리하려는 뜻이 반영된 것일 수도 있다. 퇴계는 이러한 유계를 내리기 1년 전인 1569년 여름, 기대승에게 부친(선부군)에 대한 묘갈명을

일찍부터 뜻한 바를 내 스스로 짓고자 하여 먼저 명문(銘文: 자찬묘지명)을 지었고, 그 밖의 것은 이럭저럭 미루어오다가 아직 마치지 못하였다. 그 초한 글이 초서 중에 있을 것이니 찾아내어 쓰는 것이 옳을 것이다. 넷째, 선대의 묘갈명을 완성하지 못한 것이 한으로 남는다[先世碣銘未畢至此爲終天之痛]. 그러나 준비는 다 되었으니 집안 여러 사람에게 물어서 새겨 세우도록 하라. 사람들이 사방에서 보고 들을 것이니, 장례의 모든 일을 반드시 남에게 물어서 하라. 집안이나 마을에 다행히 예를 아는 사람이 많으니, 널리 묻고 두루 의논해서 시속에도 맞고 고례에도 멀지 않도록 하라(李安道記).

이날 작성한 유계에는 이밖에도 집안일 처리에 관한 몇 조목을 덧붙였다. 이날 퇴계는 천식(疾喘)이 심했는데, 유계를 작성할 즈음에는 병이 시원스레 몸에서 떠난 듯하였다. 퇴계는 유계를 다 쓰고 나자 스스로 한 번 훑어보고 조카 영에게 이를 봉하라고 명하였다. 조카 영이 유

간곡히 청했던 사실이 있다(『高峯集』, 卷3, 「贈崇政大夫議政府左贊成兼判義禁府事李公墓碣銘」). 기대승은 퇴계가 특별히 자신에게 선부군의 묘갈명을 간곡히 청했던 것을 두고 "나를 가르칠 수 없는 인물이라 여기지 않았다[先生不以大升爲不可敎]"고 말했다. 이는 의미 깊은 헤아림이다. 그 정황에 대한 기대승의 설명은 다음과 같다.: 1569년(선조 2) 여름에 퇴계 선생이 나에게 편지를 보냈는데, 그 글에 "나의 선부군(先府君)께서는 선형(先兄=李瀣)의 벼슬이 높아짐으로 인하여 가선대부에 추증되었다. 당시에 이미 묘 앞에 한 비갈(碑碣)을 세우고 관향(貫鄕)과 세계(世系)를 대략 새겨 넣었는데, 돌이 이지러지고 망가져서 다시 세우려고 하였으나 도중에 집안의 화를 겪게 되어 고쳐 세우지 못하였다.······이전에 새긴 것은 사실(事實)이 기재되어 있지 않고 또 명문(銘文)도 없다. 내 엎드려 생각건대 선인께서는 훌륭한 뜻을 간직하고 있었으나 쓰지 못하였고 이름이 사첩(史牒)에 오르지 못했으니, 만일 다만 이대로 인멸된다면 이것은 더더욱 자식 된 마음에 무한한 서글픔이 될 것이다. 그대의 한마디 말을 얻어서 숨겨진 행적을 발양하여 후세에 보여 주기를 원한다. 이에 내가 엮은 행장 하나를 절하고 올리니, 그대는 사양하지 말라"고 하였다. 나는 선생의 편지를 받고 부끄러워 글을 지을 수 없다고 사양하려 하였다. 그러나 한편 생각건대 선생께서는 나를 가르칠 수 없는 인물이라 여기지 않고 다행히 선대의 명문을 맡기시니, 의리상 진실로 사양할 수가 없었다.

계를 봉하고 도장을 찍고 나자, 다시 숨을 헐떡이기 시작했다. 이날 오후에는 제자들을 보고 싶다고 하였다. 주위에서 만류했으나, "생사가 갈리는 마당에[死生之際] 마땅히 보아야 한다[不可不見]"고 말하며, 웃옷을 입고 제자들을 만났다. 제자들에게 "내가 평소에 잘못된 소견으로[平時以謬見] 제군들과 더불어 종일 강론하였는데[與諸君終日講論], 이마저도 쉽게 할 수 있는 일이 아니었다[是亦不易事也]"며 회한을 드러냈다(李德弘記).

1570년 12월 5일에는 조카 영에게 "대간들의 을사사화에 대한 훈공을 삭제하자는 주장이 어떻게 되어가고 있느냐[臺諫所啓今何如耶]"고 묻고, "아직까지 윤허가 내리지 않았다[猶不允兪]"는 대답에 "결론이 어떻게 날지 알 수 없구나[未知其終如何]"라며 재삼 탄식하였다(李德弘記). 그런데 이날은, 퇴계가 자신이 죽은 후에 들어갈 관과 염습에 쓰는 제구(壽器)를 마련하라고 지시한 다음, 제자들에게 3, 4일 더 지탱하면 다행이라고 말했던 날이기도 했다. 그러던 날에, 조카에게 대간들이 을사위훈(乙巳僞勳)[373]에 대해 삭탈을 청한 결과가 어떻게 되었는지를 물은 것이다. 죽음의 길로 빠져들면서도 국가의 정치 문제에 대한 근심과 기대를 접지 않았다는 것을 알 수 있다. 흔히 퇴계는 '식무(識務)'보다는 '본원(本源)'과 '윤행(倫行)'에 관심을 두었다고 말한다. 하지만 이러한 규정은 퇴계가 정사에 대처하는 일, 세계에 대한 기술적 지식에 제한적이었다는 오류를 낳을 수 있다. 퇴계는 일생동안 내면의 도덕화를 중시했을

---

373) 위훈을 삭제하는 일은 거짓된 녹훈[僞勳]을 받은 자들을 훈적에서 삭제하는 일을 말한다. 위훈이란 을사년(1545, 명종즉위)에 문정왕후를 배경으로 권력을 잡고 전횡을 일삼던 윤원형일파가 인종의 외숙인 윤임과 그와 교유하던 사류 및 중종의 왕자 봉성군 이완(李岏) 등을 모함하여 죽이는 사화를 일으켰는데, 이들에게 위사공신(衛社功臣)이란 훈호를 내려준 것을 말한다(『명종실록』 1545년(명종 즉위) 9월). 이른바 을사사화의 시작이다.

뿐만 아니라 경세론에도 관심을 벗어난 적이 없다. 퇴계의 정치적 관심과 대응에 대한 정확한 이해를 보여주는 다음의 글에 주목할 필요가 있다.

말년에 조정에 나아간 것은 대개 해볼 만한 조짐이 있었기 때문이었다. 그가 경연에서 임금에게 강론한 것과 차자나 상소를 올려서 임금에게 진달한 것은 성학(聖學)을 밝히고 왕도(王道)를 시행하는 일에 근본을 삼지 않은 것이 없었다. 비록 시대와 서로 어긋난 탓에 부합되지 않기는 하였지만, 끝내 자신의 도를 낮추어 남을 따르지는 않았다. 그러나 그의 임금을 사랑하고 나라를 걱정하는 충심은 조정에 나아가거나 시골로 물러났다고 해서 차이가 있지 않았다. 이에 좋은 정령(政令) 한 가지가 시행되었다는 말을 들으면 기뻐서 잠을 이루지 못했으며, 혹 조처한 것이 마땅하지 않으면 걱정스런 기색을 얼굴에 나타냈다. 항상 임금의 덕을 보양하는 것과 사림을 보호하는 것을 급선무로 삼았다. 일찍이 벼슬하는 것은 도를 행하기 위해서이지 녹봉을 구하기 위한 것은 아니라고 여겼다. 그러므로 벼슬한 40년 동안 네 임금을 거치면서 출처와 진퇴를 한결같이 의리에 따라 하여, 의리에 온당치 못한 바이면 반드시 몸을 거두어 물러났는데, 이와 같이 한 것이 총 일곱 차례나 되었다. 조정에 나아가기는 어렵게 여기고 관직에서 물러나기는 쉽게 여기는 지조는 만 길이나 되는 절벽처럼 우뚝하였는데, 말년에 들어서는 그 지조가 더욱더 드러났다.[374]

1570년 12월 7일에는 서자 적(寂)을 시켜 이덕홍에게 "너는 서적을

374) 『鶴峯集』, 續集卷5, 「退溪先生史傳」.

맡으라[俾司書籍]"고 당부하였다.[375] 이덕홍이 명을 받고 물러나 여러 제자들과 함께 점을 쳐 겸괘 '군자유종(君子有終)'의 효사(爻辭)를 얻었다. 이에 김부륜 등이 놀라 바로 책을 덮었지만 그들의 얼굴빛은 모두 변해 있었다(李德弘記).

1570년 12월 8일, 이날은 퇴계가 세상을 떠나는 날이었다. 당시의 하루를 이덕홍은 다음과 같이 압축하여 기록하였다.

아침, 매화 화분에 물을 주라고 명하셨다[朝命灌盆梅]. 이 날은 날씨가 쾌청하였는데[是日晴] 오후 5시경이 되자[酉初] 갑자기 흰 구름이 몰려들더니[忽白雲坌集], 지붕 위에 눈이 내려 한 치쯤 쌓였다[宅上雪下寸許]. 조금 있다가[須臾] 선생은 자리를 정리하라고 명하셨다[先生命整臥席]. 부축하여 일으켜드리자 앉은 채로 돌아가셨다[扶起而坐逝]. 그러자 구름이 흩어지고 눈이 개었다[卽雲散雪霽].(李德弘記)

이상이 퇴계의 죽음에 이르기까지의 한 달 간의 기록이다. 그러나 고종기는 여기서 그치지 않는다. 고종기의 후반부는 퇴계가 세상을 떠난 후 장례를 치르기까지의 일들이 비교적 상세하게 기록되어 있다. 퇴계가 12월 8일 오후 5시경에 세상을 떠나자, 원근에 사는 지인들이 서로 다투어 모여 문상하였고, 비록 이전에 오가지 않던 사람들도 거리에서 슬퍼하였다. 백성과 하인들도 슬퍼하지 않은 사람이 없었으며 여러 날 고기를 먹지 않은 사람도 있었다(李安道記). 유밀과를 쓰지 말라던 유계

---

375) 퇴계는 차례차례 주변을 정리한 후 마지막으로 자신이 갖고 있던 서적에 대해 세상을 떠나기 하루 전에 이덕홍에게 맡아주기를 부탁하는 유계를 남겼다. 이덕홍은 이렇게 스승의 임종시 서책 관리를 명받을 만큼 신망이 두터웠다. 이덕홍은 스승의 죽음에 대해 3년 동안 심상(心喪)을 지낸 인물로도 알려져 있다(『林下筆記』, 卷16, 「爲師服喪」).

에 대한 해석과 대응장면도 인상적이다. 퇴계는 유계에서 "유밀과를 쓰지 말라"고 하였다.376) 『경국대전』(「예전」)에 환갑잔치나 혼인, 제향 때 외에 유밀과를 사용하는 자는 장 60대에 처하도록 한 규정이 있었던 것을 보면, 음식 사치를 법으로 규제할 정도로 이는 삶의 문제의식을 규정하는 대상이었음을 알 수 있다. 퇴계는 이를 법적 규제의 차원을 넘어 사치가 일지 않도록 철저히 경계한 것이다. 그런데 퇴계의 유계에 대한 해석은 둘로 갈렸다. 해석 1과 2를 보면 다음과 같다.

해석 1: 세속의 폐단이 아주 굳어져 하나의 습관을 이루었으므로, 선생이 이 경계는 다만 자기 한 집안만 경계로 삼은 것이 아니라, 또한 그 당시 세상의 폐단을 고치려고 한 것이다. 선생은 평소에 검소하고 수수해서 아무리 풍성한 상황에 있어서도, 이를 용납하지 않는 것 같았다. 지금 만일 한번이라도 남이 만들어온 유밀과로 제사를 받는 일이 있다면, 반드시 그것이 폐단의 시초가 될 것이니, 남이 가지고 와서 제사에 드리는 것까지도 거절하여 세속의 폐단을 고치고, 선생의 뜻을 따르는 것만 같지 못할 것이다.

해석 2: 유밀과를 쓰지 말라고 한 것은 다만 한 집안의 일을 두고 한 말이지, 어찌 이를 만들어 와서 제사에 드리는 것까지 쓰지 말라고 한 말이겠는가. 사람들이 성의를 다해 이를 가지고 와서 제사에 드리고자 하는

---

376) 『국조오례의』를 기준으로 할 때, 국가의 기본 제사인 대사(大祀), 중사(中祀), 소사(小祀)에는 모두 희생을 필요로 한 반면, 왕실과 민간의 제사에서는 희생을 사용하지 않았다. 왕실의 제사에서는 희생 대신에 '유밀과(油密果)'를 기본으로 하였으며, 민간의 제사에서는 희생 대신에 '반갱(飯羹, 밥과 국)'을 중심으로 제사상이 차려졌다. 유밀과는 유교의 희생제를 거부하고 이를 대체하려 했던 불교의 유산이었던 반면 반갱은 『주자가례』의 규정을 따른 것으로 상찬(常饌, 일상의 음식)의 의미를 지니고 있었다. 상찬은 '부모'에 대한 공양의 의미로 간주되어 '신에 대한 음식'과 차별화되었음을 알 수 있다. 이욱, 「조선시대 유교 제사의 확산과 희생의 변용」, 『종교문화비평』 31, 2017, 47-90.

데, 선생의 남긴 뜻이라 하여 거절한다면, 그것은 선생이 평소에 손님을 대접하는 성의를 받드는 일이 아니다.

해석 1과 2가 서로 맞서는 상황에서 정유일은 일찍이 이 일에 대해 스승에게 그 취지를 물은 적이 있다면서, 해석 2를 지지하였다. 결국 유밀과는 집 안에서만 만들어 쓰지 않기로 하고, 이를 만들어 가지고 오는 사람의 것은 모두 받기로 하였다(柳雲龍記).

일찍이 퇴계는 아들 준(寯)에게 경계하기를, "내가 죽으면 예조(該曹)에서는 반드시 전례에 따라 예장(禮葬)하기를 청할 것이니, 너는 모름지기 유언이라고 핑계를 대고서 상소를 올려 굳게 사양하라"고 하였다. 이준은 두 번이나 상소하여 예장을 사양하였다. 하지만 임금의 허락을 받지 못하는 바람에, 끝까지 예장을 사양할 수는 없었다.[377] 1571년 3월 장제를 주재하기 위해 예장가정관(禮葬加定官)으로 퇴계의 문인 김취려(金就礪)가 내려왔다. 퇴계의 제자 중에 우성전(禹性傳), 김취려(金就礪), 이함형(李咸亨), 남언기(南彦紀), 조진(趙振), 김덕룡(金德龍) 등은 비영남권의 인물들이다.[378] 그 중에서도 김취려는 퇴계가 특히 아끼던 제

---

377) 『鶴峯集』, 續集卷5, 「退溪先生史傳」.

378) 우성전(禹性傳), 김취려(金就礪), 이함형(李咸亨), 남언기(南彦紀), 조진(趙振), 김덕룡(金德龍) 등은 모두 영남지역 출신이 아닌 퇴계의 제자들이다. 우성전(1542~1593)의 본관은 단양(丹陽), 자는 경선(景善), 호는 추연(秋淵)·연암(淵庵)이며, 허엽(許曄)의 사위이다. 서울에 거주하였다. 김취려(金就礪, 1527~?)의 본관은 안산(安山), 자는 이정(而精), 호는 잠재(潛齋)이며, 부는 호조 참판 김휘(金暉)이다. 처음에는 서경덕(徐敬德)의 제자인 이소재 이중호(履素齋 李仲虎)에게 배웠으나 후에 퇴계의 제자가 되었다. 효행으로 천거되어 벼슬하였다. 이함형(李咸亨, 1550~?)의 본관은 전주(全州), 자는 평숙(平叔), 호는 산천재(山天齋)이다. 부친은 이조 참판 이식(李栻)이다. 1569년(선조 2) 봄에 도산으로 가서 수학하였다. 남언기(南彦紀, 1534~?)의 본관은 의령(宜寧), 자는 장보(張甫)·계헌(季憲), 호는 고반(考槃)이다. 서울 출신으로 김인후(金麟厚)와 퇴계에게 수학하였다. 조진(趙振, 1535~?)의 본관은 양주(楊州), 자는 기백(起伯), 호는 농은(聾

자이기도 했다.[379)]

  사람들은 김취려가 예장가정관으로 내려오자, "김취려가 선생을 제일 오래 모셨으니[就礪侍先生最久], 선생을 모르는 사람이라 할 수 없다[不可謂不知先生者]"고 하면서 선생의 뜻에 따라 장례를 치러줄 것을 기대하였다. 하지만 그 기대는 여지없이 빗나갔다. 김취려는 예장을 감독하는 자신의 책임을 다하고자 하였고, 결과적으로 이는 퇴계의 유언과

隱)으로 서울 출신이다. 벼슬이 공조 판서에 이르렀고 수(壽)는 80을 넘었다. 김덕룡(金德龍, 1518~?)의 본관은 안동, 자는 운보(雲甫), 호는 낙곡(駱谷)이다. 아우 김덕곤(金德鵾)과 함께 퇴계의 가르침을 받았다. 1546년(명종 1)에 급제하여 벼슬이 사헌부 대사헌에 이르렀다(『星湖全集』, 卷68, 「小傳」).

379) 『선조실록』의 사론에는, 선조의 "이황의 문인 가운데 조정에서 벼슬하는 자가 있는가"라는 질문과 이에 대한 유희춘의 "정유일(鄭惟一), 정탁(鄭琢), 김취려(金就礪) 등이 있습니다"라는 답변이 나온다. 이어지는 사론에서는 "이황이 사직[乞身]하여 떠날 때에 임금이 노쇠하고 병든 것을 근심하였고 신들도 위에서 굳게 만류하도록 권하지 못하였으므로 그때에는 늘 한스럽게 여겼으나 이제 와서 생각하면 또한 유감이 없다. 이황이 기사년(1569년, 선조 2)에 사직하고 돌아가 경오년(1570년, 선조 3)에 죽었는데 그 문인들도 모두들 겸퇴[謙退]하여 감히 행장을 지어 올리지 못하였다. 그래서 사람들은 다들 빨리 시호[易名]를 보기를 바랐는데, 이는 공론이었다"고 하였다(『선조실록』1573년(선조 6) 11월 30일). 퇴계는 서울 출신 제자 김취려(金就礪, 1526~?)에게 답한 편지에서, 스승[이황]을 너무 높이고 본인[김취려]도 높은 경지로 자처하였으며 가깝고 낮은 데서부터 학문에 종사하지 않음을 탓하면서, 계속 그런다면 절교의 편지를 보낼 수도 있다고 경고하였다. 이 때 퇴계는 주자의 말을 인용하면서, 바른말로 인도할 책무가 자신에게 있음을 부연하였다(『退溪集』, 卷29, 「答金而精」). 이에 대해서는 『大山集』, 卷29, 答金直甫[己卯])도 참조. 퇴계가 김취려에게 답한 편지에 "나는 노쇠하여 고달픔이 날로 심하여[衰憊日甚], 다만 본분에 돌이키고 분수에 편안하기를 바란다[只以反素安分]"면서 "두보의 시 가운데 졸박함으로 나의 도를 보존하고, 그윽하게 살며 물정을 가까이 한다는 말에 깊이 음미하는 바 있다[深有味於杜子美用拙存吾道幽居近物情之語耳]"고 하였다(『退溪集』, 卷30, 「答金而精」). 『선조실록』1573년(선조 6) 11월 30일자 사론에서는, 퇴계의 제자들을 두고 "그 문인들도 모두들 겸퇴(謙退)하여 감히 행장을 지어 올리지 못하였다"고 했다. 그 스승에 그 제자로 이어지는 정신적 기조는 바로 겸손·겸양·겸퇴의 이미지에 있다고 할 것이다. 여기서 우리는 건괘와 겸괘의 지향점에 유의할 필요가 있다. 건괘의 '항룡유회(亢龍有悔)'와 겸괘의 '겸퇴(謙退)'의 의미를 새길 일이다. '항룡(亢龍)'의 지위에 오른 자의 아레테는 '겸퇴(謙退)'에 있다. 이는 사람들의 교만, 아집, 욕망이 그들의 삶을 망가뜨릴 수 있음을 경계하는 말이다.

상치되는 일로 나아갈 수밖에 없었다. 김취려의 일 처리는 한마디로 너무 번거로웠다. 석인(石人)이나 석상(石床)은 너무 사치스럽고 컸으며, 망주석(望柱石)과 혼유석(魂遊石)은 나라의 법(國典)을 넘어 썼으며, 지적석(地籍石)은 반드시 전석(全石)을 쓰라고 강요하였다. 조카 영은 김취려와 다투다 못해 "숙부의 유계는 내가 받아쓴 것입니다[叔父遺戒吾所書也]. 일찍이 이와 같이 될 줄 알았더라면[早知如此], 유계를 내리시지 않는 것이 나을 뻔했습니다[不若不戒之爲愈也]"라며 눈물을 흘리기까지 하였다.

비문과 관련하여 당시 대제학 사암 박순(思菴 朴淳, 1523~1589)에게 묘갈명(誌文)을 구했으나, 박순이 쓴 묘갈명이 퇴계의 사연과 행적이 정확하지 않아 이를 취할 것인가 말 것인가를 두고 논쟁이 일었다. 그 난처함은 상상을 넘는 일이었다. 이에 대해 제자 정유일은 "제지관이 이미 왕명으로 썼으니[以爲題誌官旣以王命書之], 지금 이를 쓰지 않으면[今若不用] 그것은 임금이 하사한 것을 버리는 일이다[是棄上賜也]. 그리고 대학사는 한 나라 사문의 영수인데[且大學士一國斯文之領袖], 그에게 글을 청해서 쓰지 않으면[請其文而不用] 누가 감히 이를 대신해서 짓겠는가[誰敢有代製者]"라고 반박하기에 이르렀다. 일의 결말은 제자들의 의논 끝에 박순의 글을 쓰지 않기로 하고 결국 기대승에게 부탁해서 묘갈명을 짓기로 하였다(柳雲龍記). 이는 결국 제자들이 스승의 유계를 어긴 셈이 되었다. 묘갈문을 쓸 당시 기대승도 퇴계가 유계에서 남긴 "가령 잘 아는 기대승 같은 이는 필시 사실에도 없는 일을 늘어놓아[必張皇無實之事] 세상의 비웃음을 살 것이다[以取笑於世]"고 했던 말을 들어서 알고 있었다. 기대승은 퇴계의 유계를 의식하면서도 "남기신 경계 말씀을 엎드려 생각하니, 감히 어길 수가 없으나 묘도에 게시하여 후세에 알리는 것을 또한 안 할 수 없으므로 그 대략을 기록하고 이에 대한 말을 붙인다"며

묘갈명을 써내려갔다.380)

퇴계가 유계를 통해 기대승을 언급한 일이 있기도 해서, 기대승의 퇴계에 대한 묘갈명은 많은 이들의 관심의 대상이었다. 아니나 다를까 기대승이 지은 묘갈명에 대해, 그것도 퇴계를 가장 가까이서 오랫동안 모셨던 조목의 평이 나왔다. 퇴계의 제자 조목의 특별함에 유의한다면, 그의 평은 예사로 받아들일 문제가 아니었다. 조목은 기대승의 묘갈명에 대해 "온당하지 못한 것 같다[似未穩]", "자세하지 못한 것 같다[似未親切]"고 문제 삼았다. 이는 퇴계가 염려했던 바의 "사실에도 없는 일을 늘어놓아[必張皇無實之事] 세상의 비웃음을 살 것[以取笑於世]"이라는 예상과는 다른 차원의 문제였다. 사실 관계를 기술하는 일은 고사하고 스승 퇴계에 대한 이해가 부족한, 그리하여 사실을 왜곡·폄하한 기술이 되고 말았다는 지적이었다.381)

---

380) 『高峯集』, 卷3, 「退溪先生墓碣銘 先生自銘並書」.

381) 기대승의 퇴계선생묘갈명에는 "중년 이후로는[中歲以後] 바깥일에 생각을 끊었다[節意外慕]"는 말이 나온다(『高峯集』, 卷3, 「退溪先生墓碣銘 先生自銘並書」). 그런데 퇴계의 자찬묘지명에 "중년에는 어찌하여 학문을 즐겼고[中何嗜學] 만년에는 어찌하여 벼슬을 하였나[晩何叨爵]", "학문은 구할수록 멀어져가고[學求愈邈] 벼슬은 버릴수록 몸에 얽힌다[爵辭愈嬰]", "관직에 나아가서 어긋난 일들[進行之跆] 물러나서 갈무리는 곧게 하였네[退藏之貞]"라는 말이 나온다(『退陶言行通錄』, 卷1, 「先生自銘 附後敍略」). 기대승은 퇴계의 '중년'과 '만년', '학문'과 '벼슬', '나아감'과 '물러남'의 구분법을 따른 듯하다. 역설적이게도 기대승은 퇴계의 자기 평가에 가장 근접한 평가를 했다는 이유로 조목으로부터 "온당치 못한 것 같다", "자세하지 못한 것 같다"는 불만을 샀다고 말할 수 있다. 조목이 기대승의 퇴계선생묘갈명에 대한 문구를 문제 삼은 장면은 〈동문 여러 벗들에게 보내어 퇴계 선생의 묘갈문과 묘지문의 온당하지 못한 곳을 논하다〉를 참조(『月川集』, 卷3, 「與同門諸契論退陶先生碣文誌文未穩處」).: 조목은 기대승의 묘갈명과 묘지명의 온당하지 못한 곳을 크게 네 개의 항목을 들어 비판하였다. 조목은 "세상에 전해지는 글을 여러 번 반복해서 읽어도 여전히 어리석고 고루하여 막히는 곳이 있었고, 이해되지 않는 것을 보존하였다가 감히 조목별로 기록하여 올리니 우선 참람되고 망녕됨을 용서하십시오"라고 말하면서, 기대승의 묘갈명과 묘지명의 온당하지 못한 네 개의 항목을 들어 비판하였다. ① "중년 이후로[中歲以後] 부귀공명에 대한 생각을 끊었다[絶意外慕]"는 말에 대하여, ② "공자·맹자와 정자·주자의 말을 헤아림에[揆諸孔孟程朱之言] 합당하

조목이 기대승의 묘갈명에 대해 "온당하지 못한 것 같다[似未穩]", "자세하지 못한 것 같다[似未親切]"고 문제 삼았던 장면은 퇴계 이후의 퇴계학의 정체성을 논하는 과정에서 특히 유의할 부분이다.

기대승이 지은 선생의 묘갈문에 "중년 이후로는[中歲以後] 바깥일에 생각을 끊었다[節意外慕]"고 한 것은 온당하지 못한 것 같다. 선생은 타고난 기품이 지혜롭고, 품성이 독실하여 젊어서부터 조용히 학문하기를 좋아하였고, 권세나 이익, 호화 따위에는 담박하였는데, 어찌 중년을 기다려서야 바깥일에 생각을 끊었다 할 것인가. 또 기대승의 생각은 주로 이치를 연구하고 시비를 따지고 일을 처리하는 데에 중점을 두었고, 선생의 평소 독실하게 실천한 단적인 공부에 대해서는 설명이 친절하지 못한 것 같다.(趙穆記)

고종기 말미의 쟁점을 통해, 스승의 가르침과 유언을 그대로 따르는 일이 얼마나 어려운 일인가를 알 수 있다. 스승의 유언이 제대로 지켜질 수 없는 정치·사회적 역학과 그 안에서 작동하는 형식주의, 그리고 관념과 현실 간의 격차와 괴리를 염두에 두는 일도 중요하다. 퇴계의 고종기를 둘러싼 여러 의견상의 차이를 보면서, 스승의 앎과 삶의 세계, 그 내면의 정신현상을 제대로 읽어내기가 얼마나 어려운 일인지를 생각해본다. 퇴계의 삶에 대한 고통, 그 정신적 갈등과 고뇌, 그 정서적 색조를 제대로 파악하는 중요한 기록이 있다. 어쩌면 『퇴계집』에 실리지 못했을 뻔한, 퇴계의 내면의 고뇌를 생생하게 확인할 수 있는 자료

지 않은 것이 적었다[其不合者寡矣]"는 말에 대하여, ③ "옛 선현들과 비교하여[視古先民] 누가 더 낫고 못할까[孰與先後]"라는 말에 대하여, ④ "산이 평평해질 수 있다 이하 부분[山可夷以下]"에 대하여.

가 바로 퇴계의 말년제자 이함형에 대한 얘기가 될 것이다.

퇴계 이황의 결혼생활은 순탄치 못했다. 퇴계는 21세 때인 1521년(중종 16) 김해허씨(許瓚의 女)와 첫 번째 결혼을 하였다. 퇴계와의 사이에 두 아들 준(寯), 채(寀)을 두고 불과 6년 만에 숨을 거두었다(둘째 아들 채는 1548년 2월 사망). 아내가 죽은 후 퇴계는 향시에 응시하여 2위에 입격하고 진사에도 입격하는 등 승승장구하였으나 그 후 3년 동안 줄곧 홀아비(曠夫)로 지냈다. 30세 때인 1530년(중종 25) 퇴계는 권씨부인(權磧의 딸)과 재혼하였다(1546년 3월 장인 권질 사망. 7월 권씨부인 사망). 권씨부인과의 사이에서 자식은 두지 못하였다. 이듬해 1531년(중종 26)에는 첩과의 사이에서 서자 적(寂)이 태어났다. 권씨부인과의 결혼생활이 어땠는가를 엿볼 수 있는 편지 하나가 오늘날까지 전한다. 이는 스승 퇴계가 말년제자 이함형(李咸亨, 1550~1577)에게 건네준 비밀 편지였다. 이함형의 자는 평숙(平叔), 호는 산천재(山天齋)로 전라도 순천사람이었다.

이함형은 효령대군의 후손으로 아버지는 대사헌, 대사간을 지낸 이식(李拭, 1522~1587)이다. 이함형은 1569년(선조 2)에 전라도 순천 땅에서 멀리 경상도 예안의 도산서당을 찾아 퇴계의 문하에 들어가 공부한 말년 제자였다. 스승이 보기에, 이함형은 유독 부부간에 불화가 심했던 제자였다. 마침내 고향으로 돌아가는 제자에게 스승은 편지 한 장을 써주며 반드시 집에 도착하여 들어가기 직전에 읽어보라고 당부했다. 이함형은 스승과의 약속을 지켰다. 예안에서 순천까지 열흘가량 걸리는 먼 길을 가는 동안 스승이 건넨 편지를 소중히 간직하였을 뿐 읽지 아니하였다. 퇴계가 이함형에게 "집에 들어가기 직전에 비밀리에 편지를 뜯어보라[道次密啓看]"며 건넨 편지에는 부덕하여 인륜을 제대로 갖추지 못한 부인을 둔 이함형에게 보낸 충고가 들어 있었다. 스승 퇴계는 말년 제자 이함형이 결혼과 함께 겪었던 인륜의 변괴를 한 마디 말도 없이 지켜볼 수 없었다.

　스승 퇴계(70세)가 막 결혼한 젊은 제자 이함형(21세)에게 건넨 편지. 이함형의 부인이 퇴계의 부음(訃音)을 듣고 3년 동안을 소식(素食)했다는 것으로 미루어보아 마음을 굽히라는 스승의 그 간곡한 당부가 남편의 마음을 돌리는 힘이 되었고, 부인은 그것이 한없이 고마웠을 것이다. 스승의 제자에 대한 그 간곡한 당부는 자신의 평탄치 못한 결혼생활과 무관하지 않은 일이었다. 여섯 살 어린 나이에, 낳아준 어머니의 사랑도 제대로 받지 못한 채 계모와 함께 모여사는 현실에서 큰아들 준(寯)의 가족을 분가시켜야 하는 아버지의 괴로운 마음이 읽혀지는 대목이다. 자신의 부끄러운 가정사를 들어가면서 자상하게 타이르는 스승의 편지에 이함형은 깜짝 놀라 자신의 잘못을 깨닫고 부부 금슬이 다시 좋아졌다. 노스승의 제자에 대한 비밀편지에 담긴 내용은 다음과 같은 것이었다.

　1. 그대가 금슬이 안 좋다고 내 들었는데 무슨 이유로 그런 불행이 생긴 것인가. 세상을 살다보면 이런 문제가 있는 사람이 적지 않다.[382]

　2. 옛날에는 아내를 버려도 아내가 다른 데 시집갈 수 있었기 때문에 칠거지악을 저지르면 아내를 바꿀 수 있었다. 그러나 오늘날의 아내는 거개가 한 지아비만 끝까지 따르니 어찌 정의가 맞지 않다는 이유로 길가는 사람처럼 대하거나 원수처럼 대하여, 한 몸처럼 살아야 할 사이가 서로 반목하게 되고 한 이부자리에 기거하면서 천리나 떨어진 것처럼 되어 가도가 시작될 곳이 없고 만복이 이어질 뿌리가 없게 해서야 되겠는가.[383]

---

382) 『退溪集』, 卷37, 「與李平叔」. "似聞公有琴瑟不調之歎, 不知因何而有此不幸. 竊觀世上, 有此患者不少."

383) 『退溪集』, 卷37, 「與李平叔」. "蓋古之去婦, 猶有他適之路, 故七去可以易處. 今之婦

3. 『대학』에 "자신에게 잘못이 없는 뒤에 남의 잘못을 지적한다"고 하였으니, 이 부부간의 문제에 대해 내가 예전에 겪은 것을 말하고자 한다.[384]

4. 나는 두 번 장가들었는데 하나같이 아주 불행한 경우를 만났다. 그렇지만 이러한 처지에서도 감히 박절한 마음을 드러내지 않고 애써 아내를 잘 대해준 것이 거의 수십 년이 흘렀다. 그동안에 마음이 몹시 괴로워 번민을 견디기 어려운 적도 있었다. 그렇지만 어찌 마음 내키는 대로 행동해서 부부의 큰 인륜을 무시하여 홀어머니께 걱정을 끼칠 수 있었겠는가.[385]

5. 후한의 질운이 부부간의 정은 아비도 아들에게 마음대로 하지 못한다고 한 것은 참으로 인륜의 도리를 어지럽히는 간사한 말이니, 내가 이런 말을 핑계 대면서 그대에게 충고하지 않을 수가 없다. 그대는 반복해 깊이 생각하여 잘못을 고쳐야 할 것이다.[386]

6. 그대가 잘못을 끝내 고치지 못한다면 학문은 해서 이를 어디다 쓰겠으며 배운 바를 실천에 옮긴다고 어찌 말할 수 있겠는가.[387]

이함형은 그러나 일찍 세상을 떠나고 말았다. 이함형의 아버지 이식은 아들의 유품을 정리하다가 위의 비밀편지를 발견하고서, 이 편지를

人, 率皆從一而終, 何可以情義不適之故, 而或待若路人或視如讎仇, 胖體歸於反目, 衽席隔於千里, 使家道無造端之處, 萬福絶毓慶之原乎."

384) 『退溪集』, 卷37, 「與李平叔」. "大學傳曰, 無諸己而后, 非諸人, 此事請以滉所嘗經者告之."

385) 『退溪集』, 卷37, 「與李平叔」. "滉曾再娶, 而一值不幸之甚. 然而於此處, 心不敢自薄. 黽勉善處者, 殆數十年. 其間, 極有心煩慮亂不堪撓憫者. 然豈可循情, 而慢大倫以貽偏親之憂乎."

386) 『退溪集』, 卷37, 「與李平叔」. "邦惲所謂父不能得之於子者, 眞是亂道邪諂之言, 不可諉此而不忠告於公. 公宜反覆深思, 而有所懲改焉."

387) 『退溪集』, 卷37, 「與李平叔」. "於此終無改圖, 何以爲學問, 何可爲踐履耶."

예안으로 돌려보냈다. 그 결과 『퇴계집』에 실릴 수 있게 되었다. 위의 편지를 통해 스승은 결혼 생활 문제로 고민에 빠진 제자를 위해, 그 마음을 돌리기 위해 자기노출을 감행했다. 이로써 우리는 퇴계의 삶을 조명하는 중요한 자료를 확보한 셈이다. 이렇게 누군가의 앎과 삶의 세계를 제대로 포착하는 일은 어렵고도 어려운 일이다.

3. 고종기 해제 1: 공부, 종신사업

조선시대의 선비들은 도학사상과 절의정신에 대한 자부심을 갖고 스승의 언행과 사우관계를 정리하여 『사우록』, 『문인록』, 『연원록』, 『언행록』, 『급문제현록』, 『고종기』 등을 편찬하였다. 그런데 재야의 유생들을 중심으로 스승을 높이는 분위기가 형성되고, 군사부일체론이 성숙되어 가던 중 무오사화(1498)나 기묘사화(1519)를 통해 스승의 일로 제자가 유배를 가거나 죽임을 당하고, 제자의 일로 스승이 죽어서도 곤궁을 당하는 일도 발생하였다. 사제관계는 학문적 전수를 넘어 생사를 함께 하는 관계로 이어지기도 했다.

퇴계의 졸기를 여섯 부분(①, ②, ③, ④, ⑤, ⑥)으로 나누어 살펴볼 수 있다.[388] 졸기의 성격상 그럴 수도 있겠지만, 퇴계의 졸기는 퇴계의 죽음에 대한 서사를 전면에 부각시키면서 얘기가 시작되는 것이 특징이라 하겠다.

① 숭정대부 판중추부사 이황(李滉)이 졸하였다. 그에게 영의정을 추증하도록 명하고 부의(賻儀)와 장제(葬祭)를 예법대로 내렸다. 이황이 향리

---

388) 『선조수정실록』 1570년(선조 3) 12월 1일. 숭정대부 판중추부사 이황의 졸기.

에 돌아가 누차 상소하여 연로하므로 벼슬에서 물러날 것[致仕]을 빌었으나 허락하지 않았다. 이때 병이 들었는데 아들 준(寯)에게 경계하기를 "내가 죽으면 예조[該曹]에서 틀림없이 관례에 따라 예장(禮葬)을 청할 것인데, 너는 모름지기 나의 유언[遺令]이라 칭하고 상소를 올려 끝까지 사양하라. 그리고 묘도(墓道)에도 비갈(碑碣)을 세우지 말고 작은 돌의 전면에 '퇴도만은진성이공지묘(退陶晚隱眞城李公之墓)'라고 쓰고, 그 후면에 내가 지어둔 명문(銘文)을 새기라"고 하였다. 그로부터 며칠 후 죽었는데 준이 두 번이나 상소하여 예장을 사양하였으나, 허락하지 않았다.

퇴계의 졸기는 퇴계의 간략 연보 성격의 가계, 공부 및 성장 과정, 숙부 송재 이우(松齋 李堣, 1469~1517), 넷째 형 온계 이해(溫溪 李瀣, 1496~1550)의 죽음, 그리고 그로 인한 충격과 여파에 대한 얘기로 이어진다.

② 이황의 자(字)는 경호(景浩)이고, 선대는 진성인(眞城人)이며, 숙부 우(堣)[389]와 형인 해(瀣)도 다 명망이 높았다. 이황은 타고 난 바탕이 수미

---

389) 퇴계의 숙부 송재 이우(松齋 李堣, 1469~1517)에 대한 기사 중 가장 문제되는 장면은 『연산군일기』 1506년(연산군 12) 8월 2일자 기사일 것이다. 퇴계의 숙부 이우는 중종반정(1506.9.2.) 당시 떳떳하지 못하고 부끄러운 존재로 기록되어 있다. 당시 상황에 대한 『연산군일기』의 기록을 보면 "승지 윤장(尹璋), 조계형(曺繼衡), 이우(李堣)가 사변이 일어난 사실을 창황히 들어가 왕(연산군)에게 사뢰니, 왕이 놀라 뛰어나와 승지의 손을 잡고 턱이 떨려 말을 하지 못하였다. 윤장 등은 바깥 동정을 살핀다고 핑계대고 차차 흩어져 모두 수채구멍으로 달아났는데, 더러는 실족하여 뒷간에 빠진 자도 있었다"고 하였다(『燕山君日記』 1506年(燕山君 12) 8月 2日). 하지만 이러한 불편한 장면은 조카의 입장에서 자세히 기술하기 힘들었을 것이다. 퇴계는 숙부에 대한 묘갈문에서 다음과 같이 기술하였다.: "그는 자품이 청수하고 운치가 고원하며, 기상이 화락하고 단아하며 효와 의에 돈독하였다. 대부인을 섬기되 승순과 이유를 다 즐겁게 하고 많은 고아된 어린 조카들을 자기 자식처럼 길러 가르쳤으며, 사물을 접함에 화로써 하여 비록 창졸지간이라도 언성을 높이거나 노한 기색을 나타내는 일이 없었다. 평소 거처하는 곳에는 좌우에 항상

(粹美)하고 재주와 식견이 영오(穎悟)하였다. 어려서 아버지를 여의고 자력으로 학문을 하였는데, 문장이 일찍 성취되었고, 약관에 성균관[國庠]에 들어갔다. 당시는 기묘사화를 겪은 후라서 사습(士習)이 부박(浮薄)하였으나, 이황은 예법으로 자신을 지키면서 남의 조롱이나 비웃음 따위는 아랑곳하지 않고, 고상한 뜻과 차분한 마음을 가졌다. 비록 늙은 어머니를 위하여 과거를 통해 벼슬을 하기는 하였으나 통현(通顯)되기를 좋아하지는 않았다. 을사년 난리에 거의 불측한 화에 빠질 뻔하고 권간들이 조정을 어지럽히는 꼴을 보고는 되도록 외직에 보임되어 나가고자 하였고, 얼마 후(1550년에) 형 해가 권간을 거슬러 억울한 죽음을 당하자 그때부터는 물러가 숨을 뜻을 굳히고 벼슬에 임명되어도 대부분 나가지 않았었다.

퇴계의 졸기에서는 퇴계의 공부, 학문, 삶, 행동거지에 대한 얘기가 등장한다. 성리의 학문에 전념했던 그였던 만큼『주자전서』에 대한 공부, 그리고 그 교훈을 따라 공부하고 실천했던 그의 삶을 기술하였다. 호를 퇴계(退溪), 도수(陶叟)라고 한데서 알 수 있듯이, 빈약하고도 담박한 삶을 지향했으며 부귀영화 따위는 뜬구름 보듯 하였다. 정치적 진퇴 문제에도 어긋남이 없었다.

③ 오로지 성리의 학문에 전념하다가『주자전서』를 읽고서는 그것을 좋아하여 한결같이 그 교훈대로 따랐다. 진지와 실천을 위주로 하여 제가학설의 동이득실에 대해 널리 통달하였고 주자의 학설에 의거하여 절충하

도서 사적이 가득 차 있어 그것을 즐기기를 맛난 음식같이 하고, 비록 병이 지속되는 중에도 손에서 책을 놓는 일이 없었다. 그의 문장은 맑고 풍부하고 전아하며 더욱 시에 능하여, 언제나 명승을 만나면 반드시 술을 따르게 하고 시를 읊어서 유유히 자적하면서 형해를 잊어버린다(『退溪集』, 卷46,「叔父戶曹參判府君墓碣識」).

였으므로, 의리에 대한 소견이 정미하였고 도의 큰 근원에 대해 통찰하였다.[390] 도가 이루어지고 덕이 확립되자 더욱 더 겸허하였으므로 그에게 배우려는 학자들이 사방에서 모여 들었고 달관(達官)·귀인(貴人)들도 마음을 다해 향모(向慕)하였는데, 학문 강론과 몸 단속을 위주하여 사풍(士風)이 크게 변화되었다. 명종은 그의 염퇴(恬退)한 태도를 가상히 여겨 누차 관작을 높여 불렀으나(徵召), 모두 나오지 않고 예안(禮安)의 퇴계(退溪)에 살면서 이 지명에 따라 호를 삼았다. 늘그막에는 산수가 좋은 도산(陶山)에 집을 짓고 호를 도수(陶叟)로 고치기도 하였다. 빈약(貧約)을 편안하게 여기고 담박(淡泊)을 좋아했으며 이끗이나 형세, 분분한 영화 따위는 뜬구름 보듯 하였다. 그러나 보통 때는 별다르게 내세우는 바가 없어 일반 사람과 크게 다른 점이 없어 보였지만, 진퇴(進退)·사수(辭受) 문제에 있어서는 털끝만큼도 잘못이 없었다. 그가 서울에서 세 들어 있을 때 이웃집의 밤나무 가지가 담장을 넘어 뻗쳐 있었으므로 밤이 익으면 알밤이 뜰에 떨어졌는데, 가동(家僮)이 그걸 주워 먹을까봐 언제나 손수 주워 담 너머로 던졌을 정도로 개결한 성품이었다.

퇴계의 졸기에서는 17세의 나이에 왕위에 오른 선조를 위해 지어 바친 『성학십도』를 연상케 하는 서술을 통해, 퇴계의 공부가 위기지학, 성인지학, 종신사업의 구조를 띠고 있음을 보여준다. 퇴계의 나아감과 물러남에 대한 얘기 중에, 물러남에 대한 얘기에서 "세상이 쇠퇴하고 풍

---

390) 퇴계에 대한 졸기에서는 퇴계의 학문적 입장에 대해 "진지와 실천을 위주로 하여[以眞知實踐爲務] 제가학설의 동이득실에 대해[諸家衆說之同異得失] 널리 통달하고[皆旁通曲暢] 주자의 학설에 의거하여 절충하였으므로[而折衷於朱子], 의리에 대한 소견이 정미하였고[義理精微] 도의 큰 근원에 대한 통찰을 보여주었다[洞見大原]"고 하였다. 이는 다카하시 도루가 한국철학의 이기론을 규정하면서 절충파의 개념을 제시한 것과는 맥락과 지향이 크게 다름을 알 수 있다.

속도 야박하여 위아래에 믿을 만한 사람이 없어 선비[儒者]의 어떤 가르침이 실질적으로 효력 없을 것을 염려했음을 유의할 부분이다. 말없는 가르침, 가르치지 않는 가르침의 의미를 깊이 새길 수 있는 대목이다.

④ 주상의 초정(初政)에 조야(朝野)가 모두 부푼 기대에 이황이 아니면 성덕(聖德)을 성취시킬 수 없을 것이라고 여겼고 상 역시 그에 대한 사랑이 남달랐는데, 이황은 이미 늙었고 재지(才智)가 큰 일을 담당하기에는 부족하며, 또 세상이 쇠퇴하고 풍속도 야박하여 위아래에 믿을 만한 사람이 없어 유자(儒者)가 무엇을 하기에는 어렵겠다고 여겨 총록(寵祿)을 굳이 사양하고 기어이 물러가고야 말았었다. 상은 그의 죽음을 듣고 슬퍼하여 증직(贈職)과 제례(祭禮)를 더욱 후하게 내렸으며, 장례에 모인 태학생(太學生)과 제자들이 수백 명에 달하였다.

퇴계의 졸기에서는 주자학이 아닌 육왕학에 대한 지적 비판 사항을 지적하였다. 중국의 도학사상이 전통을 잃어버렸고 급기야 육구연(陸九淵), 왕수인(王守仁) 등의 치우친 학설들이 성행하는 것을 슬프게 여겨 그 그름을 비판 배격하는 논점(極言, 渴論)을 피력하였고, 특히 당시의 화담 서경덕(花潭 徐慶德, 1489~1546)의 학설이 기(氣)를 이(理)로 오인한 병통이 있었는데도, 이를 이어받아 반복 기술하는 자들이 많다는 사실을 크게 우려하고 이를 비판하는 글을 남기기도 하였다.

⑤ 이황은 겸양하는 뜻에서 감히 작자(作者)로 자처하지 않아 특별한 저서는 없었으나, 학문을 강론하고 수응(酬應)한 것을 붓으로 쓰기 시작하여 성훈(聖訓)을 밝히고 이단을 분별했는데, 논리가 정연하고 명백하여 학자들이 믿고 따랐다. 매양 중국에 도학이 전통을 잃어 육구연(陸九淵)·

왕수인(王守仁) 등의 치우친 학설들이 성행하고 있는 것을 슬프게 여겨 그 그름을 배격하기에 극언(極言)·갈론(渴論)을 아끼지 않았고, 우리나라도 근대에 화담(花潭) 서경덕(徐慶德)의 학설이 기(氣)를 이(理)로 오인한 병통이 있었는데도 그를 전술(傳述)하는 학자들이 많아 이황은 그 점을 밝히는 저술도 썼다.

퇴계의 졸기에서는 퇴계가 편집한 책, 『이학통록』과 『주자서절요』에 대한 얘기를 이어갔다. 퇴계의 『이학통록』과 『주자서절요』의 간본에 대한 곡절을 확인하기 위해서는 제자 조목이 동문 여러 벗들에게 보내어 간본의 곡절을 밝힌 사실을 참조할 필요가 있다.[391]

⑥ 그가 편집한 책으로는 『이학통록』과 『주자서절요』가 있고, 그의 문집

---

391) 『月川集』, 卷3, 「與同門諸契論朱書節要刊本曲折」. 조목은 간본의 곡절에 대해서는 "문인들의 성자와 출처에 대해서는 따로 더 고친 것이 없습니다[門人姓字出處別無加改]. 다만 지금 안동부에서 『이학통록』을 판각하고 있으니[但今刻理學通錄於安東府], 그것을 자세히 알고자 한다면 이 책을 간행한 뒤 보면 좋을 것입니다[欲知其詳印觀此書可也]. 다만 목록이 『주자서절요』에 부록한 것과 간혹 합치되지 않은 곳이 있는데[但目錄與節要所附錄或有不合處], 미처 선사께 여쭈어 바로잡지 못한 것이 유감일 뿐입니다[未及稟質是爲遺恨爾]. 여기에 기록한 주해 또한 한두 가지 있으며[此中所錄註解亦有一二], 금난수와 이안도가 기록한 바는[而琴聞遠李逢原所錄] 지금 막 수정하고 있어서 또한 완전하게 정사하지 못하였으니[今方修正亦未完淨], 급히 간행에 들어가는 것은 어려울 듯합니다[似難遽入梓行]. 어찌합니까[奈何] 어찌합니까[奈何]"라는 말로 끝난다. 퇴계의 「이학통록서」와 그의 제자 조목의 「이학통록발」을 기본 자료로 삼을 수 있다. 퇴계가 『이학통록』을 편찬한 목적은 ① 주자의 문인들이 어떠한 사람인가를 알기 위해서, ② 도학의 요체를 밝히기 위해서, ③ 주자가 위학(僞學)으로 탄압받는 상황에서도 배움을 청하여 주자의 가르침이 드러나도록 한 공을 기리기 위해서였다. 조목은 「이학통록발」을 통해서 『이학통록』의 기본적인 구성 상태와 간행 동기, 초기 간행 경위 그리고 수정과 관련된 내용을 언급하였다. 아울러 『이학통록』의 내용과 관련해서 몇 가지 보충설명을 덧붙였는데, 이것은 미완성의 상태로 남겨진 것에 대한 아쉬움, 달리 말하면 『이학통록』의 한계점을 지적하는 내용도 포함되어 있다. 임종진, 「퇴계 이황의 『송계원명이학통록』에 대한 기초적 분석」, 『퇴계학논집』 17, 2015, 111-139.).

이 세상에 전해지는데, 세상에서는 그를 퇴계 선생(退溪先生)이라 한다. 논자들에 의하면, 이황은 이 세상의 유종(儒宗)으로서 조광조(趙光祖) 이후 그와 겨룰 자가 없으니, 이황이 재주나 기국(器局)에 있어서는 조광조에 미치지 못하지만 의리(義理)를 깊이 파고들어 정미(精微)한 경지까지 이른 것은 조광조가 미치지 못한다고 한다.

유교문화권에서는 사람의 됨됨이, 인격을 제대로 거론하기 위해서는 만절의 의미에 주목하라고 말한다. 그 만절의 의미가 죽음을 의식한, 죽음에 임박한 상태에서 그 앎과 삶의 세계를 제대로 파악할 수 있다고 보기 때문이다. 만절의 의미에 유의하는 가운데 우리는 위기지학, 종신사업, 성인지학의 의미를 제대로 판독할 수 있다고 말할 수 있다.

퇴계의 고종기에 주목한 것은, 앎과 삶과 됨의 관계와 존재 양상이 분리, 분절의 상태에 빠진 오늘날, 이를 통해 삶의 본질과 교육의 본연에 관한 설명 기준과 대안적 의미를 도출할 수 있다고 보기 때문이다. 퇴계사상을 통해 교육은 자기의 내면을 성찰하고 깨달음을 얻고 수행하는 경건하고 엄숙한 삶의 과정으로 이해되어야 한다는 사실을 알 수 있다. 인격교육의 논거를 말하자면, 그것은 지적 편중교육이어서도 안 되며 태도나 행동의 외피적·물량적 변화를 강조하는 방식의 교육이어서도 안 된다. 교육의 외재적·수단적 측면은 넘쳐나는 반면, 교육의 내재적·본질적 측면이 도외시되는 현실은 분명 교육의 위기 내지 문제 상황이 아닐 수 없다. 앎과 삶과 됨의 응결체를 기쁨, 보람, 즐거움의 과정으로 여기는 문화는 달리 말하자면 부끄러움을 아는 사람을 만들어가는 일이기도 하다. 그 본연의 문제를 의미심장하게, 간절한 언어로 설명하는 장면을 바로 퇴계의 고종기를 통해 만날 수 있는 것이다.

퇴계가 생각하는 인격자란 성인지학, 위기지학, 종신사업을 통해 이루어낼 최고의 존재 상태를 일컫는다. 최고의 존재 상태에 이르는 길은 서로간의 관계 교섭과 교호 작용도 중요하지만, 궁극적으로는 개인의 정신 안에서 나타나는 마음의 주재 현상이다. 퇴계가 보기에, 주체가 궁극적으로 이상적인 경지에 다다를 수 있느냐 없느냐 하는 것은 운명에 좌우되는 문제가 아니라 주체 자신에 달린 문제였다. 퇴계는 이렇게 최고의 존재 상태에 이르기 위해서는 모든 문제를 몸 밖에서 찾는 방식이 아니라 몸 안에서 반성을 가하는 태도가 필요하다고 보았다. 우리의 삶은 운명에 좌우되는 것이 아니라, 바로 주체 자신에 달린 문제이기 때문이다.

4. 고종기 해제 2: 매화, 호생지덕

매화를 대상으로 삼아 드러나는 퇴계의 품성은 고종기에서도 예외가 아니다. 퇴계는 병이 깊어지자 깨끗지 못한 몸으로 매화를 대할 수 없다 하여 곁의 매화 화분을 옮기게 했고, 임종하던 날 아침에는 매화 화분에 물을 주도록 하였다. 이 정도라면 매화는 퇴계에게 하나의 완상물이 아닌 고결한 인격체나 다를 바가 없는 대상이었다고 말할 수 있다.

고종기에서 상징으로 보여주듯이, 퇴계의 삶은 매화에 대한 이야기로 넘쳐난다. 퇴계의 시에는 매화를 소재로 삼아 자신의 정신적 지향을 표현한 구절이 많다. 퇴계는 1541년(중종 6)에 동호독서당에서 사가독서하면서도 매화에 관한 시를 읊었다. 퇴계는 독서당의 부속 건물인 망호당을 배경으로 삼아 매화 시를 짓기도 하였다.[392] 퇴계의 매화에 대한

---

392) 『退溪集』, 卷1, 「湖堂梅花暮春始開用東坡韻二首」, 「湖堂曉起用東坡定惠院月夜偶出韻」, 「望湖堂尋梅」.

사랑은 도산에 은거하면서 더욱 깊어져 겨울 추위에 꽃망울이 상한 매화를 가슴 아파하며 지은 시도 있다.[393] 퇴계가 1568년 7월부터 1569년 3월까지 8개월간 서울에 머물렀을 때에는 매화를 '매선(梅仙)'으로 의인화하고 자신은 '도선(陶仙)'이라 칭하면서 둘 사이를 '벗(知己)'으로 표현한 시도 있다.[394] 매화에 대해 읊은 시 중에, 앞의 시에서는 매증주(梅贈主), 뒤의 시에는 주답(主答)이라는 설명이 붙은 시에서는 매화가 주인에게 서울에 1년간이나 머물렀던 것을 탓하자 주인은 매화에게 했던 약속을 지키기 위해 돌아왔노라고 답하는 장면도 등장한다.[395] 늘그막에 세속으로 나간 주인을 탓하지만 그래도 꽃필 때 돌아올 수 있어서 다행이라고 위로하는 매화와 그동안의 그리움을 고백하면서 내적 갈등을 토로하는 주인은 마치 오래된 친구같이 느껴진다. 한번 웃음에도 뜻이 통할 정도이며, 둘의 만남은 하늘의 뜻이라고 말할 정도로 매화에 대한 교감은 깊다.[396] 도연명이 국화를, 주렴계가 연꽃을 통해 자신들의 정신적 높이를 형상화했다면, 퇴계는 매화를 통해 자신의 견결한 삶의 자세를 드러냈다. 이 정도에 이르면, 퇴계와 매화의 관계는 감상 주체와 완상물의 수준을 넘어서 있다는 사실을 알 수 있다.[397]

고종기에는 매화에 대한 이야기가 두 번 등장한다. 설사를 한 자신의 부끄러운 모습을 매화에게 보여주기 싫어하고(1570년 12월 3일), 마지막 작별의 날(1570년 12월 8일) 아침에는 매화에 물을 주고 떠나는 퇴계의 삶

393)『退溪集』, 卷5, 「陶山梅爲冬寒所傷歎贈金彦遇兼示愼仲惇敍」.

394)『退溪集』, 卷5, 「漢城寓舍盆梅贈答」, 「盆梅答」.

395)『退溪集』, 卷5, 「季春至陶山山梅贈答」.

396)『退溪集』, 卷4, 「陶山訪梅」, 「代梅花答」.

397) 우응순, 「16세기 내면적 지식인과 '고인'의 길: 퇴계 이황」, 민족문학사연구소 고전문학분과, 『한국 고전문학 작가론』, 서울: 소명출판, 1998, 219–221.

은 예사로운 설정이 아니다.[398]

퇴계는 매화와 자신과의 간격을 없앰으로써 모든 살아 있는 것들에게 보내는 따뜻한 눈빛을 간직하고 있었다. 진정한 사랑은 이러한 측은지심에서 발원한다. 퇴계는 나의 몸에 충만한 측은지심이 만물에 관류하여 막힘없이 두루 통하는 것이 사랑의 본질이라고 말하였다. 퇴계의 학문은 남에게 내세우는 학문이 아니라 자신을 가꾸는 학문이며, 정치를 위한 학문이 아니라 수양을 위한 학문이다. "매화 화분에 물을 주라[命灌盆梅]"고 한 말은 그가 일생을 두고 추구해마지 않았던 순일한 호생지덕(好生之德)을 상징으로 보여준다. 호생지덕은 바로 인(仁)이자 이(理)이며 이는 퇴계가 평생에 걸쳐 사색했던 삶과 공부의 근본 명제였다.[399] 세상을 떠나면서 그동안 함께 했던 매화에게 물을 주고 가는 그 모습에는 생명이 있는 것을 아끼고 사랑하는 미덕으로 가득 차 있다.[400] 퇴계는 인(仁)이란 천지가 만물을 생육하는 마음으로, 사람들은 모두 이 본성을 타고났다고 보았다. 자신은 죽어가면서도, 살아 있는 것에 대한

---

398) 『退溪集』, 卷3, 「陶山雜詠[幷記]」. 고종기에 의하면, 퇴계는 1570년 12월 2일 병세가 위독[疾革]해지면서, 다음날인 12월 3일 "침실에서 설사를 하였다[泄痢於寢房.]. 매화 화분이 그 곁에 있자[盆梅在其傍] 다른 곳으로 옮기라고 하면서 이르기를[命移于他處曰] 매형에 대해 불결한 일이기 때문에[於梅兄不潔] 마음이 편치 않아서 그런다[故心未自安耳]"고 하였고, 12월 8일 아침에 "매화 화분에 물을 주라고 명하였다[命灌盆梅]"는 말이 나온다(『艮齋集』, 卷6, 「溪山記善錄[下]」). 호사가들은 위의 매화 화분을 1548년에 단양군수 퇴계와 사랑에 빠졌던 관기 두향이 그해 가을 퇴계가 풍기군수로 자리를 옮길 때 선물로 바친 매화 화분이었기에, 퇴계는 두향에 대한 애틋했던 사랑만큼이나 그 매화를 애지중지했다는 얘기가 만들어지기도 했다. 퇴계-두향 내러티브는 이처럼 무책임한 문학적 상상력이 발휘된 것이기도 했다. 고종기의 1570년 12월 8일에 관한 기록은 군자유종의 미를 보여주었던 퇴계의 삶, 그것은 공부와 인생, 공부와 인격이 동일한 맥락으로 작동되는 삶이었다는 사실을 놓쳐서는 안 될 것이다.

399) 최근덕, 『한국유학사상연구』, 서울: 철학과 현실사, 1992, 272-274.

400) 『書經』, 卷2, 「大禹謨」.

외경심을 어김없이 드러낸 것을 알 수 있다.[401] 이렇게 퇴계에게서 매화는 단순한 시재(詩材) 이상의, 만물일체의 마음을 기르는 대상이었다. 인(仁)이란 사람들을 사랑하고 만물을 이롭게 하려는 따뜻한 마음이며, 그러기에 인(仁)을 구하는 일과 경공부(敬工夫)는 하나로 연결된다. 인(仁)이란 생명을 움트게 하는 씨앗을 일컫기도 한다. 인(仁)의 천지만물과 일체됨의 상태를 일컬어 마음의 덕[心之德], 사랑의 이치[愛之理]라고 부르는 것은 이 때문이다. 천지만물을 자신의 일부로 생각하지 못하고, 자신과 다른 것, 자신과는 상관없는 것으로 여긴다면, 이는 불인(不仁)의 상태이기에 경공부(敬工夫)와 상치될 수밖에 없다.

퇴계는 임종하면서 "자리를 정돈하라[命整臥席]"고 했고 "붙들어 일으켜드리자 앉으시더니 이내 숨을 거두셨다[扶起而坐逝]"고 했다. 퇴계는 마지막 순간까지도 일생을 살아가면서 가장 힘을 기울이고 잠시도 늦추지 않았던 경의 태도, 공부하는 삶의 자세를 보여주었던 것이다. 고종기의 특별한 장면은 "날씨는 맑았다[日晴]"는 그날의 일기와 함께 "구름이 모여들고 눈이 내리기 시작했다[雲集雪下]"는 임종전의 상황과 "구름이 흩어지고 흩날리던 눈도 개었다[雲散雪霽]"는 임종후의 상황을 대비하여 기록한 데서 찾을 수 있다. 매화에 대한 호생지덕을 출발점으로 삼은 퇴계의 마지막 날은 이렇게 죽음 전의 동적 세계와 죽음 후의 정적 세계를 통관하는 퇴계의 학문적 지향과 궤를 같이한다.

주자학의 공부론은 태극이 음과 양으로 나뉘기 전과 후의 관계에 주목하는 가운데, 거경(居敬)·존양(存養)·존덕성(尊德性)·주정(主靜)은 정적 세계에 속하는 미발시(未發時)의 공부이자 안의 공부이고, 궁리(窮

---

401) 홍원식, 「퇴계의 여가 생활」, 홍승표 외, 『동양사상과 탈현대의 여가』, 대구: 계명대학교 출판부, 2006, 99-100.

理) · 성찰(省察) · 도문학(道問學) · 주사(主事)는 동적 세계에 속하는 이발시(已發時)의 공부이자 밖의 공부라는 점을 설정, 제시하였다. 이 두 가지 이질적인 성격의 공부는 상반과 대립의 관계가 아니라 서로를 기다리며 조화를 이루어나가는 관계에 있다.[402] 퇴계는 이를 인격의 존재론적 성격으로 설명하면서 마음의 미발지전(未發之前)과 이발지제(已發之際)로 나누어 설명하는 방식을 취하였다.[403] 미발시와 이발시에 대한 구분은 주자학의 본체론과 공부론을 이해하는 중요한 기준에 해당하며, 이는 퇴계의 경우도 마찬가지이다.

정(靜)이라 함은 아주 고요하여 발하지 않은 것을 말하며, 동(動)이라 함은 감응하여 이미 발한 것을 말합니다. 사람이 천(天) · 지(地) · 인(人) 삼재(三才)에 참여하여 인극(人極)을 세울 수 있는 것은 이 두 가지에서 벗어나지 않기 때문입니다. 그러므로 보내온 편지에서 이른바 사물과 교섭하기 이전의 아직 일어나지도 않고 멸하지도 않은 때라든가 이른바 허령한 경지로서 환하게 밝아서 어둡지 않다든가 이른바 희로애락을 아직 느끼지 않고 사려와 언행이 아직 동요하지 않았다든가 하는 것들은 모두 적

---

402) 최진덕, 「퇴계 성리학의 자연도덕주의적 해석」, 김형효 · 최진덕 · 정순우 · 손문호 · 심경호, 『퇴계의 사상과 그 현대적 의미』, 경기 성남: 한국정신문화연구원, 1997, 216-217.

403) 퇴계는 황중거의 의견을 "마음이 아직 사물을 접하기 전에는[以心之未接物前] 적연부동하다[爲寂然不動]", "사색궁격하는 때와 사물들에 응수하는 때를[思索窮格與事物應酬時] 이발이라고 볼 수 있다[爲已發可觀]", "정을 유지한 채로 미동하며 생각하면서 아직 드러나지 않은 때를[把靜而微動思而未著者] 미발한 때로 본다[爲未發時看]"는 말로 정리하면서, 자신의 의견을 "이러한 의미에는 큰 병통이 있습니다[此意大段有病也]. 대개 정하면 아직 동하지 않은 것으로[蓋靜則未動] 이것은 미발입니다[斯爲未發]. 어찌 미동의 정이라는 것이 있겠습니까[安有微動之靜]. 생각한다면 이미 드러난 것으로[思則已著] 이것은 바로 이발입니다[斯爲已發]. 어찌 아직 드러나지 않은 생각이란 것이 있겠습니까[安有未著之思]"라는 말로 제시하였다(『退溪集』, 卷24, 「答鄭子中別紙」, 『退溪集』, 續集卷8, 「天命圖說」).

연하여 고요한 상태[寂然而靜]에 속하니, 이른바 미발인 것입니다. 그리고 이른바 막 생각하기 시작한 때, 사색하는 때, 이치를 연구하는 때, 사려가 복잡할 때, 사물과 작용할 때는 모두 감통하여 움직이는 상태[感通而動]에 속하니, 이른바 이발인 것입니다. 또 이른바 지극히 고요한 가운데 움직임의 단서가 있다는 것은 이미 동(動)한 것을 말함이 아니라 다만 동할 이치가 있다고 말하는 것뿐이니, 이 또한 미발에 속해야 합니다. 미발 상태는 조심하고 두려워해야 할 자리이며, 이발 상태는 체득하여 정하게 살펴야 할 때이며, 이른바 불러 일깨우고 제기하며 살피는 공부는 미발·이발 사이를 관통하여 중단하여서는 안 되는 것이니, 경(敬)이라고 이르는 것입니다. 그런데 보내온 편지를 자세히 살펴보니, 마음이 사물과 접촉하기 이전을 '적연부동(寂然不動)'이라 하고, 사색하고 궁리하고 사물에 응대하는 때를 '이발가관(已發可觀)'이라 하며, 이 둘 사이에 또 정(靜)하되 약간 동(動)하고 생각하되 드러나지 않는 것을 '미발시간(未發時看)'이라고 하였으니, 이 뜻은 정밀한 것 같지만 대단히 병폐가 있습니다. 대체로 정(靜)하면 동(動)하지 않는 것이 미발이니, 어찌 약간 동하는 정이 있어 미발이라 부를 수 있겠습니까. 생각하면 이미 드러나 이발인 것이니, 어찌 드러나지 않는 생각이란 것이 있어 미발이라 지어 부를 수 있겠습니까.……생각을 막 시작한 순간이 바로 이발이라는 것은 실로 바꿀 수 없는 지론입니다. 주자가 여자약에게 답한 편지에서 이것을 매우 분명하게 설명하였으니, 상고해 보는 것이 좋겠습니다. 어찌 막 생각한 순간을 가볍게 말한 것으로 보아 미발에 소속시킬 수 있겠습니까.[404]

---

404) 『退溪集』, 卷19, 「答黃仲擧」, "靜則寂而未發之謂也, 動則感而已發之謂也. 人之所以 參三而立極者, 不出此兩端而已. 故來喩所謂未接物前, 不起不滅之時, 所謂虛靈之地, 炯然不昧, 所謂喜怒哀樂之未感, 思慮云爲之未擾, 皆屬之寂然而靜, 即所謂未發也. 所謂纔思時, 所謂思索時, 所謂窮格時, 所謂思慮紛紜時, 所謂事物應酬時, 皆屬之感 通而動, 即所謂已發也. 其所謂至靜之中, 有動之端者, 亦非謂已動也, 只是有動之理

퇴계가 말하는 인격자의 모습은 천지만물과 한 몸이 된 자를 일컫는 인(仁)의 체현자라고 말할 수 있다. 퇴계의 유학은 하늘과 사람이 하나의 존재(天人一物)이며, 안팎이 하나의 이치(內外一理)라는 철학적 신앙 위에 근거해 있다.[405] 퇴계의 본체론과 공부론의 세계는, 하늘과 내가 애초에 하나(天人無間, 天我無間)이기 때문에 현재 자신의 삶이 하늘처럼 완전한 삶이 아니라는 사실을 알게 되면 안타까워 견디기 어렵다는 성격을 갖는 것이었다. 원래의 하늘과 같은 자신의 존재를 회복해야만 했고, 그 회복의 방법이 퇴계의 수양공부론으로 나타났다. 그러므로 퇴계학의 핵심은 수양을 통해 하늘이었던 자신의 본래 모습을 되찾는 일이다. 인격자를 일컬어 천지만물과 한 몸이 된 자, 인(仁)의 체현자라고 말하는 까닭이 여기에 있다. 기대승은 퇴계의 인격에 대해 "오로지 학문 탐구에 힘써서[專精講究] 미묘한 진리를 환히 꿰뚫었고[洞朗微妙]……날마다 공부를 새롭게 하고 위로 천리를 통달하여[盖其日新上達] 이를 그치는 일이 없었다[有不能已者]"[406]고 평가하였는데, 이는 퇴계의 삶과 공부의 정신을 총괄적으로 제시한 평가라고 말할 수 있다.

云耳, 故此亦當屬之未發也. 未發則爲戒愼恐懼之地, 已發則爲體察精察之時, 而所謂喚醒與提起照管之功, 則通貫乎未發已發之間, 而不容間斷者, 卽所謂敬也. 竊詳來喩, 以心之未接物前, 爲寂然不動, 思索窮格與事物應酬時, 爲已發可觀, 而於二者之間, 又把靜而微動, 思而未著者, 爲未發時看, 此意雖似精密, 而大段有病也. 蓋靜則未動, 斯爲未發, 安有微動之靜, 可喚做未發者乎. 思則已著, 斯爲已發, 安有未著之思, 可喚做未發者乎.……才思卽是已發, 則實不易之至論. 朱子答呂子約書, 說此甚分明, 可考見也. 何可以才思爲說得輕, 而可屬之未發乎."

405) 김형효, 「퇴계 성리학의 자연신학적 해석」, 김형효·최진덕·정순우·손문호·심경호, 『퇴계의 사상과 그 현대적 의미』, 경기 성남: 한국정신문화연구원, 1997, 24-25.

406) 『高峯集』, 卷3, 「退溪先生墓碣銘 先生自銘並書」.

5. 고종기 해제 3: 겸괘, 군자유종

고종기에서 확인할 수 있는 바는, 퇴계의 성인(聖人)을 지향하는 공부, 즉 구인(求仁)－경공부(敬工夫)의 체계가 오롯이 드러난다는 점이다. 퇴계는 일찍이 인(仁)을 체인하고 실천할 수 있는 원리가 바로 경(敬)이라고 보았다. 성학을 엄밀하게 규정했던『성학십도』에서 "이 십도는 모두 경을 위주로 한다[今玆十圖皆以敬爲主焉: 第四大學圖]"고 하였고, "경은 성학의 시작과 끝이 된다[敬爲聖學之始終: 第九敬齋箴圖]"고 말하였다.[407] 『성학십도』는 삶을 구성하는 일상사 모두가 인격을 갖추어가는 공간과 시간 속에서 작동되는 것임을 말해주고 있다.「경재잠」(제9도)은 삶의 모든 영역이 사람됨을 공부하는 공간배경(用工地頭)임을,「숙흥야매잠」(제10도)은 삶의 모든 과정이 사람됨을 공부하는 시간배경(用工時分)임을 말해준다. 퇴계는 최고의 존재상태를 지향하는 구체적 수양방법으로 정이천(程伊川), 윤화정(尹和靖), 사상채(謝上蔡)의 경공부(敬工夫)에 주목하였다. 자세를 바르게 하고 엄숙하게 한 상태를 일컫는 정이천의 '정제엄숙(整齊嚴肅)', 주의를 하나로 집중하여 다른 데로 쏠리지 않은 상태를 일컫는 정이천의 '주일무적(主一無適)', 마음을 수렴하여 아무것도 남아 있지 않게 한 상태인 윤화정의 '기심수렴불용일물(其心收斂不容一物)', 항상 깨어 있는 상태인 사상채의 '상성성(常惺惺)'으로 분류된다. 이를 퇴계는 3선생 4조설이라 명명하면서, 4조설의 지향과 의미는 동일하다는 점을 강조하였다. 퇴계는 4조설에 대해, 그 중에서도 정이천의 '정제엄숙'이 중심을 차지하며, 나머지 3조설은 '정제엄숙'으로 포괄된다고 보았다. 정제엄숙의 세계에 대해 정유일은 "경과 의를 함께 갖추었고[敬義

---

407)『退溪集』, 卷7,「進聖學十圖箚幷圖」.

夾持] 지와 행이 함께 나아갔으며[知行並進] 안과 밖이 한결같았고[表裏如
一] 본과 말을 함께 거론하였다[本末兼擧]"고 지적하였다.[408] 일찍이 퇴계
가 경에 대해 백가지 병을 다스리는 약이라고 힘주어 말한 까닭이 여기
에 있다.[409]

퇴계는 『성학십도』의 제6도~제10도(「心統性情圖」, 「仁說圖」, 「心學圖」,
「敬齋箴圖」, 「夙興夜寐箴圖」)에 대해, 심성에 근원을 둔 것이며 그 요체는
일상생활에 힘쓰고 경외(敬畏)를 숭상함에 있다는 점을 분명히 하였다.
퇴계가 이해하는 경은 두려움에 가까운 심적 상태를 일컫는다는 것을
알 수 있다. 퇴계가 35세나 연하인 율곡을 만나보고 후생가외(後生可畏)
라고 했던 것도, 그의 경의 마음상태에 대한 특별한 해석을 잘 보여주
는 사례이다.[410] 경공부를 통해 그려낼 수 있는 퇴계의 앎과 삶과 됨의
세계는 그의 고종기에 오롯이, 특별한 상징으로 제시되어 있다.

1570년 12월 7일, 퇴계가 세상을 떠나기 하루 전, 병세가 깊어지
자 이덕홍이 동문들과 점을 쳤는데 겸괘(謙卦 ䷎)의 '군자유종(君子有終)'
의 효사(爻辭)를 얻었다.[411] 이는 『주역』 15괘인 겸괘의 구삼효(九三爻)

---

408) 『退溪集』, 言行錄卷1, 「學問」.

409) 『退溪集』, 卷29, 「答金而精」.

410) 『退溪集』, 卷23, 「答趙士敬」. 한기언, 「전통교육에서 본 한국인」, 『정신문화』 12, 1982,
45-56.

411) 『退溪集』, 言行錄卷5, 「考終記」. 퇴계는 유계를 내릴 무렵 병이 위독해지자 집안 식구들
이 혹시라도 기도(祈禱)하는 일이 있을까 염려하여 간절하게 경계시켜 못하도록 하였다
(『鶴峯集』, 續集卷5, 「退溪先生史傳」). 이덕홍의 점치는 행위도 그러한 경계사항에 속
한 것이었을 것이다. 퇴계는 『주역』에 대해 평생 공부하였으나, 공부의 본연을 상수와 역
학(象數派易學)이 아닌 의리파 역학(義理派易學)의 역리(易理) 해석에 두었다. 의리파
역학의 역리 해석에 의하면, 오행의 상극과 상생이 흉하거나 길한 결과로 나타나는 것은
결코 오행 자체에 달려 있는 문제가 아니라 사람들의 행위와 이를 둘러싼 조건에 달려
있다(廖名春·康學偉·梁韋弦, 심경호 역, 『주역철학사』, 서울: 예문서원, 1994, 439-
467). 일찍이 공자도 세상사를 해석하면서 이를 천도나 자연의 탓으로 돌리는 일은 거의
없었다. 공자가 아끼던 제자 안연의 죽음에 대해 "하늘이 나를 망쳤다[天喪予]"(『論語』,

를 얻었다는 말이다.412) 겸괘 구삼(九三)의 효사(爻辭)에서는 "겸손함을 애써 실천하는 군자로다[勞謙君子]. 끝까지 길한 일이 있을 것이다[有終 吉]"고 하였다. 그리고 겸괘 구삼(九三)의 상사(象辭)에서는 "겸손함을 애써 실천하는 군자는[勞謙君子] 만민이 따른다[萬民服也]"고 하였다. 겸괘의 상괘는 곤괘(☷ : 땅)이고 하괘는 간괘(☶ : 산)이다. 겸괘의 중심이라 할 수 있는 구삼의 입장에서 보면 자신의 아랫사람(1효, 2효)이나 윗사람들(4효, 5효, 6효)은 빈약하고 실력이 없다. 그래서 구삼은 오만해지기 쉽다. 그러나 실제 구삼의 위치는 하층부의 중심에서 벗어나 있고, 또 상층부에 진입한 상태도 아니다. 만일 이러한 위치에서 자신의 위치와 직분을 지키지 않고 가벼이 행동한다면 상층부만이 아니라 하층부로부터도 외면 받고 배척당할 수 있다.413) 이런 상황에서 필요한 것은 오직 겸손이다. 그런데 겸손의 본질은 나서거나 앞서지 않고 그 자리에 조용히 머무는 것만으로는 진정한 겸손이 될 수 없다. 구삼은 가만있기만 해도 거만하다는 평을 듣게 된다. 스스로 다른 사람들에게 다가가서 머리를 숙여야 한다. 이를 두고 "겸손함을 애써 실천해야 한다[勞謙]"고 했다.414) 그런데 소인의 경우는 이와 다르다. 성인, 군자와 달리 소인은 한껏 자득하려는 욕심이 있으며, 덕이 있으면 반드시 이를 드러내고자 한

第11, 「先進」고 격한 반응을 보였던 것은 극히 예외적인 경우, 그야말로 특별한 상황이라고 보아야 한다. 공자는 세상사의 존망과 득실이 천도나 자연에서 나오는 것이 아니라 개인의 삶의 과정이 얼마나 덕에 합치하는가에 달려 있다고 보았다. 천도나 자연은 결코 사람의 길흉을 결정할 수 없고, 길흉이란 사람에게서 말미암은 것이라는 사유구조는 밖에 있는 것[在外者]을 구하지 말고 나에게 있는 것[在我者]을 구하라는 인격을 향한 가르침과 맥락을 같이 한다. 이는 퇴계의 일생을 관철하는 삶과 공부의 기본 정신이기도 했으며 그것을 종합해서 드러낸 것이 바로 겸괘의 이미지라고 말할 수 있다.

412) 『周易』, 卷1, 「謙」.

413) 이기동, 『주역: 하늘의 뜻을 묻다』, 서울: 열림원, 2005, 181-184.

414) 『周易』, 卷1, 「謙」, 九三, 爻辭.

다. 이렇게 소인은 겸손을 보이고자 힘쓴다 할지라도, 이를 편안히 행하고 굳게 지키지를 못하기 때문에, 유종의 미가 있을 수 없다.

겸괘는 상괘가 '땅'이고 하괘가 '산'이다. 겸괘의 괘상은 땅 속에 산이 묻혀 있는 모습이다. 이는 겸양을 미덕으로 하는 앎과 삶의 세계, 그리고 인격 함양의 성격과 의미를 상징적으로 보여준다. 자연과 물리의 세계에서는 산은 본디 땅 위에 솟아 있는 게 정상이지만, 음양과 역리의 세계에서는 이와 달리, 땅 밑에 높은 산이 있는 형상이다. 위로 솟을 수 있는 힘을 갖고 있음에도 불구하고 땅 밑에 묻혀 있는 산의 형국을 통해, 자기를 드러내려고 안간힘을 쓰거나 작은 성취에 가려 큰 갈래를 잡아내지 못하는 뒤틀린 삶에서 벗어나라는 가르침을 읽을 수 있다.

잘못된 삶의 행태에 대한 비판적 논점으로, 유교적 대표값을 갖는 형용을 들자면, 공자는 영합을 일삼고 곧지 못한 자[便辟], 아첨과 기쁨에 힘써 미덥지 못한 자[善柔], 말에만 익숙하여 견문의 실상이 없는 자[便佞]를 지적한 바 있다.[415] 퇴계는 만단의 다양성을 드러내는 이런저런 삶의 양상에 대해, 그 기저 욕망을 "욕망구덩이의 일[慾坑之事]"로 형용한 바 있다.[416] 사람들은 누구나 언제든지 욕망구덩이에 빠질 수 있는 위험성을 배태·내장하고 있기에, 항상 스스로를 검속하는 일을 게을리 해서는 안 되는 존재들이기도 하다. 퇴계는 겸괘의 이미지와 메시지를 통해 인격 도야의 길을 안내하였다.

어떤 이는 지나치게 추켜올리는가 하면 어떤 이는 너무 잘난 듯이 처신한다. 어떤 이는 일상에서 벗어나게 행동하고 어떤 이는 사실을 과장해

---

415) 『論語』, 第16, 「季氏」.
416) 『退溪集』, 卷12, 「擬與豊基郡守論書院事」.

서 말한다. 어떤 이는 남의 단점을 망령되게 책망하고 어떤 이는 세상의 환난에 쉽게 덤벼든다. 무릇 이러한 일들은 모두 사람들의 원망과 분노를 사기에 족하여 계속 시끄러운 일을 일으키는 것이니 이것이 내가 평소에 깊이 걱정하는 일들이다.[417]

고종기에 따르면, 퇴계는 제자들에게 "내가 평소에 잘못된 소견으로 [平時以謬見] 제군들과 더불어 종일 강론하였는데[與諸君終日講論], 이마 저도 쉽게 할 수 있는 일이 아니었다[是亦不易事也]"고 하였다(李德弘記). 퇴계가 일찍이 율곡과의 만남과 작별 이후, 두려움에 가까운 정서를 표출했던 것도, 그의 후학을 대하는 겸손의 태도를 보인 것이라고 말할 수 있다.[418] 퇴계가 『성학십도』를 구성할 때, 율곡의 논평을 받아들여 애초의 순서를 바꾸어 제7도에 인설도, 제8도에 심학도를 배치했던 사실 역시 평생의 앎과 삶이 겸손의 자세로 일관되었음을 보여준다.[419]

퇴계의 자성하고 연구하는 진면목은 세상을 떠나기 23일 전(1570년 11월 15일), 병상에서 과거 기대승에게 격물치지(格物致知)에 대한 해석의 잘못을 시인한 글을 작성하여 이를 기대승과 정유일에게 보냈던 사실을 통해서도 알 수 있다. 겸괘의 자장 안에서 펼쳐지는 인격의 모습은 특히 『자성록』에 잘 드러나 있다. 『자성록』은 제자들에게 답한 22편의 편지글을 모은 책으로, 여기 붙인 머리말은 도학과 이학 공부에 열중했던 퇴계의 겸손이 묻어난다. 『자성록』은 이름 그대로 자기 성찰과 겸손의 삶을 보여주는 책이다. 퇴계는 일생동안 백여 명의 사람과 천여 통

---

417) 『退溪集』, 卷31, 「答禹景善」. "或過爲推重, 或自處太高. 或行詭於常, 或言浮其實. 或妄攻人短, 或輕犯世患. 凡此等事, 皆足以招人怨怒, 連累起鬨, 此滉素深憂者."

418) 『退溪集』, 卷23, 「答趙士敬」.

419) 『孝宗實錄』 1650年(孝宗 1) 5月 1日.

의 편지를 주고받았다. 그 편지를 나눈 사람들의 대부분은 문인, 제자, 벗, 친족 등인데, 이들과 나눈 편지도 주로 50세 이후의 편지가 대부분이다. 퇴계가 1558년 단오 다음날에 작성했던 『자성록』의 서문은 다음과 같다.

옛 성현들이 말을 함부로 하지 않았던 것은 궁행이 미치지 못할까 부끄러워해서였다[恥躬之不逮也]. 오늘날 벗들과 편지를 주고받으면서 강학의 과정에서 말이 많아진 것은 부득이한 일이지만 부끄러운 마음을 억누르기 어렵다[不勝其愧矣]. 오랫동안 편지를 주고받은 후로, 편지를 보낸 사람은 그 내용을 잊지 않고 있으나 나는 잊어버린 것도 있고, 편지를 보낸 사람과 내가 모두 그 내용을 잊어버린 것도 있다. 이는 부끄러운 일일 뿐만 아니라[斯不但可恥] 거리낌도 없는 짓이니 두렵기 그지없는 일이다[可懼之甚也]. 그 사이에 옛 편지상자를 뒤져서 남아 있는 편지를 찾아내어 이를 옮겨 적어 책상에 올려두고 때때로 펼쳐보면서 내 삶을 누누이 반성하기도 한다. 그 중에는 편지를 제대로 보관하지 못한 까닭으로 옮겨 적지 못한 것도 있을 것이다. 하지만 설령 편지를 다 옮겨 적어 여러 권의 책을 만든다고 한들 내 삶을 누누이 반성하지 않는다면 무슨 소용이 있겠는가.420)

퇴계가 『자성록』의 서문에서 공자의 "옛 성현들이[古者] 말을 함부로 하지 않았던 것은[言之不出] 궁행이 미치지 못할까 부끄러워해서였다[恥

---

420) 『退溪集』, 續集卷8, 「自省錄[小序]」 및 『自省錄』, 卷首, 「序」. "古者, 言之不出, 恥躬之不逮也. 今與朋友講究往復, 其言之出, 有不得已者. 已自不勝其愧矣. 況旣言之後, 有彼不忘而我忘者, 有彼我俱忘者. 斯不但可恥, 其殆於無忌憚者, 可懼之甚也. 間搜故篋手寫書藁之存者, 置之几間, 時閱而屢省, 於是而不替焉. 其無藁不錄者, 可以在其中矣. 不然, 雖錄諸書, 積成卷帙, 亦何益哉."

躬之不逮也)"[421]는 말을 인용한 것도 말만 앞서고 행동과 실천으로 이어지지 못하는 삶의 일반에 대한 지적인 것이고, 이는 공부론의 구조가 어떻게 짜여지는지, 그 지향은 무엇인지를 단적으로 보여주는 장면이라고 말할 수 있다. 퇴계는 이 짧은 글에서도 "부끄럽다(恥, 愧, 懼)"는 말을 여러 번 되풀이해서 스스로의 말과 실천을 반성하는 겸손한 모습을 보여주었다. 퇴계는 벗들이라고 한 제자들에게 부끄러움, 그것도 두렵기 그지없는 부끄러움에 대해 말하면서, 반성을 거듭하는 삶의 자세를 가다듬었다.[422] 이런 뜻은 자찬묘지명의 "학문은 구할수록 멀어져간다[學求愈邈]"는 고백에 응축되어 있다. 부끄러움을 잃지 않는다는 것, 그것은 유교 교육의 기간 정신이었다.

훌륭한 덕이 있으면서 덕이 있다고 우쭐대지 않는 자세, 겸손으로 꾸려가는 삶이야말로 어디가든 형통함에 이르는 길이다. 스스로를 낮추어도 남이 더욱 존경하고, 스스로를 감추어도 덕이 더욱 드러나 빛난다.[423] 퇴계의 일생은 이렇게 남을 높이고 스스로를 낮추는 마음이 행동으로 표현된 삶이었다. 남을 높이는 마음이기 때문에 타인의 인격을 존중하고 상대방의 의견을 경청할 수 있으며, 스스로를 낮추는 마음이기 때문에 항상 자신의 부족함을 인식하여 공경의 자세로 자기 수양에 힘쓸 수 있었다.[424] 스스로를 낮출수록 사람들이 더욱 높여주고 스스로를 하찮게 여길수록 덕이 더욱 빛나고 드러난다는 역설은 퇴계의 인격을 설명하는 가장 분명한 어법이다. 이에 대해 기대승은 "겸허하고 공손하

---

421) 『論語』, 第4, 「里仁」. 퇴계의 『자성록』이라는 이름도 공자의 "어진 이를 보거든 그와 똑같이 되기를 생각하고[見賢思齊焉], 어질지 못한 이를 보거든 스스로 반성해야 한다[見不賢而內自省也]"(『論語』, 第4, 「里仁」)는 말을 인용한 면이 크다고 말할 수 있다.

422) 신창호, 『퇴계 이황의 함양과 체찰』, 서울: 미다스북스, 2010.

423) 『三經釋義』, 易上, 「謙」.

424) 『退溪集』, 言行錄卷1, 「學問」, 「成德」, 「敎人」, 言行錄卷2, 「講辨」, 「資品」, 「律身」.

여[謙虛卑遜] 마치 아무것도 없는 듯이 하였다[若無所有]"고 평하였다. [425]

---

425) 『高峯集』, 卷3, 「退溪先生墓碣銘 先生自銘幷書」.

제7장
퇴계학의 지향, 도학사상과 절의정신

1. 도학사상과 절의정신이 만나는 지점의 퇴계학

한국철학사에서 도학사상과 절의정신은 주로 5현(五賢: 一蠹, 寒暄, 靜庵, 晦齋, 退溪)을 대표로 삼아 논의되어왔다. 기본적으로 도학사상과 절의정신은 사상적·정신적 역학과 교호작용을 갖는다는 점에서 특징적이다. 우선 도학사상의 본질을 짚어보기 위해 퇴계학의 본연을 살피는 작업이 필요할 것이다. 이상은은, 중국의 현대 신유가들이 양명학에 주목한 것과 달리, 퇴계학에 주목하여 퇴계학이 지닌 철학적 가치를 밝힘으로써 한국 유학에 대한 연구를 이끌었으며, 또한 퇴계 이황의 앎과 삶의 세계를 도학사상의 관점에서 설명하는 가운데, 퇴계가 지와 덕을 겸비한 실천적 지식인으로 살아갔다는 점을 사상사적 의의로 꼽았다.[426]

여느 한국철학 연구자와는 달리, 이상은은 한국유학사 전개과정을

---

426) 홍원식, 「'현대 신유학'과 경로 이상은」, 『공자학』 30, 2016, 291-316.

도의정신의 구현과정으로 바라보았다는 점에서 특징적이다. 이상은은, 문명담론에 의거한 한국유학사 기술을 통속적 실학관이라고 비판하면서, 통속적 실학관의 특징으로 첫째, 실학과 성리학을 전연 별개의 학문처럼 보고 있으며, 둘째, 실학만 실을 찾는 학문이며 성리학은 공리공담만 하는 학문으로 보았으며, 셋째, 실학의 성격은 반주자학적 성격을 갖는다고 보았음을 비판하면서, 이러한 통속적 실학관은 20세기 한국철학사 기술에 뿌리 깊게 내재되어 있던 왜곡·굴절된 관점임을 지적하였다.[427] 20세기를 지배했던 이와 같은 한국유학사관은 한국유학사 기술과정에서 전통적으로 한국유학에서 중시했던 도학사상과 절의정신의 응축 양상으로서의 도통관념을 배제하고 문명담론을 중심에 놓은 결과물이라 할 수 있다. 이상은은 통속적 실학관을 비판하면서 이러한 20세기 문명담론을 비판하고 다시금 한국유학사에서 도학사상이나 절의정신의 본연·본래·본위를 복권시키고자 하였다. 20세기 문명담론에 대한 비판적 성찰이 활발하게 이루어지고 있는 현재 이상은의 한국유학사관은 문명담론을 비판하는 일보를 내딛은 것이라 평가할 수 있다.[428]

『퇴계선생문집』은 우리나라에서의 문집 편성에서 단순히 개인적 창

---

427) 김미영, 「이상은의 '한국유학사관'과 '도의정신': 국정국사교과서에 반영된 '실학관' 비판을 중심으로」, 『철학연구』 50, 2014, 61-93.

428) 김미영, 「이상은의 '한국유학사관'과 '도의정신': 국정국사교과서에 반영된 '실학관' 비판을 중심으로」, 『철학연구』 50, 2014, 61-93. 이상은의 한국유학사관론은 1966년 현상윤의 유교공죄론을 재평가하는 과정에서 가시화된 것이라 할 수 있으며, 현상윤은 군자학이라는 측면에서 유학의 긍정적인 면모를 지적하고 있기는 하나, 그 역시 문명담론 속에서 한국유학사를 기술하고 있으므로 그의 한국유학사관은 이상은이 비판하고 있던 통속적 실학관에서 크게 벗어나 있지 않다고 말할 수 있다. 이상은이 현상윤을 비판했던 핵심은 바로 그가 유교사상의 절의정신에 대한 인식이 철저하지 못하다는 것이었다(김미영, 「이상은의 '한국유학사관'과 '도의정신': 국정국사교과서에 반영된 '실학관' 비판을 중심으로」, 『철학연구』 50, 2014, 61-93.).

작 모음집이 아니라 도학적 진리를 담고 있는 경전적 성격을 지니게 되며, 이는 문인 집단의 정체성을 형성하고 유지하게 한다는 공적 의미를 갖는다.[429] 『퇴계선생문집』은 1600년 초간 된 후, 1843년에 이르기까지 수차례 중간되었으며, 1869년에 이르러 문집 범위를 넘어서서 퇴계의 저작들과 관련 자료들 전체를 모은 전서의 체제로 편성되기까지의 과정은 대폭산거(大幅刪去)와 전고수록(全稿收錄)이라는 두 가지 편집 방침의 대립과 절충이라는 관점을 보였다.[430] 2002년부터 퇴계학연구원에서 진행되고 있는『정본 퇴계전서』편성 사업의 경과와 내용을 보더라도 정전화의 현대적 재현 양상을 확인할 수 있다.[431]

퇴계학의 정체성, 도학사상과 절의정신을 재검토하는 과정에서, 『퇴계집』에 대한 판독과 대응이 요망된다고 말할 수 있다. 이는 퇴계학의 정체성을 도학(道學)·이학(理學)·성학(聖學)·심학(心學)의 흐름을 통해 확인할 수 있다는 얘기이기도 할 것이다. 퇴계는 17세 임금 선조에게 「무진육조소」(1568.8.7.)와 『성학십도』(1568.12.1.)를 지어 바쳤다. 그렇다면 퇴계와 동갑나이의 남명 조식도 퇴계가 「무진육조소」(1568.8.7.)를 올리기 70일 전에 「무진봉사」(1568.5.26.)를 선조에게 올렸다는 사실에 유의할 일이다.[432] 하지만 퇴계사상의 핵심은 철학 논저에서 강조하는 경(敬)의 정신, 시에서 추구하는 한(閒)의 지향, 사생활에서 수행한 실(實)의 의미, 이 세 가지 정신과 지향과 의미를 넓게 살펴야만 삶과 철학의 실체를 제대로 알아낼 수 있다.[433] 하지만 퇴계의 교육철학에 한 논의

---

429) 문석윤, 「『퇴계선생문집』에서 『정본 퇴계전서』까지」, 『한국사상사학』 55, 2017, 293-338.

430) 문석윤, 「『퇴계선생문집』에서 『정본 퇴계전서』까지」, 『한국사상사학』 55, 2017, 293-338.

431) 문석윤, 위의 논문, 293-338.

432) 『南冥集』, 卷2, 「戊辰封事」;『退溪集』, 卷7, 「戊辰六條疏」.

433) 이장우, 「가서를 통해 본 퇴계의 가족관계 및 인간적 면모」, 『퇴계학논집』 11, 2012.

가 특정의 지점과 지대를 통과하면서 경을 중심으로 삼는 굴절 현상이 일어났으며, 그 전형적인 대비 양상이 퇴계를 경(敬)의 철학, 율곡을 성(誠)의 철학으로 규정하는 방식이다.[434]

퇴계학의 중핵을 사상사적 관점에서 논하자면, 그것은 도학(道學)·이학(理學)·성학(聖學)·심학(心學)의 이름으로 설명할 수 있다. 각각의 명칭은 유교 공부의 핵심을 통찰하는 힘을 갖고 있다. 퇴계의 도학·이학·성학·심학, 특히 이학과 심학의 개념을 통한 설명은 각별한 의미를 갖는다고 하겠다. 퇴계의 이학(理學)이 갖는 특징은 기(氣)에 뒤섞이지 않은 이(理)의 자체 운동능력에서 찾을 수 있다(理發說, 理動說, 理自到說, 理貴氣賤說, 理尊氣卑說).[435] 퇴계 이학의 구도 안에서 작용하는 기발

57-90.

434) 일제강점기 식민정책·교육의 구상과 기획 과정에서 퇴계 이황만큼의 관심은 아니었으나 퇴계 이황과 함께 율곡 이이가 논의대상이 되기까지는 상당한 시간이 소요되었다. 적어도 1930년대에는 퇴계-율곡이 비교·대조의 대상으로 부각되었다는 사실을 알 수 있다. 手島繁雄, 『新制朝鮮普通學校國史敎授書(卷2)』, 1933.; 高田誠二·藤原一毅, 『日本の敎育精神と李退溪(附李栗谷の擊蒙要訣と時事)』, 京城: 朝鮮事情協會出版部, 1934.; 朝鮮總督府學務局內朝鮮敎育會, 『「日本の敎育精神と李退溪」に對する諸方面の反響』, 『文敎の朝鮮』1935年 3月號, 195-197.

435) 유교 성리학의 이기론-사단칠정론에 대한 16세기 성리학자들의 이런저런 관점과 견해들을 일제강점기의 식민지 상황에 비추어볼 수 있을 것이다. 1925년부터 1944년까지의 시대상 및 대중의 정서를 고려해서 한일유행가의 주제 중 희비를 나타내는 어휘의 의미적인 특성을 비교 고찰한 바에 따르면, 상위주제 희비 중에서 '기쁨[喜]'이 차지하고 있는 비율은 일본이 한국보다 높고, 상대적으로 '슬픔[哀]'은 한국이 일본보다 높았다. 이는 식민 지배를 주도하고 있던 일본과 피지배국인 한국의 현실이 각기 다른 양상으로 반영되었기 때문이다(김희정, 「한일 유행가의 희비를 나타내는 어휘의 비교고찰: 1925년부터 1944년까지를 중심으로」, 『일본어학연구』 23, 2008, 47-58.). 이러한 표정을 읽어내는 작업은 문제에 대한 인문적 표상 작업으로서 무엇보다도 중요한 일인데, 우리는 성리학-이기론의 구도, 특히 사단칠정론에 대한 해석 과정에서 이와 기의 역동성에 관심을 집중하고 그 차이를 설명한다지만, 현실적으로 식민지 국면에서 이런 논의 구도가 앎과 삶의 세계에 대한 미시분석에서 어떤 힘을 가졌는지를 생각해보면 큰 공허와 괴리에 빠지는 것이 엄연한 사실이다.

(氣發)이란 내부의 욕구를 발현하거나 외부의 자극에 반응하는 메커니즘 정도로 파악할 수 있다. 그런데 퇴계철학의 관건이 "기에 뒤섞이지 않은 이[只指理言]"[436)]에 있었다는 점을 감안한다면, 그리고 이러한 논점이 일제 관제 · 관변 학자들이 왜곡을 일삼는 소재로 이용되었음을 감안한다면, 이에 대한 성찰적 논의는 보다 면밀하게 이루어질 필요가 있다고 본다.[437)]

퇴계의 이기론과 그 안에서 작동하는 사단칠정론을 주제로 삼는 논법을 심학의 구도를 통해 설명할 수 있을 것이다. 심학 공부의 목적지는 마음의 주체적 측면 혹은 몸의 주재성[몸짓]에 대한 탐구에 있다고 말할 수 있다. 이처럼 퇴계의 학문적 이상을 보여주는 심학 공부는 주자학에 대한 성찰적 논의 과정을 잘 보여준다. 그런데 당시 일본으로부터 역수입된 일본식 심학이라는 것이 주자학-퇴계학에서 말하는 심학과 충돌을 일으키는 문제임에도 불구하고 식민교육기 보통학교 교과서에도 침투했던 일본식 심학에 대해 그 정체를 제대로 파악하지 못한 채 감지 · 감각의 실패를 드러내고 말았다. 일본식 심학이 양명학을 짙은

---

436) 『退溪集』, 卷7, 「進聖學十圖箚[幷圖]」.

437) 퇴계 이래의 이기론을 그들의 취미대로 다룬 대표적인 인물이 다카하시 도루(高橋亨)이다. 다카하시 도루는 퇴계와 퇴계학파가 취했던 관점에 대한 내재적 비판과 논의보다는 이를 논거로 삼아 한국인의 반도성 · 종속성 · 고착성을 드러내려는 불순한 의도를 작정하고 드러냈다. 식민지 철학일반 및 교육학(교육사상)의 그러한 발생사적 배경과 식민적 욕망을 전제로 한다면 퇴계철학의 논의 상대는 응당 남명 조식이어야 했음에도 불구하고 애초부터 남명 조식은 배제되었고, 그 자리에는 율곡 이이가 배치될 수밖에 없었다. 이기론에 바탕을 둔 공허한 논의와 추상적 관념론을 조선시대 유교의 한계로 지적한다고 했을 때, 이기론의 틀에 넣어 조선시대 유교를 공격하기 어려운 인물이 바로 퇴계의 동갑내기[甲末] 남명 조식이다. 남명은 이기론의 자장을 벗어난 사유와 철학과 조망을 보여준 인물이었고 정치 관련 문제에 대해 과격한 발언을 일삼았던 인물이었다. 일제 관제 · 관변 학자들이 유교일반의 한계와 문제를 지적하는 가운데 한일 융화의 표상으로 삼기에 적합한 인물은 남명이 아닌 퇴계였던 것이다.

배경으로 삼고 있는 것을 알았다면, 이러한 접근은 양명학 비판에 누구보다 엄격했던 퇴계의 심학을 다루는 방식으로서는 적절한 대응이었다고 보기 어렵다.[438]

퇴계학의 근간과 기본이라는 것도 유학사상 일반의 지향과 동일한 것이기에, 이에 대한 기준을 들여다볼 필요가 있겠다. 이를 퇴계의 언어로 제시하면 다음과 같다.

더 없이 위태로운 것이 인심이다. 사람의 마음은 욕심에 빠지기 쉽고 이(理)에 되돌아오기는 어렵다. 더없이 미묘한 것이 도심이다. 도심은 순식간에 '이'에 깨어 있다가도 이내 욕심에 가려진다. 이제 사욕에 빠지기 쉬운 인심으로 하여금 유혹을 물리치고 사욕이 일지 못하게 하며, 또한 순식간에 '이'에 깨어나 도심으로 끊임없이 이어지게 하여, 예로부터 어진 제왕이 전해오던 집중지학을 이루고자 한다면 바로 정일집중의 공부가 아니고서 다른 무엇으로 할 수가 있겠는가.[439]

---

438) 에도시대 일본의 심학은 주자학 일반의 심학과는 그 결을 달리하는 것이었다. 일본의 심학은 이시다 바이간(石田梅巖, 1685~1744)에 의해 창시된 민중의 도덕교라는 특징을 갖는데, 이 심학의 근저는 신도(神道)-유교(儒敎)-불교(佛敎)에 의해 구성된 것이었다. 이들은 심학의 전국적 유통을 위해 173개소의 심학사(心學舍)를 설립·운영하였으며, 문자를 모르는 일반서민에게 심학을 유포하기 위해 음성언어(問答, 講釋)를 활용하였다(노현미·김순전, 「도덕교로서의 심학과 『보통학교수신서』 비교 연구」, 2006, 327-358). 이시다 바이간은 양명학을 체득한 후 신(神)·유(儒)·불(佛)의 정신을 발전시켜 평민실천교를 선포하였다. 이시다 바이간은 1729년(亨保 14) 왕양명(1472~1529)의 200주기를 기념하여 강좌를 열었고, 이는 그 후 일본 국민교육론의 구축을 위한 원천으로 작용하였다(東京市政調査会 編, 『公民教育研究(上卷): 明治以前に於ける自治制度と公民的教育』, 1928, 319).

439) 『退溪集』, 卷6, 「戊辰六條疏」. "莫危者人心. 易陷於欲而難復乎理. 莫微者道心. 蹔開於理而旋閉于欲故也. 今欲使易陷者, 退聽而不得作, 蹔開者, 接續而無間斷, 以成就於帝王相傳執中之學, 非精之一之之功, 何以哉."

『심경부주』의 "약간의 차실(差失)이라도 있으면 하늘과 땅이 자리를 바꾼다"[440]는 말은, 약간의 차실이 인성의 파괴는 물론 천지의 변란이라는 엄청난 결과를 초래할 수 있음을 지적한 것이다. 조선시대 성리학은 이렇게 이단과 거리를 두는 문제가 논의의 중심이었다. 퇴계는 '정좌'라는 말에 조금이라도 격차가 있으면 '선'으로 흐르고 만다고 지적하였다.[441] 약간의 격차로 인해 서로 길을 달리하는 '정좌'와 '선'의 세계는 상호 간극을 매울 수 없는 중대한 결과를 초래한다고 본 것이다. '정좌'가 천지를 제자리에 있게 하고 만물을 기르는 일에 해당한다면, '선'은 천리를 없애고 인륜을 없애는 결과에 해당한다.[442] 『퇴계언행록』에서는 퇴계의 마음공부가 욕망 앞에서 어느 정도의 단호함을 보이는지에 대해, 퇴계의 언어로 다음과 같이 기술하였다.

화려하고 요란한 와중에는 사람의 마음이 흔들리기가 아주 쉽다. 내가 일찍이 이에 대해 힘을 써서 흔들리는 일이 거의 없게 되었다. 그런데 언젠가 의정부 사인으로 있을 적에 노래를 부르는 기생들이 앞에 가득한 것을 보고는 한편으로 기쁜 마음이 일어나는 것을 문득 느낀 적이 있었다. 이에 비록 통렬하게 욕망을 억눌러서 겨우 구렁텅이에 빠져드는 것을 면하기는 하였지만, 그 기미는 바로 삶과 죽음이 갈리는 곳이다. 그러니 두려워하지 않으면 되겠는가.[443]

---

440) 『心經附註』, 卷4, 「朱子敬齋箴」.
441) 『退溪集』, 卷37, 「答李平叔問目」.
442) 『退溪集』, 卷42, 「靜齋記」.
443) 『鶴峯集』, 續集卷5, 「退溪先生言行錄」. "紛華波蕩之中, 最易移人. 余嘗用力於此, 庶不爲所動. 嘗爲議政府舍人, 聲妓滿前, 便覺有一端喜悅之心. 雖痛窒慾, 僅免坑塹, 其機則生死路頭也. 可不懼哉."

유교 공부의 성격을 도학·이학·성학·심학의 이름을 갖는다고 했을 때, 유교성리학의 양심·양기·양성·양생·양진론의 대강을 검토하는 작업이 요망된다고 말할 수 있다. 우선 맹자의 "마음을 기르는 일은 욕심을 줄이는 것보다 좋은 것이 없다[養心莫善於寡欲]"[444]는 말에서 '양심(養心)'의 개념을 확보할 수 있다. 마음을 기른다(다스린다, 보존한다)는 양심(치심, 존심)은 기를 기른다는 '양기(養氣)'와 동의어에 가깝기에 한 인물의 삶에 대해 "오직 마음을 다스리고 기를 기르는 데 힘썼다[唯以治心養氣爲務]"고 평가하기도 한다.[445] 그리하여 '양심'과 '양기'가 일체를 이룰 때에 마음은 절로 바르게 되고 몸은 절로 닦아진다고 말할 수 있다. 마음의 보존[存其心]을 일컫는 존심과 본성의 함양[養其性]을 일컫는 양성[446]에 대한 논의에서 '양성(養性)'하는 방법은 존심에 있다는 것을 알 수 있다. '양생(養生)'은 권력과 욕망의 세계에서 벗어나 지친 심신의 회복을 기약하는 과정을 일컫는 말이다. 퇴계의 양생에 대한 견해는 다음과 같다.

하늘의 신선(天仙)은 원치 않고 지상의 선인(地仙)은 되겠다고 하였으니, 옛사람이 나를 위하여 이런 말을 한 것이다. 몸이 쇠약하고 병이 들어서 고향에 돌아갈 것을 생각하였으나 오래도록 돌아가지 못하였다. 나는 수곡 이찬(守谷 李澯, 1498~1554)이 강 언덕에서 조용히 수양한다는 말을 듣고 마음속으로 흠모하였다. 하루는 전 감찰 허군 모가 나에게 이찬이 쓴 「양생설」 8폭을 보여 주기에 그 글을 읽고 그 글씨를 완상하였는데, 수양하는 일에 느낌이 있어 주자가 「백양서」에 관심을 가졌던 뜻을 더욱

444) 『孟子』, 卷14, 「盡心章句下」.

445) 『退溪集』, 卷43, 「養心堂集跋」.

446) 『孟子』, 卷13, 「盡心章句上」.

알게 되었다. 수곡은 능히 지상의 선인(地仙)이 되었는데 나만 홀로 되지

못한 것인가. 몇 자를 「양생설」 끝에 적어서 돌려보냈다. 내일이면 산으로

돌아가게 될 것이다. 1553년에 청량산인 씀.[447]

---

447) 『退溪集』, 卷43, 「書許監察所藏養生說後」. "不願天仙作地仙, 古人爲余道此言也. 衰
病思歸, 久未得焉. 聞守谷李公養靜江皐而心慕之. 一日前監察許君某示余以守谷所
書養生說八幅, 讀其文玩其字, 有感於修養之事, 益知晦菴拳拳於伯陽之書之意. 噫守
谷能作地仙而余獨不能耶. 識數字書尾而歸之. 明日將歸山. 嘉靖癸丑淸涼山人書."
1553년(명종 8) 퇴계는 자신을 청량산인(淸涼山人)이라고 했다. 그만큼 청량산에 대한
퇴계의 언어인류학적 이해는 특별한 것이었다고 말할 수 있다. 퇴계는 일찍이 청량산
의 여러 봉우리 이름이 모조리 불교 명칭으로 되어 있는 것을 지적하면서 "산의 여러 봉
우리는[山之諸峯] 모두 불서의 황망한 말과 제불의 음혼한 이름을 가지게 되었으니[皆
冒以竺書荒茫之語諸佛淫昏之號] 이것은 참으로 신선지구에 대한 모욕이며 유학자들
이 수치로 여겨야 할 일이다[斯固爲仙區之辱而吾輩之羞也]"고 말했다(『退溪集』, 卷43,
「周景遊淸涼山錄跋」). 정도전의 불씨잡변식 비판에 이어 퇴계의 불교식 명명에 대한 거
부감이 그런 바탕 위에서 나온 것임을 알 수 있다. 퇴계의 불교 이름에 대한 지적이 각박
한 것이라는 지적도 가능하겠으나 그의 불교론 그리고 육상산과 왕양명에 대한 인식과
대응이 편협한 듯 전개되는 데는 이러한 불교에 대한 근본 인식이 자리 잡고 있다고 말
할 수 있다. 퇴계의 청량산에 대한 얘기를 확인하는 자료로는 성호 이익의 1709년(숙종
35) 11월 1일의 청량산 유람기를 들 수 있다(『星湖全集』, 卷53, 「遊淸涼山記」). 청량산
유람기에 의하면 청량산에는 ① 봉(峯): 자수봉(紫秀峯), 자란봉(紫鸞峯), 필봉(筆峯),
연적봉(硯滴峯), 연화봉(蓮花峯), 향로봉(香爐峯), 장인봉(丈人峯), 제일봉(第一峯), 금탑봉(金
塔峯), 축융봉(祝融峯), 미륵봉(彌勒峯), 옥주봉(玉柱峯), ② 대(臺): 대승대(大乘臺),
환선대(喚仙臺), 만월대(滿月臺), 선학대(仙鶴臺), 고운대(孤雲臺), 반야대(般若臺), ③
암(菴): 만월암(滿月菴), 안중암(安中菴), 보현암(普賢菴), 문수암(文殊菴), ④ 탑(塔):
연화탑(蓮花塔), ⑤ 령(嶺): 불퇴령(佛退嶺), ⑥ 수(水): 총명수(聰明水), ⑦ 사(寺): 연
대사(蓮臺寺) 등이 있다. 성호 이익은 퇴계 관련으로 "다시 앞으로 나아가 안중암(安中
菴)에 이르자 판 하나를 매달아서 벽 위를 덮어 놓았다. 바로 '노선생'이 이름을 쓴 곳이
라고 하는데 글씨가 떨어져 나가 지금은 찾을 수 있는 필적이 없다. 이곳을 유람하는 사
람들 또한 기둥과 도리, 서까래에까지 다투어 성명을 기록하여 빈틈이 조금도 없었는
데도 사람들이 오히려 감히 그 옆을 붓으로 더럽히지 않았으니, 영남 사람들이 선생을 존
모하는 것을 여기에서 볼 수 있다. 무지한 승려들까지도 다 '노선생'이라고 칭하고 성(姓)
이나 호(號)를 말하지 않았다. 선생이 후대의 세속에서 우러름을 받는 것이 한결같이 이
에 이르렀으니, 아, 얼마나 성대한가.……"라고 하였다(『星湖全集』, 卷53, 「遊淸涼山
記」).

이처럼 양생은 양생(養生)−수련(修鍊)의 조합을 통해 설명되는 것이 일반적인 일이다. 이는 응당 부모가 살아계실 때 봉양하는 것[養生]과 돌아가셨을 때 장례를 모시는 것[送死]을 일컫는 양생(養生)−송사(送死)의 연계 방식[448]과는 의미를 달리한다. 퇴계는 '양진(養眞)'의 의미에 대해 "산과 물을 함께 하니 정신을 기르기에 족하다[依山臨水足頤神]"는 말로 풀이하였다.[449] 양진에 대한 설명에도, 양심의 개념이 동원된다. "마음을 기르는 방법으로는 욕심을 적게 하는 것보다 좋은 것이 없다[養心莫善於寡欲]"[450]는 말을 바탕으로 삼아 "욕심을 적게 한다는 말을 진을 기르는 제일의로 삼을 수 있다[請以寡欲爲養眞第一義]"[451]는 말이 파생되었음을 알 수 있다. 이상의 양심·양기·양성·양생·양진론은 대체적으로 권력−욕망의 세계와 거리를 두는 방식의 몸과 마음을 잘 기르고 다스리고 보존하는 삶을 살아갈 것을 주문하는 개념이라고 말할 수 있다. 이는 『근사록』에서 "마음을 기르는 일은 경의 태도를 취하는 것보다 좋은 것이 없다[養心莫善於持敬]"고 했던 데서도 그 대략을 확인할 수 있다.[452]

퇴계의 수양공부론은 도학·이학·성학·심학을 사상적 기저로 삼아 구성된 것이며, 수양 공부 과정에는 응당 성리학의 양심·양기·양성·양생·양진론의 대강이 저변을 받치고 있다. 계상서당에서, 서울 전셋집에서, 그리고 동호독서당에서 보인 그의 독서공부는 양심·양기·양성·양생·양진론의 방향으로 나아가는 삶의 과정이기도 했다.

---

448) 『孟子』, 卷8, 「離婁章句下」.

449) 『退溪集』, 續集卷1, 「養眞庵得吳仁遠書有養眞字因寄一絶」.

450) 『孟子』, 卷14, 「盡心章句下」.

451) 『牧隱集』, 文藁卷3, 「養眞齋記」.

452) 『近思錄』, 卷4, 「存養[伊川先生曰學者須敬]」.

① 계상서당에서: "시냇물 소리 타고 징검다리 건너면 골짜기의 지세를 따라 서당이 열려 있네. 너무 깊고 궁벽하다고 남들은 웃지마는, 내 본분에 이만하면 배회하기 넉넉하다.……베개 베고 꿈속에서 신선되어 놀고 나서는 『주역』을 읽으려고 창문 열어 두었노라. 부귀와 권세는 손으로 잡을 것이 못 되어라. 여섯 벗(松+竹+梅+菊+蓮+退溪)을 서로 함께 할 마음의 벗으로 삼는다."453)

② 서울 전세집에서: "서울의 셋집에 동산 뜰이 비었더니 해마다 울긋불긋 온갖 꽃이 피어나네. 담장 앞의 작은 살구나무 집보다 높이 솟아 늦봄에 꽃이 피어 목련의 풍치를 대신하네. ……병든 몸으로 봄 석 달 동안 문밖출입을 하지 않고 이따금 지팡이 짚고 동산 속을 거닐었네. ……세상만사가 뜻대로 되기 어렵나니, ……해는 서쪽으로 기울고 강은 동쪽으로 흐르네. 꽃을 대하고 한 번 웃자 꽃이 내게 말하기를 아아 그대는 밭을 가는 농부가 알맞겠구나."454)

③ 동호독서당에서: "늦은 봄 동호의 병든 나그네 마음이여, 온 뜰의 비바람에 밤은 더욱 고요하다. 내일 아침 높은 누각에 올라 바라볼 것 없도

---

453) 『退溪集』, 卷2, 「溪堂偶興[十絶]」. "彴跨溪聲度, 堂依堅勢開. 從他笑深僻, 素履足徘徊.……已著游仙枕, 還開讀易窓. 千鍾非手搏. 六友是心降."

454) 『退溪集』, 卷2, 「杏花[效王梅溪次韓昌黎韻]」. "漢陽賃屋園院空, 年年雜樹開繁紅. 牆頭小杏高出屋, 春晚始替辛夷風.……我病三春不出門, 杖屨時及閒園中.……世間萬事苦難諧.……西飛白日江流東. 對花一笑花有語, 嗟爾合作耕田翁." 퇴계의 서울 살이는 고향 예안을 기점으로 하여 이루어질 수밖에 없었다. 퇴계는 고향으로 내려갈 때 매화화분을 챙겨가지 못한 것에 대해 "동쪽으로 돌아갈 제 함께 못가 서운하다[東歸恨未携君去]"고 하면서, "내 고향 예안[吾鄕禮安]은 영남의 맨 북쪽에 있어서[在嶺南最北] 육로로 조령을 경유해가면[陸路由鳥嶺而行] 남으로 간다고 하고[則曰南行] 수로로 죽령을 경유해 돌아가면[水路由竹嶺而歸] 동으로 간다고 한다[則曰東行]. 그것은 모두 예안(으로 내려가는 일)을 가리켜서 하는 말이다[皆指禮安而言也]"고 하였다. 위의 시에서 "강은 동쪽으로 흐른다[江流東]"고 한 말은 퇴계가 강을 따라 죽령을 통해 서울-예안을 오갔던 관성이 반영된 표현으로 보인다(『退溪集』, 卷5, 「漢城寓舍盆梅贈答」).

다. 푸른 숲에 붉은 꽃잎 흩날려 스러질 것이니."455)

④ 도산서당에서: "나는 늘 고질병을 달고 다녀 괴로웠기 때문에, 비록 산에서 살더라도 마음껏 책을 읽지 못한다.……그 뒤에 나이는 더욱 들고 병은 더욱 깊어지며 처세는 더욱 곤란해지고 보니, 세상이 나를 버리지 않더라도 내 스스로가 세상에서 버려지지 않을 수 없게 되었다.……그렇 다면 내가 지금 오랜 병을 고치고 깊은 시름을 풀면서 늘그막을 편히 보 낼 곳을 여기 말고 또 어디를 가서 구할 것인가.……1561년(명종 16) 동지 에 늙고 병든 산사람은 적는다."456)

인용 ① · ② · ③ · ④는 병을 달고 다니는 사람[病客], 고질병[苦積病] 을 달고 사는 사람, 늙고병든 산사람[山主老病畸人] 퇴계의 심신 휴양에 관한 사항을 확인할 수 있는 자료이다. 계상서당은 1558년(명종 13)에 율곡 이이가 퇴계 이황을 방문했던 당시의 서당이기도 하였다.457) 인용 ①에서 퇴계는 여섯 벗(蓮+梅+竹+菊+松+退溪)이 서로들 마음에 맞는다 고 하였다[六友是心降]. 평생 병약했던 퇴계의 심신의 휴양은 여섯 벗이 함께 하는 삶의 과정이기도 했다. 휴양을 통해 심기를 편안하게 하는 일, 기력을 돌보는 일, 물욕을 삼가는 일은 서로 연동된 것이었다. 퇴계 의 양심 · 양기 · 양성 · 양생 · 양진의 삶은 도산서당의 설립(1561)과 함 께 배치된 정우당(淨友=蓮)과 절우사(節友=梅, 竹, 菊, 松)를 통해서도 확

---

455) 『退溪集』, 續集卷1, 「雨夜」. "春晩東湖病客心. 一庭風雨夜惜惜. 明朝莫上高樓望. 紅 紫吹殘綠暗林."

456) 『退溪集』, 卷3, 「陶山雜詠[幷記]」. "余恒苦積病纏繞. 雖山居不能極意讀書.……其後年 益老病益深行益躓. 則世不我棄而我不得不棄於世.……然則余乃今所以消積病豁幽憂 而晏然於窮老之域者. 舍是將何求矣.……嘉靖辛酉日南至山主老病畸人記."

457) 『退溪集』, 卷2, 「李秀才叔獻 見訪溪上」.

인할 수 있다.[458]

인용 ②는 퇴계가 〈붉은 복숭아꽃〉[459]을 주제로 한 시와 함께 양심 · 양기 · 양성 · 양생 · 양진을 추구했던 삶의 지향을 확인할 수 있다. 퇴계는 〈붉은 복숭아꽃〉을 소재를 삼은 시에서 "꽃나무를 심었던 병든 객이 십 년 만에 돌아오니[栽花病客十年回], 늙은 나무 나를 맞아 마음껏 꽃 피웠네[樹老迎人盡意開]. 꽃을 향해 물었으나 꽃은 한마디 말이 없으니[我欲問花花不語], 비탄스러운 모든 일을 봄 술잔에 부치노라[悲歡萬事付春杯]"라고 하였다. 퇴계가 꽃과 나무에 대해 "꽃을 대하고 한 번 웃자 꽃이 내게 말하기를[對花一笑花有語]" 내지는 "꽃을 향해 물었으나 꽃은 한마디 말이 없으니[我欲問花花不語]"라고 읊은 것은 구체적으로 어떤 의미를 갖는가. 꽃이 퇴계에게 전하는 말, 그것은 "아아 그대는 밭을 가는 농부가 알맞겠구나[嗟爾合作耕田翁]"였고, 꽃이 퇴계에게 보였던 침묵, 그 의미는 십 년 만에 돌아온 심신이 지친 병객에게 스스로 해법을 찾을 것을 주문한 것이었다. 꽃(의 침묵)과 (늙은) 나무의 메시지, 그것은 '나-그것'이 아닌 '나-너'의 관계를 통해 수양공부를 이어갈 수 있음을 보여주는 것이자, 세상을 소유와 박탈의 대상으로 여기며 살아가는 각박한 현실에서 내 온 존재를 다 기울여 살아갈 것을 주문한 것이었다.[460]

퇴계는 1546년(명종 1) 낙동강 상류 토계(兎溪)의 동암(東巖)에 양진암(養眞庵)을 짓고 산과 들, 구름과 학[山雲野鶴]을 벗 삼아 양심 · 양기 · 양성 · 양생 · 양진의 삶을 시작하였다. 토계(兎溪)라는 지명을 퇴계(退溪)

---

458) 『退溪集』, 卷3, 「陶山雜詠[幷記]」.

459) 『退溪集』, 卷2, 「紅桃花下寄金季珍[二首]」.

460) 고미숙, 『교육철학』, 서울: 문음사, 2006, 173-174 참조.

로 고치고 이를 호로 삼은 것도 이 무렵의 일이다.[461)

퇴계의 나를 갈고 닦고 가꾸고 다듬는 공부, 위기지학에 대한 이야기
가 될 것이다. 퇴계는 공자의 위기지학[462)을 설명하는 과정에서 난초의
비유를 들면서, 그것은 "마치 깊은 산 울창한 숲속의[如深山茂林之中] 한
포기 난초가[有一蘭草] 하루 종일 향기를 풍기면서도[終日薰香] 스스로
그것이 향기인 줄 모르는 것과 같다[而不自知其爲香]"고 설명하였다.[463)
이처럼 난초는 위기지학을 설명하기 위한 비유로 쓰였으나, 본래 난초
는 마음이 통하는 사람, 선한 사람, 훌륭한 벗을 비유하는 말로 쓰였다.

---

461) 1546년(명종 1)의 퇴계는 무척 힘든 시기였다. 1946년 3월 장인 권질(權礩)이 사망하였
고, 7월에는 권씨부인이 첫아이를 낳다가 사망하였다. 이때 토계 상류에 양진암이라는
암자를 짓고 토계라는 개울 이름을 퇴계로 고치고서 자신의 호로 삼았다. 퇴계는 양진
암에서 죽오 오언의(竹塢 吳彦毅, 1494~1566)의 편지를 받고서 지은 시에서 "어설프
게 엮어낸 암자를 양진이라 이름 지었는데[草草開庵號養眞], 산에 둘러싸여 물에 임하
고 있으니 정신을 기르기에 족하다[依山臨水足頤神], 천 리 밖의 친구가 마치 나의 마
음을 알고 있는 것처럼[故人千里如相識], 그가 보낸 편지에 먼저 쓴 양진이라는 두 글자
가 새롭다[書面先題兩字新]"고 했다(『退溪集』, 續集卷1, 「養眞庵得吳仁遠書有養眞字
因寄一絶」). 퇴계가 양진암(1546)에 머물다가 단양군수(1548)와 풍기군수(1549)를 지낸
이후의 상황도 양진의 뜻에 부합하는 건강상태를 보여주지는 못했다. 퇴계는 이를 1552
년 9월 8일의 기록에서 "얼마 안 있다가 풍기군수를 그만두고[未幾去郡] 산 아래의 전원
으로 돌아가[歸田於山下] 4년 동안 와병 중에 있었다[病臥四年]"고 말한 바 있다(『退溪
集』, 卷43, 「周景遊淸涼山錄跋」). 양진(養眞)의 의미는 목은 이색이 1380년(우왕 6)에
지은 글에서 "사람이란 존재는 태어나면서부터 모두 무극의 진을 구비하고 있다[人之生
旣眞矣]"는 점을 전제하고, 양진은 "외물의 유혹에 넘어가지 않는 것[不誘於物]"을 의미
하며, 『맹자』의 "마음을 기르는 방법으로는 욕심을 적게 하는 것보다 좋은 것이 없다[養
心莫善於寡欲]"는 말에서 알 수 있듯이 "욕심을 적게 한다는 말을 진을 기르는 제일의
로 삼을 수 있다[請以寡欲爲養眞第一義]"고 규정한 바 있다(『牧隱集』, 文藁卷3, 「養眞
齋記」). 양진의 반대쪽 경우나 상황에 대해 이색은 사람들이 "지금은 사욕을 앞세워 끝없
이 내달리는 까닭에[今也私勝而不已], 술수를 써서 서로 배척하는가 하면[用術以相傾]
간교한 꾀를 써서 자신의 세력을 확장하는 데 열을 올린다[用奸以自植]"면서, "이것이야
말로 거짓을 행하는 것이니 나날이 졸렬해질 수밖에 없는 일이다[其作僞不日日拙乎]"고
지적하였다(『牧隱集』, 文藁卷3, 「養眞齋記」).

462) 『論語』, 第14, 「憲問」.

463) 『艮齋集』, 卷5, 「溪山記善錄上[記退陶老先生言行]」.

『주역』에서는 "마음이 한결같은 사람의 말은[同心之言] 그 향기가 난초와 같다[其臭如蘭]"[464]고 하였고, 『공자가어』에서는 "선한 사람과 함께 있는 것은[與善人居] 지초-난초가 있는 방에 들어가는 것과 같다[如入芝蘭之室]. 오래도록 그 향기는 못 맡더라도[久而不聞其香] 이에 동화된다[卽與之化矣]"고 하였다.[465] 『승정원일기』에서는 "아침저녁으로 바른 일과 바른 말만을 보고 듣게 한다면[朝夕寓目於正事正言之間] 지초-난초의 향이 사람에게 스며드는 것처럼[必如芝蘭襲人] 날마다 자신도 모르게 좋은 사람으로 바뀌게 될 것이다[日與遷化而不自知也]"고 하였다.[466]

퇴계의 공부는 꽃의 이미지에 묻히고 마는 그런 공부가 아니었다. 『퇴계집』을 통해 주목할 만한 인물로 문천상(文天祥, 1236~1283)을 들 수 있다.[467] 문천상은 1256년(宋 理宗 4)에 장원급제하여 송 이종에게 진사제일(進士第一)로 발탁되었던 인물이다. 1275년(宋 恭帝 원년) 원나라 군대가 침략하자 문천상은 황제의 명을 받아 군사를 모집하였고 복건성-광동성 일대에서 항쟁을 이어가다가 붙잡혀 1283년(원세조=쿠빌라이 19)에 죽음을 맞았다. 그가 죽을 때 남긴 마지막 문구가 "공자는 살신성인하라 하였고[孔曰成仁] 맹자는 의를 취하라 하였으니[孟曰取義], 오직 그 의를 다해야만[惟其義盡] 인에 이를 것이다[所以仁至]. 성현의 책을 읽으면서[讀聖賢書] 배운 바가 이것 말고 무엇이겠는가[所學何事]. 오늘 이후로는[而今而後] 부끄러움을 겨우 면할 수 있겠다[庶幾無愧]"는 말이었

---

464) 『周易』, 卷3, 「繫辭上傳」.

465) 『孔子家語』, 卷4, 「六本」.

466) 『承政院日記』 1737年(英祖 13) 3月 6日.

467) 『退溪集』, 攷證卷4, 「與朴澤之」. 문천상(文天祥)은 〈정기가〉(正氣歌)에서 "아득히 밀려오는 나의 이 슬픔[悠悠我心悲], 하늘에 표준이 어디 있는가[蒼天曷有極]"라고 하였다. 하늘에 선악을 판단하는 기준이 없다는 것으로, 이는 그의 앎과 삶의 차원과 깊이를 상징적으로 보여주는 말이다.

다.468) 이 문구는『퇴계집』을 통해서도 확인할 수 있다.

『경행록』은 이것을 염려해서 공자-맹자에서 시작하여 주자에서 끝맺고 있으며, 그사이 수천 년 동안의 명신과 석학의 훌륭한 행동과 아름다운 공렬 가운데 스승으로 삼고 본받을 만한 것을 수집하고 망라하여 눈앞에 모두 모아 놓았습니다. 충과 효, 절과 의에는 특히 더 마음을 쏟아 읽는 사람으로 하여금 공경하며 사모하여 흥기하지 않는 자가 없게 하니, 명교에 공이 있다 하겠습니다. 그럼에도 오히려 부족하게 여겨 한나라에서는 제갈공명을 취하고, 당나라에서는 장중승을 취하고, 송나라에서는 문문산을 취하여, 따로『삼후전』을 만들어서 그 순순한 충정과 대의가 천지를 움직이고 일월을 관통할 만한 것임을 표명하였으니, 세도를 위하여 염려한 것이 더욱 심원합니다.469)

퇴계의 수양공부론에서 도학사상과 절의정신이 차지하는 의미를 파악하다 보면, 그 궤도를 이탈한 이런저런 상황들을 마주하게 된다. 퇴계를 내세우면서 그 정신을 현창하려는 뜻은 일견 가상한 일이겠으나 그것이 사실에 입각한 것이 아니라면, 이는 퇴계학의 정체성을 약화시키는 일임은 물론 사실상 퇴계를 욕되게 하는 일이 될 수도 있다. 단적인 사례로서 18세기 무렵에 유포된 「권선지로가」의 퇴계 창작설을 들

---

468)『宋史』, 卷418,「文天祥列傳」.

469)『退溪集』, 攷證卷4,「與朴澤之」. "景行之編, 用是爲患, 始於洙泗, 終於考亭, 其間上下數千載, 名臣碩士之懿行美烈可師可法者, 搜撫包羅, 擧集目前, 而於忠孝節義, 尤拳拳焉, 使讀之者, 莫不聳慕而興起, 亦可謂有功於名敎矣. 猶以爲未也, 於漢取諸葛孔明, 於唐取張中丞, 於宋取文文山, 別出爲三侯傳, 以表其精忠大義可以動天地而貫日月, 則其所以爲世道慮者, 益深遠矣." 퇴계의 문문산에 대한 논의는『退溪集』, 卷23, 「答趙士敬[辛酉]」, 卷25,「答鄭子中」,『退溪集』, 攷證卷4,「與朴澤之」, 攷證卷5,「答鄭子中」등 참조.

수 있다. 이에 대해서는, 「권선지로가」가 퇴계의 작품으로 쉽게 판단해서는 안 된다는 점에 대한 검토 과정에 유의하면서 논의를 이어갈 필요가 있다.

「권선지로가」가 퇴계의 작품으로 쉽게 판단해서는 안 된다는 점을 말하면서 내세운 논리로 1746년 6월 23일의 실록 기사 "승지와 유신을 불러 『시경』의 이남(二南=周南+召南)을 강론하였다"는 기록을 들 수 있다.[470]

1746년(영조 22) 6월 23일 환경전(歡慶殿)에 입시하여 『시경』 초권을 강독하였다. 앞서 권선지로가(勸善指路歌)가 퇴계[退翁]가 지은 것이라고 아뢴 일이 있었다. 임금은 이를 열람한 후 그 아름다움을 칭찬하였다. 인하여 도산서원에 치제하도록 명하였다. 이날 윤광소(尹光紹)가 아뢰기를 "신이 듣기로는 성상께서 권선지로가 속본을 열람하시고 깊이 감격하시어 선정신에게 성대히 제사 지내도록 특명을 내리셨다고 합니다. 신 또한 일찍이 이 권선지로가를 본 적이 있습니다만, 이 노래가 정확히 선정신으로부터 나왔다는 얘기를 듣지 못했습니다. 또한 신선하지 못한 문장도 그렇고 그 말의 뜻이 기교에 가까운 것이어서 선정의 언어가 아닌 듯합니다. 지금 만약 갑자기 도산서당에 치제토록 한다면 영남에도 또한 노사숙유가 많은데 만약 그 노래가 선정신이 지은 것이 아니라고 주장한다면 조정의 이번 조치가 사림의 비웃음을 살 것이며 또한 선정의 도를 존경하는 일에 결례가 될까 두렵습니다. 신의 생각으로는 잠시 이 일의 거행을 멈추고 천천히 기다리면서 널리 확인하여 그 참된 증거를 확보한 연후에 도산서원에 치제하게 된다면 좋을 듯합니다. 임금이 이르기를 유신이 진달

---

470) 『英祖實錄』 1746年(英祖 22) 6月 23日.; 『素谷遺稿』, 卷18, 「孤舟錄[上]」.

한 바는 매우 유의할 만한 의견이다. 그에 따라 시행하라. 본관에서 방문하는 것이 가한 일이다. 훗날 영남의 조정인사로 인해 과히 그 선정의 저술이 아닌 것을 듣게 되었음을 유신이 아뢰었다. 상이 이르기를 만약 윤광소가 아니었다면 영남사림의 웃음을 사고 말았을 것이다고 하였다.[471]

「권선지로가」에 대해서는, 당시의 엄밀한 논의 과정을 통해 "그 말의 뜻이 기교에 가까운 것이어서[其詞意近巧] 퇴계의 언어가 아닌 듯하다[似非先正語]"는 관점, "영남에도 또한 노사숙유가 많은데[嶺南亦多老師宿儒] 만약 그 노래가 선정신이 지은 것이 아니라는 주장이 나온다면[若質言其非先正所作] 조정의 이번 조치가[則朝家擧措] 사림의 비웃음을 살 것이며[豈不貽笑士林] 또한 선정의 도를 존경하는 일에 결례가 될까 두렵다[而亦恐有欠於尊敬先正之道]"는 관점, "훗날 영남의 조정인사를 통해[後因嶺人朝士] 과연 그 권선지로가가 선정의 저술이 아니라는 사실을 듣게 되었다[果聞其非先正所作也]"는 관점을 확인할 수 있다. 비록 성리학적 이념과 질서 확립 차원의 교훈가사라는 점을 높이 사기 십상인 이 일에, 역사 속의 대현을 끌어들이고 그 이름을 모칭하는 일에 대해 이를 지적 비판하는 입장을 분명히 한 것이다.

퇴계에 대한 논의와 관련, 닮은 듯 다른 또 하나의 상황을 만날 수 있다. 「권선지로가」보다 먼저 만들어진 퇴계에 대한 무함이다. 이는 퇴계의 도덕성을 금이 가게 만드는 일들이 어디에선가에서 간간이 진행되었다는 점이다. 그 폄훼 문제에 대한 저마다의 인식과 대응 양상에 대해 성호 이익이 제시한 경우를 들 수 있다.

---

471) 『素谷遺稿』, 卷18, 「孤舟錄[上]」.

세상의 어리석은 자들이 "퇴계가 상중(喪中)에 아들을 두었다"고 말하는 자가 많은데, 그 말의 근거를 알지 못하겠다. 옛날 인조 때에 문성공 이이를 문묘에 배향하자는 의론이 일어나매 임금이 윤허를 보류하고 "그는 상중에 아들을 두었다"고 하니, 경연의 신하들이 그 말의 출처를 듣기 원하였다. 이에 임금이 이르기를 "그의 문인 이귀(李貴)가 말하였다"고 하니, 상신 최명길(崔鳴吉)이 말하기를 "이는 이황이요, 이이가 아닙니다"라고 하였고, 승지 한필원(韓必遠)은 "이는 정인홍(鄭仁弘)의 무고(誣告)입니다"라고 하였다. 이때에 영남 유생들이 소를 올려 극력 변명하여 퇴계 아들의 생년월일을 모두 기록하여 증거를 대었는데, 최명길이 또 소를 올려 이르기를 "소를 올린 유생(疏儒)들이 모여 의론하는 것을 정온(鄭蘊)이 저지했습니다"라고 하였다. 이에 정온이 또 소를 올려 이르기를 "어느 해에 아무개가 말하기를 일찍이 어느 지방을 지나는데 누가 드러내어 말하기를 "퇴계가 상중(喪中)에 아들을 두었는데 허물을 숨기지 않고 상달하였으므로 이 때문에 그를 어질게 여긴다"고 했으니, 겉으로는 높이는 체하면서 속으로는 해치려는 정상이 가증하다"고 하였습니다. 신이 이 말을 듣고 선비의 풍습이 투박함을 그윽이 탄식하였습니다. 신이 또 정인홍의 집에 출입한 지 20여 년이 되었는데, 정인홍이 이황을 헐뜯음이 이루 형언할 수 없었으나, 이 일에 대하여는 일찍이 한 번도 언급한 적이 없었습니다. 신이 또 어찌 사람의 공의를 저지할 이치가 있겠습니까? 이로써 미루어 보건대 다른 말도 모두 준신할 수 없습니다"라고 하였다. 이 일은 최명길의 『지천집』과 정온의 『동계집』에 실려 있는데 내가 그 전문을 기억하지 못하고 그 대강만을 이와 같이 수록하는 바이다. 대개 이 말은 최 정승의 전에도 이미 있었으나 중간에서 헐뜯는 자의 소행에 지나지 않는다. 영남에서는 적연(寂然)히 이런 말이 없었으므로, 정인홍의 험한 입(險口)으로도 일찍이 입에 올린 적이 없었다. 퇴계의 양춘 화기(陽春和氣)로서 그 당시에 원망하고 미워하는 바가 없었고, 덕행을 보고 감화되지 않은 자가 없었는데도, 오히려 악독한 마음을 품고 음으로 헐뜯음이 여기에까지 이르게 되었으니, 세상 길의 험난함을 엿볼 수 있다. 이제 평범하고 용렬한 재주로서 허물이 없이 몸과 명예를 온전히 하려고 해도 방법이 없을 것이다.[472]

퇴계를 근거 없이 맹목적으로 높이는 일도 문제이지만, 이처럼 퇴계의 도덕성, 퇴계학의 정체성에 위해를 가하는 일들이 벌어졌는바, 이는 그 이후로도 오랫동안 있었던 여러 사례와 함께 비판적 점검을 요하는 문제라고 말할 수 있다. 퇴계학의 본질과 정체성을 흔드는 일련의 움직임이 오랫동안 계속되었다는 점에 비추어볼 때, 우리가 얼마나 어떤 인물이나 사건과 문제에 대한 해석·논의·대응이 부실하고 무모하고 형편없는 것인가를 각성하지 않으면 안 될 것이다.

2. 임진왜란사 기록의 관점: 학봉 김성일의 도학과 절의

『퇴계집』의 「언행록차기제자목록」에 등장하는 인물들을 순서에 따라 제시하면 다음과 같다.: ① 월천 조목(月川 趙穆), ② 치재 홍인우(恥齋 洪仁祐), ③ 사암 박순(思庵 朴淳), ④ 백담 구봉령(栢潭 具鳳齡), ⑤ 설월당 김부륜(雪月堂 金富倫), ⑥ 송암 권호문(松岩 權好文), ⑦ 문봉 정유일(文峯 鄭惟一), ⑧ 운암 김명일(雲巖 金明一), ⑨ 풍암 문위세(楓庵 文緯世),[473] ⑩ 율곡 이이(栗谷 李珥), ⑪ 학봉 김성일(鶴峯 金誠一), ⑫ 겸암 유

---

472) 『星湖僿說』, 卷11, 「誣毁退溪」.

473) 1566년(명종 21) 겨울에 문위세(文緯世)는 처남 윤강중(尹剛中)·윤흠중(尹欽中)과 함께 예안의 시골집으로 퇴계를 찾아가 뵙고 『주자대전』의 글 뜻을 물었다. 몇 달이 지난

운룡(謙巖 柳雲龍), ⑬ 동강 김우옹(東岡 金宇顒), ⑭ 죽유 오운(竹牖 吳澐), ⑮ 간재 이덕홍(艮齋 李德弘), ⑯ 몽재 이안도(蒙齋 李安道), ⑰ 추연 우성전(秋淵 禹性傳), ⑱ 한강 정구(寒岡 鄭逑), ⑲ 지헌 정사성(芝軒 鄭士誠), ⑳ 몽촌 김수(夢村 金晬), ㉑ 농은 조진(聾隱 趙振), ㉒ 물암 김륭(勿庵 金隆), ㉓ 미암 유희춘(眉巖 柳希春), ㉔ 비언 이국필(棐彦 李國弼),[474] ㉕ 팔곡 구사맹(八谷 具思孟).[475]

뒤 안동으로 돌아오려 할 때, 퇴계는 행당공(杏堂公=尹復. 윤강중의 부친. 당시 안동부사)에게 시를 지어 보냈다.: "주자 문하의 박문과 약례 두 가지 공부[朱門博約兩工程]/온 성인의 근원이 이 지점에서 밝아지네[百聖淵源到此明]/보내 주신 편지에 극진한 가르침 담겼고[珍重手書留至敎]/정미한 심법은 뭇 영재를 계발시키네[精微心法發羣英]/부질없이 나는 늙어 머리만 희었으니[嗟余竭力空頭白]/그대가 거둔 공에 부끄럽기 그지없네[感子收功已汗靑]/다시 여러 아들 보내어 가르침을 받게 하니[更遣諸郎詢瞽見]/어진 정 저버림을 앓아 누워 깨닫노라[病中深覺負仁情]"(『退溪集』, 言行錄卷1,「敎人」).

474) 퇴계의 이국필에 대한 가르침의 일단을 보면, 그의 수양공부론이 어떤 일관성과 지향점을 보이는지를 확인할 수 있다. 이국필은 주술의 세계에 갇히지 말 것을 주문한 퇴계의 가르침에 대한 추억을 다음과 같이 기록하였다.: "돌아가신 선친께서, 일찍이 국필(國弼)이란 이름이 천하기도 하고 뜻도 없다 하시어 늘 고치고자 하셨는데, 이제 그 뜻을 받들어 아버지의 영전에 아뢰고 고치는 것이 어떠합니까. 또 국필은 본래부터 성질이 경박하여 깊이 쌓아 두는 구석이 없습니다. 청컨대 그윽한 뜻을 이름자 가운데 넣어서 이름을 보고 뜻을 생각하는 자료로 삼고 싶습니다"라고 하니, 선생이 이르기를 "비록 고치고자 하는 뜻이 있었다고 하나 아직 고치지 않았으니, 이제는 고치지 않는 것이 나으리라고 생각한다. 더구나 현재의 이름이 의미가 없다거나 천하지 않은 데에야 더 말할 게 있겠는가. 또 그대가 성질이 경박해서 깊이 쌓아 두는 곳이 없는 병통을 이미 알았다면, 마땅히 마음을 두고 노력해서 허물을 고쳐 착한 방향으로 나아가면 될 것이다. 어찌 꼭 이름을 보고 뜻을 생각해야 고쳐진다고 할 수 있겠는가. 가령 이름을 고치고도 허물을 고치지 못한다면, 또 그 허물을 이름이 잘못된 데로 돌려, 다시 이름을 고쳐서 허물을 고치려고 할 것인가. 이게 또한 그대의 병통이니라"라고 하였다(『退溪集』, 言行錄卷1,「敎人」).

475) 『退溪集』,「言行錄箚記諸子目錄」. 학봉 김성일월천 조목사암 박순율곡 이이 등에 대한 관련 얘기들은 『鶴峯集』, 卷4,「與趙月川[穆/辛未]」,「與趙月川[癸酉]」,「答趙月川[壬午]」 참조. 특히 김성일은 조목에게 보낸 답장편지에서, "존장께서는 근래에 무슨 공부를 하고 계시며, 와서 배우는 제군들은 무슨 책을 배우고 있습니까. 노선생께서 평소에 남을 가르치는 뜻이 그토록 정성스럽고 간절하였는데 저와 같이 못난 자는 풍진 사이에 빠져 들어서 자포자기하고 있으니, 스승의 문하에 죄를 지은 것이 심합니다.……존장

이들의 당시 거주지를 보면, 경상도 예안 거주(조목, 김부륜, 이덕홍), 경상도 안동 거주(구봉령, 권호문, 정유일, 김명일, 김성일, 유운룡), 전라도 장흥 거주(문위세), 서울 거주(홍인우, 이이, 우성전, 김수, 조진, 이국필), 충청도 회덕 거주(박순), 경상도 성주 거주(김우옹), 경상도 영주[榮川] 거주(오운, 김륭), 전라도 해남 거주(유희춘) 등으로 분류된다. 관련 인물 모두가 퇴계의 앎과 삶의 세계, 인격의 지향을 논설하는 중요한 의미를 갖지만, 사상사적 성격상 특히 학봉 김성일은 영남학파 중에서 가장 영향력 있는 학파로 부상했다는 점, 그러한 배경과 주도권을 바탕으로 스승 퇴계에 대한 언행록을 가장 완성도 높게 제시했다는 점에 주목하여 김성일의 행적을 통해 퇴계학의 도학사상적 성격을 탐색할 수 있을 것이다.[476]

퇴계의 제자 학봉 김성일(鶴峯 金誠一, 1538~1593)을 중심으로 임진왜

께서는 큰 사업을 힘써 궁구하시어 선생께서 전하신 가르침(衣鉢)이 끝내 돌아갈 곳이 있게 해주시기 바랍니다"라고 말했는데, 이를 통해 스승 퇴계에 대한 제자들의 깊은 존경심을 파악할 수 있다(『鶴峯集』, 卷4, 「答趙月川[壬午]」).

476) 스승 퇴계와 제자 김성일의 관련 사항에 대한 논의는 『鶴峯集』, 續集卷5, 「退溪先生言行錄」에 주목할 때 그 의미를 전체적으로 파악할 수 있을 것이다. 영남학파 중에서 가장 영향력 있는 학파로 부상한 학봉 김성일 학파에서 주도권을 잡고서 완성시킨 스승 퇴계에 대한 언행록의 내용을 퇴계가 친히 아들, 손자에게 보낸 가서의 내용과 비교하여 볼 때 차이가 나는 점이 있는데, 대체로 전자에서는 성현으로서의 '퇴계 상'을 부각시키기 위하여, 안자(顔子)나 도연명(陶淵明)과 같이 가난 속에서도 학문과 글쓰기에만 즐거움을 느낀 조촐한 선비의 모습으로만 부각시킨 점과, 16세기 조선시대에 여전히 상존하던 처가살이라든가, 남녀 균분 상속 같은 것을 단호하게 거부하고 주자와 같은 성리학자들과 같이 남성 중심의 종법(宗法)을 몸소 앞장서서 과감하게 실천해 나간 선구자 같은 모습만 철저하게 부각시켰다(이장우, 「이퇴계의 언행록과 가서 내용의 비교 검토」, 『대동한문학』 50, 2017, 153-178). 퇴계가 아들이나 손자에게 보낸 편지 내용을 김성일이 구성한 『퇴계언행록』과 비교 검토하면서 이것은 16세기에 살았던 퇴계의 실제 모습이 아니라 그보다 한 세기쯤 뒤의, 조선 후기의 양반 선비의 모습이라는 것을 지적할 수 있고, 그 과정에는, 여러 제자들을 제쳐두고 김성일과 그 후계자들이 『퇴계언행록』 편찬의 주도권을 잡음으로써, '퇴계 상'에 관한 구호와 기치를 선명하게 제시함으로써 퇴계론의 기선을 잡고 큰 영향력을 발휘했다는 점을 확인할 수 있다(이장우, 「이퇴계의 언행록과 가서 내용의 비교 검토」, 『대동한문학』 50, 2017, 153-178).

란 당시 유교지식인 학자의 국란에 대한 인식과 대응 문제를 살피기로 한다. 여기서는 한강 정구(寒岡 鄭逑, 1543~1620)가 작성한 김성일에 대한 「행장」을 중심으로 얘기를 펼치고자 한다.[477] 정구는 김성일과 안 지가 30년이고, 김성일의 초상에 곡한 지가 다시 25년이 지났다고 말하면서, 1617년(광해군 9)에 김성일의 「행장」(1617.10.19.)을 작성하였다.

퇴계 이황은 학봉 김성일에게 어떤 스승이었을까. 「행장」에 의하면, 김성일은 스승의 가르침을 받을 때에도, 집이 가난하여 매양 보리쌀과 나물을 식량으로 가져갔으며 때로는 그것도 미처 대지 못할 정도였으나, 조금도 개의치 않고 오직 학문에 힘쓰지 못할까만을 걱정하였다. 학문이 진보되기만을 구했던 그의 각고공부에 동문들은 이를 탄복하고 추앙하였다.[478]

① 얼마 있다가 또 인심(人心)과 도심(道心)의 나뉘짐과 선기옥형(璇璣
玉衡=천문 관측기구인 渾天儀)[479]의 제도에 대해서 물은 다음 물러나와 형

---

477) 『寒岡集』, 續集卷6, 「有明朝鮮國嘉善大夫慶尙道觀察使兼兵馬水軍節度使巡察使贈嘉義大夫吏曹叅判兼同知經筵義禁府春秋館成均館事弘文館提學藝文館提學世子左副賓客金公行狀」=『鶴峯集』, 附錄卷2, 「行狀」. 이하 『鶴峯集』을 인용처로 삼음.

478) 『鶴峯集』, 附錄卷2, 「行狀」.

479) 성호 이익의 도산서원 방문기에도 도산서당의 소장물건인 천문관측기구 선기옥형(璇璣玉衡=渾天儀)이 등장한다. 이익은 도산서당의 소장 유물에 대해 "방 안을 구경해 보니 서쪽과 북쪽 두 벽에 모두 장이 있는데, 각각 2층으로 된 장에는 모두 유물이 보관되어 있었다. 선기옥형(璇璣玉衡)이라는 기구 하나, 책상, 등잔대, 투호(投壺) 각각 하나, 화분대(花盆臺), 타구(唾具) 각각 하나, 벼룻집 하나였다. 사람들이 말하기를, 벼루는 어떤 자에게 도둑맞아서 지금은 없다고 한다. 무릇 벼루는 한 조각 돌덩어리일 뿐이나, 이곳에 있으면 값을 칠 수 없을 만큼 귀중한 것이 되지만 다른 사람에게 있으면 다만 다른 돌덩이와 같은 것일 뿐인데, 저 훔쳐간 자는 도대체 무슨 마음이었던가. 유감스러운 일이다. 또 청려장(靑藜杖) 한 자루는 갑(匣)을 만들어 간직해 놓았는데 조금의 파손도 없고 품질도 보기 드문 것이었다. 한 자마다 마디가 두서너 개 있어 학의 무릎 같았고, 두드리면 쨍쨍 울리면서 맑은 소리가 나서 보배로 여길 만하였다"고 기록하였다(『星湖全集』,

제가 서로 더불어 반복하여 연구하면서 직접 그림을 그려 만들기도 하였다. 퇴계 선생께서 밤중에 나왔다가 보니 형제가 마주 대하여 쉬지 않고 강론하고 있었다. 그러자 퇴계 선생께서 정성스럽고 독실한 것을 가상하게 여겨 크게 기대하였다. 일찍이 퇴계 선생이 어떤 사람에게 보낸 편지에 이르기를 "사순(士純) 김성일이 이곳 도산(陶山)에 와 있는데, 무더위를 무릅쓰고 산을 넘어 왕래하면서 『서전』 가운데 의심나는 뜻을 질문한다. 이 사람은 민첩하면서도 배우기를 좋아하므로, 그와 학문을 함께 하노라면 몹시 유익하다는 것을 깨닫는다"고 하였다. 그리고 또 퇴계 선생이 손자인 이안도(李安道)에게 보낸 편지에 이르기를 "요사이 보니 김성일은 지취(志趣)가 매우 좋아 능히 이 일에 뜻을 오로지 하고 있는바, 마음을 세움에 있어서 성실하고 절실하기가 이와 같다면 무엇을 구한들 얻지 못하겠으며, 무엇을 배운들 이루지 못하겠는가"라고 하였다. 또 일찍이 성현들께서 서로 전한 심법(心法)을 하나하나 서술하여 병명(屛銘)을 만든 다음 손수 깨끗하게 베껴서 공에게 주었다.[480]

② 공은 본디 성품이 명리(名利)에 대한 욕심이 없었다. 일찍이 과거 공부를 그만두고자 하여 퇴계 선생께 여쭈었는데, 퇴계 선생이 지도하기를 "부형이 계신데 어찌 자신의 뜻대로만 해서야 되겠는가. 다만 내외(內外)와 경중(輕重)의 구분을 밝히지 않아서는 안 될 것이니, 모름지기 주자의 시에 나오는, "개중에는 저대로 초연한 곳 있나니[箇中自有超然處], 아이들과 똑같이 분망한 걸 배우겠는가[肯學兒曹一例忙]"라는 구절을 항상 기억하여 가장 중요한 마음가짐으로 삼아야만 될 것이네"라고 하였다.[481]

卷53,「謁陶山書院記」).

480) 『鶴峯集』, 附錄卷2,「行狀」.

481) 『鶴峯集』, 附錄卷2,「行狀」.

김성일은 1564년(명종 19) 셋째 형 김명일, 동생 김복일과 함께 삼형제가 한꺼번에 나란히 사마시에 입격하였다. 그리고 김성일은 1568년(선조 1)에 별시 문과에 급제하였다. 김성일의 공부, 그의 앎과 삶의 기준과 목표는 ① 대장부의 사업이 과거에 합격하는 데 있는 것이 아니라고 여겨 뜻을 더욱 굳게 세우고, 더욱 독실하게 공부하였다는 점, ② 성균관에서 공부하게 되어서는 그의 언행이 유속(流俗)에 휩쓸려서 구차스럽지 않았다는 점, ③ 읽지 않은 책이 없었으나 퇴계의 『주자서절요』를 가장 애독하여 마음속으로 깊이 인식하고 가슴에 새겨두어 몸가짐의 표적으로 삼았으며, 마음을 가라앉혀 음미하면서 침식까지 잊어버렸다는 점, ④ 강독을 할 즈음에는 두려운 마음으로 선현을 직접 대한 듯한 자세로 앉아서 정밀하게 생각하고 명확하게 분변하며 조금도 그대로 지나치는 일이 없었다는 점 등을 들 수 있다.[482]

김성일이 스승의 가르침을 통해 평생에 걸쳐서 얻은 한마디 말은 "나의 허물을 공격하는 자는 나의 스승이고[攻吾過者是吾師], 나의 아름다움을 말하는 자는 나를 해치는 자이다[談吾美者是吾賊]"라는 말이었고, 이 열네 글자로써 항상 자신을 책려하였다.[483] 김성일의 『주자대전』에 대한 공부 양상을 통해 주자학−퇴계학의 공부론, 앎과 삶의 세계에 대한 인식과 대응 양상을 포착할 수 있다. 김성일의 예외 없이 규범을 벗어나지 않았던 공부, 스승의 가르침에 특히 유의하여 펼쳐나간 그 공부는,

---

482) 『鶴峯集』, 附錄卷2, 「行狀」.

483) 『鶴峯集』, 附錄卷2, 「行狀」. 대산 이상정은 1739년(영조 15)에 지은 『만수록』에서, 퇴계에 대해 "우리나라에는[我東方來] 오직 퇴계선생이 참으로 학문을 한 사람이다[惟退溪老先生眞箇是學問人]"고 말하면서, 옛사람이 말한 "나의 허물을 공박하는 사람은 나의 스승이고[攻吾過者是吾師], 나의 잘한 점을 칭찬하는 사람은 나의 적이다[譽吾善者是吾賊]"는 말을 인용하여 자신의 수양 격언으로 삼았다(『大山集』, 卷9, 「晩修錄[己末]」). 이상정이 주목했던 위의 말은, 일찍이 한강 정구가 학봉 김성일이 퇴계 문하에서 평생 공부하면서 터득한 말이라면서 인용한 것이다.

유교의 인격수양론에 입각해 볼 때, 날마다 반복되는 삶[日常]도 항상 새로운 함양의 터전이고, 날마다 반복되는 작용[日用]도 새로운 일처럼 여긴다면, 이것도 인격이 잘 수양된 높은 경지를 보여준다고 말할 수 있다.484) 이는 날마다 되풀이되고 눈에 익숙해진 모든 것들, 그리고 반복되는 낱낱의 행동까지, 인성 함양을 벗어날 수 없는 이 감각적 현실 속에서, 나의 사적 편협성을 극복하기 위한 공부의 과정이라고 말할 수 있다.485)

스승 퇴계의 가르침을 바탕으로 삼아 자신의 공부의 세계를 갖추었던 김성일은 1568년(선조 1)에 별시 문과에 급제하였다. 김성일의 도학과 절의란 무엇인가를 살피기 위해 그 기본으로서의 유학 공부의 근본을 파악할 일이다. 김성일은 1574년(선조 7)에 홍문관 수찬(弘文館修撰)에 제수되었으며, 또다시 사간원 정언에 제수되었다. 이때의 일이다.

어느 날 임금이 경연에 나가 조용히 묻기를 "경들은 나를 전대의 제왕들과 비교해 볼 때 어떤 임금과 비슷하다고 생각하는가"라고 물었다. 그러자 어떤 사람이 대답하기를 "요(堯) · 순(舜) 같은 임금입니다"라고 하였는데, 공(김성일)은 대답하기를 "요 · 순이 될 수가 있고, 걸(桀) · 주(紂)도 될 수가 있습니다"라고 답하였다. 그러자 임금이 이르기를 "요 · 순과 걸 · 주가 이와 같이 비슷한가"라고 하니, 공이 대답하기를 "능히 생각하면 성인이 되고 생각하지 않으면 미친 사람이 되는 법입니다. 전하께서는 천부적인 자질이 고명하시니 요 · 순처럼 되기가 어렵지 않을 것입니다. 그러나 스스로를 똑똑하다고 여겨 간하는 말을 받아들이지 않는 병통

---

484) 김범수, 「거경과 심미의 상호작용에 기초한 『주자대전』의 인성함양론」, 『유학연구』 45, 2018, 313-348.

485) 김범수, 위의 논문, 313-314.

이 있으십니다. 간언을 받아들이지 않은 것은 걸·주가 망한 까닭이 아니겠습니까"라고 말하자, 임금은 얼굴빛을 바꾸고 바르게 앉았으며, 경연에 있던 사람들은 모두 벌벌 떨었다. 이에 유성룡이 나아가 아뢰기를 "두 사람의 말이 다 옳습니다. 요·순 같다고 대답한 것은 임금을 인도하는 말이고, 걸·주에 비유한 것은 경계하는 말로, 모두 다 임금을 사랑해서 한 말입니다"라고 하였다. 그러자 임금이 얼굴빛을 고치고는 술을 내리게 한 다음 자리를 파하였다.[486]

위의 김성일의 발언은 그의 스승 퇴계의 가르침에 힘입은 것이었다. 그 가르침의 전반적인 양상에 대해 대산 이상정(大山 李象靖, 1711~1781)은 『학봉집』 속집 서문(「鶴峯先生續集序」)에서 다음과 같이 말하였다.

퇴도(退陶) 노선생이 끊어졌던 학문을 앞장서 밝혀서 도학의 전통을 열자, 당대에 문하로 모여든 선비들이 덕을 이루고 재주를 통달하는 교화를 받았다. 학봉 김선생은 어린 나이에 도를 들어서 자주 스승의 장려와 칭찬을 받고, 마침내 도통을 전수하는 가르침과 혼자에게만 은밀히 전하여 부탁한 뜻을 받았으니, 대개 다른 제자들이 참여해서 들을 수 없는 것이었다.……왜적이 침략해 나라가 위태로운 즈음에 임무를 맡아서는 의병들을 격려하고 왜적들의 칼날을 막아 국가가 중흥할 수 있는 기반을 다졌으나, 피로가 쌓인 나머지 병이 들어 중도에 세상을 뜨게 되었으니, 이는 참으로 나라의 운수가 관계된 바이다. 그러나 그 공부한 바를 미루어 실용에 베풀고 대의(大義)를 창도하여 나라를 위해 목숨을 바친 자취를 살펴보면, 참으로 이른바 체(體)를 밝혀서 용(用)을 알맞게 한 학문이요, 죽

---

486) 『鶴峯集』, 附錄卷2, 「行狀」.

음으로써 지키어 도를 잘해 나가는 용맹으로, 사문(師門)이 기대하고 인정한 바를 저버리지 않은 분이었다. 맹자가 이르기를 "나는 나의 호연지기(浩然之氣)를 잘 기르니, 그 기운은 천지 사이에 꽉 차고 의(義)와 도(道)에 배합된다"고 하였는데, 선생 같은 분은 아마도 맹자의 도에서 터득한 바가 있을 것이다.……아아, 선생께서는 외로운 충성과 올곧은 도로써 나아가서는 이를 세상에 펴지 못하였고, 물러나서는 은거하여 정양(靜養)을 통해 만년의 여유 있는 공부를 다하지 못하였으니, 참으로 후학들이 끝없는 유감으로 여겼다. 그러나 노산군(魯山君)을 복위시키기를 청한 상소[487]에서는 군신 간의 큰 윤리를 드러내었고, 사문(師門)에서 전수받아 도학(道學)의 종통을 밝혔으며, 퇴계 선생의 언행에 대한 차록(箚錄)에는 선생의 선언(善言)과 덕행(德行)을 잘 살펴서 상세히 기록하였으니, 『논어』나 『주자어류』와 더불어 천년토록 그 공효를 같이할 것이니, 그렇다면 도학을 천명하고 사문을 도운 공효 또한 어찌 분명하게 드러나지 않겠는가. 퇴계 선생의 병명(屛銘)[488]을 첨부하여 도의 연원을 전수하고 당부한 실제를 드러냈으니, 후대 사람들이 이를 잘 읽어 보면 터득하는 바가 있을 것이다. 그리하여 반드시 마음이 융화하고 정신이 계합하는 바가 있어 옷자락을 잡고 문하에 나아가서 친히 말씀을 듣는 것과 다름이 없을 것이다.……신축년(1781, 정조 5) 11월 아무 날에 후학 한산(韓山) 이상정은 삼가 서문을 짓다.[489]

---

487) 김성일이 신미년(1571, 선조 4)에 올린 상소인데, 단종의 복위, 사육신의 복작, 종실의 등용 등을 청한 것으로 김성일의 개결한 절의를 드러낸 상소로 잘 알려져 있다. 『鶴峯集』, 續集卷2, 「請魯陵復位六臣復爵宗親敍用疏」.

488) 퇴계 선생의 병명(屛銘)은 요 임금으로부터 주자에 이르기까지의 도학의 연원을 기술한 글로, 이를 퇴계가 김성일에게 연원을 전수하는 뜻을 피력한 것이라고 해석하는 경우도 있다. 『鶴峯集』, 附錄卷3, 「題金士純屛銘」.

489) 『大山集』, 卷44, 「鶴峯先生續集序」.

조정에서 통신사를 보낼 것을 의논하였고, 이때 김성일이 부사(副使)로 임명되었다. 1590년(선조 23) 봄, 상사(上使) 황윤길(黃允吉), 부사(副使) 김성일(金誠一), 서장관(書狀官) 허성(許筬)이 대궐에 나아가 하직 인사를 하고 서울을 떠났다. 통신사 일행은 1591년(선조 24) 2월에 돌아와서 부산에 도착하였다. 김성일이 일본에 사신으로 갔다 온 뒤로 조정에서는 왜적을 방비하는 계책이 전적으로 성지(城池)를 수축하는 데 달려 있다고 여겼다. 그리하여 민정(民丁)을 끌어모아 군사로 만들고는 곳곳마다 성을 쌓았는데, 예전에는 성이 없었던 내지(內地)에도 모두 새로 성을 쌓았다. 인심이 크게 무너질 수밖에 없었다.

정구는 "우리 동방에 전고에 없던 변란"이 "통신사의 행차가 돌아온 지 얼마 지나지 않아서 갑자기 발생하였다"고 했다. 이어서 정구는 이 부분에 대해서 "김성일이 당초에 진정시키기 위해 한 말이 드디어 김성일을 화로 몰아넣는 계제가 되어 일을 장차 예측할 수 없게 되었다"고 하였다. 김성일의 내면세계를 정교하게 포착한 발언이라고 말할 수 있다. 선조는 임진왜란이 일어나자 "김성일이 일찍이 왜적들이 반드시 쳐들어오지 않을 것이라고 큰소리쳐서 변방의 방비를 해이하게 한 탓에 왜적들이 쳐들어오는 변고가 일어나게 하였다"고 하면서 김성일의 죄를 묻고자 했다. 그 정국에서도 김성일은 변명 없이 나라를 구하는 일에만 전념하였다. 임진왜란 당시 백성·관군·의병의 전투 관련 상황을 거중 조정하는 임시 직책인 초유사(招諭使)라는 자리가 만들어지고, 그 자리에는 당시는 물론 역사적으로 유일하게 김성일이 임명되었다. '초유사 김성일'은 그렇게 탄생하였다.

김성일은 초유사의 자격으로 1592년 5월 초에 함양에 도착하였다. 김성일의 옛 친구 조종도(趙宗道)와 이로(李魯)는 약속도 없이 김성일을 찾아와 막하(幕下)에 머물렀다. 후술할 진주성 촉석루 시에 등장하는 삼장사가 바로 김성일-조종도-이노였던 것도 당시의 상황과 배경을 그대로 보여주는 장면이라고 말할 수 있다. 이 당시에 사민(士民)들은 달아나 숨어 산골짜기를 가득 메웠으므로, 원근의 들판에는 사람들의 모습이 보이지 않았다. 이에 김성일은 그 자리에서 초유문(招諭文)을 지어 도내 전 지역에 포고하였다. 김성일은 "나는 일개 썩은 선비[腐儒]이므로 비록 전쟁하는 일을 배우지 못하였으나, 임금과 신하의 대의는 대충 들어서 알고 있다"는 겸사와 함께 〈초유문〉을 발표하였다.(김성일의 초유문은 『난중잡록』, 1592年 5월 5일자에도 실려 있다.)

여러 곤수(閫帥)들은 국가의 간성(干城)인데도 왜적들이 침입했다는 소문만 듣고서 무너지기도 하였으며, 적병을 겁내어 움츠러들기도 하였다. 수령들은 한 고을의 군장(君長)인데도 모두들 자신의 처자식을 안전한 곳에 피난시키고 무기고를 불태웠다. 그리하여 한 사람도 충의(忠義)를 떨쳐 일어나 앞장서서 왜적을 치는 자가 없었다. 그러니 불쌍한 우리 군사와 백성들이 누구를 믿고 누구를 의지하여서 흩어져 도망치지 않을 수가 있었겠는가. 거센 물결에 한번 무너지자 이를 막아낼 도리가 없게 됨에 따라 성에는 창을 든 군사가 없었고, 고을에는 죽기를 각오하고 싸우는 신하가 없었다. 이에 왜적들은 마치 무인지경(無人之境)에 들어오는 것처럼 몰려 들어와 마침내 영남 한 도가 왜적들의 소굴이 되어버렸는바, 형세가 마치 흙더미가 무너지고 기왓장이 깨지는 듯하여 조석간도 보장하지 못하게 되었다. 이것이 얼마나 큰 변고인가. 그러나 이것이 어찌 단지 변방의 장수나 수령들만의 잘못이겠는가. 이 지방의 선비와 백성들도 그 책임을 면하지는 못할 것이다. 옛날에 큰 난리를 만나서도 나라를 잘 지킬 수 있었던 것은, 윗사람은 죽기를 각오하고 싸울 뜻이 있었고, 아랫사람은 윗사람을 위해 목숨을 바칠 마음이 있었기 때문이다. 그런데 지금은 왜적들이 아직 이르지 않았는데도 선비와 백성들은 앞장서서 먼저 도망쳐 산속으로 숨어 들어가 구차스럽게 목숨을 부지하려는 계책을 하였다. 이에 수령은 백성이 없게 되고 장수는 군졸이 없게 되었으니, 장차 누구와 더불어 왜적을 막을 수 있겠는가.……오랑캐의 풍습을 가진 왜적들은 우리 땅에 한번 들어오자 즉시 웅거하려는 뜻을 품었다. 그리하여 우리의 부녀자들을 잡아가서 처첩으로 삼고, 우리의 장정들을 마구 죽여 씨를 남기지 않았으며, 즐비한 민가를 모두 불태워 잿더미로 만들고, 공사(公私)의 재물은 모두 빼앗아 차지하였다. 이에 독기는 사방에 가득 차고 죽은 사람의 피는 천 리에 흘렀으니, 백성들이 참혹하게 화를 당한 것을 어찌 차마 다 말할 수 있겠는가. 지금은 실로 지사(志士)는 창을 베고 자면서 왜적을 쳐죽일 날이요, 충신은 국난을 구하기 위하여 목숨을 바쳐야 할 시기이다. 그런데 경상도 67개 고을 중에 아직까지 의(義)를 주창하여 의병을 일으킨 사람이 없다. 그러면서 오히려 남들보다 먼저 도망치지 못할까 걱정하고, 깊은 산속으로 숨지 못할까만 걱정하고 있다. 그러니 어찌 탄식을 금할 수 있겠는가.……[490]

사람들은 존망의 위기에 처했을 때, 드디어 그 공부가 어떤 공부였는지, 그 공부는 그들의 앎과 삶의 세계에서 어떤 힘이 되는 것인지를 질문하기에 이른다. 퇴계의 제자 김성일에 대한 논의 과정에서도, 임진왜란이라는 급난지변을 목숨 걸고 대응해야 했던 김성일에게서 퇴계의

---

[490] 『鶴峯集』, 附錄卷2, 「行狀」. 김성일은 초유문을 통해, 왜란 정국에서 불쌍한 백성들이 어딘가에 몸을 붙이고 살아가고자 하지만, 어딘가에 숨어들어 연명하는 것은 전혀 의미가 없음을 다음과 같이 지적하였다.: "지금 왜적들은 서울을 침범하는 일에 급급하여 지체하지 않고 곧장 행군해 올라갔기 때문에 병화(兵禍)가 여러 고을에 두루 미치지 않았다. 그러나 왜적들이 목적을 달성한 뒤 흉악한 무리들이 국내에 가득 차게 될 경우, 그때에도 산골짜기가 과연 죽음을 피할 수 있는 곳이 될 수 있겠는가."

도학사상은 어떤 작용을 일으켰는지를 성찰하게 된다.

돌아보건대, 우리 영남 지방은 본디 인재가 많이 배출되는 고장이라고 일컬어져 왔다. 천 년의 국운을 유지한 신라와 오백 년의 국운을 지탱한 고려 및 우리 조선 200년 동안에 충신과 효자의 아름다운 명성과 뜨거운 의열이 청사(靑史)에 빛나는바, 아름다운 절의와 순후한 풍습은 우리나라 에서 으뜸이 되었다. 이에 대해서는 사민들이 모두 다 잘 알고 있는 바이 다. 또 근래의 일을 가지고 말하더라도, 퇴계와 남명 두 선생이 한 시대에 나란히 나와 도학을 처음으로 강명하면서 인심을 순화시키고 윤기를 바 로잡는 것을 자신들의 임무로 삼았다. 이에 선비들 가운데에는 두 선생의 교육에 감화되고 흥기하여 본받는 사람이 많았다. 이들은 평소에 많은 성 현들의 글을 읽었으니, 이들의 자부심이 어떠하였었는가. 그런데 하루아 침에 왜변을 만나서는 오로지 살기만을 구하고 죽기를 피하는 데 급급하 여, 스스로 군주를 버리고 어버이를 뒤로 하는 죄악에 빠지고 말았다. 그 런즉 구차스럽게 한 목숨을 부지하더라도 장차 어떻게 한 하늘 아래에서 살 수가 있겠으며, 죽어 지하에 들어가서는 또한 무슨 낯으로 우리 선현 들을 뵐 수 있겠는가.[491]

김성일은 사람들 중에는 왜놈들은 용기가 있고 우리는 겁이 많으며, 왜놈들의 무기는 날카롭고 우리 무기는 무디다면서, 이런 상황에서는 의병을 일으킨다 해도 아무런 소용이 없다고 말한다고 지적하면서, 이 는 분명 생각이 부족한 말이라고 비판하였다. 유교 학문은 국가적 위 급·위난지경에서 어떤 대응방식을 보여왔는가를 생각할 일인 것이다.

---

491) 『鶴峯集』, 附錄卷2, 「行狀」.

김성일은 유교 사상·학문의 근간인 도학사상과 절의정신을 담은 초유문을 다음과 같이 제시하였다.

옛날의 충신과 열사는 이기고 지는 것으로써 뜻을 바꾸지 않았고, 강하고 약한 것으로써 기운이 꺾이지 않았다. 의리에 있어서 마땅히 해야 할 바이면 비록 백번 싸워 백번을 지더라도 오히려 맨주먹을 휘두르고 시퍼런 칼날에 맞서 싸워 만 번 죽어도 후회하지 않았다. 하물며 이 왜적들은 비록 강하다고는 하지만 군사를 이끌고 멀리 들어왔는바, 전쟁에서 꺼리는 것을 범하였다. 그러니 어찌 제대로 살아서 돌아갈 수 있겠는가. 우리 군사가 비록 겁이 많다고는 하지만, 용감하고 겁내는 것이 어찌 일정한 것이겠는가. 충의가 북받치면 약한 자도 강해질 수 있고, 적은 군사로도 많은 군사를 대적할 수 있는 법으로, 단지 마음 한번 먹기에 달려 있는 것이다.……집집마다 사람마다 각자가 싸우면서 일시에 함께 일어나면, 군사의 위용은 크게 떨쳐지고 용기가 백 배는 솟구쳐서, 괭이나 고무래도 튼튼하고 날카로운 무기로 변할 것이다. 그러니 왜적들이 비록 큰 칼과 긴 창을 가지고 있더라도 무엇이 두렵겠는가. 만약에 일이 성공한다면 나라의 부끄러움을 완전히 씻을 것이며, 성공하지 못하더라도 의로운 귀신이 될 것이다. 제군들은 힘쓸지어다.[492]

김성일은 자신이 작성한 초유문을 유포할 것에 대해, 각 고을의 수령들은 이를 고을마다 알려 백성을 효유하도록 하고, 각군의 변장들은 이를 사졸들에게 알려 격려하도록 지시하였다. 그리고 이를 조정의 문무 관원들은 물론, 부로(父老)와 유생(儒生)들에게도 서로서로 유시하도록 지

---

492) 『鶴峯集』, 附錄卷2, 「行狀」.

시하였다. 동지를 불러모아 충의로써 서로 단결하여 방비책을 세워 왜적을 막는 일, 군사들을 이끌고 싸움을 거드는 일은 모두가 함께 감당해야 할 일이었다. 부자들은 고려 태조 때의 공신 유차달(柳車達)처럼 곡식을 날라 군량을 대고, 용사들은 고려 충렬왕 때의 공신 원충갑(元沖甲)처럼 용기를 내어 적을 무찌르라고 하였다.

정구는 김성일의 초유문을 보고 눈물을 흘리지 않는 사람이 없었다는 점을 말하면서, 의령의 곽재우(郭再祐) 장군에 대해 논하였다. 김성일-곽재우에 대한 거론 양상은 당시 상황과 맥락을 정확히 포착한 후의 논술이라는 것을 말해준다. 퇴계의 제자 서애 유성룡이 있어 이순신 장군의 존재가 돋보였듯이, 퇴계의 제자 김성일이 있어 곽재우 장군의 존재가 돋보였다.

> (곽재우는) 변란이 일어난 처음에 맨 먼저 의병을 일으켜서는 자기 집 재산을 털어 군사들을 먹이고, 그래도 군량을 이어가지 못하자 방치해 둔 전세미(田稅米)를 실은 배를 가져오거나 수령이 없는 고을의 창고 곡식을 가져다가 군량으로 쓰면서 날마다 왜적을 치는 것으로 일을 삼았다. 그래서 사람들이 마음병이 들었다고도 하고 미쳤다고도 하였다. 이웃 고을의 수령이 토적(土賊)이라고 관찰사에게 보고하는 바람에 관찰사 김수(金睟)가 열읍에 관문(關文)을 보내 그를 체포하도록 명하였으므로, 의병들의 사기가 꺾여 장차 흩어질 형편에 이르렀다. 그러자 곽재우도 어찌할 도리가 없음을 알고 모두 팽개치고 지리산(頭流山)으로 들어가려고 하였다. 김성일이 이 사실을 알고는 놀라 탄식하였으며, 김수가 물었을 때는 곽재우를 극도로 기리는 내용으로 답하였다. 그리고는 곽재우에게 글을 보내어 장려하고 인정하면서 "선대부(先大夫)에게 후손다운 후손이 있다"고까지 하였다. 이에 곽재우는 자신을 알아주는 데 감격하여

다시금 분발하여 곧바로 김성일의 글을 깃대에 매달아 향리 사람들에게 보였다. 그러자 사람들이 비로소 곽재우가 의병을 일으켰다는 것을 믿게 되었고, 감사나 수령들도 감히 가로막거나 뒤흔들지 못하여 군대의 위세가 다시 떨쳐졌다.[493]

김성일이 처음 진주에 이르렀을 때 성은 텅 비어 사람의 그림자도 보이지 않고 오직 강물만 출렁이며 흐르고 있었다. 이때 조종도와 김성일이 대화를 나누었다. 여기서 퇴계의 촉석루와 김성일의 촉석루, 그 역사적 격절로 인한 의미상의 변모를 확인할 수 있다.

퇴계 이황의 촉석루 시	학봉 김성일의 촉석루 시
『退溪集』, 卷1, 「矗石樓」 강호에 떨어져 산 지 얼마나 되었던고 [落魄江湖知幾日] 거닐며 시를 읊다 촉석루에 올라 보네 [行吟時復上高樓] 공중에 비끼는 비 한 때의 변화라면 [橫空飛雨一時變] 눈에 드는 남강은 만고의 흐름이라 [入眼長江萬古流] 지난 일 아득해라 동우리의 학은 늙고 [往事蒼茫巢鶴老] 나그네 회포 일렁여라 들구름이 떠가네 [羈懷搖蕩野雲浮] 번화한 것 시상에 들어오지 않나니 [繁華不屬詩人料] 한 번 웃고 말없이 푸른 물을 굽어보네 [一笑無言俯碧洲]	『鶴峯集』, 卷2, 「矗石樓一絶」 촉석루 누각 위에 올라 있는 삼장사[494] [矗石樓中三壯士] 한 잔 술로 웃으면서 남강 물을 가리키네 [一杯笑指長江水] 남강 물은 밤낮으로 쉬지 않고 흘러가니 [長江之水流滔滔] 물 마르지 않는 한 우리 넋도 죽지 않으리 [波不渴兮魂不死]

---

493) 『鶴峯集』, 附錄卷2, 「行狀」.

494) 위의 시(『鶴峯集』, 卷2, 「矗石樓一絶」)는 제2차 진주성 전투가 치러지기 전, 김성일이 세상을 떠나기 전에 지은 시임을 알 수 있고, 그 삼장사는 김성일-조종도-이로를 지칭하는 것임이 역사적 정황을 근거로 확인된 바 있다. 하지만 오랜 기간에 걸쳐 삼장사에 대한 여러 갈래의 시비(김성일-조종도-곽재우 삼장사설, 김성일-조종도-이로 삼장사설, 김천일-최경회-황진 삼장사설, 김천일-최경회-고종후 삼장사설)가 이어졌다. 그 시비

김성일이 초유사가 되어 처음으로 진주에 도착했을 때에 진주목사 이경(李璥)은 지리산 골짜기에 숨어 있었고, 성 안은 적막하여 사람 그림자조차 없었다. 김성일은 조종도(趙宗道), 이로(李魯)[처음에는 곽재우로 알려졌으나 나중에 이로로 확인됨]와 함께 산하를 바라보면서 비통한 마음을 금할 길이 없었다. 이때 조종도가 김성일의 손을 잡고서 앞으로의 형세는 손을 쓸 도리가 없을 것이니 빨리 죽느니만 못하다면서, 이 강물에 빠져 죽자는 뜻으로, 김성일을 강가로 이끌었다. 김성일은 조종도에게 필부들이나 지키는 작은 의리를 따라 하지 않겠다면서 절구 한 수를 읊었는데, 이 시가 바로 「矗石樓一絶」이다. 김성일이 삼장사(김성일, 조종도, 이로)에 대한 얘기를 이어가면서 "남강 물이 마르지 않는 한 우리 넋도 죽지 않으리[波不渴兮魂不死]"라고 한 말은, 몸은 죽어도 넋은 죽지 않는다는 것, 진정한 유교 학자라면 국가적 위기 앞에서 삶과 죽음의 경계는 크게 상관할 바가 아니라는 다짐을 보여준다.

조종도: "진주는 거진(巨鎭)이고 목사는 명관(名官)인데 왜적들이 이르기도 전에 일이 이미 이와 같으니, 앞으로는 다시 손써 볼 도리가 없을 것입니다. 빨리 죽어서 눈으로 안 보느니만 못합니다. 왜적들의 칼날에 죽

에 관해서는 대산 이상정(大山 李象靖, 1711~1781)의 의견을 경청할 필요가 있다. 이상정은, 1779년(정조 3), 삼장사론에 대해 정리하면서, 「矗石樓一絶」의 "장사(壯士)라는 두 글자는 애초 지극한 경지의 칭호가 아니며 몇 마디 짧은 시구는 절의의 실상에 관계된 것이 아니다"는 점, "김선생(김성일)은 이 시가 있다고 해서 더 중시되지 않는다"는 점을 들면서, 오랫동안 계속되어온 '삼장사' 시비에 얽힌 사람들의 사려 깊지 못한 태도를 문제 삼은 바 있다(『大山集』, 卷42, 「答湖南通文[代左道士林作][己亥]」). 이에 대한 구체적인 논의는 박균섭, 「고경명 연구: 의병, 전쟁, 죽음」, 『인문학연구』 69, 2005, 387–422 참조. 참고로 덧붙이자면, 「矗石樓一絶」의 "한 잔 술로 웃으면서 남강 물을 가리키네[一杯笑指長江水]/남강 물은 밤낮으로 쉬지 않고 흘러가니[長江之水流滔滔]"라고 한 부분에 대해서는 판본에 따라 '청천'(菁川: "一杯笑指菁川水", "菁川萬古流滔滔")으로 되어 있거나, '청강'(淸江: "一杯笑指淸江水", "淸江萬古流滔滔")으로 되어 있다.

는 것보다는 차라리 이 강물에 함께 빠져 죽는 것이 더 낫지 않겠습니까."

　김성일: "한번 죽는 것이야 어려운 일이 아니나, 헛되이 죽는다면 무슨 소용이 있겠는가. 필부들이 하는 짓을 나는 하지 않을 것이다. 그러나 충의로운 선비는 죽고 사는 것으로써 뜻을 바꾸지 않으며, 용감한 사람은 강하고 약함으로써 뜻이 꺾이지 않는 법이다. 그러니 은밀히 서로 연락하여 효유하고 의병을 일으키기를 간절히 바라노라. 그리하여 적을 칠 만하면 지방을 지키면서 원충갑(元沖甲)의 군사처럼 떨쳐 일어나도 좋을 것이요, 형세가 자립할 수 없으면 군사를 이끌고 병사(兵使)의 군대로 가도 좋을 것이다. 또 나를 버려야 할 사람이라고 여기지 않는다면 의병이 되어 강을 건너도 괜찮을 것이다.[495]

김성일이 개인보다 공동체와 국가적 안위 문제에 우선적으로 임했던 것은 유교적 인륜공동체를 지향하는 삶과 맥락을 같이했기 때문이다. "전체의 질서와 개인의 개성이 서로 조화를 이루어야 한다"는 이일분수론(理一分殊論)과 "공정한 원칙에 따라 사익을 추구해야 한다"는 인심도심론(人心道心論) 등 전통 성리학의 수기론은 '사적 개인'을 '공적 시민'으로 승화시키는 과정이었다.[496] 정구는 김성일에 대한 「행장」에서 이를 다음과 같이 정리하였다.

　안동에서 하루를 머문 뒤에 돌아갈 때 온 가족이 작별하면서 서로 붙들고 큰소리로 울었다. 그런데도 공은 못 본 체하면서 평소와 다름없이 웃고 떠들었다. 세 아들이 중도에까지 따라나오자, 큰아들 집(潗)에게 이르

---

495) 『鶴峯集』, 附錄卷2, 「行狀」.

496) 이상익, 「한국 성리학에 있어서의 개인과 공동체」, 『한국철학논집』 38, 2013, 97-128.

기를 "공과 사에는 구분이 있는 법이니 서로 돌아볼 수가 없다. 너는 돌아가서 너희 어미를 모시라. 홀로 되신 큰어머니와 둘째 큰어머니도 너희들의 어미와 같이 종시토록 잘 섬기라. 어찌할 도리가 없게 되었을 경우에는 온 집안이 한꺼번에 죽어 황천에서나 만나는 것이 옳다. 나라가 보존되면 함께 보존되고 나라가 망하면 함께 망하는 것이다. 어찌 나라가 멸망했는데 집안이 보존되는 경우가 있겠는가"라고 하였고, 둘째 아들 역(㴐)에게는 자신을 따라오게 하였다. 두 아들이 통곡하고 절하면서 작별인사를 하자, 곁에 있던 사람들이 모두 얼굴을 가리고 울었다. 안기도 찰방[497] 강영(姜霙)이 말하기를 "공은 이러한 때에 마음이 동요되지 않습니까"라고 물으니, 공이 이르기를 "어찌 마음이 동요되지 않겠는가마는, 내 스스로 마음이 동요되어 봐야 아무런 소용이 없다는 것을 알 뿐이다"라고 답하였다.[498]

김성일이 경상도 초유사로 일할 때에, 전염병이 곳곳에 만연하였으며 백성들이 모두 성 안으로 몰려들어서 울부짖고 신음하는 소리가 차마 들을 수 없을 정도로 참혹하였다. 이에 김성일은 가여운 마음에 눈물을 흘렸으며, 밥을 먹을 적에는 빈번히 숟가락을 놓으니, 어떤 사람이 말하기를 "식사를 하지 않아 병이 나면 국사는 어찌합니까"라고 하자, 김성일은 "어찌 다른 생각이 있어서 이러겠는가. 저절로 목구멍에 넘어가지 않는다"고 답하였다. 김성일은 날마다 문루(門樓)에 나가 앉아 있는 일을 일찍이 폐한 적이 없었는데, 막하에 있는 여러 사람들이 간하기를 "기운이 어그러지고 역질이 만연하였습니다. 비록 깊은 방 안에

---

497) 안기도(安奇道)는 현재의 경상북도 의성군 의성읍 일대를 일컫는다. 당시 의성현은 안기도 관할 아래 있었다.

498) 『鶴峯集』, 附錄卷2, 「行狀」.

계시더라도 호령을 내릴 수가 있으니, 밖으로 나오지 마시기 바랍니다"
라고 하니, 김성일은 "죽고 사는 것은 운명이니 어찌 피하겠는가"라며
거절하였다.

초유사로 활동하던 김성일은 경상좌도관찰사에 임명되어 초유사직
에 물러나 잠시 경상우도를 떠났다가 다시 경상우도관찰사로 부임하였
다. 김성일은 초유사로 임명된 이래로 왜적을 소탕하는 일에 나서면서
도 나라의 은혜를 저버리게 될까 두려워서 밤낮없이 근심하고 수고한
탓에 안으로 몸이 상하고 밖으로 감기가 들었던 차에 역질에 걸려 1593
년 4월 19일에 점차 위독한 지경에 이르렀다. 그때 아들 김역(金㳽)도
역질에 걸려 옆방에서 앓고 있었는데, 아들의 병에 대해서는 한 번도
물어보지 않았다. 비록 혼미하여 정신이 없는 상태에서도 가냘픈 소리
로 헛소리같이 하는 말이 모두 나라를 걱정하는 것뿐이었다.

김성일은 1593년 4월 29일에 진주의 공관에서 졸하였다. 이를 정구
는 김성일에 대한 「행장」을 통해 "대란을 만나 근심과 노고로 인해 목숨
을 잃었다"고 평했다. 이는 스승 퇴계-제자 김성일로 이어지는 도학사
상과 절의정신의 작용 양상을 정밀하게 포착한 것이다. 『선조수정실록』
1593년 4월 1일자 졸기를 옮기면 다음과 같다.[499]

1593년(선조 26) 4월. 경상좌도 순찰사 김성일이 죽었다. 당시 혹심한
병란에 백성은 굶주리고 전염병(癘疫)까지 크게 유행하였다.[500] 이에 김

---

499) 『선조수정실록』 1593년 4월 1일자 졸기 및 『鶴峯逸稿』, 附錄卷3, 「鶴峯金文忠公史料鈔
存[上]」 참조.

500) 당시 "전염병이 크게 유행하였다[癘疫大熾]"고 한 기사의 전염병(癘疫)은 장티푸스를 일
컫는다. 김성일의 아들에 대해 "그 아들 김역이 옆방에 있으면서[子㳽在傍舍] 함께 전염
병에 걸려 위독하였다[同染疾危篤]"고 한 기사의 전염병(染疾)도 장티푸스를 일컫는다.
조선시대에는 전염병인 장티푸스를 여역(癘疫)=염질(染疾)=염병(染病) 등으로 표기하

성일이 직접 나아가 구제하면서 밤낮으로 수고하다가 전염병에 걸려 죽었다. 일로(一路)의 군사와 백성들이 마치 친척의 상을 당한 것처럼 슬퍼하였는데, 얼마 안 가서 진주성이 함락되었다. 김성일은 성품이 강직하고 방정하며 재질이 매우 뛰어났는데, 이황(李滉)을 스승으로 섬겼다. 젊어서부터 격앙·강개하여 기절(氣節)이 남보다 뛰어났으며, 조정에 있을 때에는 기탄없이 탄핵하였으므로 사대부들이 모두 두려워하였다. 일본에 사신으로 가서는 예절을 철저하게 지켰으므로 왜인들이 감복하였다. 그런데 동행한 사람들과 서로 불화한 나머지 적정(敵情)을 잘못 주달한 탓에 처형을 당할 뻔하였다. 그러다가 용서하는 왕명을 받고서는 더욱 감격하여 사력을 다해 왜적을 칠 것을 맹세하였다. 평소에 군대에 대한 일은 알지 못했으나, 지성으로 백성들을 효유하였고 관군과 의병 등 모든 군사를 잘 조화시켰는데, 한 지역을 1년 넘게 보전시킬 수 있었던 것은 모두 그가 훌륭하게 통솔한 덕분이었다. 그는 임종 시에도 개인적인 일은 언급하지 않았다. 그의 아들 김역(金㴶)이 옆방에 있으면서 함께 전염병에 걸려 위독하였으나, 한 번도 그의 병세에 대해서는 묻지 않았다. 그러면서 오직 국사(國事)를 가지고 종사관들에게 권면하였으므로, 사람들이 그의 의열(義烈)에 감동하였다. 김면(金沔)과 김성일이 잇따라 죽으니 모여들었던 군병들이 대부분 흩어져 수습할 수 없었다. 한효순(韓孝純)이 김성일을 대신하였으나, 군정(軍政)이 김성일에 미치지 못했다. 최경회(崔慶會)가 거느린 군사는 겨우 수백 명에 불과했는데도 굶주리고 병에 걸려 죽는 자가 잇따랐다.

부음이 전해지자 원근 사람들이 모두 놀라 통곡하기를 마치 골육의

였다.

초상이라도 당한 것처럼 하였으며, 길을 가는 나그네들조차도 모두 침통한 얼굴로 서로 조문[弔喪]하면서 "충신이 서거했고 열사가 죽었으니, 나라는 누구를 의지하고 절의는 어디에 의탁하겠는가"라고 슬퍼하였다. 역질에 걸려 옆방에서 앓고 있었던 둘째 아들 김역(金㴒)도 1593년 6월 초에 아버지를 이어 세상을 떠났다.

김성일의 유해는 지리산 자락에 임시 매장했다가 1593년 11월에 관을 받들어 고향으로 돌아왔는데, 지나는 각 고을마다 사민들이 비록 난리를 당한 뒤끝이었지만 모두 지성껏 슬퍼하였으며, 분주히 힘을 써 주었다.

김성일은 죽음에 임박한 시점에서도 집안일에 대해서는 한 마디도 언급하지 않으면서 오직 나랏일에 대해서만 온 마음으로 걱정하였다. 죽은 뒤에는 조야(朝野)에서 모두들 칭찬하고 탄복하면서 "난리 이후의 진실한 신하로는 마땅히 김성일이 첫째이다"고 하였다. 식자들은 김성일을 두고 이르기를 평소에도 전시에도 행동이 일치하는 사람, 큰 절개[大節]를 지키는 그의 삶을 어느 누구도 흔들 수가 없었다고 평가하였다.

김성일은 그의 학문과 사상은 퇴계의 가르침을 이어받은 것임을 말했다. 그 역시 스승의 학문을 이어받아 자신의 앎과 삶의 세계를 가다듬고, 그 공부를 후세에 이어주는 역할을 하고 싶었을 것이다. 하지만 김성일은 국가 위급지난·위난지경을 겪으면서 평시의 일상적인 삶을 살아가기 어려웠다. 그는 어쩌면 이를 언젠가 월천 조목에게 보낸 편지에서 『시경』을 인용해서 했던 말, "참으로 소위 스스로 맵고 쓴 것을 구하였다[眞所謂自求辛螫者也]"는 상황으로 받아들였는지도 모른다.[501] 스

---

501) 『鶴峯集』, 卷4, 「答趙月川[壬辰]」.

승—선사의 가르침은 국가적 위기 상황에서 사회적 책임을 어떻게 감당할 것인가의 문제에 집중된 것이었다. 이는 임진왜란의 전쟁 상황을 관리하는 일에 전전긍긍했던 김성일의 삶의 막바지 장면을 통해 생생하게 확인할 수 있다. 정구는 김성일에 대한 「행장」을 작성하면서 김성일의 앎과 삶의 세계, 그 연원이 퇴계의 도학사상과 절의정신에 입각한 것임을 다음과 같이 지적하였다.

공은 일찍이 외진 골짜기에 집을 짓고 당호(堂號)를 내어 걸고는 노년에 벼슬을 그만두고 물러나 살 곳으로 삼으려 하였다. 그리하여 조용한 곳에서 한가로이 지내면서 학문 공부에 뜻을 오로지해, 위로는 선사(先師)께서 남기신 학문을 계승하고, 아래로는 후생(後生)들이 공부하는 길을 열어 주려고 하였다. 이것이 공의 평소의 뜻으로, 잠시도 이를 잊은 적이 없었다. 그런데 시사(時事)가 어렵고 근심스러우며 군신(君臣)의 의리가 중대하므로 억지로 조정에 나가 있으면서 거취를 자유로이 하지 못하였다. 그러다가 마침내 대란(大亂)을 만나 근심과 노고로 인해 목숨을 잃었다. 이에 훈업(勳業)은 빛나게 드러났으나, 지원(志願)은 펴지 못하였으니, 이것이 어찌 공의 남은 한이 아니겠으며, 사도(斯道)의 불행이 아니겠는가.502)

1605년(선조 38)에 조정에서 선무공신(宣武功臣)을 녹훈하였는데, 김성일은 원종 1등[原從一等]에 녹훈되어 가의대부 이조참판에 추증되었으며, 부모도 아울러 관작이 추봉되었다. 정구는 논자들의 말을 인용하여, "공의 공훈과 충렬이 저와 같은데도 1590년(선조 23)과 1605년(선조

---

502) 『鶴峯集』, 附錄卷2, 「行狀」.

38)에 모두 녹훈되지 못하였다"고 말하고 이를 "모두들 괴이하게 여겼다[莫不嗟怪]"고 하면서 김성일의 도덕과 훈업은 그대로 있는 것이고, 계속 이어지는 것이기에, 녹훈이 되고 안 되고가 그리 상관할 바는 아닐 것이라는 점을 말하였다.

『난중잡록』1592년 5월 5일자에 실려 있는 것처럼, 『난중잡록』에는 총 41편의 초유문–격문–통문이 실려 있으며, 그 중에는 김성일의 초유문도 실려 있다. 초유문–격문–통문에 나타난 핵심어, 그 추출된 선비 정신은 다섯 가지(大義, 忠誠, 爲國, 責任, 復讎)로 분류될 수 있으며, 이는 위기를 맞은 공동체가 나아가야 할 올바른 방향성을 표상한 것인바, 백성들을 의병의 휘하에 모우고 거느리기 위해서는 지도자의 높은 명망이 요구되었는데, 이는 평소 학문을 닦으면서 인격 도야에도 힘쓴 선비이기에 가능한 일이었다.[503] 임란 초기 선비들의 의병 활동은 백성들의 인심이 더 이상 이반되지 않고 하나로 결집하는 계기가 되었고, 왜군에게 일방적으로 우세하게 전개되던 전쟁의 흐름을 바꾸는 계기로 작용하였으며, 이로써 국가의 명맥이 의병 덕분에 유지될 수 있었다.[504]

3. 독립운동사 기록의 관점: 향산 이만도의 도학과 절의

1910년 8월 29일, 500년의 조선왕조가 무너졌다. 그 대변고를 접한 경상도 예안의 선비 향산 이만도(響山 李晩燾, 1842~1910)는 또다른 선택의 가능성을 배제한 채 의연한 죽음의 길을 택하였다. 이만도는 퇴계 이황의 11대손으로, 할아버지(霞溪 李家淳)–아버지(復齋 李彙溥)를 이

---

503) 우인수, 「선비들의 임란 창의정신과 의병 활동」, 『영남학』 56, 2015, 1–44.
504) 우인수, 위의 논문, 1–2.

어 3대가 문과에 급제한 집안에, 그 자신은 장원급제한 인물이기도 하였다. 1866년, 25살의 아들 이만도가 문과에 장원급제하자, 아버지 이휘준은 선비가 나아갈 그 어려운 길에 대해 일러주었다. 선비는 태평한 시대에는 임금을 도와 백성들에게 혜택을 베풀어야 하지만, 나라가 위급한 때에는 응당 목숨을 바쳐야 한다는 준엄한 가르침이었다.

이만도의 앎과 삶의 세계는 문과 급제 이후로 주어진 관직 생활의 시기, 관직을 그만두고 재야 선비로 살았던 시기, 그리고 생애 만년에 이를수록 짙어져갔던 국가존망의 위기에 엄혹하게 대응했던 시기로 나누어볼 수 있다.[505] 이만도가 임오군란(1882.6.9.) 발생 당시의 급격한 시사의 전변에 회의를 품고 낙향하여 재야 선비로서 일생을 마친 것은, 11대조 퇴계 이황이 문과에 급제하고 벼슬살이를 하다가 중년 이후로 관직을 버리고 낙향하여 독서 · 강학 · 학문탐구에 매진했던 처사적 삶과 닮아 있다. 향리에 묻혀 처사적 삶을 사는 것은 선비 일반의 삶의 모습이기도 하지만, 이는 특히 퇴계가문이 지켜온 전통이기도 했다.[506]

이만도는 을미사변−단발령사건이 일어나기 전인 1895년 봄에 영양 일월산 기슭에 들어간 이래 광덕(廣德), 모암(某巖), 명동(明洞), 사동(思洞), 고림(高林) 등지의 선영 분암을 떠돌았다. 이만도는 자신의 그 "정처 없는 삶[流寓]"에 대해 "산에 들어가 구차하게 목숨을 이어간[入山苟延]" 시기라고 표현했다.[507] 선비는 의식주와 부귀영화에 연연하는 삶[懷居]이 아닌, 도와 덕의 길을 꿋꿋하게 걷는 삶[懷德]을 지향하는 존재이

---

505) 안병걸, 「향산집 해제: 한일병탄에 죽음으로 저항한 유림의 사표」, http://db.itkc.or.kr. (검색일: 2018.12.28.)

506) 안병걸, 위의 글.

507) 『庚戌靑邱考終日記』, 「序」.

다.[508] 더군다나 망국의 그림자가 그를 괴롭히던 시절, 국망의 위기 앞에 선 이만도는 정처 없는 마음을 가눌 길 없어 이곳저곳을 옮겨 다니는 삶을 살았다.[509]

1910년 8월 29일(음력 7월 25일), 나라가 일본에 넘어갔고, 고종은 덕수궁왕(德壽宮王)으로, 순종은 창덕궁왕(昌德宮王)으로 위상이 추락하였다. 이만도가 고립에 숨어살던 9월 4일(음력 8월 1일), 친구 유필영이 찾아와서 나라가 망했다는 소식을 전했다. 대변고를 접한 이만도는 14일 동안 통곡의 시간을 보내다가 9월 17일(음력 8월 14일)부터 음식을 끊고 죽음의 길로 들어선 지 24일 만인 1910년 10월 10일(음력 9월 8일)에 자정순국(自靖殉國)하였다. 이만도의 삶과 죽음의 길은 우리들로 하여금 유교지식인·학자·선비에게 나라는 무엇인가, 나라가 망국지경에 처했을 때 취할 선비의 선택과 결단은 무엇인가에 대해 많은 것을 생각하게 한다.

향산 이만도는 한국근대로 향하는 시점에서, 나라와 공동체를 향한 선비의 인식과 대응, 그 심층과 지향을 보여주었던 대표적인 인물이다. 퇴계 이황의 11대손 이만도의 앎과 삶, 그의 선택과 결단을 통해 퇴계학의 지향점을 엄밀히 들여다볼 수 있다. 퇴계학의 지평이 도학(道學)·이학(理學)·성학(聖學)·심학(心學)의 구도로 구성되어 있음을 감안한다면 나라가 위기에 처한 형국에서 퇴계학의 핵심 그 도학의 의미는 무엇인지에 대해 물을 수 있어야 한다. 그 답은 결국 나라가 위기에 처했을 때, 선비는 어떤 선택과 결단의 길을 걷는가에 대한 것이며 선비정신의 지향도 그 화살표를 따라가는 것이어야 할 것이다. 이는 한국근현대의

---

508) 『論語』, 第1, 「里仁」, 第2, 「憲問」.

509) 안병걸, 「향산집 해제: 한일병탄에 죽음으로 저항한 유림의 사표」, http://db.itkc.or.kr. (검색일: 2018.12.28.)

유교, 선비정신의 구조와 성격을 읽어내는 중요한 좌표가 될 수 있을 것이다.

퇴계 이황은 세 아들(李寯, 李寀, 李寂)을 두었고, 그 중에서 큰 아들 이준은 세 아들(李安道, 李純道, 李詠道)을 두었는데, 그 중의 막내 동암 이영도(東巖 李詠道)는 음보(蔭補)로 현풍현감, 김제군수, 청송부사, 영천군수를 지냈다. 이영도는 임진왜란 때에 공을 세워 선무원종공신에 녹훈되었으며, 광해군 때에 벼슬을 버리고 고향으로 돌아왔고 이조참판에 추증되었다. 이만도는 퇴계 이황의 11대손이고 중시조 이영도의 9대손이다.

이만도의 앎과 삶, 그의 정체성과 자아의식은 대조(大祖=李滉)가 남긴 도학사상과 절의정신에 입각한 것이다.[510] 퇴계 이황의 당시에는 도학을 중심으로 학문을 논했지만, 향산 이만도의 시대에는 절의를 중심으로 학문을 논했다는 차이가 있을 뿐이다. 1866년(고종 3) 9월, 이만도가 정시(庭試)에 장원급제했을 때에 부친 이휘준이 신신당부했던 것은 나라가 평안할 때의 선비의 가는 길과 나라가 위기에 처했을 때의 선비가 가는 길에 관한 것이었다. 평시에는 관직에 올라 도학의 범주에 어긋나지 않도록 임금을 도와 백성에게 은혜를 베풀어야 하지만, 비상시에는 나라를 위해 목숨을 바치는 일에 앞장서는 것, 그것이 바로 유교 지식인·학자·선비가 감당해야 할 책임윤리라고 보았다.

이만도는 1866년 8월에 진사시에 입격하고 9월에 문과 정시에 장원급제하여 성균관 전적에 올랐다. 그 후로 부수찬, 부교리, 병조정랑, 응교, 교리, 집의 등의 자리에 올랐다. 그 중에서도 특별한 장면은 이만도

---

510) 『響山集』, 附錄卷1, 「行狀[柳必永]」.

의 경연 강의 참여를 들 수 있다.[511] 이만도의 경연 참여는 1869년(고종 6) 8월~11월, 1870년(고종 7) 2월, 1875년(고종 12) 12월에 걸쳐 이루어 졌으며, 참여 내역은 소대 2회, 진강 5회, 조강 6회, 법강 2회였다.

특히 1869년 8월 22일자 두 번째 진강에서는 스승 맹자(孟子)와 제자 진진(陳臻) 사이의 뇌물의 성격에 관한 논의를 대화 주제로 삼았다.[512] 그 과정에서 고종과 이만도 사이의 퇴계 관련 대화도 등장한다.

고종: "옥당은 퇴계의 몇 대손인가?"

이만도: "11대손입니다."

고종: "그대가 종손인가?"

이만도: "종손의 이름은 이중경(李中慶)이고, 신은 지손(支孫)입니다."

고종: "그대와 이중경은 몇 촌인가?"

이만도: "본생(本生)으로는 19촌 숙질이고, 종계(宗系)로는 21촌 숙질 입니다."

고종: "퇴계의 아들은 몇 명인가?"

이만도: "아들은 이준(李寯)과 이채(李寀) 둘인데, 이채는 요절하였습니 다. 손자는 셋인데, 이안도(李安道)는 음직으로 벼슬하였고, 이순도(李純 道)는 벼슬하지 않았고, 이영도(李詠道)는 임진왜란의 공신입니다."

고종: "그대는 공신의 자손인가?"

이만도: "그렇습니다."

고종: "그렇다면 공신은 그대에게 중시조(中始祖)가 될 것이다."

---

511) 『響山集』, 卷2, 「經筵講義」, 「玉堂箚子[丙子]」, 「玉堂啓[己巳八月二十日]」, 「又[庚午正 月二十二日]」, 卷11, 「玉堂契屛銘」.

512) 『孟子』, 卷4, 「公孫丑章句下」.

1870년(고종 7) 2월 8일, 이만도는 여섯 번째 조강에 입시하였다. 『맹자』에서 제시한 '눈의 힘[目力]', '귀의 힘[耳力]', '마음의 생각[心思]'이라는 말 각각의 조어상의 차이와 쓰임새에 관한 토론이 이루어졌다.[513] 여기서는 심학(心學)의 요체에 대한 얘기가 등장한다. 고종은 "귀와 눈에는 힘이라는 말을 붙이고[在耳目則曰力] 마음에는 힘이라는 말이 아닌 생각이라는 말을 붙인다[在心則不曰力而曰思]"면서 그 까닭은 무엇인가를 물었다. 질문에 대한 답변 과정에서 이만도는 퇴계의 『성학십도』를 인용하여 설명하였다.

생각[思]이라는 한 글자는 바로 심학의 요체이기 때문에 신의 선조 선정신 이황이 『성학십도』 차자를 올려 생각[=思]이라는 글자와 배움[=學]이라는 글자를 맨 먼저 밝혔으니, 이는 바로 배울 때는 생각하지 않으면 안되고 생각할 때는 배우지 않으면 안 된다는 것을 안 것입니다.[514]

이준영은 퇴계 이황의 『성학십도』에 경전의 훈석과 선유의 말을 인용한 『성학십도부주』를 편찬하고서 퇴계의 후손인 이만도에게 정정을 요청한 일이 있다.[515] 이만도는 이준영을 향해 "대저 이 『성학십도』는 바로 만세 도학의 지결이니[大抵此圖卽萬世道學旨訣], 퇴계선생이 선조임금께 올려 우리 임금을 요순과 같은 성군으로 만들고자 한 것입니다[先生所以獻諸至尊欲堯吾君而舜吾君者也]"라고 지적하면서, 금상의 성학을 위해 보다 적극적으로 나서줄 것을 제안하였다. 이때 이만도는 그 자신이 '시강

---

513) 『孟子』, 卷7, 「離婁章句上」.

514) 『響山集』, 卷2, 「經筵講義」. "思之一字, 卽是心學之要, 故臣先祖先正臣滉, 進聖學十圖箚子, 以思字學字首發明之, 是知學不可以不思思不可以不學也."

515) 『響山集』, 卷10, 「聖學十圖附註跋」.

의 반열[侍講之列]'에 있으면서 고종 임금에게 퇴계의 『성학십도』를 저본으로 삼은 가르침을 펼쳤던 기억을 떠올렸던 것을 알 수 있다.516)

　1895년 9월 20일, 일본 군함이 조선의 국경을 불법 침범하는 사건(운요호사건)이 일어났다. 이는 당시 지식인의 책임과 과제를 묻는 중대한 사건이라고 말할 수 있다. 1876년 2월, 일본의 구로다 기요타카(黑田淸隆)가 개항 통상 13조를 요구하였고, 조정에서는 그 중에서 6조를 허가하였다.517) 당시 면암 최익현(勉菴 崔益鉉)은 지부상소(持斧上疏)를 올려 그들의 불법과 무도에 놀아나지 말 것을 간쟁하였다.518) 이에 사헌부와 사간원에서는 장계를 올려 최익현을 공격하면서 무장부도(無將不道: "군친에 대해서는 시해할 생각조차도 가져서는 안 된다[君親無將]. 그런 생각을 가지기만 하여도 베어 죽인다[將而誅焉]"—『春秋公羊傳』 莊公 32년)라는 매도성 발언을 서슴없이 사용하였다. 그들은 최익현의 논조가 고종의 사상을 악화시켰고, 조선의 운명을 단축시켰다면서 그 상당한 책임은 최익현에 있다는 식으로 매도했다. 이에 이만도가 "최익현의 상소는 실로 직언을 한 것인데, 어찌 여기에 이 같은 말을 쓸 수 있는가"라고 지적하면서 손수 이 말을 지워버렸고, 이로 인해 그는 직임에서 물러나야 했다. 여기서 이만도의 최익현에 대한 관점에 주목할 필요가 있다. 최익현은 상소를 통해 국가의 위기 극복방안을 제시했고, 위기가 극에 달하자 최종수

---

516) 『響山集』, 卷3, 「與李參判[俊永][丙子]」.

517) 개항을 전후로 한 시기의 일본 정계의 화두는 정한론이었다. 일본의 무뢰배들은 상인이나 통신기자로 신분을 위장하여 조선에 대한 정탐을 수행하여 청일전쟁을 준비하고 안내서를 간행하였다. 안내서에 나타난 조선 인식은 조선속국론, 조선멸시론, 러시아경계론, 일본세력 확장론 등으로 분류할 수 있지만, 이는 모두 정한론의 변형판이라고 말할 수 있다. 최혜주, 「개항 이후 일본인의 조선사정 조사와 안내서 간행」, 『한국민족운동사연구』 73, 2012, 5-50.

518) 『勉菴集』, 卷3, 「持斧伏闕斥和議疏[丙子正月二十二日]」.

단으로 의병을 일으키기도 하였다. 하지만 이미 일본의 예속상태로 전락한 조정은 오히려 최익현의 위정척사론을 왜곡·폄훼하는 데 앞장섰다. 일제 강점자들은 위정척사파 지식인들의 개항 반대를 꽉 막힌 국제 정세 이해 탓으로 돌렸고, 그들의 반대로 인해 조선은 근대화에 실패했고 일본의 식민지로 전락했다는 식으로 그들의 침략성과 전쟁범죄를 은폐했다. 오늘날에도 이러한 기만책동에 놀아나는 자들이 있다. 최익현의 개항 반대는 일본과의 수교 이후에, 빚어질 침략을 예견한 것이며 그 침략을 반대한 것이었음에 유의할 일이다.[519]

이만도는 1876년(고종 13) 9월, 양산군수가 되어 굶주린 백성을 구휼하고 탐관오리를 소탕하고 향풍 진작에 힘썼다.[520] 이만도가 양산군수로 부임할 때 특별히 챙겨갔던 책이 다름 아닌 『퇴계집』이었다.[521] 이만도는 장부-문서 처리 등의 공무를 마친 후에는 등불을 켜고 꼿꼿이 앉아 독서에 매진했다. 『퇴계집』은 이만도가 평생을 살아가는 삶의 지표이기도 했고, 선비의 수기치인과 입신양명의 길을 밝히는 기본서이기도 했다.

이만도의 관직생활은 사실상 임오군란이 일어났던 1882년(고종 19)이 변곡점을 이룬다고 말할 수 있다. 이만도는 1882년(고종 19) 1월에 수찬에 올랐고, 3월에 통정대부의 품계에 올라 공조 참의가 되었다. 그러나 바로 4월에 자리에 물러나 고향으로 돌아왔다. 11월에는 공조 참의로, 12월에는 동부승지로 불렀으나 나아가지 않았다. 1883년(고종 20) 3월에도 동부승지로 불렀으나 나아가지 않았다.

---

519) 방용식, 「면암 최익현의 국제관계 인식 연구: 지부복궐척화의소 등 상소를 중심으로」, 『한국동양정치사상사연구』 15(1), 2016, 179~225.

520) 『響山集』, 卷9, 「梁山鄉校助祭鄭佐郎儀式序」, 「梁山郡誌序」.

521) 『杞泉集』, 卷2, 「贈別宜春使君李觀必[赴任之行]」.

1894년(고종 31) 6월에 일본 군사가 대궐을 범하여 방자하게 핍박하고, 매국의 역적들은 그 심복이 되어 '독립국'이라고 칭하면서 청나라와 단절하고, 복색을 바꾸고, 관제를 고치는 갑오왜란이 발생하였다. 일본에 의해 강제된 '독립'이라는 말은 발생사적 비주체성을 갖는 말임을 알수 있다. 독립—독립국의 의미에 대해 이만도는 "저 독립국의 호칭은 본시 우리가 가졌던 것이 아니며 그것을 권했던 자가 바로 그것을 빼앗은 자이고 보면, 그 속셈이 어디에 있었던가는 만국이 다 아는 바"라고 말하면서 "생각이 여기에 미치고 보면 나라에 제대로 된 신하[臣子]가 있다고 어찌 말할 수 있겠는가"라고 지적하였다.[522]

1895년(고종 32) 8월에 원수와 역적들이 국모를 무참히 살해하는 극악무도한 일이 일어났다. 잇달아 임금을 협박하여 황후를 폐출한다는 전지를 내리고 장례 치르는 일을 가로막았다. 이만도는 만고에 없던 이 큰 변고에 대해 무릇 신하 된 자라면 의당 와신상담(臥薪嘗膽)—침점침과(寢苫枕戈)하여 토벌·복수할 계책을 세워야 할 것인데도, 오로지 미봉책만 찾고 한결같이 아첨할 생각만 하여 "불공대천(不共戴天)의 원수"로 하여금 "이 일을 하찮고 작은 일"로 여기도록 만들었다고 비판하였다. 이만도가 "내가 을미년(1895, 고종 32)에도 죽지 않았고 을사년(1905, 광무 9)에도 죽지 않았던 것은 그래도 이유가 있었다"면서 선비의 죽음을 거론했던 첫 번째 장면은 바로 을미의병이었다. 이만도는 나라에 재앙의 기미가 더욱 짙어지자 을미년(1895) 예안의병부대[宣城義陣]의 의병장으로 추대되었다. 하지만 군대가 제대로 조직되기도 전에 임금의 해산령에 따라 경병[관군+일본군]과 제대로 맞서지 못하고 해산되고 말았다.[523]

---

522) 『響山集』, 卷2, 「擬上封事」.

523) 김희곤은 예안의병부대가 결성된 날을 1896년 1월 23일(음력 1895년 12월 9일)로 보았다. 진성이씨가 핵심을 이룬 예안의병부대는 대장 이만도—부장 이중린—유격장 이인화

경병의 공격에 의병들이 놀라 달아나는 등 화력-전투력을 제대로 확보할 수 없어서 의병을 해산할 수밖에 없었다. 전투력을 제대로 갖추지 못한 의병으로 관군-일본군 연합군과의 전투에서 항쟁의 동력을 이어가기 어려웠다.

1896년(고종 33) 수당 이남규(修堂 李南珪, 1855~1907)가 안동부 관찰사로 부임하기 위해 안동 경계 지점에 이르렀으나 호좌소모토적대장(湖左召募討賊大將) 서상렬(徐相烈)의 부대에 막혀 결국 부임하지 못하였다.[524] 당시 서상렬은 이남규의 진로를 가로막으면서, 이번의 발령사항은 박영효가 고친 제도이고 김석중이 새로 만든 법에 의한 것이지 폐하의 선발을 거친 것이 아니고 윤음도 폐하의 뜻에서 나온 것이 아니라고 주장했다. 그런데 그 대치 국면에서 김석중 관찰사 때 도피했던 순검과 일본 군사가 갑자기 안동부로 쳐들어와 공관[公廨]을 부수고 민가[廬舍]에 불을 질렀다. 이로 인해 "수천 호의 민가가[數千民戶] 열에 한두 채도 남지 않았고[今十無一二]" 그 "처참한 광경은[景狀愁慘] 차마 눈뜨고 볼 수가 없는 지경[不忍當睹]"이었다.[525]

이만도는 을미사변 발생 1년째 되던 날, 1896년(건양 1) 8월 20일에 신하들이 방 안에서 편안히 지내며 아무 일도 하지 않는 것은 온당치 못하다면서, 이부 소속의 조카 이중두, 참봉으로 있는 조카 이중식, 그

를 선봉으로 내세웠다. 이만도의 예안의병부대에는 동생 이만규와 아들 이중업도 참여하였다. 하지만 의병의 규모나 전력 면에서 예안의병부대보다 더 강했던 안동의병부대가 관군·일본군 연합부대와 맞서 싸우다가 크게 패했다는 소식이 전해지자 예안의병부대의 병사들은 충격과 동요에 휩싸였다. 결국 예안의병부대는 결성된 지 9일 만인 1896년 2월 1일(음력 1895년 12월 18일)에 사실상 해체되고 말았다. 김희곤, 『나라 위해 목숨 바친 안동 선비 열 사람』, 서울: 지식산업사, 2010, 38-40.

524) 『승정원일기』 1896년(고종 33) 3월 16일(양력 4월 28일).

525) 『승정원일기』 1896년(고종 33) 3월 16일(양력 4월 28일).

리고 교리로 있는 동생 이만규와 함께 마을 앞의 여문에서 만나 예를 올릴 자리를 마련하고 망곡하였다. 이때 주자의 〈효종황제만가〉의 운을 써서 동생과 함께 만가를 읊어 비통한 마음을 표시하였다.[526]

이만도는 1894년의 갑오왜란 정국, 1905년의 을사늑약 정국, 그리고 1910년의 경술국치 정국에서 우국충정과 자주의식을 바탕으로 한 선비정신을 보여주었다.[527] 특히 1894년은 일본의 정한론 에너지가 침략만행으로 분출된 해였다. 갑오경장이라는 레토릭을 앞세워 일본의 조선침략을 개혁으로 둘러댔고, 청일전쟁을 앞세워 그들의 왜란 사실(조선정벌, 경복궁 점령)을 은폐코자 하였다. 갑오왜란은 경복궁 점령→조선정부 제압→친일정권 수립→청일전쟁 개시로 이어졌다. 1907년(고종 44)에는 종2품의 품계인 가선대부(嘉善大夫)에 가자되었고, 1910년(순종 3)에는 정2품의 품계인 자헌대부(資憲大夫)에 승자되었다.

1910년 9월 3일(음력 8월 1일), 이만도의 친구 서파 유필영(西坡 柳必永, 1841~1924)이 찾아와서 천지가 뒤집히고 종사가 망해버린 변고를 전하였다. 변고를 듣고 난 14일 후인 1910년 9월 17일(음력 8월 14일/단식 첫날), 이만도는 이날부터 자진을 결심하고 단식에 들어갔다. 이날, 이만도는 임금에게 바칠 유소(遺疏)를 작성하였다.[528] 나라가 망한 현실에서, 자정순국을 결심한 마당에서 그의 〈유소〉는 그의 앎과 삶의 궤적과 지향, 그 총체적인 세계관을 담은 것이었다. 이만도는 유소를 통해 "지금

---

526) 『響山集』, 卷1, 「今日是大行皇后閔氏變出之周碁也凡我臣庶當此遇變之日偃息私室都無一事大是未安敢同吏部姪中斗參奉姪中軾及舍弟校理晩煌會里闍綿蕝望哭謹用朱夫子孝宗皇帝挽歌韻與舍弟共賦以道悲痛之忱[丙申八月二十日]」.

527) 1894년의 갑오왜란 정국에 관해서는 『響山集』, 卷2, 「擬上封事」, 1905년의 을사늑약 정국에 관해서는 『響山集』, 卷2, 「請斬五賊疏[乙巳]」, 그리고 1910년의 경술국치 정국에 관해서는 『響山集』, 卷2, 「遺疏[庚戌八月十四日]」 참조.

528) 『響山集』, 卷2, 「遺疏[庚戌八月十四日]」.

또 다섯 역적의 잔당이 불공대천의 외인과 더불어, 서로 안팎이 되어 황제를 협박하여, 독립국의 호칭을 빼앗고 우리의 두 성상(聖上)을 궁왕(宮王)으로 부르니, 저 독립국의 호칭은 본시 우리가 가졌던 것이 아니며 그것을 권했던 자가 바로 그것을 빼앗은 자이고 보면, 그 속셈이 어디에 있었던가는 만국이 다 아는 바"라고 지적하였다. 이만도는 애시당초 '독립'의 의미가 사전적 · 보편적 의미로 쓰이지 못한 일본적 배경과 변수를 간파했음을 알 수 있다. 이만도는 권신들, 이 간악한 역적들이 권력을 다투면서 나라를 위기에 빠트린 일이 이미 30년 전부터의 일임을 지적하면서, 이러한 오래된 나라의 위기에도, 이런저런 핑계로 제대로 나서지 못한 채 분에 넘치는 품계[1907년: 가선대부(종2품), 1910년: 자헌대부(정2품)]를 받은 것, 대대로 나라의 녹을 먹은 신하였으면서도 '원수의 백성'으로 전락한 상황에서 부끄러운 줄도 모르고 혼몽한 처신을 한 것을 들어 천지간에 용납될 수 없는 죄인을 자처하면서, 이제 "오늘부터 음식을 끊어 자진(自盡)"하는 선택을 하게 되었음을 고백하였다. 하지만 이렇게 하는 것으로도 "신의 죄를 씻고 성은에 보답하기에는 만분의 일도 안 된다"는 뜻을 덧붙였다.[529] 1910년 9월 17일(음력 14일/단식 첫날), 이만도는 죄인을 자처했던 심정을 다음과 같이 토로하였다.

나는 나라의 두터운 은혜를 입었는데도 첫 번째로 을미년에 죽지 않았고 두 번째로 을사년에도 죽지 않았다. 산에 들어가 구차하게 목숨을 이어간 것은 아직도 까닭이 있었기 때문이었다. 그러나 지금은 이미 희망이 없으니 죽지 않고 무엇을 기다리겠는가. 나라의 변고를 들은 지 며칠이 지나는데도 아직도 이렇게 목숨을 이어간 것은 자진하는 방법을 몰랐

---

529) 『響山集』, 卷2, 「遺疏[庚戌八月十四日]」, 附錄卷2, 「家傳(李中業)」.

기 때문이었다. 이제 뜻이 이미 정해졌도다. 명동에 나아가 자진할 것이
니 이에 대해 더 이상 말하지 말라.530)

1910년 9월 18일(음력 8월 15일/단식 2일째), 전날부터 단식을 결행했던
터라 이만도는 응당 아침식사를 거절했다. 이강호가 울면서 만류했지
만 "나의 뜻은 이미 정해졌다[吾意已定矣]"면서 "다시는 그런 말을 하지
말라[更勿復言]"고 타일렀다. 이강호는 이만도의 아들 이중업에게 이 소
식을 알렸다. 1910년 9월 20일(음력 8월 17일/단식 4일째), 동생 이만규가
도착하여 통곡했다. 손을 잡고 크게 울면서 "어버이를 여읜 뒤로 형님
이 저를 돌보기를 자상한 어머니처럼 하였고 저는 형님을 섬기기를 엄
한 아버지처럼 하였으니, 제가 의지하여 목숨을 부지한 것은 오직 형님
덕분이었습니다. 형님이 지금 이런 처지에 이르렀는데, 아우가 어찌 혼
자 살아남겠습니까. 더구나 대의(大義)를 위해서라면 저도 형님과 마찬
가지 생각이니, 제가 형님을 따라 함께 죽는 것이 당연합니다"라고 하
였다. 이만도는 그러는 동생에게 "자네와 나는 처지가 다르니, 자네는
아직 후사를 세우지 못하여 선대의 제사를 맡길 데가 없지 않은가. 임
금과 어버이가 일체라고 하지만, 처지에 따라 재량해야 할 것이니, 어
찌 처지에 맞지 않게 곧바로 결행하겠는가. 만일 제대로 죽기를 바란다
면 이후에도 그럴 기회가 있을 것이니, 우선은 그러지 말라"고 타일렀
다.531)

---

530) 『庚戌靑邱考終日記』庚戌八月十四日(양력 9월 17일/단식 첫날).

531) 『響山集』, 附錄卷2, 「家傳(李中業)」. 이만도는 동생 이만규에게 그랬듯이 제자 김도
현에게도 자정순국을 만류했다. 스승을 따라죽겠다던 제자 김도현에게 "자네는 부모
가 살아 계시지 아니한가"라며 꾸짖은 것이다. 김도현의 손자 김여래가 작성한 『도해
일기』에는 경술국치, 그 만고에 없는 변고를 당한 심정을 "천지가 뒤집히고[天地飜
矣] 일월이 어두워졌다[日月晦矣]"고 하면서 "살아갈 마음이 갑자기 끊어졌지만[生

1910년 9월 23일(음력 8월 20일/단식 7일째), 이만도는 단식 7일째에 접어드는 심정을 "부끄러워라 필부의 절개 지킬 뿐[却慚匹夫諒]/나라 은혜 티끌만큼도 갚을 길 없네[無計報涓埃]"라고 하였고, 이어서 "내 비록 배운 것이 없긴 하지만[吾雖無所學]/배운 것 이제 징험하려 한다[所學驗於今]"면서, 세상 사람들을 향해 "후인들은 의당 노력하여[後人宜勉勵]/본분을 더욱 잘 지키시라[本分更欽欽]"는 당부의 말을 잊지 않았다.532) 이날은 며느리 김락(金洛)이 와서 뵙고 눈물로 인사드렸다. 며느리 김락은 의성김씨 내앞마을 백하 김대락(白下 金大洛, 1845~1915)의 막내 여동생이었다. 이만도는 거듭 음식을 권하는 며느리에게 그저 "물 한 잔을 가져오라"고 하여 이를 마셨다. 이는 며느리를 생각하는 애틋한 마음을 드러낸 것으로, 뒷날 며느리가 "물 한 잔도 올리지 못했다"는 자책감에 시달리지 않게 하려는 배려였다.533) 1910년 9월 24일(음력 8월 21일/단식 8일째), 이날 이만도는 손자며느리 최씨에게도 "물 한 잔을 가져오라"고 하여 이를 마시고서 앞으로 살아갈 엄혹한 도리를 일러주었다.

意頓絶] 부모를 우러러보니[仰瞻高堂] 감히 자결할 수 없었다[有不敢自裁]"고 하였다. 김도현은 병든 아버지가 세상을 떠나자 1914년 11월 7일, 영덕 영해읍 관어대(觀魚臺)-산수암(汕水巖) 위에서 동해를 향해 투신하였다(정병호, 「자정순국일기와 한말 영남 선비의 형상: 『청구일기』와 『도해일기』를 대상으로」, 『대동한문학』 33, 2010, 20-21.). 도해순국의 원형은 중국 전국시대의 제나라의 노중련(魯仲連)처럼 도해의 길을 가겠다는 것이다. 김도현의 절명시에서 "조선왕조 오백년 마지막에 태어난 나[我生五百末]"를 화자로 하여 "중년의 독립운동 19년에[中間十九載] 이 몸은 늙어 백발이 되었다[鬢髮老秋霜]"면서 "나라가 망하니 눈물이 하염없고[國亡淚未已] 어버이 여의니 마음도 아프구나[親歿心更傷]"라고 말한 후에 도해순국의 길을 향했다. 김도현은 절명시에서 도해순국에 임하는 심정을 "온갖 것을 헤아려도 방책이 없다[百計無一方]"고 술회하였다. 그가 1895년 이래 19년 동안 나라를 위해 할 수 있는 일이 무엇일까를 고민한 끝에 내린 결론은 도해순국이었다.

532) 『響山集』, 卷1, 「庚戌八月二十日夜口占[絶食已七日]」.

533) 『김희곤, 『나라 위해 목숨 바친 안동 선비 열 사람』, 서울: 지식산업사, 2010, 46-47.

1910년 10월 3일(음력 9월 1일/단식 17일째), 이만도는 17일째 단식임에도 "내가 때때로 냉수를 마셨더니, 물기가 장부를 적셔 죽지 않은 것 같구나"라고 말하고서 이 날부터는 물을 마시는 것마저 그만두었다. 1910년 10월 4일(음력 9월 2일/단식 18일째), 이만도는 "세상 이치가 맑게 되지는 못했으나[萬理雖未淨]/이치를 따라 사는 삶에 마음은 절로 편하다[寧順自安心]"는 시를 남겼다.[534] 죽음의 그림자가 점점 가까이 다가오는 순간에도 그의 화두는 이치를 따라 사는 삶이었으며, 그것만이 그에게는 마음이 편한 상태의 삶이었다. 1910년 10월 5일(음력 9월 3일/단식 19일째), 음식을 끊은 이래 원근의 친지들이 날마다 방문하였다. 이에 이만도는 병든 목숨이 붙어 있다 보니 많은 사람들을 고생시킨다면서, 이를 두고 "부끄러운 마음이 몹시 깊다"고 형용했다. 이에 "여러 현인 달자들께 내 바라노니[惟願諸賢達]/이 산골짜기에 다신 찾아오지들 마시오[無復枉窮谷]"라는 글을 내걸고서 손님들의 내방을 사절하였다.[535]

1910년 10월 7일(음력 9월 5일/단식 21일째), 급기야 예안 주재 일본경찰 1명−수비병 3명−순검 3명이 들이닥쳤다. 이들은 이만도의 정신이 혼미함을 알아내고 총포−병기로 공갈·위협하면서 강제로 음식[米飮]을 먹이려 하였다. 이만도의 죽음이 행여 "의에 죽어 절개를 세웠다[死義立節]"는 말로 확산·유포될까 염려하여 이를 사전에 막아보려는 수작이었다. 이만도는 그때 기력이 없이 누워 있으면서 말소리도 낮고 약했으나, 갑자기 벌떡 일어나 창을 열고 계속 소리를 지르며 크게 꾸짖기를 "나는 나의 명대로 자진할 것이다[吾欲以吾命自盡矣].……나는 조선의 당당한 정2품 관리이거늘[我是堂堂朝鮮正二品官也] 어느 놈이 감히 나

---

534) 『響山集』, 卷1, 「九月初二日夜口占」.
535) 『響山集』, 卷1, 「初三日牓客位[自絶食以來遠近親戚知舊逐日來問而病縷尙延徒勞苦人歎媿殊深遂書此以謝]」.

를 설득하고[何漢敢說諭我] 어느 놈이 감히 나를 협박하려 하느냐[何漢敢恐脅我也]"고 일갈하여 일본 경찰·수비병·순검 무리를 물리쳤다.[536] 그때 이만도는 가슴을 헤치고 주먹을 치켜들어 연이어 문지방을 내려치는데, 그 울림이 산골짜기를 진동하고 눈빛이 번개처럼 번쩍이니, 일본 경찰·수비병·순검 무리들이 놀라고 당황하여 마루에서 내려와 머리를 숙이고서 혀를 내두르며 가 버렸다.

1910년 10월 8일(음력 9월 6일/단식 22일째), 새벽에 부축을 받고 일어나 앉아 아들 이중업에게 장례 절차에 대해 당부의 말을 남겼다. 자신이 죽거든 우선 들것에 실어 하계의 집으로 옮길 것, 평상복으로 염을 하고 검약하게 상을 치르는 데 힘쓸 것, 부모와 임금에게 죄를 지은 존재인 내가 편안한 마음으로 떠날 수 있도록 장례에 '대부(大夫)'의 예를 쓰지 말 것, 명정(銘旌)—제주(題主)에는 자헌대부—가선대부와 같은 명예직 품계가 아닌 통정대부라는 실제로 역임한 품계를 쓸 것, 명정의 경우 '통정대부' 위에 '고조선국세신(故朝鮮國世臣)'이라는 여섯 글자를 더하고 '이공(李公)' 아래에 이름을 쓸 것, 권상익에게 미리 부탁한 묘지명은 믿건대 과장된 말이나 실상이 없는 말을 쓰지 않을 것이지만, 여러 벗들의 만사와 제문에 만약 과도한 말이 있으면 이를 깃대에 걸지 말

---

536) 『庚戌靑邱考終日記』庚戌九月初五日(양력 1910년 10월 7일/단식 21일째). 김택영은 나라가 망했을 때 절의를 세운 인물로 16인의 의인을 열거하였다(황현, 홍범식, 김석진, 이만도, 장태수, 정재건, 이재윤, 송익면, 김지수, 정동식, 이학순, 오강표, 이근주, 김영상, 조장하, 반씨성). 이때 김택영은 이만도를 '참판 이만도'라고 소개하였다(『梅泉集』, 卷首,「本傳[花開金澤榮]」). 하지만 이만도의 최종 관직은 '공조 참의'였다. 이만도는 아들 이중업에게 내린 유언에서 명정에 통정대부(정3품)라는 실직으로 역임한 품계를 기입하라고 당부하였다. 이만도는 참의 이상의 실제 벼슬을 역임하지는 못했다. 1907년에는 순종이 즉위하면서 그에게 가선대부(종2품)를, 1910년에는 자헌대부(정2품)를 내렸으나 이를 가납하지는 못했다(『純宗實錄』1910年(隆熙 4) 8月 24日). 하지만 이만도는 왜인들이 들이닥쳐 공갈·협박할 때는 자신을 '정이품관'이라고 외쳤다. 왜인들을 상대할 때에는 자신의 품계를 순종이 하사한 '자헌대부(정2품)'라고 당당히 외쳤던 것이다.

것, 그 외에 오랜 친구라도 내 뜻을 헤아리지 못한 채 말속의 들뜬 문구를 쓰는 자가 있다면 이를 모두 굳게 사양하여 나의 본분에 맞게 처리할 것 등을 명하였다.[537]

1910년 10월 10일(음력 9월 8일/단식 24일째), 이만도는 오전 9시~11시경[巳時]에 자리를 바로하고 편안한 모습으로 임종하였다. 이만도는 공동체의 운명을 책임진 어른답게 의연하게 최후를 맞았다. 아들 이중업은 「가전」에서 아버지 이만도의 마지막 가는 길, 그 슬픔을 함께 했던 사람들의 모습을 다음과 같이 담았다.

> 부군이 음식을 끊고부터, 나라 안팎의 사람 중에 감동하여 머리털이 곤두서지 않은 사람이 없었고……율리(栗里)와 마주보는 문산(文山)의 열 몇 집 아녀자들은……하루 동안 불을 때지 않았다. 부고가 나가자 길 가던 사람은 길에서 곡하였고 농사짓던 사람은 들에서 곡하였으며, 장사하던 사람은 점포를 닫았다.……사대부 중에 부고를 기다리지 않고 와서 곡한 사람이 장례 기간에 3~4백 명이 되었다.[538]

이만도의 집안에서는 아들, 조카, 며느리, 친척 여러 사람이 독립운동에 가담하여 독립유공자가 많이 배출되었다. 동은 이중언(東隱 李中彦, 1850~1910)은 집안의 숙부 이만도가 순국한 것을 보고 바로 단식에 들어가서 그 역시 27일 만에 순국하였다.[539] 이중언은 1879년(고종 16) 5월, 문과에 3등(갑과 제3인)으로 급제한 뒤 성균관 전적, 사간원 정언, 사

---

537) 『響山集』, 附錄卷2, 「家傳(李中業)」.

538) 『響山集』, 附錄卷2, 「家傳(李中業)」.

539) 이중언의 자정순국에 관해서는 곽진, 「향산 이만도의 자존적 삶과 순국」, 『민족문화』 36, 2010, 36 및 김희곤, 「안동 유림의 자정순국 투쟁」, 『국학연구』 19, 2011, 168-169 참조.

헌부 지평 등을 지냈으며, 1882년에 벼슬을 버리고 낙향하였다. 숙부 이만도가 낙향한 해도 다름 아닌 1882년이었다. 임오군란(1882.6.9.) 발생 당시의 정국, 그 급격한 시사의 전변은 이처럼 참된 선비들이 낙향하여 재야로 살아가게끔 만들었음에 유의할 일이다.

이중언이 숙부에 이어 단식에 들어가자 문소 김소락(聞韶 金紹洛, 1851~1929)이 "황제로부터 받은 은혜가 향산보다 적은데 굳이 향산을 따라 단식할 필요는 없지 않은가"라고 간곡히 말렸으나, 이중언은 "부인의 수절 여부도 남편으로부터 받은 은혜가 크고 작음에 따라 결정되는가"라고 반문하였다.[540] 이중언은 1910년 10월 21일(음력 9월 19일/단식 12일째), 자신의 심정을 "가슴에 칼을 품은 마음[胸中釖心]"이라고 형용하면서 "하늘이 이미 무너진 마당에[天乎已矣] 죽는 일 말고 무슨 일을 할까[不死何爲]"라는 술회사를 남겼다.[541] 세상이 끝난 지금 선비가 가는 길은 절의를 실천하는 일밖에 없다는 얘기였다.

이만도의 순국은 며느리 김락(金洛)의 항일투쟁과 함께 논의를 이어갈 필요가 있다. 시어른 이만도의 순국, 남편 이중업의 항일투쟁, 게다가 두 아들과 두 사위의 독립운동을 지켜본 김락은 1919년 예안 3·1운동에 앞장섰다. 이때 수비대에 끌려가 모진 고문을 받다가 두 눈을 모두 잃었다. 이후 11년 동안 고생한 끝에 1929년 2월에 세상을 떠났다.[542] 퇴계 종가에서 갈라져 나온 도산 하계마을, 이곳은 애당초 중시조 동암 이영도(東巖 李詠道)가 터를 잡은 마을이다. 하계마을의 1910년 가을하늘은 그야말로 잿빛 하늘이었다. 이를 이중언은 "하늘마저 이미 끝나고 말았다"고 형용하였다. 하늘마저 이미 끝난 잿빛세상을 살아가

---

540) 『東隱實記』, 附錄, 「行狀」.

541) 『東隱實記』, 卷1, 「述懷詞」.

542) 김희곤, 『나라 위해 목숨 바친 안동 선비 열 사람』, 서울: 지식산업사, 2010, 56-57.

는 선비의 도, 이것이 하계마을에서 25명의 독립운동가를 배출한 힘이기도 했다.

이만도가 세상을 떠나자 송사 기우만(松沙 奇宇萬, 1846~1916)은 이만도에 대한 묘갈명(1914)에서 다음과 같은 평가를 내렸다.

우리나라가 융성하였을 때 퇴도 선생이 도학으로써 일치문명(一治文明)의 운세를 열었고, 나라가 망하려 할 때 향산 선생이 절의로써 만세강상(萬世綱常)의 소중함을 붙들었다. 무릇 도학과 절의는 길은 달라도 향하는 곳은 하나이며 일은 달라도 공덕은 같아서, 둘 다 천지 사이에 하루라도 없어서는 안 되는 것인데, 두 선생이 우리 동방의 백성으로 하여금 영원토록 그 내려 준 은덕을 받게 하였다.[543]

성리학의 구성체계—도학·이학·성학·심학의 가장 큰 덕목과 핵심 가치는 도학과 절의라고 말할 수 있다. 퇴계 이황은 도학의 탐구를 통해 문명의 시대를 열어 나라를 융성토록 하였고 향산 이만도는 절의의 실천을 통해 만세토록 내려오는 강상의 중핵을 붙들고자 하였다. 도학과 절의는 다른 성격의 두 길인 듯 보이지만 사실은 그 뿌리는 하나였던 것이다. 성리학의 구조와 성능을 도학·이학·성학·심학의 응축 상태로 형용하는 것은, 그 도식이 학파의 구분을 넘어 내용을 중심으로 한 분류이며, 위기지학을 공부론의 본질로 삼는 구분이기도 하기 때문이다.[544] 도학·이학·성학·심학 각각의 개념은 자체로 완결된 체계를

---

543) 『松沙集』, 卷34, 「響山李公墓碣銘[幷序]」, "惟我國家隆盛, 退陶夫子以道學啓一治文明之運. 國家將終, 響山先生以節義扶萬世綱常之重. 盖道學節義, 殊道而一致, 異事而同功, 不可一日相無於天壤之間, 而使東土生民受其賜於無疆者乎."

544) 정도원, 「전통적 學 개념과 퇴·율 성학의 이학-심학 연관 구조」, 『한국사상사학』 36,

가지며, 서로는 중층적으로 맞물려 있으며, 서로의 관계역학을 통해 순환적으로 검증하는 구조를 가진다.[545] 퇴계학도 퇴계 당시 그 평상의 시대에는 도학이라는 문명의 개념으로 표상되지만, 위기의 시대에는 절의라는 강상의 개념으로 표상되는 것임을 파악할 수 있다.[546] 일본의 관제·관변 학자들이 폄훼적으로 지적하듯이,[547] 조선조 학자들이 '주자학의 쓸데없는 부분'을 연구했다거나 연구에 '시간과 정력을 낭비'했다는 식으로 본질을 호도하는 문제에 대해서는 엄정한 비판적 독해가 필요하다고 말할 수 있다.

유필영은 이만도의 「행장」을 작성하기에 앞서 자신을 "수치스러운 마음을 품고 구차히 살아가는 자[包羞苟活者]"라고 규정하면서 "그때 죽지 못하고 살아남은 자의 비애를 더욱 금할 수 없다[尤不禁後死之悲哀]"고 술회했다. 유필영은 이만도의 「행장」에서 "(이만도의 삶에 관한) 자세한 행적을 많이 생략한 것은[書細行多畧之以衆] 공의 많은 선이 큰 절의에 모두 포함되어 있기 때문이다[善俱該於大節也]"는 견해를 피력했다.[548] 이만도야말로 식견과 의리가 정대한 인물이어서 생사의 갈림길에서 절의

2010, 217.

545) 정도원, 위의 논문, 217.

546) 도학·이학·성학·심학 각각의 개념은 자체로 완결된 체계를 가지며, 서로는 중층적으로 맞물려 있지만, 그 선도적 좌표는 도학에 있다고 말할 수 있다. 퇴계가 후세에 표준이 될 학문을 정립하기 위해 주목한 것도 도학이라는 엄격한 잣대였다. 퇴계가 회헌 안향(晦軒 安珦), 신재 주세붕(愼齋 周世鵬), 점필재 김종직(佔畢齋 金宗直), 정암 조광조(靜菴 趙光祖) 등과 같은 선대의 학자를 평가할 때에도 그 기준은 다름 아닌 도학이었다. 물론 도학의 기준을 높게 설정했던 퇴계의 관점에서 볼 때 그의 기준을 충족시킬 만한 전대의 학자를 찾기란 쉬운 일이 아니었다. 허권수, 「퇴계의 전대 학자들에 대한 평가」, 「퇴계학논집」 7, 2010, 5-37.

547) 이동희, 「다카하시 도루(高橋亨)의 조선조 주자학 연구의 허와 실: 오늘날 철학적 관점에서의 비판적 고찰」, 「한국학논집」 60, 2015, 203-240.

548) 『響山集』, 附錄卷1, 「行狀(柳必永)」.

를 변치 않았기에, 이는 문천상[文信國]이 죽음에 앞서 세상을 향해 남긴 "성현의 책을 읽으면서[讀聖賢書] 배운 바가 이것 말고 무엇이겠는가[所學何事]"549)라는 말을 할 수 있는 보기 드문 존재라는 얘기이다. 이중철은 『향산집』의 「발문」에서 "공의 아들 중업이 나에게 발문을 부탁하였는데[典型君中業請余一言於首尾], 나처럼 먹을 것이나 챙기면서 근근이 살아가는 자가[顧此苟食偷生] 감당할 일은 아니다[其敢乎哉]"는 점을 분명히 하였다.550) 이만도의 단식과 순국을 지켜볼 수밖에 없었던 이만도의 지인들은 그에 대해 무한한 존경의 마음과 더불어 극도의 미안한 마음을 품고 여생을 살았음을 알 수 있다.551) 이는 성리학의 도학사상과 절의정신에 입각하여 구축된 퇴계학이 일제강점기의 정한론 에너지/식민적 욕망에 따라 구축된 퇴계학과 변별되는 중요한 지점을 보여준다고 말할 수 있다.

① 공의 순국(殉國)이 어찌 구하는 것이 있어서 한 일이겠는가. 단지 이 것은 삶이 의보다 더 소중한 것이 아니며 싫어함이 죽음보다 더 심한 것이 있음을 실제로 알았기 때문이었다. 온 세상 사람들이 모두 "퇴계의 어진 후손이다[退陶賢孫]"고 하였고 "강상을 붙들어 세웠다[扶植綱常]"고 하

---

549) 퇴계학의 본연을 보여주었던 이만도의 절의정신은 사람들이 그에 대해 "의에 처하였다[處義]"고 하는 말을 통해서도 단적으로 파악할 수 있다. 그러나 이만도는 그런 말을 들을 때마다 "나는 천지간의 한 죄인"이라는 말로 그 가당치 않음을 지적했다. 친구 유필영이 이만도와 영결하는 장면에서 거론한 인물이 바로 문문산(文文山=文天祥)과 사첩산(謝疊山=謝枋得)이었다. 유필영의 말을 듣고 있던 이만도는 "나는 옛날 일을 알지 못하니 공은 그만두시오"라고 웃어넘겼다(『響山集』, 附錄卷2, 「家傳(李中業)」). 문천상과 사방득의 절의정신을 입에 담는 일마저도 가당치 않은 일, 민망한 얘기라고 여겼던 것이다.

550) 『響山集』, 附錄卷2, 「跋(李中轍)」.

551) 안병걸, 「향산집 해제: 한일병탄에 죽음으로 저항한 유림의 사표」, http://db.itkc.or.kr. (검색일: 2018.12.28.)

였으며 "지사들의 사기를 진작하였다[鼓作志士之氣]"고 하였으니, 이처럼 사람들의 칭송이 넘치고 사람들이 비방할 만한 일이 없다면, 이야말로 한유(韓愈)가 말한 "천지에 다하고 만세에 뻗치는 우뚝이 높은 절의[窮天地亘萬世之特立高節]"가 아니겠는가.552)

② 자세히 살펴보면, 공이 행한 출처와 언론의 취지는 실로 한결같이 퇴계학의 지평[老祖法門]을 따른 것이었다. 만년에 이르러서는 옛 경전을 안고 깊은 산으로 들어가 독실하게 공부하면서 감히 단 하루도 게을리하지 않았고, 이 때문에 식견과 도량이 진보되어 의가 더욱 밝아지고[義益明] 이치가 더욱 드러났으니[理益著], 이 또한 가벼이 볼 수 없는 일이다. 경술년(1910)의 변고로부터 지금까지 20여 년 동안, 인심과 세도가 나날이 오염되어 학문은 무엇을 말하는 것인지[問學之爲何名] 의리는 무엇을 일컫는 것인지[義理之爲何物]를 알지 못하니, 선생 같은 분을 다시 어디에서 불러일으키겠는가.553)

---

552) 『響山集』, 附錄卷2, 「跋(李中轍)」. "公之殉, 夫豈有求而爲哉. 只是實見得生不重於義, 惡有甚於死也, 舉世人咸曰退陶賢孫, 曰扶植綱常, 曰鼓作志士之氣, 噫若以人譽爲有餘, 人沮爲不足, 乃非昌黎所謂窮天地亘萬世之特立高節也." 이중철의 이어지는 발문에서는 "하물며 공이 평소에 지녔던 독실한 믿음과 밝은 앎이[況乎公平日信之篤知之明] 모두 공이 배운 바를 실천한 데서 온 것이기에[皆從實踐所學中來] 큰 절의를 이룸에 이르러 행동이 차분하고 여유로워[故及其成就大節從容不迫], 하루아침에 비분강개하여 목숨을 버린 사람들과 비교할 수 없음을[不可與一朝慷慨辦得者之比] 여기에 있는 유문을 살펴보아 알 수 있다[攷諸此遺文可見]. 혹시라도 같은 절의라 하여 이런 사람들과 마찬가지로 본다면[如或以一節等視之], 이것은 공을 알지 못한 것이며[是不知公也], 또 세상 사람들을 권계하는 일이 아니다[又非勸世也]. 이 때문에 오늘날 이 일을 서두르는 것이니[所以今日之汲汲乎是役], 세상에서 공을 존경하고 친애하는 사람들은[世之尊親公者] 마땅히 공의 학문을 배우고 공의 글을 읽어야 할 것이다[宜學其學而讀其文也]"고 하였다. 산자들을 향해 국망의 현실에서 자정순국한 이만도의 죽음을 어떻게 기억할 것인가의 문제를 강고 엄밀하게 주문한 셈이다.

553) 『響山集』, 附錄卷2, 「跋(李中均)」. "然諦觀之則其出處言論旨趣, 實亦一從吾老祖法門. 逮至晚歲, 抱墳典入深山, 用篤實工夫, 不敢一日而有所懈, 是以識量進而義益明理益

나라가 무너져가는 상황에서 올곧은 유교지식인·학자·선비들은 의병투쟁, 국외망명, 자정순국의 길을 나섰다. 특히 자정순국은 나라를 위해 스스로 목숨을 끊는 투쟁으로, 이는 황제−나라−겨레의 자존심을 지키는 마지막 선택이기도 했다. 나라가 망하던 때에, 전국에서 목숨을 끊은 순절자는 90명 내외였으며, 그 중에서 이름과 출신을 제대로 확인할 수 있는 인물은 70명 정도, 그리고 그 행적이 구체적으로 밝혀져 독립유공자로 포상된 인물은 61명이었다.[554] 이들이 택한 죽음, 이들만큼 선명한 투쟁은 흔하지 않다. 그 죽음, 그 투쟁이야말로 살아남은 자들에게, 그리고 미래세대에게 학문은 왜 하는 것이며, 의리는 왜 지키는 것인지를, 그 근본을 가르치는 힘을 갖는다.

이만도에 대해 권상익은 공자가 말한 '인을 구하여 인을 얻은 사람[求仁得仁者]'이자 맹자가 말한 '기를 잘 기른 사람[善養氣]'이라고 평가하였다.[555] 이는 이만도의 도학사상과 절의정신을 '정충(貞忠)−의열(毅烈)의 기(氣)'로 표상할 수 있다는 얘기이기도 하다. 퇴계가 살았던 시대의 유교 공부의 주제가 도학이라면, 이만도가 처했던 시대의 유교 공부의 주제는 절의였다. 그 도학과 절의는 같은 이념의 서로 다른 표상일 뿐이다. 이강호는 이를 두고, 평소에는 그 변별의 징후가 드러나지 않다가

著, 此又不可誣也. 自庚戌變事以來, 至今二十餘年之間, 人心世道日趨於汙, 不知問學之爲何名而義理之爲何物, 如先生者更於何叫起來也."

554) 김희곤, 『나라 위해 목숨 바친 안동 선비 열 사람』, 서울: 지식산업사, 2010. 16-20, 53.

555) 『響山集』, 附錄卷1, 「墓誌銘[幷序](權相翊)」. 성재 권상익(省齋 權相翊, 1863~1935)은 1919년 3·1운동이 일어나자 김창숙−곽종석 등 유림 137명과 파리 강화회의에 독립을 청원하는 장서에 서명하고 이를 발송하는 일에 나섰다가 일제 경찰에 붙잡혔다. 그리고 1925년 김창숙이 중국으로부터 비밀리에 입국하여 내몽고지방에 독립군기지를 건설할 자금으로 20만 원의 군자금을 모금할 때 이에 찬동하여 군자금을 제공하였으며, 이를 적극 지원하다가 일본 경찰에 붙잡혔다. 1929년 3월에 대구지방법원에서 징역 1년에 집행유예 2년을 언도받았다. 참고: "권상익"−한국민족문화대백과사전.

나라가 변고를 만나게 되면 그때 큰 절의[大節]가 발휘되는 것이며, 이 때 그 존재에 대해 '정충–의열의 기'를 발휘했다는 평가를 내릴 수 있다고 보았다. 이만도의 자정순국이 딱 그런 경우였다. 이만도의 도학사상도 평시에는 드러나지 않다가, 나라가 망하는 변고를 만나자 절의정신으로 구현되었다는 얘기이다.[556]

이만도는 죽음을 앞두고 후손들에게 가문[家聲]의 번성과 학맥[文脈]의 계승을 당부하는 유훈을 남겼다. 유훈의 핵심은 "우리 집의 가학은 오로지 실질적인 성격을 갖는다[吾家家學專在於實地上做去]. 다만 지금의 학문은 그 실질성이 거의 사라졌지만[顧今斯學幾至泯滅] 반드시 다시 빛을 되찾을 날이 있을 것이니[然必有復明之日] 항상 게을리 하지 말라[惟終始勿怠]"[557]는 것과 "너는 반드시 나의 말을 명심하여[汝須順膺吾言] 우리 가문의 학맥을 떨어뜨리지 말았으면 한다[勿墜吾家文脈]"는 것이었다.[558]
『경술청구고종일기』 곳곳에 기술된 바와 같이 이만도는 죽음을 목전에 둔 급박한 상황에서 유계나 유훈을 통해 선비의 길을 꿋꿋하게 걸어갈 것을 후손–후학에게 권면하였다.[559] 이를 이강호의 구분법을 통해 재구성하자면, 나라의 위기 앞에 정충–의열의 기를 발휘하는 참된 선비[眞儒]의 길을 주문한 것이었고, 침략세력·식민권력에 아부·기생·편승하는 속된 선비[俗儒]의 부류로 전락되지 말라는 주문이기도 했다. 일제 강점기에 그 많은 속된 선비들의 얘기는 계속 생산·유포되었다. 그들은 종국에는 퇴계학마저도 그들의 비겁한 삶을 변명하는 논리로 비틀

556) 『響山集』, 附錄卷2, 「跋(李康鎬)」.
557) 『庚戌靑邱考終日記』 庚戌八月二十日(양력 9월 23일/단식 7일째).
558) 『庚戌靑邱考終日記』 庚戌八月二十二日(양력 9월 25일/단식 9일째).
559) 정병호, 「자정순국일기와 한말 영남 선비의 형상: 『청구일기』와 『도해일기』를 대상으로」, 『대동한문학』 33, 2010, 5–32.

어 사용하였다.

『매일신보』의 1910년대 기사에는 유독 한국 유교계(유림)의 변화를 촉구하는 내용이 많았는데, 그 목적은 조선의 유교인 성리학에 대한 부정적 이미지의 생산과 일제 강점 통치의 강화를 위해 유교지식인의 협력을 끌어내려는 검은 의도가 깔려 있었다.[560] 병탄 이래, 1911년의 경학원 개설과 함께 유교의 윤리 도덕과 실천문제가 강조되기 시작하였다. 1917년을 중심으로 『매일신보』는 유교의 계급질서나 친친(親親)의 논리를 기사화하면서 서구의 근대적 정치체제(공산주의, 민주주의)를 반박하는 방편으로 유교를 활용하였다.[561] 국권침탈 전까지 국교였던 유교는 일제 지배 과정에서 정치성을 박탈당한 채 위축·변질되기 시작했고, 일제강점기를 거치며 외왕(外王)의 차원이 봉쇄되면서 혈연과 가문 중심의 왜곡된 외왕의 길만을 걷게 되었다.[562] 유교사상의 국가적 정체성을 찾으려는 노력이 성공하기 어려운 이유 중의 하나는 이렇게 일제강점기라는 단층지대를 통과하면서 왜곡·굴절된 탓이 크다고 말할 수 있다. 일제강점기라는 단층지대를 통과하면서 유교가 어떤 변전과 굴절을 보였는지에 대한 논의가 심층 깊게 이루어질 필요가 있다. 이는 일본형 유교=황도유학의 구성 과정에서 일본식 해석으로 뒤틀린 퇴계·퇴계학에 대한 비판적 성찰과 논의를 통해 퇴계학 본연의 지평을 제대로 구축할 수 있어야 한다는 뜻이다.

---

560) 김현우, 「1910년대 『매일신보』에 비친 유교의 모습」, 『한글판〈유교문화연구〉』 20(1), 2012, 237-269.

561) 김현우, 위의 논문, 237-269.

562) 이황직, 「국교에서 교양으로: 한국의 사회변동과 유교」, 『사회이론』 38, 2010, 3-33.

4. 불원복의 메시지로 읽는 퇴계학

퇴계학의 지평, 그 구조와 성격을 도학 · 이학 · 성학 · 심학의 응축 체계로 설정할 수 있다면 그 결의 같고 다름을 변별하여 논의를 이어갈 필요가 있을 것이다. 결을 같이하는 흐름이란 퇴계 이황의 '도학'에서 향산 이만도의 '절의'로 직행하는 퇴계학을 말한다.

나라가 망했다는 이유로 죽음을 선택한 이들의 결단, 그 나라를 위해 바친 삶은 그 시대의 살아남은 자들에 대한 경고이기도 하고 장차 태어나 살아갈 미래세대에 대한 중엄한 메시지이기도 할 것이다. 하지만 우리는 그러한 역사적 순간과 장면에 대해 제대로 응시했던 기억이 별로 없다. 일제강점기라는 단층지대를 제대로 점검하여 제대로 넘어서지 못한다면 조선시대의 성리학과 그 범주 안에서 작동하는 퇴계학의 본연을 정밀 탐구하기는 어려울 것이다. 그런데 그 단층지대를 제대로 점검하기 위해서는 신석정 시인이 왜 그토록 영영 잃어버린 벗, 멀리 떠나버린 벗, 몸과 맘을 팔아버린 벗에 대한 비탄의 심정을 드러낼 수밖에 없었는지, 그리고 『주역』의 「복」괘에서는 "멀리 가지 않고 돌아온다 [不遠復]"는 성찰을 그토록 강조했는지를 유의할 필요가 있다. 신석정과 『주역』의 논조에 유의할 때, 앞으로 우리에게 꽃덤불에 아늑히 안길 날, 어쩌면 그 날이 오기는 참으로 어려운 일일지도 모른다. 그런데 이상하게도 일제강점기의 퇴계론에 대한 해방이후의 접근 · 이해 방식과 태도를 보면 퇴계에 관한 한 잃어버린 것도, 떠나버린 것도, 팔아버린 것도 없는 듯하다. 일본 관제 · 관변 연구자들에 의한 퇴계연구를 해방이후에 걸림돌이 아닌 디딤돌로 삼아온 그 무지성 행보를 보면 퇴계학에 깃든 식민성, 그 심각성을 간취하지 못했다는 지적이 따를 수밖에 없다.

구한말 망국의 시점에서 성리학/주자학의 이념을 통해 살아가는 당시 선비들의 앎과 삶, 그 대응양상을 살피는 일은 퇴계학의 본연을 읽어내는 중요한 논거가 될 수 있다. 국망의 위기에 나라를 위해 스스로 목숨을 끊어 죽는 일—자정순국(自靖殉國)이야말로 퇴계학의 계승 양상과 관련하여 중요한 논점이 될 수밖에 없다. 교육칙어가 일제강점기의 식민교육에 적용되고 그 과정에서 퇴계사상을 에도시대 일본의 주자학자들이 계승했다는 얘기가 등장한 마당에서 도대체 퇴계학의 진정한 계승이라면 그것은 어떤 계승이어야 하는가에 대해 살펴야 할 것이기 때문이다.[563]

퇴계 이황(退溪 李滉, 1501~1570)의 11대손 향산 이만도(響山 李晩燾, 1842~1910)는 병인양요가 일어나던 해인 1866년의 정시 문과에서 장원급제했는데, 이 해는 이만도의 부친[李彙瀋]이 대사성에 오른 해이기도 했다. 이만도의 1895년(고종 32) 연보를 보면 다음과 같다.

1월, 일월산 廣德 墳庵으로 가다. 이후 순국할 때까지 백동, 沙洞, 杏田, 遠陰(某巖), 勿山洞, 明洞, 高林, 方丈山, 思洞 등을 오가며 고행하다. ㅇ『麗史提綱補斷』을 짓다. ㅇ 을미사변이 일어나자 상복을 입고 朔望으로 國思峯에 올라 望哭하다. ㅇ 12월, 禮安 義陣의 의병장으로 추대되다. 해산령에 따라 해진하고 입산하다.

1895년 을미사변이 일어나자 12월, 예안 의병의 의병장으로 추대되었던 이만도는 그 직전에 『여사제강보단』을 지었다. 이만도는 『여사제강보단』에서 강감찬 장군에 대한 사평을 통해 그의 지조와 절의를 높이

---

563) 김희곤, 『나라 위해 목숨 바친 안동 선비 열 사람』, 서울: 지식산업사, 2010.; 정순우, 「앎과 삶이 어우러진 선비! 퇴계 이황」, 국회인문학아카데미(2014.11.8. 대한민국 국회).

평가했는데, 이를 통해서도 이만도는 도학사상과 절의정신은 결을 같이하는 것이라는 생각을 짙게 보여주었다.

시중(侍中) 강감찬(姜邯贊)은, 1010년(고려 현종 1) 거란이 처음 침입했을 때 여러 신하들은 항복을 논의하였는데 홀로 파천(播遷)하여 회복을 도모하자고 청하였고, 1018년(고려 현종 9) 거란이 재차 침입했을 때 상원수(上元帥)로서 평양(西都)에 나가서 교전할 때마다 어김없이 이기니, 10만의 강포한 적들 중에 귀환한 자가 수천에 지나지 않았다. 거란이 전투에서 이처럼 심하게 패배한 적은 없었으며 강감찬보다 훌륭한 공을 세운 신하는 없었다. 그러나 개선한 뒤 곧바로 노령을 이유로 벼슬에서 물러나기를 청하였고 이에 임금이 친히 (황해도 금천까지 마중 나와) 금화(金花) 여덟 가지를 꽂아 주자 공경히 받들어 사례하며 감히 감당하지 못하였으니, 공을 세운 것이 훌륭한 점일 뿐만이 아니라 노령을 이유로 벼슬을 물러난 것이 더욱 훌륭한 점이다. 일흔 살에 관직에서 물러나는 일은 고려 초에 이미 전례가 있었는데 벼슬살이의 즐거움에 취해 나아갈 줄만 알고 물러날 줄은 모르는 자가 어쩌면 그리도 많았단 말인가.[564]

이만도는 강감찬에 대해, 거란이 처음 침입했을 때 화친하지 말고 일단 피한 뒤 훗날을 도모하자고 홀로 주장한 점, 재차 침입했을 때 직접 출정하여 모든 전투에서 승리해 적군이 거의 전멸할 정도의 피해를 입힘으로써 거란이 처음 침입했을 때의 본인 주장을 증명한 점을 높이 평가하였다.

이만도는 강감찬이 관직에서 물러난 후 도성 남쪽에 별장을 짓고 만

---

564) 『響山集』, 卷8, 「麗史提綱補斷」.

년을 보낸 것을 두고, 그가 큰 공을 세웠음에도 불구하고 겸손히 물러나 만년을 보낸 모습을 높이 평가하였다.[565] 이만도는 강감찬에 대해, 이처럼 "공을 세운 것이 훌륭한 점일 뿐만이 아니라[其非立功之爲盛] 노령을 이유로 벼슬을 물러난 것이 더욱 훌륭한 점이다[告老之爲尤盛也]"고 말하면서, 70의 나이에 관직에서 물러나는 일은 고려 초에 이미 전례가 있었는데[七十致仕麗初已有其例] 요즘 사람들은 벼슬살이의 즐거움에 취해[而貪樂酣豢] 나아갈 줄만 알고 물러날 줄은 모르는 자가 어쩌면 그리도 많았단 말인가[知進而不知退者何限耶]"라고 부연했던 장면을 헤아릴 필요가 있을 것이다. 예나 지금이나 가장 어렵고 힘든 장면에 대한 이만도식의 평가임을 알 수 있고, 그 연원에 퇴계의 진퇴론이 바탕을 이루고 있음을 알 수 있다.

이만도는 1866년 과거에 급제한 후 여러 관직을 역임하였는데, 1876년 집의로 있을 때는, 일본과 맺은 병자수호조약을 목숨 걸고 반대한 최익현(崔益鉉)을 비호하다가 파직되었다. 안동에서 강학에 전념하던 1895년에는 을미사변이 일어나자 의병을 모아 일본에 항거하였다. 1905년 을사늑약이 체결되었을 때는 을사오적을 처형해달라고 상소하였다. 1910년 국권이 피탈되었을 때는 24일간 단식하다가 순국하였다. 이만도는 국가의 운명을 위협하는 외세의 침략에 처변삼사의 하나인 자정순국의 길을 택했음을 알 수 있다. 외세의 침략야욕에 평생 동안 투쟁해 온 이만도는 나이가 많다고 해서 국가의 치욕을 잊지 않고 만절(晚節)을 잘 지킨 경우였다고 말할 수 있다. 유교적 가르침의 핵심을 흔히 도학사상과 절의정신에서 찾지만 그 진면목은 사실상 만절의 양상

---

565) 강만문, 「만년의 절조」, 『고전산문』 555, 2022년 7월 20일.

과 성격을 짚어보면서 제대로 확인할 수 있다 하겠다.[566]

1910년 8월 29일, 나라가 일본에 넘어갔다. 김택영은 당시 절의를 지키기 위해 죽음을 선택한 인물로 황현, 홍범식, 김석진, 이만도, 장태수, 정재건, 이재윤, 송익면, 김지수, 정동식, 이학순, 오강표, 이근주, 김영상, 조장하, 반하경 등에 주목한 바 있다.[567] 이만도가 나라가 망했다는 소식을 접한 것은 엿새 뒤(1910.9.4.)의 일이었다. 이만도가 을미년(1895) 변란에도, 을사년(1905) 늑약에도 죽지 못한 데는 그만한 이유가 있었다. 이만도는 을사늑약이 체결되자 상소를 올려 을사오적(朴齊純, 李址鎔, 李根澤, 權重顯, 李完用)의 참수를 강력히 주장하였다.[568] 하지만 경술년(1910)의 망국은 이만도에게는 더 이상 삶을 이어갈 수 없다는 의미였다. 그렇잖아도 이만도는 유교 학문·공부란 일찍이 임진왜란 때의 의열을 사모했던 자들을 통해 그 의의를 찾을 수 있다는 생각이었다.

임진왜란 당시의 의열을 사모했던 자들은 유교의 입교(立敎)-명륜(明倫)을 실증·실천하는 존재들이었다.[569] 이만도는 임진왜란 당시 진사로서 의병을 일으켜 공을 세웠고 정유재란 때에는 읍민을 동원하여 왜적을 무찌르는 데 앞장섰던 풍암 문위세(楓菴 文緯世, 1534~1600)를 주목하였다.[570] 이만도에 의하면, 문위세는 여섯 아들(元凱, 英凱, 亨凱, 弘凱,

---

566) 강만문, 위의 글.

567) 『梅泉集』, 卷首, 「本傳[花開金澤榮]」.

568) 『響山集』, 卷2, 「請斬五賊疏」.

569) 『響山集』, 卷12, 「古川書院殉國祠紀蹟碑銘[幷序]」.

570) 풍암 문위세는 『퇴계집』의 「언행록부기제자목록」에 실린 25명의 명단 중 9번째로 등장하는 인물이다. 「언행록부기제자목록」에 의하면 "문위세(文緯世)의 자는 숙장(叔章), 호는 풍암(楓庵), 남평인(南平人), 장흥(長興)에 살다"라고 기록되어 있다(『退溪集』, 「言行錄 箚記諸子目錄」). 퇴계의 제자인 문위세(文緯世)의 기록에 의하면, 1566년(명종 21) 겨울에 자신의 외사촌인 윤강중(尹剛中)·윤흠중(尹欽中)과 함께 퇴계를 찾아가서 『주자

汝凱, 括凱)을 두었는데, 막내아들만 빼고 다섯 아들이 모두 임진 선무 원종공신(壬辰宣武原從功臣)에 녹훈되었으며, 문위세는 우리 선조 문순공(文純公: 퇴계 이황)의 문인으로, 처음 문하에 들어와서는 『심경』과 『주자서』를 강론 · 질의하면서 연구하였는바, 국난의 위기에 몸을 바쳐 순국(殉國)할 생각을 하였으니, 이 일을 가지고 말하건대, 스승에게 배운 올바른 학문과 가정에서 전해 받은 굳센 충절은 참으로 속일 수 없는 일이라고 평가하였다.[571]

이만도가 을미년(1895)-을사년(1905)에 죽지 못했던 상황, 그러나 경술년(1910)에 죽을 수밖에 없었던 상황을 제대로 설명하기 위해서는 을사년(1905)에 자정순국의 길을 선택했던 선비에 대한 검토가 요망된다. 단적인 예로 우암 송시열(尤菴 宋時烈, 1607~1689)의 9대손 연재 송병선(淵齋 宋秉璿, 1836~1905)은 1905년(광무 9) 11월에 일제가 을사늑약을 강제로 체결하고 국권을 강탈하자, 이에 대한 통분으로 1905년 12월 30일에 세 차례에 걸쳐 다량의 독약을 마시고 자결하였다. 이만도는 송병선의 자결에 대해 "존주대의를 굳게 지킨 우암 선생[大義尊周尤老宅]"의 정신을 이어받은 것이라고 평가했다.[572] 황현도 송병선이 순절했다는 소식을 듣고 들판에서 애통해하면서 "인을 이루고 의를 취한 일 천고에 빛나리니[成仁取義昭千古] 선생께서 공맹의 무리임을 비로소 믿겠다[始信先生孔孟徒]"고 하였고 이는 "천고의 유가에 전형이 될 것이다[千古儒家有典刑]"고 평가했다.[573]

대전』의 글 뜻을 물었으며, 몇 달이 지난 뒤 안동(安東)으로 돌아오려 할 때, 퇴계가 당시 안동부사로 있던, 윤강중의 부친 행당공 윤복(杏堂公 尹復)에게 시를 보냈다고 하였다(『退溪集』, 言行錄卷1, 「敎人」).

571) 『響山集』, 別集卷6, 「宣武原從功臣軍資監直長葛翁文公[弘凱]行略」.

572) 『響山集』, 卷1, 「宋祭酒[秉璿]請對不得遺疏自盡有感而作[丙午]」.

573) 『梅泉集』, 卷4, 「聞宋淵齋先生殉義之報私慟于野」.

1910년 9월 18일 이만도는 단식에 들어갔고, 단식 24일째 되던 날 10월 10일에 장렬하게 순국하였다. 나라를 팔아먹고 일제에 앞장서서 겨레를 짓밟아도 부끄러운 줄도 모르는 자들이 즐비한 마당에, 이만도가 자정순국의 길을 택한 것은 군왕을 지킨다는 유교의 가르침과 그 덕목을 실천하는 일이었다.[574] 성리학 체계의 효용성과 가치에 대한 신뢰가 절대적이었던 이만도에게 경술국치는 주자학적 가치와 질서의 종언을 의미했다. 영남 선비 이만도는 조선 주자학의 상징적 · 대표적 인물인 퇴계의 직계후손이었으며, 문과 장원급제자인 데다가 중앙 조정에서 십수년간 요직을 거쳤다는 점에서 나라가 망한 것에 대한 극단의 죄책감에 시달렸다.[575] 이만도의 자정순국에 이르는 과정은 재종손 이강호가 기록한 『청구일기』를 통해 그 생생하고도 처연한 장면을 확인할 수 있다.[576]

이만도의 자정순국의 정신적 배경에는 퇴계로부터 이루어진 주자학의 명분과 의리, 그리고 그 실천방법으로서의 경공부(敬工夫)가 가학(家學)의 바탕을 이루고 있었다.[577] 이만도는 1910년 국권을 상실하게 되자, 이를 막지 못한 것은 자신의 죄임을 자처하면서 나라를 위하여 스스로 목숨을 끊었다. 이만도의 순국은 이후 항일구국운동에 두 가지 차원에서 영향을 끼쳤는데, 그 하나는 안동지방에서 항일 순국의 물꼬를 튼 것이었고, 다른 하나는 다음 세대 독립운동의 교두보를 마련했다는

---

574) 김희곤, 『나라 위해 목숨 바친 안동 선비 열 사람』, 서울: 지식산업사, 2010, 30-54.

575) 박민영, 「향산 이만도의 생애와 순국」, 『한국독립운동사연구』 37, 2010, 37-74.

576) 정병호, 「자정순국일기와 한말 영남 선비의 형상: 『청구일기』와 『도해일기』를 대상으로」, 『대동한문학』 33, 2010, 5-32.

577) 곽진, 「향산 이만도의 자존적 삶과 순국」, 『민족문화』 36, 2010, 7-43.

점이다.[578] 퇴계 이황에서 향산 이만도로 이어지는 퇴계학의 정신은 평상시에는 경공부(敬工夫)로, 위난시에는 견위수명(見危授命)으로 표상되었다.[579] 이만도의 순국에 대해 세상 사람들은 "퇴계의 어진 후손이다[退陶賢孫]", "강상을 붙들어 세웠다[扶植綱常]", "지사들의 사기를 진작하였다[鼓作志士之氣]"라고 하였으며, "천지에 다하고 만세에 뻗치는 우뚝 솟은 높은 절의[窮天地亘萬世之特立高節]"를 지녔다고 평가하였다.[580] 이만도가 세상을 떠나기 전에 머물렀던 마을 청구(靑丘=靑皐)에는 〈향산순국비〉가 세워져 있다.

퇴계의 12대손 동은 이중언(東隱[581] 李中彦, 1850~1910)은 늘 존경하고 의지했던 집안 숙부 이만도가 24일 동안 단식한 끝에 순국하자, 그 또한 숙부와 같은 길을 따르기로 작정했다. 이중언은 집권 노론 세력이나 세도가문처럼 관직을 오래 누린 것은 아니지만, 그래도 1879년에 문과에 3위로 급제('文科甲科第三人')하여 성균관 전적·직강, 사헌부 정언·지평·장령 등의 벼슬을 거쳤다는 점에서 선비로서의 역사적 책임을 크게 느꼈다.[582] 1895년에는 일본의 만행에 대항하여 김도현과 함께 의병을 일으켜 전방장(前防將)을 맡았고, 1905년의 을사늑약 때에는 을사오적(박제순, 이지용, 이근택, 권중현, 이완용)을 참형에 처할 것을 요청하는

---

578) 변창구, 「향산 이만도의 절의정신과 구국운동」, 『민족사상』 9(2), 2015, 191-218.

579) 『響山集』, 附錄卷2, 「跋[李中轍]」.

580) 『響山集』, 附錄卷2, 「跋[李中轍]」.

581) 동은(東隱)이라는 호는 퇴계의 손자 이영도(李詠道, 1559~1637)의 호인 동암(東巖)에서 연원하는 명명이다. 물론 동암은 이영도의 호이기 전에 할아버지 퇴계의 특별한 앎과 삶의 공간으로 기억되었던 곳이다(『退溪集』, 卷1, 「東巖言志」, 續集卷1, 「東巖言志」). 이영도는 임진왜란 때 안동에서 의병을 모집하여 싸웠고 군량미 조달에도 큰 공을 세웠다(『記言』, 別集卷24, 「東巖公墓陰記」). 그 공으로 1597년 호조 좌랑, 이어서 호조 정랑이 되었다.

582) 『승정원일기』 1879년(고종 16) 윤3월 23일, 5월 28일 등 참조.

상소를 올렸다.[583] 1910년 10월 10일 이만도가 순국했다는 소식이 들려오자, 이중언은 부모 묘소를 살피고 선조들의 사당을 두루 찾아가 참배한 다음, 바로 단식에 들어갔다. 이중언의 주변에서는 고종황제로부터 받은 은총이 향산[이만도]보다 적은데, 굳이 향산을 따라 단식할 필요가 있느냐는 주변의 만류도 있었다. 이중언이 문과 급제자라고는 하나 관직에 나아간 기간이 짧았기 때문에 굳이 이만도의 길을 따를 필요가 없다는 논리였다. 하지만 이중언은 이에 아랑곳하지 않고 단식을 시작한 지 27일 만인 1910년 11월 5일에 세상을 떠났다. 이중언은 30대의 척사운동, 40대의 의병항쟁, 50대의 척사운동을 거쳐 나이 60에 자정순국으로 삶을 마감하였다.[584]

퇴계의 14대손 이명우(李命羽, 1872~1921)는 1894년 식년시에 입격하여 진사가 되었다. 갑오개혁으로 과거제도가 없어졌으므로 그는 마지막 과거시험에 진사가 된 것이다. 그런데 이듬해 국모시해사건이 발생하였고 1905년에는 을사늑약으로 나라의 외교권이 박탈당했다. 그러다가 1910년 나라가 망했다. 청구동에서는 향산 이만도가 단식에 들어가 24일 만에 순국했고, 하계마을에서는 동은 이중언이 단식에 들어가 27일 만에 순국했다. 하지만 이명우는 부모가 살아 계셨기에 순국의 길로 쉽게 나아갈 수도 없었다. 그 끝모를 울분과 분노를 보다 못한 아내 권씨부인의 제안에 따라 광무황제 고종과 부모가 살아 계신 상황에서 아직은 순절할 때가 아니라고 결정했다. 이명우는 부친상(1915)과 모친상(1918)을 치렀다. 이어 광무황제 고종이 승하하였다(1919.1.21.). 이명우는 모친의 3년상을 마치고 광무황제 고종의 대상(大喪)을 마치는 날

583) 『東隱實紀』, 卷1, 「請斬五賊疏[乙巳]」.
584) 김희곤, 『나라 위해 목숨 바친 안동 선비 열 사람』, 서울: 지식산업사, 2010, 89-90, 94.

(1921.1.28.)을 자정순국의 날로 삼았다. 부부가 함께 독약을 마시고 목숨을 끊었다.[585] 이명우-권씨부인의 순국 소식은 고향뿐만 아니라 호서 지역에도 널리 알려졌다. 겨우 진사 신분에 불과했지만 이명우와 권씨 부인은 충의와 절의가 남다른 모습을 보여준 셈이다.[586]

식민교육과 식민정책을 위한 기관지였던 『문교의 조선』에는 특히 1930년 이후에는 학무국장, 학무과장, 시학관과 총독부 각 부서 과장들이 집중 기고하였다. 1937년의 중일전쟁을 성전(그들의 일각에서는 1941년의 아시아·태평양전쟁을 성전으로 규정하기도 한다)으로 삼은 데서도 알 수 있듯이 전쟁 중의 통치 문제, 학원·학생의 태세, 교육자의 자세 등을 교육의 핵심으로 삼으면서 지원병제 실시, 일본정신교육(皇道-皇國史觀 교육), 학생과 교육자의 사명 등을 집중 강조하였다. 이는 전쟁과 교육을 공동주제로 삼는 교육칙어체제의 확산과 지속을 의미하는 것이기도 했다.

『문교의 조선』의 특집호, 그 중에서도 1930년 10월호(敎育勅語渙發滿 40年記念號), 1931년 4월호(卒業生指導號), 1931년 11월호(思想問題特輯 號), 1936년 12월호(敎育勅語御下付25周年記念號), 1940년 2월호(紀元2600 年記念號), 1940년 11월호(敎育勅語御下賜50周年記念特輯號) 등은 조선총독부의 식민교육과 식민정책의 좌표가 무엇인지를 단적으로 드러낸 것이었다. 이는 퇴계-교육칙어의 연계설을 통해, 조선의 청년·학도가 학교소동(백지동맹, 학생운동)과 같은 경거망동을 일으키는 것을 차단하기 위한 방략이 내면에 작용했음을 알 수 있다. 문제는 『문교의 조선』에서 말하는 퇴계론은 퇴계학의 본연에 대한 관심이나 천착이 아니라, 교

585) 『省齋集』, 續集卷9, 「成均進士李君行狀」.
586) 김희곤, 『나라 위해 목숨 바친 안동 선비 열 사람』, 서울: 지식산업사, 2010, 162-177.

육칙어체제의 적용과정에 퇴계를 방편으로 이용하여 조선의 청년·학도가 일본의 영광을 위해 피를 흘리고 목숨을 바칠 것을 강요하는 과정이라는 데 있다. 퇴계에 대한 강조방식이 그들의 특정기념 행사(1930년, 1936년, 1940년)에 집중되어있는 것도 그렇고, 그 논점에 죽음의 그림자가 짙게 드리워진 것도 그렇다. 그야말로 근대교육=식민교육의 단층지대를 통과하면서 퇴계·퇴계학은 국민문학·전쟁인문학의 소재로 쓰이면서 굴절된 모습을 드러냈으며, 한국의 연구환경은 아직도 그 잔영으로부터 자유롭지 못한 현실에 놓여 있다.

퇴계학의 본연을 되찾기 위해서는, 퇴계의 공부론과 선비정신의 핵심은 무엇이고 이는 어떤 계승양상을 보였는가를 면밀히 살필 일이다. 무엇보다도 중요한 사실은 퇴계의 학통과 정신을 제대로 이어받은 자들이라면 나라가 위기에 처했을 때, 무엇을 버리고 무엇을 얻었겠는가 하는 것이다. 독립운동[대한독립만세태극기: 등록문화재 제387호(2008.8.12.)]과 광복의지[불원복태극기: 등록문화재 제394호(2008.8.12.)]에 대한 탐색과 함께, 그 연장선에서 퇴계의 선비정신과 출처관이 갖는 의미 맥락을 포착할 일이며, 그 관계 속에서 근대 장면의 절의정신과 구국운동에 대한 논의를 본격화할 일이다.

광복의 의미를 심층 이해하기 위해서는 『주역』 복괘의 "멀리 가지 않고 돌아온다[不遠復]"는 말을 바탕으로 삼은 불원복태극기에 담긴 정신과 지향을 파악해볼 일이다. 태극기에 의병들의 나라사랑 정신이 '대한독립만세'와 '불원복'을 구호로 투영되었다. 『주역』 복괘에서 말하는 불원복의 핵심은 "멀리 가지 않고 돌아온다"에 있다. 너무 멀리 가면 돌아오기 어렵거나 영영 돌아오지 못할 수도 있다. 우리의 광복은 너무 멀리 간 후에 돌아온 것이었다는 점에 유의해야 한다. 너무 멀리 간 사이에 친일파-반민족행위자들이 양산되고 말았고, 그로 인한 갈등과 고통, 분열과 대립상은 아직도 계속되고 있으며, 앞으로 그 정도와 강도는 더욱 심해질 것이다. 신석정은 〈꽃덤불〉에서 광복은 되었으나 이미 너무 많은 것을, 돌이킬 수 없는 것들을 잃고 말았음을 지적하였다. 영영 잃어버린 벗, 멀리 떠나버린 벗, 몸을 팔아버린 벗, 맘을 팔아버린 벗을 말한 데서도 알 수 있듯이 일제 강점기 36년이 지나는 동안 죽고, 유랑하고, 변절하고, 전향한 자들로 넘치는 세상이 되고 말았다.

퇴계—교육칙어 연계설의 유포자들이 언급한 바와 같이, 에도시대 일본주자학자들이 퇴계에 대해, 그의 저술에 대해 관심을 보였다는 것은 엄연한 역사적 사실이다. 하지만 에도일본의 주자학자들이 퇴계에 대해 보인 관심은 개별 학자들이 『자성록』이나 『주자서절요』와 같은 퇴계의 글을 읽으면서 수양공부에 임하는 정도였다. 그것은 결코 정한론 에너지와는 비교할 수 없는 미미한 것이었다. 모토다 나가자네를 매개로 삼아 교육칙어와 퇴계를 무리하게 연결 짓는 행태는 하나의 넌센스에 불과한 것이다. 그 이면에 어떤 욕망이 도사리고 있는지를 간파하지 못한 채 그들의 자장과 사상권에 말려든다면 이는 퇴계의 위상, 퇴계학의 정체성을 훼손하는 문제를 낳을 수밖에 없다. 퇴계의 위상, 퇴계학의 정체성이 무엇이겠는가. 그것은 퇴계의 가르침을 자랑스럽게 받아들이며 살았던 그들—이만도, 이중언, 이명우, 김도현, 유도발, 유신영처럼 나라를 빼앗긴 시점에서 대의를 실천하고 대절을 확립하고자 했던 그들의 선택을 통해 모든 것을 설명할 수 있다. 바로 그 지점, 파멸의 정국에서도 그들은 불원복의 의지를 천명했다. 신석정은 〈꽃덤불〉에서, 너무 멀리 가버렸을 때 다시 돌아오기는 어렵다는 사실을 지적한 바 있다. 너무 멀리 가버린 바람에 우리는 아직도 다시 돌아오지 못하고 있다. 그 정황 속에 퇴계학의 본연이 왜곡·굴절된 채 수습되지 못한 면이 있다. 이를 제대로 수습·정리하는 일 또한 우리가 자체동력으로 감당해야 할 과제중의 하나이다.

　그 형편없는 상황을 바로잡기 위한 설명을 덧붙여야 할 것 같다. 잘 못된 길을 너무 멀리 가버린 댓가는 이처럼 한심하면서도 혹독한, 그러면서도 가망 없는 얘기로 이어진다. 대한민국 정부의 공식 입장에 따르면 1910년 한일합병 조약은 원천 무효이다. 그 조약에 대해 일본은 '유효', 한국 정부는 '무효'라는 입장을 견지하고 있기 때문에, 일제강점기의 한국인은 전부 일본 국적자, 일본 국민이라는 망령된 주장은 한국(인)이 아닌 일본(인)의 입장에서나 가능한 얘기이다. 1965년 한일국교 정상화 당시 체결된 한일기본관계조약 제2조를 보면 "1910년 8월 22일 및 그 이전에 대한제국과 대일본제국 간에 체결된 모든 조약 및 협정이 이미 무효임을 확인한다"고 규정하였다.[587]

---

587) 김창록 경북대 법학전문대학원 교수 인터뷰(JTBC 오대영 라이브, 2024.8.28.) 참조.

제8장
퇴계학을 위한 성찰과 전망

1. 연구 약사

　퇴계 이황(退溪 李滉, 1501~1570)의 학문과 사상에 대한 연구는 주로 이기심성론, 공부론, 문도교육, 퇴계학의 계승양상 등을 중심으로 이루어져왔다. 퇴계 이황은 "마음을 다스리고 성품을 기르는 공부에 일생 동안의 힘을 기울였다[一生用力於治心養性之功]"는 평가를 받는다(다산 정약용의 평가).[588] 이는 율곡 이이에 대해 "대체로 국조 이래 현실정치에서 힘써야 할 일이 무엇인가를 가장 잘 알았던 사람이다[蓋國朝以來識務之最]"라는 평가(성호 이익의 평가)[589]와는 대조·대비를 이루는 장면이다. 퇴계의 학문은 본원(本源)에 대한 논의와 윤행(倫行)에 대한 논의로 짜여져 있다. 퇴계 사상 연구는 이기심성론과 관련해서는 주로 고봉 기대승(高峯 奇大升, 1527~1572) 또는 율곡 이이(栗谷 李珥, 1536~1584)와의 대비

---

588) 『與猶堂全書』, 詩文集卷12, 「理發氣發辨二」.
589) 『星湖全集』, 卷46, 「論更張」.

적 이해를 시도하는 경우가 많다. 공부론·문도교육과 관련해서는 주로 남명 조식(南冥 曺植, 1501~1572)과의 대비적 이해를 연구의 전형으로 삼는 경우가 많다.

퇴계학의 지평과 계승 양상을 제대로 살피기 위해서는 퇴계의 직전 제자(直傳弟子)들이 스승의 가르침을 어떻게 이어받았는가에 대한 질문을 중심으로 논의를 이어갈 필요가 있다. 도산서당을 중심으로 한 퇴계의 학문세계와 공부론을 고찰하고, 아울러 퇴계의 직전제자들의 활동궤적에 주목하되 그 중에서도 수제자로 알려진 월천 조목(月川 趙穆, 1524~1606), 학봉 김성일(鶴峯 金誠一, 1538~1593), 서애 유성룡(西厓 柳成龍, 1542~1607)을 중심으로 하여 이들에게 스승의 가르침은 어떤 의미였는가를 묻는 작업 또한 중요한 의미를 갖는다.

한국 성리학의 역사에서 이기심성론에 관한 논쟁은 퇴계의 생존 당시나 사후에 바로 불거진 것이 아니었고 100여 년의 시간이 흐른 후 기호학파에서 율곡의 이기심성론을 통해 퇴계설을 비판하자 갈암 이현일(葛菴 李玄逸, 1627~1704)이 이에 대응하는 양상을 취하면서 소위 학파의식·당파의식이 굳어지기 시작했다고 말할 수 있다. 이현일은 기호학파에서 기(氣)의 자체동력(機自爾)에 초점을 맞추어 주장을 펴는 것에 대해, 그럴 경우 우주의 생성과 변화에 이(理)의 역할이 없다는 점을 지적하는 방향으로 문제의식이 작동되기 시작하였다.[590] 17세기 이후의 붕

---

590) 이동희, 「퇴계학파는 퇴계의 성리학을 어떻게 이해하고 계승했는가?」, 『철학연구』 89, 2004, 319-340. 퇴계 이황은 "이(理)는 귀하고 기(氣)는 천하다"는 이우위설(理優位說)=이귀기천설(理貴氣賤說)=이존기비설(理尊氣卑說)을 제시하면서 "이(理)의 실천을 위주로 하는 자는 기(氣)를 기르는 것도 그 속에 있으니 성현(聖賢)이 그러하고, 기(氣)를 기르는 데 치우친 자는 반드시 성(性)을 해치는 데 이르니 노자·장자(老莊)가 그러하다"고 했다(『退溪集』, 卷12, 「與朴澤之」). 이(理)를 기준으로 삼을 경우에는 기(氣)를 포섭·조종할 수 있는 반면, 기(氣)를 기준으로 삼을 경우에는 이(理)를 거역·배반하게 된다는 견해를 제시한 것이다(박균섭, 「퇴계철학의 교육학적 해석: 공부론을 중심으로」,

당 정치를 논할 때에도, 우리는 16세기 유교 지식인들의 앎과 삶의 세계에 대해 '붕당의 모집단'이라는 이름을 갖다 붙인다. 하지만 16세기의 선비들은 사상·학문 논쟁의 과정에서 열린 마음으로 그 심층을 확보하기 위해 노력했다는 사실을 잊어서는 안 될 것이다. 그들은 사상·학문 논쟁의 과정에서 당파적인 경향이나 정치 투쟁의 성격을 띠지는 않았다.

한국유학사의 전개 과정을 도학사상과 절의정신의 구현 과정으로 보아야 한다는 일각의 견해는 매우 타당한 지적이다.[591] 20세기를 지배·주도했던 한국유학사관은 문명담론에 입각하여 유학사를 해석하는 특징을 보여 왔다. 이들은 주자학·성리학을 공리공담을 일삼는 학문으로 매도하거나 유교 지식인의 도학사상과 절의정신에 대한 논의를 대강 짚고 넘어가는 특징을 보인다. 이는 퇴계학의 지평을 본격 논의하는 과정에서도 크게 유의할 대목이다. 퇴계 당시는 물론, 근대사 속의 퇴계론에 대한 논의의 엄밀성을 확보할 수 있어야만, 한국사회의 현실 진단과 함께 미래 전망을 제대로 보여줄 수 있을 것이기 때문이다. 퇴계

『한국교육』 28(2), 2001, 91-111.). 이는 율곡 이이가 기(氣)의 능동성을 강조하면서 "기틀이 스스로 그러한 것이지[機自爾也] 따로 시키는 자가 있는 것이 아니다[非有使之者也]"고 했던 말과 크게 대비되는 장면이다(『栗谷全書』, 卷10, 「答成浩原第六書」). 퇴계이황은 기(氣)에 대항하기 위해 이(理)에 동력을 부여하는 파격을 감행하였고(理發說, 理動說, 理自到說), 이 파격이 한국사상사의 기나긴 논쟁의 시발점이 되었다(한형조, 『주희에서 정약용으로: 조선 유학의 철학적 패러다임 연구』, 서울: 세계사, 1996, 130-131.). 한국철학사에서 이기론적 사유는 공부론이라는 목표 도달을 위한 방편으로 의미심장하게 채택되기도 하였고 경우에 따라서는 거의 무시되기도 하였는바, 이기론은 누구에게나 공부론을 정합적으로 보여주는 만능의 장치나 마술상자가 아니었음을 알 수 있다(박균섭, 「율곡의 인격과 공부에 관한 견해 검토」, 『한국교육사학』 30(2), 2008, 25-52).

591) 도학사상과 절의정신을 중심으로 한국유학사의 재해석·재구성 작업이 요망된다는 지적에 대해서는 김미영, 「이상은의 한국유학사관과 도의정신: 국정국사교과서에 반영된 실학관 비판을 중심으로」, 『철학연구』 50, 2014, 61-93 참조.

사상으로 보는 미래 전망, 무엇을 핵심으로 삼고 어떤 문제를 제대로 짚어낼 것인지에 대한 논의가 필요한 까닭이다.

2. 퇴계학의 지평: 공부론과 문도론

유교사상 일반을 통해 확인할 수 있는 것이지만 퇴계의 공부론이 갖는 구조적 특징은 신고적누공부(辛苦積累工夫)와 우유함영공부(優遊涵泳工夫)를 두 축으로 하는 교호작용을 전제로 하고 있다는 점이다. 그런데 이에 대한 후학들의 연구가 항상 엄밀하게 이루어졌던 것은 아니다. 공부의 본질은 신고적누공부에 있지만 그 공부가 제대로 완성도를 보여주기 위해서는 우유함영공부가 요청된다는 점을 분명히 해둘 필요가 있다. 퇴계도 공부의 완성을 위해 우유함영공부가 얼마나 중요한가에 대한 인식을 보여주었다.

퇴계의 공부론에 대한 보충 설명을 위해, 퇴계가 1556년(명종 11)에 남언경(南彦經, 1528~1594)에게 보낸 답장편지에 주목할 필요가 있다. 위의 답장편지는 퇴계가 『자성록』을 묶을 때에 첫 번째 편지로 실은 것이기도 하다. 편지의 수신자 남언경은 서경덕의 문인으로 학행으로 천거되어 관로에 올랐다가 정여립의 모반사건으로 파직당했다. 남언경은 임진왜란 때 의병을 일으켰으나 양명학을 했다는 혐의로 사림의 탄핵을 받았고, 여생을 학문 연구로 보냈다.[592]

작년 봄에 한 번 서신이 있은 후에 이어서 안부를 묻고자 하였으나, 이 곳에서 서울에 왕래하는 사람들이 대부분 금천(金遷: 忠淸道左道 忠州鎭

---

592) 한형조, 「일본 지식계를 강타한 퇴계의 편지 『자성록』」, 『중앙SUNDAY』 2009.8.2.

金遷江) 길을 경유하기 때문에 인편을 못 만나 이루지 못하였습니다. 심부름꾼이 와서 편지와 두 편의 시를 받고 근황을 자세히 알았습니다. 지난날 마음의 병은 바로 근심과 걱정으로 생긴 것이었으니, 이제는 시일도 오래되어 지난 일이 되었으며 환경도 새로워졌는데, 어찌하여 아직까지 쾌활하지 못합니까. 나는 늙고 병이 중하니 날로 노쇠해 가는 것이 당연하지만 예전 우리가 서로 함께 하던 때에 비하면 갑절이나 심하여졌을 뿐 아니라, 수염과 머리가 듬성듬성해지고 정신은 피로하며 눈은 침침하고 여러 증세가 번갈아 침노해 옵니다.……보내온 편지를 자세히 읽어 보니, 앓고 있는 병이 또한 우연이 아님을 알겠습니다. 섭생과 치료를 소홀하게 하여서는 안 되겠습니다. 이런 병은 다 내가 평소 직접 겪은 바이기에, 그 내용은 대략 별지에 적어 보냅니다.[593]

퇴계가 남언경에게 보낸 위의 글에서는 공부, 앎과 삶의 세계에 대한 중요한 과제와 그 기준을 제시하기 위해 별지를 남겼다. 그 취지, 대강은 학문을 처음 하는 사람들의 공통된 병통을 지적하는 가운데, 그 병통을 치유하는 요령을 청년 학자들에게 안내하는 충정을 보였음을 알 수 있다. 이는 공부의 본연·본질에 관한 기본적인 얘기이기도 하겠지만, 억지로 조급하게 무리하게 무언가를 이루고자 하는 '조장병(助長之患)'이야말로 병통을 치유하는 것이 아니라 오히려 그 병을 키우는 문제를 드러낸다는 점을 지적하면서, 함양과 체찰의 본래적 의미에 충실할 것을 안내하는 내용이었다.

---

593) 『退溪集』, 卷14, 「答南時甫[彦經/丙辰]」. "去春一書後, 欲嗣修問, 此間往來京師人, 率由金遷路, 未遇便風, 未果也. 伻來辱書兼兩詩, 承悉近況. 前日心恙, 正因憂患而作, 今歷時旣久, 事往境新, 如何, 尙未快豁耶. 滉暮齒重病, 理宜日衰, 比前相從之時, 又不啻倍甚, 鬚髮種種, 神疲眼暗, 諸證迭侵.……細讀來喩, 知所患亦非偶然. 攝治誠不可忽. 皆滉素所身歷, 其說略具別紙."

별폭(別幅): 심기(心氣)의 병은 바로 이치를 살피는 데 투철하지 못하여, 이치에 맞지 않는 말만을 꼬치꼬치 캐면서 무리하게 찾으며 마음을 잡는 방법에 어두워 싹을 뽑아 올려 성장을 돕느라 자기도 모르게 마음을 괴롭히고 정력을 극도로 소모하여 이에 이르게 된 것입니다. 이것은 또 학문을 처음 하는 사람들의 공통된 병통이니, 주자[晦翁先生]라도 처음에는 이런 병통이 없지 않았던 것입니다. 만약 일찍이 이러한 것을 알고 이내 고칠 수 있다면 더 이상 근심될 것이 없지만, 일찍 알아서 속히 고치지 못하면 그 병이 드디어 생기는 것입니다. 나의 평생 동안 모든 병의 근원이 다 여기에 있었습니다. 지금은 마음의 병은 전날 같지 않으나 다른 병이 매우 심한 것은 늙었기 때문입니다. 공(公)과 같은 청년이야 기력이 왕성하니, 진실로 급히 그 초기 증세를 고치고 섭생과 요양을 절도 있게 한다면, 어찌 끝까지 시달릴 일이 있겠으며, 또 다른 증상이 끼어들겠습니까. 대체로 공이 전날 학문을 하는 데 있어서 이치를 궁구하는 것이 너무 의미가 깊고 현묘(玄妙)한 데에 치우치며, 힘써 행함에는 자신을 믿고 너무 지나치고 급박하게 하여, 무리하게 탐구하고 조장하여 병의 뿌리가 이미 생겼는데, 거기다가 다시 화난의 근심이 덮쳐서 병을 깊고 중하게 만들었으니, 어찌 염려되지 않겠습니까. 그것을 치료하는 방법은 공이 스스로 깨달았을 것이니, 제일 먼저 모름지기 세상의 궁(窮)한 것과 통(通)한 것, 잘한 것과 잘못한 것, 영광과 굴욕, 이(利)와 해(害) 등을 일절 생각하지 않아 마음에 누(累)를 끼치지 말아야 합니다. 이런 마음이 갖추어졌다면 앓고 있는 병환은 이미 5분 내지 7분까지는 나은 것입니다. 이렇게 하여 일상의 모든 삶에서 곤고한 대인 관계를 줄이고 기호와 욕망을 절제하여, 마음을 비우고 한가롭고 담담하고 유쾌하게 지낼 것이며, 도서 화초를 완상하는 일이나 산수 어조를 즐기는 일에 이르러서도 진실로 뜻을 즐겁게 하고 정취에 걸맞는 것이라면 이를 늘 접하는 것을 싫어하지 아니하여, 심기를 항상 화순한 상태를 유지할 것이며 혼란에 빠져 분노와 원망을 일으키는 일이 없게 하는 것이 긴요한 치료법입니다. 책을 읽는 것도 마음을 힘들게 하지 말 것이니 많이 읽는 것은 절대로 금해야 합니다. 다만 뜻에 따라 그 맛을 즐겨야 합니다. 이치를 궁구하는 것은 일상생활의 평이 명백한 곳에 나아가 간파하고 익히며, 이미 아는 바에 대해서는 우유함영의 자세가 필요합니다. 오직 마음을 붙인 것도 아니고 마음을 붙이지 않은 것도 아닌 사이에 두고 잊지 말도록 하여야 합니다. 그리하여 쌓기를 오래 하면 저절로 이해되어 얻는 것이 있을 것이니, 너무 집착하거나 얽매어서 빨리 효과를 보려 해서는 더욱 안 됩니다. 보내준 편지에, 함양하고 체찰하는 것은 우리 유가의 종지이며, 천리와 인사가 본래 두 가지가 아니라고 한 것은 좋습니다. 다만 '깨닫는다[悟]'는 한마디를 극력 주장해서 말하였으니, 이것은 인도(葱嶺)에서 가져온 돈오·초월을 말하는 불가의 방법이고, 우리 유가의 종지에 이런 것이 있다는 말은 듣지 못하였습니다. 그기에 전에 말한 무리하게 찾아서 조장하는 병이 아마도 여전히 남아 있음을 면하지 못한 것 같습니다. 나는 이런 병에 대하여 몸소 겪어 알고 있기에 의심 없이 말씀드리지만, 섭생과 요양의 방도는 나 자신도 아직 효험을 보지 못하였으므로 외람된 말이 매우 부끄럽습니다. 다만 같은 병에 걸린 사람끼리 서로 아껴 주고 같은 근심을 지닌 사람끼리 구해 주는 마음에서 부득이 운운하게 된 것입니다. 바라건대 사람이 좋지 않다고 하여 말까지 버리는 일이 없다면, 공에게 보탬이 없지 않을 것입니다.……594)

---

594) 『退溪集』, 卷14, 「答南時甫[彦經][丙辰]」. "別幅: 心氣之患, 正緣察理未透而鑿空以强探, 操心昧方而揠苗以助長, 不覺勞心極力以至此. 此亦初學之通患, 雖晦翁先生, 初聞亦不無此患. 若旣知其如此, 能旋改之, 則無復爲患, 惟不能早知而速改, 其患遂成矣. 滉平生病源, 皆在於此. 今則心患不至如前, 而他病已甚, 年老故耳. 如公靑年盛氣, 苟亟改其初攝養有道, 何終苦之有. 又何他證之干乎. 大抵公前日爲學, 窮理太涉

1556년(명종 11) 어느 날, 퇴계가 남언경(南彦經, 1528~1594)에게 보낸 편지는 퇴계가 『자성록』을 묶을 때, 맨 앞에 배치한 편지이기도 하다. 편지의 수신자가 서경덕의 문인이라는 것도 이채롭다. 남언경이 양명학을 했다는 혐의로 사림의 탄핵을 받았던 사실을 놓고 보더라도 퇴계가 『자성록』 맨앞에 배치한 편지가 남언경에게 보낸 것이라는 것은 특별한 면이 있다.[595] 그 특별함에 대한 해석과 대응으로 한형조의 입장을 제시하면 다음과 같다.

퇴계가 화담의 기일원론을 위태롭게 생각하고 양명학을 극력 배척한 것은 잘 알려진 사실이다. 남언경에게 보낸 편지는 두 '이단'(기일원론과 양명학: 인용자 주)에 대한 자신의 대안적 공부법을 제시한 것이라고도 할 수 있다. 퇴계는 우선 '공부'할 때 빠질 수 있는 두 가지 위험을 경계한다. "마음에 생기는 병은 두 가지입니다. 하나는 '사물의 실상(理)'에 투철하지 못해 엉뚱한 곳을 무리하게 파고드는 데서 생기고, 다른 하나는 '마음(心)'을 컨트롤하는 법'을 잘 몰라 벼포기를 잡아뽑듯 마음을 억지로 고양시키려 하는 데서 생깁니다. 이 둘은 초학자들이 대체로 빠져드는 실수

於幽深玄妙, 力行未免於矜持緊急, 强探助長, 病根已成, 適復加之以禍患, 馴致深重, 豈不可慮哉. 其治藥之方, 公所自曉, 第一須先將, 世間窮通得失榮辱利害, 一切置之度外, 不以累於靈臺. 旣辦得此心, 則所患蓋已五七分休歇矣. 如是而凡日用之間, 少酬酢, 節嗜慾, 虛閒恬愉以消遣, 至如圖書花草之玩, 溪山魚鳥之樂, 苟可以娛意適情者, 不厭其常接, 使心氣常在順境中, 無咈亂以生嗔恚, 是爲要法. 看書, 勿至勞心, 切忌多看, 但隨意而悅其味. 窮理, 須就日用平易明白處, 看破敎熟, 優游涵泳於其所已知. 惟非著意非不著意之間, 照管勿忘. 積之之久, 自然融會而有得, 尤不可執捉制縛, 以取其速驗也. 見喩涵養體察, 吾家宗旨, 天理人事, 本非二致, 善矣. 但悟之一字, 力主言之, 此則蔥嶺帶來頓超家法, 吾家宗旨, 未聞有此. 然則向所謂强探助長之患, 恐依舊未免也. 滉於此病, 身親諳悉, 言之無疑, 其攝養之道, 則於身尙未見效, 猥言殊愧. 但同病相愛, 同患相捄, 不得不云云. 願勿以人而棄言, 則於公不能無補也.……."

595) 한형조, 「일본 지식계를 강타한 퇴계의 편지 『자성록』」, 『중앙SUNDAY』 2009.8.2.

입니다. 주자도 처음에는 그랬으니까요. 아차 깨닫고 빨리 빠져나오면 괜찮은데, 그렇지 않으면 고질이 될 것입니다. 내 평생 달고 사는 병의 근원이 여기 있습니다.……그대가 이전에 공부하는 것을 보니, 궁리(窮理)는 너무 추상적 형이상학적인데다, 역행(力行)은 자만심과 강박에 추동되고 있습니다. 무리한 탐구와 억지 행동의 병근이 이미 자리 잡았는데, 여기 다른 병폐가 덮치면 심중한 지경에 이르게 될 것이니 어찌 걱정이 안되겠습니까." 퇴계가 경고한 마음의 병은 우리 모두가 앓고 있다면 지나칠까. 거창한 이념을 외치고, 초월적 세계를 꿈꾸며, 정치적 위업에 안달하고, 한방과 대박에 목을 멘다. 퇴계는 여기 함정이 있으며, 공부는 그 '거대'에 대한 환상과 강박을 떨치는 데서 시작한다고 가르치고 있다. "진리는 일용평이명백처(日用平易明白處)에 깃들어 있다." 주자학의 키워드는 '일상(日用)'이다. 하이데거는 평균인의 비본래적인 삶으로서의 '일상성(Alltaglichkeit)'을 탄식했지만, 사르트르는 그 '잉여'에 구토하고 영웅적 행동으로 자유를 증거하라고 요구하지만, 주자학의 생각은 다르다. 나날의 삶, 그 신기할 것도 없고 후줄근한 삶이 전부이니 또 다른 세계는 없다. 유교는 그래서 환상이 없다. 종교도 만들지 않고, 낭만도 없고, 무엇보다 유머가 인색하다. 다만 근사(近思), 즉 구체적인 것에, 짜잘한 것에 그토록 집착한다.[596]

퇴계가 남언경에게 낸 답신의 일부(①)를 발췌하여 이에 대한 다산의 해석(②)을 붙인다면, 그 안에서 작동하는 우유함영공부의 성격과 의미, 그리고 유의사항을 확인할 수 있다.

---

596) 한형조, 「일본 지식계를 강타한 퇴계의 편지 『자성록』」, 『중앙SUNDAY』 2009.8.2.

① 퇴계의 우유함영공부: 일상의 모든 삶에서 곤고한 대인 관계를 줄이고 기호와 욕망을 절제하여, 마음을 비우고 한가롭고 담담하고 유쾌하게 지낼 것이며, 도서 화초를 완상하는 일이나 산수 어조를 즐기는 일에 이르러서도 진실로 뜻을 즐겁게 하고 정취에 걸맞는 것이라면 이를 늘 접하는 것을 싫어하지 아니하여, 심기를 항상 화순한 상태를 유지할 것이며 혼란에 빠져 분노와 원망을 일으키는 일이 없게 하는 것이 긴요한 치료법이다. 책을 읽는 것도 마음을 힘들게 하지 말 것이니 많이 읽는 것은 절대로 금해야 한다.[597]

② 다산의 부연 해석: 선생의 이 말은 그 우유함영하는 방법[優游涵泳之方]에는 극히 신묘하다. 그러나 만일 방탕하고 안일한 삶을 살아가면서 이 방법을 쓴다면 검속하고 수렴하는 유익[檢束收斂之益]이 전혀 없을 것이다. 마땅히 각고공부[刻苦工夫]를 하여 사욕을 극복하고 경을 마음속에 갖추도록 해야 할 것이다. 오직 심기가 번란하고 정신이 초조하여 혈기와 신체가 쓸쓸하고 조급한 상태에 있을 때에 바야흐로 이 방법을 쓰면, 늦추고 조이고 펼치고 움츠리는 것이 서로 교호작용을 일으켜 음(陰)과 양(陽), 한(寒)과 서(暑)의 어느 한 가지도 폐할 수 없는 것과 같이 될 것이다.[598]

퇴계의 공부론이 신고적누공부와 우유함영공부로 짜여져 있다는 사

---

597) 『退溪集』, 卷14, 「答南時甫[彥經][丙辰]」. "凡日用之間, 少酬酢節嗜慾, 虛閒恬愉, 至如圖書花草之玩, 溪山魚鳥之樂, 苟可以娛意適情者, 不厭其常接, 使心氣常在順境中, 無咈亂以生嗔恚, 是爲要法. 看書勿至勞心, 切忌多看."

598) 『與猶堂全書』, 詩文集卷22, 「陶山私淑錄」. "先生此語, 其于優游涵泳之方, 極是神妙. 然若於放蕩宴佚之時, 亦用此法, 則全無檢束收斂之益. 却宜倣刻苦工夫, 令有剋伐團蓄之意. 唯心氣煩亂, 神思焦燥, 覺榮衛筋脉都有蕭索緊急底意思時, 方用此法, 庶乎弛張舒蹙, 互相奔捄, 如陰陽寒暑之不可偏廢也."

350　퇴계학의 재구성

실에 대한 이해가 전반적으로 이루어진 것은 아니다. 이는 그만큼 퇴계학에 대한 성찰과 논의가 항상 정확하게 이루어졌던 것은 아님을 말해준다. 그 문제를 지적하기 위해 박종홍의 퇴계 연구를 들여다볼 필요가 있다. 박종홍은 소위 퇴계의 교육자론을 다루면서 퇴계의 공부론을 바로 대입하여 논구하는 과정에서 퇴계의 공부론에서 차지하는 우유함영공부의 자리를 제거하는 문제를 드러냈다.[599] 박종홍은『퇴계집』에 대한 공부가 부족한 상태에서 퇴계의 우유함영공부를 배제하는 방식을 취했다고 말할 수 있다.

박종홍의 퇴계의 교육자론에 대한 기술 과정에서는 신고적누공부만을 강조할 뿐이고, 우유함영공부는 사실상 빠져 있음을 확인할 수 있다. 박종홍은 퇴계를 "순수한 교육애의 화신(化身)으로서 천생의 교육자", "폐이후이(斃而後已)의 의기로써 끝끝내 교육자로서의 본분을 사수(死守)"했던 인물로 그리면서 근대교육학 및 사범교육학의 취지에 맞게 "우유(優遊)는 교육자의 본분이 아니다"는 기준을 세우고 "열정과 정성을 다하는 교육자", "붉은 피가 뛰는 교육자", "교육애에 불타는 교육자"의 모습을 기대하였다. 박종홍은 퇴계 당시의 공부론의 본연을 충실히 계승하지 않고 식민지교육학의 틀에 맞추어 퇴계학을 재구성했음을 확인할 수 있다.[600]

퇴계의 공부론과 문도교육의 이상, 그 정체성을 밝히기 위해서라면

---

599) 박종홍, 「퇴계의 교육사상」, 1928, 『박종홍전집(Ⅰ)』, 서울: 민음사, 1998, 155.

600) 박균섭, 「박종홍의 퇴계학 연구 비판: 양호론과 교육자론의 식민성」, 『공자학』 46, 2022, 49-91. 박종홍이 퇴계를 교육자로 상정하여 논하는 이런저런 얘기에는 교토학파의 전쟁주의의 시선이 녹아들어 있음을 확인할 수 있다. 교토학파 고야마 이와오의 실체를 포착하기 위해서는 高山岩男, 『京都哲学の回想: 旧師旧友の追憶とわが思索の軌跡』, 京都: 一灯園灯影舍, 1995.; 花澤秀文, 『高山岩男: 京都学派哲学の基礎的研究』, 京都: 人文書院, 1999 참조.

그 관련 활동에 흐르는 즐거움과 보람과 기쁨의 정서세계를 들여다볼 필요가 있다. 이는 수기치인학에 대한 해석학적 재구성 작업을 요청하는 일이 될 것이다. 퇴계(退溪)-도산(陶山)-퇴도(退陶) 등의 별호를 통해 확인할 수 있는 바와 같이, 퇴계의 공부와 인격 함양의 과정은 권력과 정치의 세계로부터 일정 정도의 거리를 두는 일, 그리하여 벼슬을 버리고 시골, 그것도 골짜기로 물러나는 방식으로 표상될 수밖에 없었다.

퇴계의 거처 내지 강학공간은 지산와사(芝山蝸舍), 양진암(養眞庵), 한서암(寒棲菴), 계상서당(溪上書堂), 도산서당(陶山書堂) 등의 시계열로 제시할 수 있으며, 그 토대 위에서 퇴계 사상의 전체상이 확립되었다고 말할 수 있다.[601]

퇴계의 강학공간을 논할 때에 주로 도산서당-도산서원의 관계를 동일시하여 기술하는 것이 통례이다. 하지만 한서암-계상서당-도산서당의 연계성에 주목할 필요가 있으며, 그 중에서도 특히 계상서당의 존재의미에 대한 엄밀한 논의가 필요하다는 지적도 있다.[602] 퇴계가 정치 일선에서 물러나 후진 양성에 관심을 기울인 시점은 50세 무렵 한서암에 기거할 때였으며, 이때부터 퇴계는 '나의 일[吾事]'에 대한 성찰을 깊이 보여주었다.[603] 퇴계는 "나의 일은 저 높은 벼슬이 아니니[高踏非吾事], 조용히 시골마을에서 살아가리라[居然在鄕里]. 나의 소원은 착한 사람을 많이 만들어[所願善人多], 세상의 질서를 바로잡는 일이다[是乃天地紀]"고 하였다.[604] 퇴계가 친구 이중량(李仲樑, 1504~1582)과 주고받은 글

---

601) 박균섭, 「도산서당 연구: 교육공간의 구조와 성격」, 『한국학연구』 39, 2011, 263-289. ; 장은숙, 「퇴계의 토지사상과 공간의식의 교육적 함의」, 교육학박사학위논문, 경북대학교, 2018, 53-100.

602) 정순우, 「초기 퇴계학파의 서당 운영」, 『정신문화연구』 24(4), 2001, 58-59.

603) 박종용, 「퇴계의 시에 나타난 학문관 연구」, 『유교사상문화연구』 56, 2014, 253-290.

604) 『退溪集』, 卷1, 「和陶集飮酒[二十首]」.

605)을 통해서도 '나의 일'의 정체를 확인할 수 있다. 높은 벼슬이 나의 일이 아니듯이 "배부르고 따뜻함도 나의 일이 아니었다[飽煖非吾事]"는 것을 알 수 있다. 이는 물론 쉬운 일이 아니어서 "분수 따라 세월 속에 온갖 시름을 잊어야 한다[寄適渾忘日月除]"는 전제가 요청되는 것이기도 했다.606) 여기서도 퇴계―도산―퇴도의 언어계열이 갖는 물러남과 낮춤의 미학이 전제된다고 하겠다.

퇴계는 1561년(명종 16) 경상도 예안에 도산서당(陶山書堂)을 설립하고 학문 연구와 제자 교육에 힘썼다. 퇴계의 중요 업적은 50대 이후에 이루어졌다.『주자서절요』(1556),『자성록』(1558),「무진봉사」(1568),『성학십도』(1568) 등이 그것이다. 이에 더하여 퇴계―율곡의 학술 대담(1558), 퇴계―고봉의 성리학 논변(1559~1566), 퇴계―남명의 문도교육 평론(1564) 등은 중요한 검토 의미를 갖는다.

도산서당은 건축(建築)의 개념을 넘어서 있다. 도산서당의 정체성은 도학ㆍ이학ㆍ성학ㆍ심학의 강학처라는 데 있다. 이처럼 도산서당은 세우고(建) 쌓는(築) 노동을 넘어 짓고(造) 가꾸는(營) 사유의 과정이 반영되어 있다. 건축이라 말하고 이를 부동산으로 이해하는 방식으로는 도산서당의 전체적인 설정과 배치가 공부론의 관점에서 이루어졌다는 사실을 오롯이 파악하기 어렵다. 퇴계 이황의 도산서당(陶山書堂)은 남명 조식의 산천재(山天齋), 우계 성혼의 우계서실(牛溪書室), 율곡 이이의 은병정사(隱屏精舍) 등과 함께 16세기 문도교육과 선비 양성의 요람이었다.

도산서당의 설립 과정을 보면, 퇴계는 정사년(1557)에서 신유년(1561)까지 5년 만에 당사(堂舍) 두 채를 마련하였다. 당사 한 채는 세 칸인데,

---

605)『退溪集』, 卷2,「次韻答李靑松公幹」.
606)『松巖集』, 卷3,「次退陶先生贈友生韻」.

중간 한 칸은 완락재(玩樂齋), 동쪽 한 칸은 암서헌(岩棲軒)이라 하였다. 완락재와 암서헌을 합해서 도산서당(陶山書堂)이라고 현판을 달았다. 또 하나의 당사는 모두 여덟 칸인데, 여기에 시습재(時習齋), 지숙료(止宿寮), 관란헌(觀瀾軒)을 두었고, 이 모두를 아우르는 이름으로 농운정사(隴雲精舍)[607]라는 현판을 달았다. 도산서당의 상징성을 보여주는 대표 공간으로 당사의 동쪽 구석에 만든 정우당(淨友塘), 그 동쪽에 만든 몽천

---

607) 퇴계의 도산서당을 통한 인재 양성의 꿈은 『도산십이곡』에서 말하는 "淳風이죽다ᄒ니眞實로거즈마리/人性이어디다ᄒ니眞實로올ᄒ마리/天下애許多英才를소겨말솜홀가"라는 말을 통해 확인할 수 있다(陶山六曲之一, 其三). 퇴계는 배움과 가르침을 보람, 기쁨, 즐거움, 부지런함의 대상으로 여겼던 공자의 정신을 그대로 이어받았다(『論語』, 第1,「學而」, 第5,「公冶長」, 第7,「述而」). 농운정사에서 말하는 '언덕 위의 구름[隴雲]'은 퇴계의 가르침을 받기 위해 모여든 제자를 상징하는 것이며, 그 건물구조[工]는 공부의 중요성을 형용한 것이다. 남명은 퇴계에게 보낸 편지(1564.9.18.)에서 "요즘 공부하는 사람들을 보건대, 손으로 물 뿌리고 비질하는 절도도 모르면서 입으로는 천리를 담론하여 헛된 이름이나 훔쳐서 남을 속이려고 하고 있습니다"라는 말에 이어서 "저와 같은 사람은 마음을 보존한 것이 황폐하여 배우러 찾아오는 사람이 드물지만, 선생 같은 분은 몸소 상등의 경지에 도달하여 우러르는 사람이 참으로 많으니 십분 억제하고 타이르심이 어떻겠습니까. 1564년 9월 18일. 못난 동갑내기 건중 드림"이라고 당부하였다. 남명이 보낸 위의 편지(1564.9.18.)는 도산서당 설립(1561) 이후 퇴계의 제자들이 농운정사에 많이 모여들어 공부했던 상황을 두고 한 발언이었음에 유의할 필요가 있다. 퇴계학파[남인]와 남명학파[북인]의 분당 사태[嶺南分黨之禍]는 1568년(선조 1)에 진주의 진사 하종악(河宗岳)의 후처 함안이씨를 훼가출향(毁家黜鄕)한 사건에서 비롯된 것임을 덧붙여둔다(『宣祖修正實錄』 1569년(宣祖 2) 5月 1日). 이덕형(李德洞)의 『죽창한화』에 의하면, "퇴계 선생의 옛집은 서울 서소문동(西小門洞)에 있었다. 뜰에 늙은 노송나무가 있는데 길이가 수십 길이나 되었다. 난리를 치른 뒤에 서울 안에 있던 큰 나무들이 남은 것 없이 다 없어졌건만, 유독 이 나무만은 그대로 있어 푸른빛이 하늘에 닿으므로 원근에서 모두 쳐다볼 수 있었다. 이 나무가 신해년(1611, 광해군 3) 봄에 갑자기 꺾어지자 사람들이 모두 괴상히 여겼다. 그해 여름에 정인홍(鄭仁弘)이 박여량(朴汝樑)·박건갑(朴乾甲) 등을 시켜서 소를 올려 퇴계를 헐뜯어 못하는 짓이 없었다. 그러자 사람들이 모두 분하게 여기고, 8도의 유생들이 모두 대전 아래에 모여들어 소를 올려 그 원한을 풀려 했으니, 이 어찌 사문(斯文)의 큰 불행한 일이 아니겠는가. 노송나무가 꺾인 변고가 이때에 이르러 비로소 징험된 것이다(『大東野乘』,「竹窓閑話」). 위의 역사에 대한 서사는 남명의 제자 정인홍이 퇴계를 비방했던 사실이 노송이 1611년 봄에 갑자기 꺾인 사태와 조합되어 불온한 서사가 만들어진 것을 알 수 있다.

(蒙泉), 그리고 그 위의 산기슭에 평평하게 단(壇)을 쌓아 만든 절우사(節友社), 그리고 서당을 출입하는 사립문인 유정문(幽貞門)을 들 수 있다. 퇴계는 정우당과 절우사를 통해 벗들을 내세운 도학사상—절의정신의 내러티브를 보여주었다(淨友: 蓮, 節友: 梅, 竹, 松, 菊).[608]

도산서당의 정우—절우에 대한 얘기에 앞서 공자의 강학공간으로 통하는 행단(杏壇)의 이미지에 대한 논점도 중요한 의미를 갖는다고 말할 수 있다. 유교문화권의 교육을 말할 때 그 원형을 공자의 행단에서 찾기 십상이며 이는 성균관이나 향교 같은 유교 관학 교육기관에서 은행나무를 상징수로 삼은 데서 쉽게 확인할 수 있다.[609] 은행나무를 상징수로 삼는 관학 교육기관과 정우—절우의 미덕을 내세우는 도산서당의 사이에는 그 나름의 격절이 일어나고 있음을 확인할 수 있다.

퇴계는 정우당에 연(蓮)을 심어 더러운 흙과 물에 자라면서도 때 묻지 않는 연꽃을 벗으로 삼아 청빈의 삶을 실천하였다. 정우당을 통해 자신은 물론 제자들이 썩지도 묻히지도 않고 꽃을 피우고 빛을 발하기를 기대했다. 절우사의 메시지를 읽기 위해서는 도연명에 연원을 두면서도 도연명과 차별 대응을 보였던 퇴계의 마음을 읽어낼 필요가 있다. 퇴계는 「도산잡영」에서 "도연명의 동산에는 소나무, 국화, 그리고 대나무[松菊陶園與竹三]/매화는 어찌하여 그 안에 들어 있지 않는가[梅兄胡奈不同

---

608) 『退溪集』, 卷3, 「陶山雜詠[幷記]」.

609) 공자의 강학공간, 행단(杏壇)을 상징하는 나무는 "곡부에 들어가 행단에 오르니[入曲阜登杏壇] 붉은 꽃이 한창 피었다[則紅花方盛]"는 전승 기억에 비추어 볼 때 '은행나무(銀杏, 鴨脚樹)'가 아닌 '살구나무(甘杏)'였을 가능성이 매우 높다(『林下筆記』, 卷30, 「杏壇圖辨」). 하지만 성균관이나 향교 등의 관학 교육공간에는 살구나무가 아닌 은행나무를 상징수로 심는 전통을 보였고, 일각에서는 그 흐름이 아직도 이어지고 있다. 덧붙이자면, 일제강점기에 신도사상과 군국주의가 교육방면에 침투하면서 신궁—신사—학교에 주로 '가이즈카이부키(貝塚伊吹)'나 '이츠카시(嚴樫)'를 기념수/교목으로 식재하였는데, 그러한 흐름은 아직도 이어지고 있다.

參]/내 이제 매화를 끌어들여 풍상계를 조직하니[我今倂作風霜契]/그 굳은 절의와 맑은 향기를 너무도 잘 알기 때문이다[苦節淸芬儘飽諳]"라고 하였다.[610] 매화에 관한 종래의 관용적인 상징을 동원하여 선비의 인격, 앎과 삶의 일관된 지향을 규정·제시한 것이다.

도산서당의 교육, 그것은 공자 이래의 위기지학(爲己之學)[611]의 정신을 함양하는 강학공간이었다. 퇴계는 위기지학의 본질을 심산 무림의 난초에 비유하여 설명하면서 "깊은 산 무성한 숲 속의 난초는[深山茂林之中有一蘭草] 온종일 향기를 피우면서도 자신이 향기롭다는 것도 알지 못한다[終日薰香而不自知其爲香]"고 하였다.[612] 퇴계는 정사성(鄭士誠)에게 "선비의 공부는 별다른 데 있으니[儒家工夫自別] 문예공부는 선비의 길이 아니며[工文藝非儒也] 과거공부도 선비의 길이 아니다[取科第非儒也]"고 하면서, 유교 공부의 본연과 핵심은 위기지학에 있음을 강조하였다.[613] 퇴계는 일생을 통해 공부의 기쁨, 인재 양성의 즐거움, 자연과

---

610) 『退溪集』, 卷3, 「陶山雜詠[幷記]」.

611) 『論語』, 第14, 「憲問」.

612) 『艮齋集』, 卷5, 「溪山記善錄上[記退陶老先生言行]」.

613) 『大山集』, 卷49, 「芝軒鄭先生行狀」. 정사성은 위기지학을 강조하는 스승의 가르침을 받들고 지키며 감히 어긴 적이 없었다. 퇴계가 선비의 공부와 학문을 주문하면서 왜 그렇게 "문예공부는 선비의 길이 아니다[工文藝非儒也]"는 말을 반복 강조했는지를 새겨볼 일이다. 퇴계는 1558년 봄에 율곡을 처음 만났을 때에도 문예공부의 독성을 경계하였다. 퇴계는, 조목에게 보낸 편지에서, 율곡과 헤어지던 날 아침에 있었던 일에 대해 "일찍이 그가 사화(詞華)를 너무 숭상한다고 들었기에 이를 억제하고자 그에게 시를 짓게 하지 않았다. (하지만) 가는 날 아침 눈이 내렸기에 시험 삼아 시를 짓게 하였더니 말에 기대어 몇 수를 읊었다"고 말하였다. 이는 유교 학문[吾學]의 정체성 확립은 사화(詞華)의 색채를 억제하는 데 있다는 입장을 제시한 것으로 볼 수 있다(『退溪集』, 卷23, 「答趙士敬[戊午]」). 퇴계-율곡의 만남에서 퇴계가 "지나친 감정의 시어는 깎아 버리고[遏情詩語須刪去] 저마다 공부에 힘써 날로 더욱 친숙해지기를 바란다[努力工夫各日親]"고 제안했던 데서도 그가 문예공부(工文藝, 太尙詞華)의 부작용을 경계했음을 확인할 수 있다(『退溪集』, 卷23, 「答趙士敬[戊午]」; 『西浦集』, 卷6, 「西浦日錄[詩話]」). 이는 유교 지식인의 앎과 삶의 세계가 오작동을 일으킬 때에 그것이 개인은 물론 공동체와 국가의 불행

합일되는 삶과 같은 인문학, 인문정신의 본연을 추구하였다. 퇴계라는 호는 도산서당이 적극적인 학문의 장임을 역설적으로 보여주는 의미를 갖는다. 퇴계는 정치적 진출만을 자제하겠다는 각오를 드러낸 것이며 그래서 그가 머물렀던 공간을 은둔의 공간으로 보는 것은 정확한 해석이 아니다. 도산서당은 최소의 구조로 최대의 공간을 모색하였으며, 성리학적 미학을 극적으로 표현한 공간이었다. 도산서당(陶山書堂)의 강학 공간으로서의 정신은 도산서원(陶山書院)의 구성과 전개 과정을 통해 구현되었다.[614] 도산서당-도산서원의 정신과 의미를 포착하는 과정에서 선제적으로 임강서원과 도산서당에 대한 논의가 집중된다는 사실을 확인할 수 있다. 회헌 안향의 묘소가 있는 임진강 상류에는 안향의 사당을 세우고, 인근 장단에는 임강서원을 세웠다. 그런데 임강서원에 대한 설명에는 도산서원에 대한 설명이 주를 이룬다는 것이 특징적이다. 안향에 대한 설명에 퇴계에 대한 설명이 집중되는 것은 그만큼 퇴계가 차지하는 서원사적 의미가 크다는 것을 의미한다. 임강서원 강당중수기에서도, 순흥부의 백운동서원, 안향, 주세붕, 이황에 대한 얘기를 비중 있게 다루고 있음을 확인할 수 있다.

우리나라에 서원이 생긴 것은 백운동서원(白雲洞書院)으로부터 비롯되

으로 이어질 수도 있음을 우려한 것이다.

614) 2019년 7월 6일, 유네스코 세계유산위원회 제43차 총회(2019.7.6. Baku, Azerbaijan)에서는 한국의 9개 서원(Seowon, Korean Neo-Confucian Academies)을 세계문화유산에 등재하기로 결정했다(紹修書院-安珦[慶北 榮州], 陶山書院-李滉[慶北 禮安], 屛山書院-柳成龍[慶北 安東], 玉山書院-李彦迪[慶北 慶州], 道東書院-金宏弼[大邱 達城], 灆溪書院-鄭汝昌[慶南 咸陽], 筆巖書院-金麟厚[全南 長城], 武城書院-崔致遠[全北 井邑], 遯巖書院-金長生[忠南論山]). 도산서원을 통해서도 확인할 수 있듯이 서원의 강학 기능은 위기지학-위인지학의 구분법을 통해 진정한 공부·학문·교육의 세계를 만들어갈 것을 주문한 데서 찾을 수 있다.

었다. 백운동은 바로 회헌(晦軒) 안 문성공(安文成公)이 살던 곳인데 신재 주세붕(愼齋 周世鵬)이 창설하고 퇴계 이선생이 경영한 곳이다. 내가 옛날에 순흥부(順興府)를 지날 때 서원을 방문하였는데, 원노(院奴)가 검정 유건과 유생의 복장인 청금(靑襟)을 주고 계단 아래에 자리를 깔고 난 뒤에 문을 열어 주었다. 인도한 대로 자리에 이르러 읍하고 몸을 펴니, 원노가 대야를 올리고 조금 물러났고, 나는 물을 부어 손을 씻은 다음 계단을 올라가 정문(正門)을 통해 들어가 향(香) 한 자루를 올리고 협문(夾門)으로 나와서 다시 자리에 이르러 재배(再拜)하고 물러났다. 이것은 모두 이선생이 헤아려 정한 것이라 하였다. 이때에 도학의 진원(眞源)을 찾아 유풍(遺風)을 사모하여 평생의 큰 소원을 흡족히 풀었으니, 20년이 되었지만 거의 꿈속에서도 잊지 못하였다.……공이 뜻은 간절하고 일은 부지런하니, 사학(斯學)과 사도(斯道)에 도움이 될 것이다. 듣건대, 문성공은 우리나라 유학(儒學)의 비조로서, 그 이전에는 언행(言行)과 풍지(風旨)가 매우 드러난 사람이 없었고 그 뒤로는 사람들이 후학을 흥기하고 고무하는 데 공이 남긴 사업을 깃발로 삼아 따랐다.……이 당에 오르는 사람은 서까래를 우러러보고 궤연을 굽어보며 네 선생의 유열(遺烈)을 흠모하여 스스로 분발한다면 덕을 향상하고 학업을 닦는 방도와 몸가짐을 진중히 하는 의리에 있어서 절로 공부를 그만둘 수 없는 점이 있을 것이니, 이것이 서원을 설립하고 선비를 대우하는 본의이다. 그 훈계와 규정은 퇴계 이선생이 이미 자세히 지어 놓았다. 혹 잘난 체하며 거들먹거리는 것은 안상(安瑺)에게 준 편지[615]에 말하였고, 활달하여 예법에 구애받지 않고 기절을 중시하는

---

615) 퇴계가 1556년(명종 11)에 영주군수[당시는 榮州를 榮川이라 표기] 안상(安瑺)에게, 당시 백운동서원의 유사 김중문(金仲文)에 대한 대책을 세울 것을 당부하기 위해 작성해둔 편지(『退溪集』, 卷12, 「擬與榮川守論紹修書院事」) 참조.

것은 김경언(金慶言)에게 준 편지[616]에 말하였고, 자신이 늘 품고 있는 뜻을 지켜 나가고 학업을 익히며 덕을 함양하고 인(仁)을 완전한 경지에 이르게 하는 것은 심통원(沈通源)에게 준 편지[617]에 말하였다. 이것은 또 백운동서원의 고사이니, 후인들이 이어받아 진귀한 보배로 삼아야 할 것이다. 이제 청컨대, 그와 같이 하여 이로써 게시해 놓아 선비들에게 본보기로 삼도록 한다면, 선한 사람은 분발할 줄 알 것이고 불선한 사람은 경계할 줄 알 것이다. 이것이면 이미 다하였으니, 어찌 감히 쓸데없는 말을 덧붙이겠는가.[618]

겸(謙, ䷠)과 경(敬)의 태도로 후학을 지도한다는 사도문화는 퇴계의 공부·강학·문도교육의 핵심이기도 했고 당시 유교교육의 기본 지향이기도 했다. 『주역』 겸괘에서는 "겸손은 높고도 빛난다[謙尊而光]"고 했다.[619] 퇴계는 어떤 사람이었는가. 퇴계는 스스로를 "나이 60에 이르러서도[年至六十] 반쯤 밝고 반쯤 어두우며 마음이 보존된 듯 잃은 듯 함을 면치 못한다[猶未免半明半暗若存若亡者耶]"고 했다.[620] 퇴계의 이 언급(先生半明若存之說)에 대해 다산 정약용은 "이 말이 참인지 거짓인지 모르겠다[不知是眞是不眞]. 대현의 지위에 이르러서도[到大賢地位] 오히려 이러한 광경이 있겠는가[猶有如是光景否]. 아마도 겸손으로 한 말일 것이다

---

616) 퇴계가 1557년(명종 12)에 풍기군수 김경언(金慶言)에게, 당시 서원의 선비들에 대한 품행 지도를 당부하기 위해 작성해둔 편지(『退溪集』, 卷12, 「擬與豐基郡守論書院事」) 참조.

617) 풍기군수 퇴계가 1549년(명종 14)에 당시 경상도관찰사 심통원에게 서원에 대한 지원책을 청한 편지(『退溪集』, 卷9, 「上沈方伯」) 참조. 이 편지는 조선시대 최초의 사액서원인 소수서원이 탄생한 계기로 작용하였다.

618) 『星湖全集』, 卷53, 「臨江書院講堂重修記」.

619) 『周易』, 卷1, 「謙」; 『退溪集』, 三經釋義周易釋義上, 「謙」.

620) 『退溪集』, 卷10, 「答李仲久[庚申]」.

[殆謙挹之辭也]"고 단정했다.[621] 퇴계가 세상을 떠나기 하루 전, 병세가 깊어지자 문도 간재 이덕홍(艮齋 李德弘, 1541~1596)이 동문들과 점을 쳤는데, 그때 겸괘의 '군자유종지사(君子有終之辭)'를 얻었던 것도 퇴계의 일생, 그 앎과 삶의 세계를 압축적으로 보여주는 장면이라고 말할 수 있다.[622] 겸괘(謙卦)의 겸손은 윗사람의 미덕이며 손괘(巽卦)의 겸손은 아랫사람의 미덕을 일컫는다. 퇴계의 스승으로서의 제자를 향한 겸손이 어떤 성격을 갖는지를 짐작할 수 있다.[623]

자신을 낮춤으로써 그 지위와 덕이 더욱 높고도 빛난다는 겸괘의 의미는 반대로 생각하면 겸손을 모르고 교만을 부리는 사람의 천박함과 아둔함을 그려볼 수 있는 대목이다. 이를 경(敬)의 화법으로 표현하자면 정제엄숙(整齊嚴肅: 程伊川), 주일무적(主一無適: 程伊川), 상성성(常惺惺: 謝上蔡), 기심수렴불용일물(其心收斂不容一物: 尹和靖)의 성격과 지향을 보인다고 말할 수 있다. 퇴계는 이를 3선생의 4조설이라 명명했고, 그 지향점과 의미는 동일하다고 규정했다.[624] 3선생 4조설의 핵심도 "일상

---

621) 『與猶堂全書』, 詩文集卷22, 「陶山私淑錄」.

622) 『退溪先生言行錄』, 卷5, 「考終記」.

623) 『三經釋義』, 周易釋義上, 「謙」, 周易釋義下, 「巽」.

624) 『退溪集』, 卷29, 「答金而精」. 제산 김성탁(霽山 金聖鐸, 1684~1747)과 영조 간의 대화에 퇴계의 경 사상에 대한 논의가 등장한다. 1734년(영조 10) 11월 5일, 영조는 김성탁을 접견하고서 묻기를 "영남은 선정(先正=李滉) 이래 반드시 전수받은 유훈이 있을 것이다. 사양하지 말고 대답하라"고 하였다. 김성탁은 『대학』 한 권의 책은 격치(格致)에서 치평(治平)까지 그 요체가 '성경(誠敬)' 2자를 벗어나지 않는다는 견해로 답변하였다. 영조가 이르기를 "선유들이 경(敬) 자의 뜻을 설명한 것이 많은데, 어떤 설명이 요긴한가"라고 묻자, 김성탁은 3선생4조설(程子: 主一無適, 整齊嚴肅, 謝上蔡: 常惺惺, 尹和靖: 其心收斂不容一物)을 제시하면서 "그러나 '주일무적'과 '상성성'과 '불용일물'은[然主一無適常惺惺不容一物] 모두 마음에 나아가 말한 것이어서[皆就心地上說] 공부를 착수하기가 어려운 점이 있습니다[有難摸捉]. 만약 그 의거할 곳을 논한다면[若論其依據處] 정제엄숙이 더욱 친절할 듯합니다[則整齊嚴肅尤似親切矣]"라고 답변하였다. 이는 김성탁이 영조에게 퇴계의 경의 철학을 정밀하게 해석하여 답을 올린 것이라고 말할 수 있다

에 힘쓰는 공부[勉日用]와 경외를 숭상하는 마음[崇敬畏]"으로 정리할 수 있다.625) 몸에 의한 몸짓이 온당하지 못한 것일 때 응당 두려움의 정서가 작동한다는 것에 유의한다면 훗날 성호 이익이 인격을 갖춘 존재를 일컬어 "눈으로 보고[眼頭過] 입으로 말하고[口頭轉] 마음으로 통하고[心頭運] 손으로 조치하는[手頭措] 바가 모두 들어맞는다"고 했던 말과도 동일 의미를 갖는다고 말할 수 있다.626)

퇴계는 자득 없이 선인들의 가르침을 그대로 따르는 폐해를 타개하는 방편으로 주자의 편지글에 반영된 스승–제자 간의 강론과 공부에 힘쓸 것을 강조하였다. 당시는 귀로 듣고 입으로 내뱉거나, 입으로만 세상 이치를 떠들거나, 귀로 듣고만 마는 엉터리 학문(口耳之學, 口上之理, 口談天理, 耳底之學)이 만연한 세태였다. 『논어』에서 "아침에 도를 들으면[朝聞道] 저녁에 죽어도 좋다[夕死可矣]"고 했던 데서 알 수 있듯이, 공자 당시의 도는 실천적 성격을 전제로 한 개념이었다.627) 당시의 도는 실천을 전제로 한 개념이었고 따라서 도를 '듣는 일'과 '얻는 일'과 '행하는 일'은 같은 의미를 갖는 것이었다. 그러나 후세에 이르러 도를 듣는 일은 입과 귀에 머물고 마는 경우가 많았기에 이는 사실상 도를 얻는

(『霽山集』, 卷4, 「甲寅奏對」).

625) 『退溪集』, 卷7, 「進聖學十圖箚」.

626) 『星湖僿說』, 卷13, 「有求讀書」.

627) 『論語』, 第4, 「里仁」. 도의 실천적 성격과 그 진정성을 제대로 포착하기 위해서는 그에 상반되는 경우에 대해서도 논급할 필요가 있다. 공자는 자로의 질문에 답하면서 나는 대군을 이끌고 전쟁터로 나설 때에 "맨주먹으로 범을 때려잡고[暴虎] 맨발로 황하를 건너려다[馮河] 죽게 되더라도 후회하지 않을 사람[死而無悔者]과는 함께 하지 않을 것이다[吾不與也]"고 언급한데 이어 나는 "큰일에 임할 때 두려워할 줄 알고[必也臨事而懼] 지혜를 모아 일을 성사시킬 수 있는 사람과 함께 할 것이다[好謀而成者也]"고 단언하였다. 주자는 공자의 언급에 대해 "두려움이란 그 일에 대한 공경하는 마음[懼謂敬其事]"이라고 부연 설명하였다. 이를 통해 공자가 아침에 도를 들으면 저녁에 죽어도 좋다고 했던 말의 본의를 제대로 파악할 수 있다. 『論語』, 第7, 「述而」 참조.

일이나 도를 행하는 일로 연계되지 못하였다. 이는 큰 틀에서 말하자면, 삶을 부질없는 것으로 만들고 죽음을 허망한 것으로 만드는 일이기도 했다.

복(復, ䷗)과 경(敬)의 역학에 대해서도 주목을 요한다. 퇴계는 『삼경석의』를 통해 『주역』의 공부론적 의미를 주목하고, 이를 경의 철학 정립의 토대로 삼았다. 복괘 초효(初九)에서는 "멀리가지 않고 돌아온다[不遠復]. 후회하는 일이 없을 것이다[無祗悔]. 크게 길하다[元吉]"는 입장을 제시하였다.[628] 불원복의 정신을 가다듬고 이를 실천하는 공부, 그 공부야말로 경의 태도를 갖추지 않는다면 불가능한 일이라고 말할 수 있다. 복괘에서는 돌아옴의 미학을 여섯 유형으로 설정 제시하였다(初九: 不遠復, 六二: 休復, 六三: 頻復, 六四: 獨復, 六五: 敦復, 上六: 迷復).[629] 불원복(不遠復)—휴복(休復)—빈복(頻復)—독복(獨復)—돈복(敦復)—미복(迷復)의 분류 및 적용 양상을 통해, 유교 공부에서 사람의 마음을 보존하는 문제가 얼마나 어렵고도 힘든 일인지를 알 수 있다. '불원복'은 "멀리 가지 않고 돌아온다[不遠復]"는 뜻을 갖는다. 불원복의 미학을 구축하는 힘은 바로 덕에 들어가는 일—수신에 있으며, 이를 가장 모범적으로 보여준 대표 인물이 바로 안연(顔淵)이었다.[630] '휴복'은 "돌아옴을 기쁘게 여긴다[休復]"는 뜻으로, "돌아옴을 기쁘게 여기면[休復] 길하다[吉]"고 하였다. '빈복'은 "자주 돌아온다[頻復]"는 뜻으로, "자주 돌아오니[頻復] 위태롭지만 허물이 없다[厲无咎]"고 하였다. 자주 돌아오는 그 삶이 불안하기는 하

---

628) 『周易』, 卷1, 「復」(初九爻辭); 『周易』, 卷3, 「繫辭下傳」; 『心經』, 卷1, 「復初九不遠復章」; 「近思錄」, 卷5, 「力行」; 『三經釋義』, 周易釋義上, 「復」.

629) 『周易』, 卷1, 「復」; 『三經釋義』, 周易釋義上, 「復」.

630) 『周易』에서는 안연[顔氏之子]에 대해 "도의 경지에 거의 도달하였다[其殆庶幾乎]. 선하지 못한 일이 있으면[有不善] 그것을 모르는 일이 없었고[未嘗不知], 그것을 알고 나서는 잘못을 반복하지 않았다[知之未嘗復行也]"고 평가하였다(『周易』, 卷3, 「繫辭下傳」).

여도 개과천선을 위한 그 노력이 가상하기에 허물이 없다고 말한 것이다. '독복'은 "홀로 돌아온다[獨復]"는 뜻으로, 유력자가 득세하는 세상에서 유덕자로서의 삶을 잃지 않기 위해서는 홀로 돌아오는 강고한 노력이 필요하다는 것을 알 수 있다.[631] '돈복'은 "돌아옴에 돈독하다[敦復]"는 뜻으로, "돌아옴을 돈독하게 여기면[敦復] 후회가 없다[无悔]"고 하였다. 불원복[덕에 들어가는 일]에서 돈복[덕을 이루는 일]에 이르는 논의구조에 입각해 볼 때, 특히 돈복은 인격 함양의 목표를 완수하는 지점에 근접했다는 것을 의미한다. '미복'은 "돌아옴에 혼미하다[迷復]"는 뜻으로, "돌아옴에 혼미하니[迷復] 흉하다[凶]"고 하였다. 돌아옴에 혼미하다는 말, 이보다 준엄한 꾸짖음도 없을 것이다. 미복의 상태, 그 심각한 상황이자 파탄의 지점에 대해『주역』에서는 "돌아옴에 혼미하니[迷復] 흉하다[凶]. 재앙이 있을 것이다[有災眚]. 이런 상황에서 군사를 일으키면[用行師] 종국에는 크게 패하여[終有大敗] 그 해가 임금에게 미칠 것이니[以其國君] 흉하다[凶]. 10년의 세월이 흘러도[至于十年] 정벌할 수 없을 것이다[不克征]"고 하였다. 복괘의 메시지는 시간 변수(역사가 흐르는 방향)를 통해 개인—공동체—국가 문제를 아우르는 힘을 갖는다. 이탈의 정도가 아직 약하여 별다른 어려움 없이 본래의 모습으로 돌아올 수 있는 상태

---

631) 역동서원은 우탁(禹倬, 1263~1342)을 기리는 서원이다. 역동서원은 1570년(선조 3)에 지방 유림의 공의로 우탁의 학문과 덕행을 추모하기 위해 창건하여 위패를 모셨다. 퇴계가『주역』복괘의 '독복'에 주목하여 "중도를 행하여[中行] 홀로 돌아온다[獨復]"는 말로 우탁의 공부와 인격을 규정한 것은 주목할 만한 장면이다(『退溪集』, 卷45,「易東書院成祭禹祭酒文」). 이곡은 우탁에 대해 "젊어선 의기 드높아 공경을 추하게 보았고[少年高義陋公卿]/만년엔 부침하며 성대한 명성 숨기신 분[晚節浮沈晦盛名]"이라고 했다. 앞부분은 충선왕이 충렬왕의 후궁(淑昌院妃)을 범하자, 우탁이 도끼와 거적을 메고 대궐로 들어가 상소하며 간했는데, 이때 우탁은 가까이서 임금의 잘못을 바로잡지 못하고 악행을 부추긴 혐의를 갖는 공경에 대해 "경은 그 죄를 아는가[卿知其罪耶]"라고 꾸짖은 바 있는데 이를 일컫는다.(『高麗史』, 卷109,「禹倬列傳」및『稼亭集』, 卷15,「寄賀禹先生拜糾正」참조).

라면 괜찮다. 크게 이탈하긴 했으나 꾸준한 노력과 극복의 과정을 통해 정상으로 돌아올 수도 있는 상태라면 이것도 크게 절망적이지는 않다. 하지만 이탈의 정도가 극심하여 회복불능의 극단의 지점에 가 있는 상태라면 이는 그야말로 절망적인 상황이 아닐 수 없다.

퇴계는 스스로의 처지를 즐거워하고 그 즐거움을 자주 표현했다. 퇴계의 즐거움에는 뒤늦게 산림에 은거했던 그의 삶—만은(晚隱)의 삶에 대한 기대와 성찰이 반영되어 있다.[632] 퇴계는 단지 고요한 곳으로 물러나 뜻대로 글을 보면서 시비가 이르지 않는 것을 즐거움으로 삼았던 것이다. 이는 공자나 안연의 즐거움에 가까운 것이기도 했다. 정녕 가난해도 즐거울 수 있다면, 그 즐거움이야말로 바깥세계에 흔들리지 않는 참된 즐거움이라 할 수 있다.

1558년(명종 13) 2월, 23세의 율곡이 예안의 도산으로 퇴계를 방문하여 3일 동안 머문 일이 있다.[633] 퇴계의 표현대로 그것은 "젊은 나이에 이름을 알린 서울에 살고 있는 율곡[早歲盛名君上國]"과 "늙고 병든 몸에 궁벽한 시골에 살고 있는 퇴계[暮年多病我荒村]"의 만남, 그것은 율곡이 자청하여 이루어진 아주 특별한 만남이었다. 퇴계가 표현한 바와 같이, 3일 동안 계속된 두 사람의 만남과 대화는 "서로 마음 통하는 일[若通神]"이었다.[634] 만난 지 사흘째 되는 떠나는 날에 '비[銀竹]'는 '눈[瓊花]'

---

632) 『星湖全集』, 卷8, 「樂中憂」.

633) 『退溪集』, 別集卷1, 「李秀才[珥字叔獻]見訪溪上雨留三日」.

634) 1558년 2월, 퇴계-율곡이 계상서당에서 3일 동안 나눈 대담의 중심 주제는 유교공부의 본연에 관한 것이었다. 퇴계가 "내가 병으로 인해 문을 닫아걸었기에 봄을 보지 못했다[病我牢關不見春]", "공이 와서 가슴을 열어주니 정신이 맑게 갠다[公來披豁醒心神]", "내 나이가 많은데도 경건한 몸가짐을 갖지 못한 것이 부끄럽다[堪愧年前闕敬身]", "좋은 곡식은 피가 잘 익기를 용납하지 않는다[嘉穀莫容稊熟美]", "떠도는 먼지는 새로 닦은 거울을 그냥 두지 않는다[遊塵不許鏡磨新]"고 한 말은 모두가 제대로 된 공부의 세계를 갖출 것을 주문한 것이다(『退溪集』, 外集卷1, 「贈李叔獻[四首]」; 『栗谷全書』, 卷14,

으로 바뀌었다. 3일 동안 퇴계는 율곡에 대해 "과거에 사람들의 말을 듣건대 족하가 불교 서적을 읽고서 꽤나 중독되었다고 하기에 마음속 으로 애석하게 여긴 지가 오래되었다. 그런데 저번에 나를 찾아왔을 때 그 사실을 숨기지 않으면서 잘못된 점을 이야기할 줄 알았고, 지금 보 낸 서한 두 통의 요지를 보아도 또 이와 같으니, 족하야말로 함께 도를 향해 나아갈 수 있는 사람이라는 것을 내가 확인하게 되었다"고 하였 다.[635] 율곡과 헤어진 후 퇴계는 월천 조목에게 보낸 편지에서 "사람이 밝고 쾌활하며 기억하고 본 것이 많으며 '우리 학문[吾學]'에 뜻이 있으 니 '후생을 두려워 할 만하다[後生可畏]'는 옛 성인의 말씀이 참으로 나를 속이지 않았다"고 평가하였다.[636] 율곡은 1558년 겨울의 별시 과거에서 장원을 차지하였다. 그때의 답안지가 유명한 「천도책」이다.[637]

1558년 10월 퇴계-고봉의 첫 만남이 서소문 퇴계의 집에서 이루어 졌다. 퇴계 58세-고봉 32세 때의 일이다. 퇴계-고봉의 만남을 설명할 때에도 공부의 즐거움은 중심 주제였다. 퇴계와 고봉 사이에는 서울에 서 세 번의 만남이 있었고, 주고받은 편지는 100여 통이 넘었다. 퇴계 와 고봉의 만남은 예사로운 만남의 성격을 넘어선 것이었다. 고봉은 이 별한 후에는 퇴계를 꿈속에서도 자주 뵈었다. 이는 공자 이래의 꿈속의 공부론이 무의식으로 피어난 것이라고 말할 수 있다.[638] 퇴계와 고봉의 만남, 주고받은 서신을 통해서도 그들의 앎과 삶을 드러내는 정서는 즐

「瑣言」). 퇴계-율곡의 3일 동안의 대담에서 이루어진 육신효행의 문제에 대한 상호간의 질의응답 또한 특별한 의미를 갖는다. 이에 대해서는 박균섭, 「선현들의 효: 부모를 버리 고도 지켜야 할 가치는 없다」, 「담수」 49, 2020, 40-54 참조.

635) 「退溪集」, 卷14, 「答李叔獻[珥]」.

636) 「退溪集」, 卷23, 「答趙士敬[戊午]」.

637) 「栗谷全書」, 卷14, 「天道策」.

638) 「高峯集」, 續集卷1, 「夢見退溪先生」.

거움이었음을 알 수 있다. 고향에 돌아온 고봉은 광주 광산의 고마산(顧馬山. 現 樂菴山) 남쪽에 낙암(樂菴)을 지어 1570년(선조 3) 5월에 완공하였다. 기대승의 1570년 4월 17일자 편지를 받고 퇴계는 1570년 7월 12일에 답장과 함께 낙암에 대한 기문과 액자도 써서 보내 주었다. 기문에서 퇴계는 낙암에 가보지 못한 것을 아쉬워하였다.[639]

　퇴계는 문하에 출입한 사람들 중 고봉을 가장 높이 인정하였다. 그래서 퇴계가 벼슬을 그만두고 조정을 떠날 때 선조가 조정 신료들 중 누가 학문이 뛰어난 사람인지 묻자, 고봉이야말로 문자를 많이 보았고 이학(理學)에도 조예가 깊은 선비[通儒]라면서 그를 임금에게 추천하였다.[640] 퇴계는 또 임종할 때 유언으로 "비석을 세우지 말고 작은 돌에다 앞면에는 '퇴도만은진성이공지묘(退陶晚隱眞城李公之墓)'라 쓰고 뒷면에는 『가례』에서 말한 바와 같이 향리(鄕里)-세계(世系)-지행(志行)-출처(出處)에 대해서만 간략하게 서술하도록 하라. 기대승과 같은 사람이 이

---

639) 『兩先生往復書』, 卷3, 「先生前答上狀判府事宅」, 「明彦令前拜復奇大司成宅光州」. 낙암(樂菴)이라는 명칭은 퇴계가 고봉에게 보낸 편지글의 "가난할수록 더욱 즐길 수 있어야 한다[貧當益可樂]"는 말에서 따온 것이다. 이는 『논어』에서 공자가 자공에게 "가난하지만 즐겁다[貧而樂]"고 했던 말의 재해석으로 볼 수 있다. 『論語』, 第1, 「學而」 참조. 고봉을 모신 서원인 월봉서원(月峯書院)이 광주에 있다. 월봉서원은 고봉 기대승의 장남 함재 기효증(奇孝曾)이 선친의 위업을 기리기 위해 1578년(선조 11) 고마봉(叩馬峯) 아래 낙암(樂菴 현 광산구 신룡동)에 망천사(望川祠)를 창건하여 제향하면서부터 비롯되었다. 임진왜란 때 피해를 입었으며, 1646년(인조 24) 사우 망천사를 망월봉(望月奉) 아래 동천(현 광산구 산월동)으로 이건(移建)하였고, 1654년(효종 5) 유림들의 소청으로 월봉(月峯)이라 사액이 내려졌다. 광주의 최초 서원으로 1578년(선조 11) 개설되고, 1655년(효종 6)에 사액은 받았지만, 재봉 고경명의 포충사(褒忠祠)가 1601년(선조 34) 세워지고, 1603년(선조 36) 사액이 이루진 것으로 보아 시대 상황에 따라 사액의 선후가 뒤바뀔 수도 있었음을 알 수 있다. 또 사액 서원으로는 앞서지만 대원군의 서원철폐령 때 훼철되고, 포충사가 남았던 것은 배향 인물이 영원히 모시는 데 실지로 부합되었거나, 그 시대의 당색이나 문세의 영향을 받았음을 볼 수 있을 것이다. 2023년부터 월봉서원과 도산서원은 공동으로 강독회(講讀會)를 열고 있다.

640) 『宣祖實錄』 1569年(宣祖 2) 3月 4日.

런 글을 짓게 되면 필시 장황하게 나의 행적을 서술하여 세상의 비웃음을 사게 될 것이다"고 하였다.[641] 퇴계는 세상을 떠나기 직전까지 제자들에게 강론을 했고, 임종 나흘 전에는 제자들을 불러 모아 자신의 가르침이 올바르지 못했다고 자책했다. 이처럼 일생동안 제자들과 함께했던 퇴계는 자신의 학문에 대해 죽는 순간까지 반성할 만큼 투철한 삶을 살았다.

훗날 퇴계가 세상을 떠나자 율곡은 제문에서 "물어볼 데를 잃고[蓍龜旣失] 부모를 잃었도다[父母旣歿]. 물에 빠져 우는 자식을[赤子嗷嗷] 뉘라서 구해줄 것인가[孰援其溺]"라며 의지처를 잃어버렸음을 애통해했다.[642] 율곡이 황해도 해주에 설립한 은병정사(1578)에는 설립 8년 후에 주자사(1586)라는 부속건물을 지었는데, 주자사에는 주자, 정암, 퇴계를 배향했다는 특징적인 사실을 확인할 수 있다. 율곡의 제자들은 정치적 실천의 전형으로 정암 조광조를 추존하였고 내적 자기완성의 전형으로 퇴계 이황을 추존하였음을 알 수 있다.[643] 적어도 그들의 의식세계에 학파적 대결 · 대립 구도는 상정되지 않았다는 것을 알 수 있다. 1610년 (광해군 2)에 율곡의 제자들은 동문대회를 열어 은병정사의 사액서원을 청원하여 소현서원(紹賢書院)이라는 현판을 하사받았다.

3. 퇴계학의 계승: 걸림돌과 디딤돌

월천 조목(月川 趙穆, 1524~1606), 학봉 김성일(鶴峯 金誠一, 1538~1593), 서애 유성룡(西厓 柳成龍, 1542~1607)은 퇴계의 대표 제자로 불리는 인물

---

641) 『退溪集』, 言行錄卷5, 「考終記」; 『林下筆記』, 卷16, 「遺令勿用碑」.

642) 『栗谷全書』, 卷14, 「祭退溪李先生文」.

643) 박균섭, 「은병정사 연구: 학문과 학풍」, 『율곡사상연구』 19, 163-196.

들이다. 조목은 15세 때(1538, 퇴계 38세), 김성일은 19세 때(1556, 퇴계 56
세), 유성룡은 21세 때(1562, 퇴계 62세) 스승을 처음 찾아뵙고 제자의 길
에 들어섰다. 퇴계의 대표 제자 세 사람의 앎과 삶의 세계에 대한 역사
적 평가를 보면 다음과 같다.

[조목─『월천집』 발문]

선비가 이 세상에 태어나서 이 유학에 종사할 수 있는 사람은 드물다.
이 유학에 종사할 수 있지만 훌륭한 스승을 만나서 귀의할 수 있는 사람
은 또한 드물다. 훌륭한 스승을 만나서 귀의하지만 한평생 늘 한가롭게
모시면서 보고 느끼며 터득한 사람은 또한 더욱 드물다. 이것이 바로 맹
자께서 "세대가 멀지 않고[有世未遠] 사는 곳이 서로 가까운데도 아무도
들은 이가 없다[居相近而無有乎爾之]"라는 탄식이 있었던 이유이다. 예전
에 우리 퇴도(退陶) 선생께서 말세에 태어나 끊어진 도학을 일으키고 유
학을 크게 떨치시니, 팔방의 선비들이 옷자락을 치켜들고 도를 물으러 온
사람이 문에 가득 찼으나 대부분 왕래가 일정하지 않아서 일폭십한(一暴
十寒)을 면치 못하였다.[644] 오직 우리 월천(月川) 선생께서 한 시대에 같

---

644) 학사 김응조(鶴沙 金應祖, 1587~1667)는 스승 퇴계(퇴도선생, 노선생)─제자 월천(월천
선생, 선생)의 사승관계를 논하면서 "예전에 우리 퇴도 선생께서 말세에 태어나[昔我退
陶先生生季世] 끊어진 도학을 일으키고[倡絶學] 유교를 크게 떨치시니[大闡儒敎], 팔방
의 선비들이 옷자락을 치켜들고 도를 물으러 온 사람이 문에 가득 찼으나[八方之士攝衣
問道者盈門] 대부분 왕래가 일정하지 않아서[而率皆來往無常] 일폭십한을 면치 못하였
다[未免一曝而十寒]. 오직 우리 월천선생께서[唯我月川先生] 한 시대에 같이 태어나고
[生玆一世] 사는 곳이 퇴계선생의 마을에 가까워[居近闕里] 일생을 문하에서 가르침을
받아[一生立雪於門下] 종국에는 도산서원에서 합동 제향을 받게 되었다[終古祔享於淸
廟]"고 하였다(『鶴沙集』, 卷5, 「月川先生文集跋」). 김응조는 월천 조목과는 달리 대부분
의 다른 제자들은 일폭십한을 면치 못했음을 지적했는데, 이는 맹자의 "세상에 빨리 자
라나는 식물이 있다 하더라도[雖有天下易生之物也] 하루 동안 햇볕을 쪼이게 하고[一
日暴之] 열흘 동안 춥게 한다면[十日寒之] 제대로 자라날 수가 없을 것이다[未有能生者
也]"는 지적을 인용한 것이다(『孟子』, 卷11, 「告子章句上」). 퇴계의 문하에는 도를 물으

이 태어나고 사는 곳이 퇴계 선생의 마을에 가까워 일생을 문하에서 가르
침을 받아 종국에는 도산서원에서 합동 제향을 받게 되었다. 당시에 퇴계
선생과 주고받았던 뜻은 후학들이 감히 알 수 있는 바가 아니지만 지금
노선생(老先生)의 문집을 살펴보면 면려하고 장려한 뜻이 편지에 보이고
그리워하며 읊은 시에 표현된 것이 많다. 선생은 행실이 고매하고 덕망
이 높아 원근(遠近)에서 흠모하였고, 선생의 이름을 듣고서 유협(游俠)들
이 놀라 흩어졌고 부고(訃告)가 이르자 성균관의 유생들이 모여서 곡을 하
였으니, 한 세대의 인심을 어찌 속일 수 있겠는가. 앞에서 이른바 '한평생
늘 한가롭게 모시면서[一生常侍燕申] 보고 느끼며 터득한 사람[觀感而有
得焉者]'은 선생이 아니라면 누구이겠는가. 선생이 평소에 지은 시문은 전
쟁 중에 산실되어 지금 남아 있는 것은 겨우 천 편과 백 편 중에서 열 편
이나 한 편뿐이지만 한 글자 한 구절이라도 그 성정으로부터 우러나오지
않은 것이 없다. 그 문학상의 격언은 실로 '도를 싣는 도구(載道之器)'라고
할 수 있다. 선생은 글을 짓는 선비가 이리저리 꾸미며 표절하여 몰래 훔
치는 것을 공교롭다고 여기는 자들과는 달랐다. 선생께서 돌아가신 지 이
제 60년이 되어서야 비로소 문집을 간행하게 되었으니 어찌 우리 유림의
경사이자 후학의 다행이 아니겠는가. 만약 오묘함을 전할 수 없다면 뒷날
에 글을 잘 살피는 사람이 마땅히 스스로 터득할 것이니 어찌 감히 내가
망녕되게 말하겠는가. 1666년(현종 7) 4월 하순에 풍산의 후학 김응조가
삼가 발문을 짓다.[645]

러 온 팔방의 제자들이 가득 찼으나 일폭십한을 면치 못하여 스승의 가르침을 꾸준히 흐
트러짐이 없이 받든 자들은 많지 않다는 얘기이다.

645) 『月川集』, 跋, 「月川先生文集跋[金應祖]」, 『鶴沙集』, 卷5, 「月川先生文集跋」.

[김성일의 졸기]

경상좌도 순찰사 김성일이 죽었다. 당시 혹심한 병란에 백성은 굶주리고 전염병(癘疫)까지 크게 유행하였다. 이에 김성일이 직접 나아가 구제하면서 밤낮으로 수고하다가 전염병에 걸려 죽었다. 일로의 군사와 백성들이 마치 친척의 상을 당한 것처럼 슬퍼하였는데, 얼마 안 가서 진주성이 함락되었다. 김성일은 성품이 강직 방정하고 재질이 매우 뛰어났는데, 이황을 스승으로 섬겼다. 젊어서부터 격앙·강개하여 기절(氣節)이 남보다 뛰어났으며, 조정에 있을 때에는 기탄없이 탄핵하였으므로 사대부들이 모두 두려워하였다. 일본에 봉명 사신으로 가서는 예절을 철저하게 지켰으므로 왜인들이 감복하였다. 그런데 동행한 사람들과 서로 불화한 나머지 적정(敵情)을 잘못 주달한 탓에 처형을 당할 뻔하였다. 그러다가 용서하는 왕명을 받고서는 더욱 감격하여 사력을 다해 왜적을 칠 것을 맹세하였다. 평소 군대에 대한 일은 알지 못했으나 지성으로 백성들을 효유하였고 관군과 의병 등 모든 군사를 잘 조화시켰는데, 한 지역을 1년 넘게 보전시킬 수 있었던 것은 모두 그가 훌륭하게 통솔한 덕분이었다. 그는 임종시에도 개인적인 일은 언급하지 않았다. 그의 아들 김역(金㴻)이 옆 방에 있으면서 함께 전염병에 걸려 위독하였으나, 한 번도 아들의 병세에 대해서는 묻지 않았다. 그러면서 오직 국사를 가지고 종사관들에게 권면하였으므로, 사람들이 그의 의열(義烈)에 감동하였다. 김면(金沔)과 김성일이 잇따라 죽으니 모여들었던 군병들이 대부분 흩어져 수습할 수 없었다. 한효순(韓孝純)이 김성일을 대신하였으나, 군정(軍政)이 김성일에 미치지 못했다. 최경회(崔慶會)가 거느린 군사는 겨우 수백 명에 불과했는데도 굶주리고 병에 걸려 죽는 자가 잇따랐다.[646]

---

646) 『선조수정실록』 1593년(선조 26) 4월 1일. 경상좌도 순찰사 김성일의 졸기.

[유성룡의 졸기]

풍원부원군(豊原府院君) 유성룡(柳成龍)이 졸하였다. 유성룡은 안동 출신으로 호는 서애(西厓)이며 이황(李滉)의 문하에서 수학하였는데 일찍부터 명망이 높았다. 1566년(명종 21)에 급제하여 청요직을 두루 거치고 경연에 출입한 지 25년 만에 드디어 정승(相臣)이 되었으며, 1593년(선조 26)에 영의정으로서 홀로 경외(京外)의 주요 업무를 담당하였다. 명나라 장수들의 자문(咨文)과 게첩(揭帖)이 주야로 폭주하고 제도(諸道)의 주독(奏牘)이 이곳저곳에서 모여들었는데도 유성룡이 좌우로 업무를 처리함에 그 민첩하고 빠르기가 흐르는 물과 같았다. 당시 신흠(申欽)이 비국(備局)의 낭관(郎官)으로 있었는데, 문득 신흠으로 하여금 붓을 잡고 부르는 대로 쓰게 하였는데, 문장이 오래도록 다듬은 것과 같아 일찍이 다시 고친 적이 없었다. 그래서 신흠이 항상 사람들에게 말하기를, 그와 같은 재주는 쉽게 얻을 수 없다고 하였다. 그러나 국량(局量)이 협소하고 지론(持論)이 넓지 못하여 붕당에 대한 마음을 떨쳐버리지 못한 나머지 조금이라도 자기와 의견을 달리하면 조정에 용납하지 않았고 임금이 득실을 거론하면 또한 감히 대항해서 바른대로 고하지 못하여 대신(大臣)다운 기풍이 없었다. 일찍이 1592년(선조 25)의 일을 추가 기록하여 이름하기를 『징비록』(懲毖錄)이라 하였는데 세상에 유행되었다. 그러나 식자들은 자기만을 내세우고 남의 공은 덮어버렸다고 하여 이를 기롱하였다. 이산해(李山海)가 그 아들 이경전(李慶全)과 함께 오래도록 배척되어 있으면서 유성룡을 원망하여 제거하려고 꾀하였다. 그 결과 1598년(선조 31)에 주화론을 주창하여 나라를 그르치고 종계변무 관련 사행을 피했다는 이유로 탄핵을 받고 떠나게 되었는데, 향리에 있은 지 10년 만에 죽으니 나이가 66세였다. 유성룡은 임진왜란이 일어난 뒤 건의하여 처음으로 훈련도감을 설치하였는데, 척계광(戚繼光)의 『기효신서』(紀效新書)를 모방하여 포(砲)·

사(射)·살(殺)의 삼수(三手)를 뽑아 군용을 갖추었고 외방의 산성(山城)을 수리하였으며 진관법(鎭管法)을 손질하여 방어책으로 삼았다. 그러나 유성룡이 자리에서 떠나자 모두 폐지되어 실행되지 않았는데, 유독 훈련도감만은 존속되어 오늘에 이르도록 그 덕을 보고 있다.[647]

 예안 출신의 제자 월천 조목, 그리고 안동 출신의 두 제자 학봉 김성일과 서애 유성룡의 퇴계학 계승 과정과 양상도 주목을 요하는 부분이다. 학봉 김성일의 퇴계학 계승 양상은 이기심성론이 거의 없으며 스승의 예설-예학에 대한 질의서(1565, 1568, 1570)가 중심이라는 것도 특징적이다.[648] 다만 김성일은 임진왜란 중에 세상을 떠나는 바람에 유성

---

647) 『선조수정실록』 1607년(선조 40) 5월 1일. 풍원부원군 유성룡의 졸기. 유성룡의 졸기는 『선조실록』의 졸기와 『선조수정실록』의 졸기, 두 종류가 있다. 『선조실록』 1607년(선조 40) 5월 13일자 유성룡의 졸기에서는, 퇴계 문하의 대표 제자 조목, 김성일, 유성룡의 관계에 대해 다음과 같이 간략 기술하였다.: "유성룡은 조목·김성일과 함께 퇴계의 문하에서 배웠다[成龍與趙穆金誠一俱學於退陶之門]. 김성일은 강의 독실하여 풍도가 엄숙하고 단정하였으며 너무 곧아서[誠一剛毅篤實風裁峻整] 조정에 용납되지 못하였으나[以直道不容於朝] 대절이 드높아 사람들의 이의가 없었는데[而大節卓落人無異議] 1593년(선조 26) 나라 일에 진력하다가 군중에서 죽었다[歲在癸巳盡瘁王事卒於軍中]. 조목은 종신토록 은거하면서 학문에 독실하고 자수하였으나[穆終身索居篤學自修], 나라에 어려운 일이 많게 되자 강개해 마지않았는데 지난해에 죽었다[遭國多艱慷慨不已亦以去歲卒]. 조목은 일찍이 김성일을 낮게 생각하고 유성룡을 못하게 여겼는데[穆嘗多誠一而少成龍], 만년에는 유성룡이 하는 일에 매우 분개하여 절교하는 편지를 쓰기까지 하였다[晚年頗憤成龍所爲至作絶交書]. 하지만 퇴계의 문하에서는 이 세 사람을 영수로 삼는다[然退陶門下以此三人爲領袖]." 『선조실록』 1607년(선조 40) 5월 13일. 전 의정부 영의정 풍원부원군 유성룡의 졸기.

648) 학봉 김성일이 스승의 예설=예학에 대한 질의서(1565, 1568, 1570)를 중심으로 퇴계학을 논했다는 점은 이기철학을 중심으로 퇴계학을 거론했던 일반적인 상황과 대조적인 장면이다. 그리고 김성일의 경우처럼 16세기 예설=예학은 조선후기의 예설=예학과 같은 성격의 것으로 볼 일은 아니다. 조선후기로 가면서 유학의 변종 내지 변종유학의 성격이 짙은 예학(禮學)이 등장했는데, 이는 여러 부작용을 드러냈다는 점을 지적해야 할 것이다(박균섭, 『선비정신연구: 앎, 삶, 교육』, 서울: 문음사, 2015, 52). 예학의 지평 확대가 그 내용적·학문적 성장을 뜻하는 것은 아니었다. 예의 개념과 작용 영역이 광범위한 만

룡처럼 대대적으로 퇴계학의 계승과 관련한 활약상을 보여주지는 못했다. 반면 유성룡의 경우는 스승 퇴계의 문명이 높아진 이후에 가르침을 받았던 데다가 경세가로서의 정치적 입지가 부각되면서 그의 퇴계학 계승은 특별한 성격을 갖는다고 보는 것이 일반적이다.

유성룡이 『퇴계집』 발간과 관련하여 조목의 의견(전고수록의 원칙)과는 다른 의견(산절의 원칙)을 내놓은 데는 스승 퇴계의 문명이 높아진 이후에 문하에 제자로 들어갔던 사정과 정치적 진출 이후의 학문과 학맥에 대한 재해석의 과정이 반영된 것이라는 지적도 있다. 병호시비(屛虎是非)의 전조는 『퇴계집』의 초간(1600) 당시에 제기된 편집의 원칙(월천 조목의 전고수록의 원칙과 서애 유성룡의 산절의 원칙)을 둘러싼 이견에서 비롯되었다.[649]

성호 이익은 경기의 풍습과는 달리 영남의 풍습은 장유유서[長幼]와 붕우유신[朋友]의 미덕이 짙게 남아 있다는 점을 지적하면서 이를 퇴계 이황, 남명 조식, 서애 유성룡, 한강 정구, 우복 정경세, 여헌 장현광 등과 같은 선현의 가르침 덕분이라고 진단한 바 있다.[650] 여기서도 서애

큼 예학의 관심과 경향성에 따라 얼마든지 각색될 수 있었다. 조선조 예학은 그 중에서도 『가례』를 중심으로 하였고 그 중용에 관해서만 세부적으로 논리에 논리를 더하여 급기야는 이론의 불일치가 극대화하여 정치문제(禮訟)로 번졌다. 예의 다른 영역에는 거의 무관심하여 조선시대의 예학은 윤리 문제는 희박하고 오히려 사단칠정이니 주지주의니 하는 형이상학 논쟁으로 일관하였다. 이러한 예학의 편향성은 예학 자체의 불건전성을 초래하였음은 물론 결과적으로 율학의 발전과 확대를 막는 결과를 초래하였다(최종고, 「한국 전통사회에서의 법·도덕·예」, 『정신문화』 13, 147.).

649) 월천 조목과 서애 유성룡 사이에는 일찍부터 감정의 앙금도 있었다. 이는 임진왜란 당시의 주화오국론에서 크게 불거졌다. 월천 조목은 서애 유성룡에 대해 "화친을 주장하여 나라를 그르쳤다[主和誤國]"는 말로 공격하였다. 이에 대해 유성룡은 자신에게는 "처음부터 '반점'만큼의 '화'자도 없다[初無半點和字矣]"고 반론을 폈다. 『西厓集』, 卷10, 「答趙士敬[丁酉]」.

650) 『星湖僿說』, 卷13, 「嶺南五倫」.

유성룡이 퇴계의 대표 제자로 부각되고 있음을 확인할 수 있다. 다산 정약용이 영남지역은 다른 지역과 달리 학교나 서원을 가숙으로 알고 스승과 벗을 친척으로 여겨 함께 모여 놀고 무리지어 익히는 가운데 서로 보고 느끼는 특별함이 있다고 평가했던 것도 같은 맥락의 얘기라고 말할 수 있다.[651]

퇴계학의 계승, 그 올바른 모습은 어떤 것일까. 스승의 위상을 지키는 일, 그것은 제자들이 감당해야 할 몫이기도 하다. 이는 1558년 2월 봄의, 퇴계-율곡의 만남이라는 역사적 사건에 대해 후학들이 어떤 접근과 해석과 논의를 보여주었는가의 문제로 귀결될 수도 있다. 퇴계-율곡의 대담에서 퇴계는 당시 배우는 자들이 "도무지 옛학문을 제대로 하려 들지를 않는다[只爲不肯存心於古學]"고 지적하면서, 사람들이 "넘쳐흐르는 흙탕물처럼 세속의 가치에 떠밀려가고 있다[滔滔盡然其有自拔於流俗者]"고 세태를 문제삼은 바 있다. 퇴계는 율곡이 세속 사람들과는 달리 공부의 좌표를 제대로 설정하여 실천하고 있음을 언급하면서 "다만 천만번 더욱 원대해지기를 기약할 일이지[須千萬益以遠大自期], 작은 성취에 만족해서는 안 된다[勿以小得自足]"고 당부하였다.[652]

포저 조익(浦渚 趙翼, 1579~1655)은 영남 유생 백졸암 유직(百拙庵 柳樬, 1602~1662)의 학술시비 상소에 대해 비판 의견을 제시한 바 있는데, 이를 주목할 필요가 있다. 유직(柳樬)은 상소에서 율곡이 불교에 투신했다는 점과 이기론을 잘못 제시했다는 점을 특히 문제삼았다. 그리고 자신의 주장을 정당화·합리화하는 근거로 퇴계를 끌어들였는데, 그것은 퇴계가 율곡에 대해 "매우 미워하면서 통렬히 경계하였다[深惡而痛戒

---

651) 『與猶堂全書』, 詩文集卷13, 「嶺南人物考序」.

652) 『退溪集』, 外集卷1, 「贈李叔獻[四首]」.

之]"는 얘기였다. 하지만 1558년의 퇴계―율곡의 만남 이래 퇴계는 율곡을 극구 칭송하고 그의 학술적 성장 가능성을 긍정 평가하였다. 퇴계가 조목(趙穆)에게 보낸 편지에서 "후생이 두렵기만 하니[後生可畏] 선성의 말씀이 나를 속이지 않은 것을 알겠다[先聖不我欺也]"고 말했던 데서도, 퇴계가 율곡을 지극한 마음으로 추장ㆍ허여했던 사실을 알 수 있다.[653] 그런데도 유직은 근거도 없는 퇴계의 율곡에 대한 악평을 조립하여 율곡의 존재론적 위상을 흔드는 일에 에너지를 쏟아 부었다. 유직은 율곡의 이기론에 대해서도 "이이의 학문은 전적으로 기라는 글자 하나에 있다[珥之學專在氣字]. 그는 기를 이라고 인식한 나머지[認氣爲理] 이와 기를 하나의 물건으로 취급한 채 더 이상 분별하지 않는다[以理氣爲一物而無復分別]. 그리고 심지어는 심을 기라고 하고 있으니[至以爲心是氣也], 이는 병의 뿌리가 원래 육상산의 도와 기를 분별하지 않는 폐단에서 나온 것이다[是其病根元出陸家不分道器之見]"라고 비판하였다. 이는 응당 율곡―우계 간의 사단칠정 논변을 의식한 발언이었으나, 그 논변을 들여다보면, 율곡은 너무도 분명하게 이(理)와 기(氣)를 분별한 것이어서, 기(氣)를 이(理)로 인식했다는 주장은 터무니없는 발언이었다.[654] 이는 한국사상사에서 이기론―성리학에 대한 공부가 얼마나 본연을 벗어난 채 권력욕망의 선전도구로 변질될 수 있었는가를 단적으로 보여주는 장면이 아닐 수 없다. 그런데 유직의 학술시비가 갖는 문제 못지않게 율곡학파의 계승 양상 및 그 과정을 보더라도 자가발전의 문제가 고집스럽

---

653) 『退溪集』, 卷13, 「答趙士敬[戊午]」.;『栗谷全書』, 卷38, 「前後辨誣章疏」.

654) 『浦渚集』, 卷6, 「卞柳櫻欺罔疏」. 조익은 율곡이 이통기국(理通氣局)을 말한 것을 보면 이와 기를 분별한 것이 지극히 분명한데도 불구하고, 유직은 그만 율곡의 학문이 오로지 기(氣)라는 하나의 글자에 있기 때문에 이와 기를 하나의 물건으로 취급했다고 지적하면서, 이는 유직의 율곡에 대한 무함과 기망이 극에 달한 것이라고 비판하였다. 유직의 주장은 율곡학에 대한 텍스트 검토가 제대로 이루어지지 못한 상태에서 나온 것이었다.

게 드러난다는 사실을 파악할 수 있다. 율곡학파는 주기론적 견해를 과도하게 내세우고 '이의 발동[理發]'을 일종의 금물로 여기는 문제를 드러냈는데, 이들은 기(氣)의 능동성을 강조하면서 이(理)를 형식적인 존재에 불과한 것이라고 파악하였다.[655]

노주 오희상(老洲 吳熙常, 1763~1833)은 정암 민우수(貞菴 閔遇洙, 1694~1756)의 시문 학술 관련 업적의 정수는 서간/편지에 있다는 점을 강조하면서, 이는 퇴계의 철학사상과 업적이 무엇보다도 서간/편지에 담겨 있는 것에 비견할 만하다고 지적하였다. 실제로『정암집』은 서간/편지가 문집 전체의 3할이 넘는 분량을 차지한다.

정암(貞菴) 선생 유집은 부탁하는 말을 거듭 어길 수 없어 이제 교수(校讎)하여 올리네. 빼고 넣을 것에 찌를 붙여 논하였지만 마음이 거칠고 지식이 어두워 반드시 그대 마음에 맞지 않은 것이 많을 것이네. 다시 더 고려하여 처리하게. 내가 생각건대 문집에서 문자의 정수는 편지(書牘)에 많이 모여 있으니 덕성(德性)의 규모를 거의 여기에서 얻을 수 있다. 집안사람이나 친구들 사이에 왕복한 논설은 모두 인륜(人倫)에 돈독한 것이니 작

---

655) 율곡의 기발이승일도설에서 이(理)의 역할이 주도적으로 해석되지 못한 것에 대해 노사 기정진(蘆沙 奇正鎭, 1798~1879)은 "이른바 이는 어디에 떨어져 있느냐고 물으면[問所謂理者落在何方] 이는 기를 탈 뿐이라고 한다[則曰乘之矣]. 애초에 이가 그렇게 시키는 묘용도 없고[初旣無使之然之妙] 종말에 또 조종하는 힘도 없으니[末又非有操縱之力] 붙거나 의지해 타서 무슨 일을 할 수가 있겠는가[寄寓來乘傲得甚事]. 있어도 도움이 없고[有之無所補] 없어도 결함이 없다면[無之靡所闕] 살에 붙은 혹과 말을 따라다니는 파리에 불과하니[不過爲附肉之疣隨驥之蠅] 가엾지 아니한가[嗚呼可憐矣]"라고 비판하였다(『蘆沙集』, 卷16, 「猥筆」). 면암 최익현은 "지금 율곡을 존경하고 숭상하는 사람들"은 약간이라도 율곡과 다른 논설을 펼치면 '말간(馬肝)'을 먹는 의론'이라며 냉소를 터뜨리는 편지가 어지럽게 왕래하고 창으로 찌르듯 서로 심하게 공격하는 데까지 이른다면서 이야말로 광명정대한 유가의 법문을 망치는 일이라고 경계 비판하였다(『勉菴集』, 卷7, 「答宋淵齋」). 이처럼 자파의 학설, 특히 기발이승일도설을 맹목적으로 옹호하는 경향은 한국 철학사에서 철학 논의의 획일화와 규격화를 초래했다.

은 것에도 지극히 근신하였다. 진순(眞諄) 온후(溫厚)하여 퇴계 선생의 편지와 비슷하니 읽고 있는 사이에 나도 모르게 감탄하였다. 뽑을 적에는 마땅히 편지를 많이 남겨두어야 하고, 그 밖의 글 가운데 정치(精緻)하지 않을 것을 버릴지 말지 결정 못한 것이 있는데, 되도록 간략하게 줄여 정수(精粹)만 남겨두는 것이 어떻겠는가.[656]

이상에서 말한 것처럼, 오희상에 의하면, 정암 민우수의 글에 대해, "내가 생각건대 문집에서 문자의 정수는 서독에 많이 모여 있으니[竊惟集中文字精粹多在書牘,] 덕성의 규모를 거의 여기에서 얻을 수 있다[德性規模庶幾得之於此]"거나 "집안사람이나 친구들 사이에 왕복한 논설은[而至於家庭朋儕之間往復論說] 모두 인륜에 돈독한 것이니 작은 것에도 지극히 근신하였다[類皆篤於倫彝克謹細物]"거나 "(왕복한 논설은) 진순 온후하여 퇴계 선생의 편지와 비슷하여[眞諄溫厚有似乎退陶書] 읽고 있는 사이에 나도 모르게 감탄하였다[敬閱之餘不覺感歎于中]"는 말에서 당시에도 퇴계의 독서 공부에 대한 논점은 중요한 해석과 응용의 대상이었음을 알 수 있다.

정암 민우수는 풍광이 아름다운 단양의 산수, 특히 구담(龜潭) · 사인암(舍人巖) · 도담(島潭) 등의 기묘하고 아름다운 자연을 애호하였다. 이는 일찍이 퇴계 이황과 토정 이지함의 자취와 흔적이 연상되는 장면이기도 하였다. 민우수는 둘째 아들이 죽은 이듬해인 1754년에 단양에 가서 머물렀다. 그때 둘째 아들의 벗인 이윤영(李胤永)이 봄에는 구담 맞은편의 가은봉(可隱峰) 아래 창하정(蒼霞亭)을 짓고, 겨울에 다시 사인암에 서벽정(棲碧亭)을 세우자, 이에 대한 기문을 적어준 바가 있다. 이윤영

---

656) 『老洲集』, 卷7, 「與閔元履」.

은 1751년 단양군수로 부임하는 부친 이기중(李箕重, 1697~1761)을 따라 갔다가 그곳에 은거할 뜻을 세웠다.

도학·이학·성학·심학을 지향하는 성리학의 구조적 성격에 비추어볼 때 그 내재적 원리는 도학사상과 절의정신에 있다고 말할 수 있다. 퇴계 당시, 그 평상의 시대는 도학이라는 문명의 개념으로 표상될 수 있다. 벼슬에서 응당 물러나야 할 자들이 그렇지 않고 버티고 있는 경우를 예로 삼아 논의하자면, ① 어리석음을 숨기고 벼슬자리를 훔치는 일[謀愚竊位], ② 병으로 폐인이 된 사람이 녹봉만 타먹는 일[病廢尸祿], ③ 헛된 이름으로 세상을 기만하는 일[虛名欺世], ④ 그릇됨을 알면서도 무턱대고 나아가는 일[知非冒進], ⑤ 직책을 감당할 수 없으면서도 물러나지 않는 일[不職不退] 등을 지적할 수 있다.[657] 향산 이만도(響山 李晩燾, 1842~1910)가 세상을 떠나자 송사 기우만(松沙 奇宇萬, 1846~1916)은 이만도에 대한 묘갈명(1914)에서 "퇴계 이황은 도학의 탐구를 통해 문명의 시대를 열어 나라를 융성토록 하였고[退陶夫子以道學啓一治文明之運], 향산 이만도는 절의의 실천을 통해 만세토록 내려오는 강상의 중핵을 붙들고자 하였다[響山先生以節義扶萬世綱常之重]"면서 도학과 절의는 다른 성격의 두 길인 듯 보이지만 사실상 그 뿌리는 하나임을 강조하였다.[658] 퇴계 당시 그 평상의 시대에는 도학이라는 문명의 개념으로 표상되지만, 향산 당시 그 위기의 시대에는 절의라는 강상의 개념으로 표상될 수 있다는 것을 보여준다.[659]

---

657) 『退溪集』, 卷6, 「戊午辭職疏」.

658) 『松沙集』, 卷34, 「響山李公墓碣銘[幷序]」.

659) 박균섭, 「선비의 결단 1910: 향산 이만도의 앎과 삶, 그리고 퇴계학의 지평」, 『현대유럽철학연구』 53, 2019, 99~142. 문과 장원 급제자 이만도가 보인 송의 문과 장원 급제자 문천상에 대한 관심은 퇴계학의 절의정신을 포착하는 중요한 의미를 갖는다. 그런데 조금만 생각해보면, 이것이 어찌 퇴계학적 관심의 대상이었을 뿐이겠는가. 일찍이 임진왜

퇴계는 문천상(文天祥: 1236~1283)의 인격, 그의 앎과 삶의 세계에 대해 주목한 바 있는데, 문천상은 향산 이만도의 영결 장면에서도 주목받는 인물이었다.[660] 문천상은 1256년(宋 理宗 4)에 장원급제하여 송 이종에게 진사제일(進士第一)로 발탁되었던 인물이다. 1275년(宋 恭帝 원년) 원나라 군대가 송을 침략하자 문천상은 황제의 명을 받아 군사를 모집하였고 복건성-광동성 일대에서 항쟁을 이어가다가 붙잡혀 1283년(원세조=쿠빌라이 19)에 죽음을 맞았다. 그가 죽을 때 남긴 마지막 문구가 "공자는 살신성인하라 하고[孔曰成仁] 맹자는 의를 취하라 하였으니[孟曰取義], 오직 그 의를 다해야만[惟其義盡] 인에 이를 것이다[所以仁至]. 성현의 책을 읽으면서[讀聖賢書] 배운 바가 이것 말고 무엇이겠는가[所學何事]. 오늘 이후로는[而今而後] 부끄러움을 겨우 면할 수 있겠다[庶幾無愧]"는 말이었다.[661] 유교 공부를 통해 배운 바는 한마디로 살신성인하라는 공자의 가르침이었고 의를 취하라는 맹자의 가르침이었다. 그 가르침의 실천 방향은 의를 다하여 인에 이르는 일이었다. 퇴계-향산으로 이어지는 퇴계학의 지평, 그 핵심은 무엇이 부끄러움인지를 아는 일이며, 그에 따라 부끄럽지 않게 사는 일이었다.[662]

성리학의 도학사상과 절의정신에 입각하여 구축된 퇴계학이야말로,

란 당시 의병장으로 활약했던 고경명 역시 문과 장원 급제자이면서 위기의 시대에 절의라는 강상의 개념을 실천했다. 월정 윤근수는 의병장 고경명의 순국을 두고 "장원 출신으로 순국한 이[壯元死國]/예전에 문천상이 있었는데[古有文山]/……죽었으나 죽은 것이 아니니[死而不死]/그 정신 장렬하여라[其神烈烈]"라고 했다(『月汀集』, 卷6, 「參議高公神道碑銘[幷序]」). 그들의 죽음에 대한 가장 거룩한 찬사는 "죽었으나 죽은 것이 아니다"는 말일 것이다.

660) 『退溪集』, 攷證卷4, 「與朴澤之」; 『響山集』, 附錄卷2, 「家傳(李中業)」.

661) 『宋史』, 卷418, 「文天祥列傳」.

662) 박균섭, 「선비의 결단 1910: 향산 이만도의 앎과 삶, 그리고 퇴계학의 지평」, 『현대유럽철학연구』 53, 2019, 99-142.

일제강점기의 정한론 에너지, 그 식민적 욕망에 따라 굴절된 퇴계학과 변별된다는 사실에 유의할 필요가 있다. 향산 이만도의 인격은 "퇴계의 어진 후손이다[退陶賢孫]"는 말과 "퇴계학의 지평[老祖法門]"에 따랐다는 지적을 통해 그 성격을 분명히 할 수 있다.[663] 나라가 망하던 때에, 전국에서 목숨을 끊은 순절자는 90명 내외였으며, 그 중에서 이름과 출신을 제대로 확인할 수 있는 인물은 70명 정도, 그리고 그 행적이 구체적으로 밝혀져 독립유공자로 포상된 인물은 61명이었다.[664] 국가와 민족의 운명 앞에 이들이 택한 죽음만큼 선명한 투쟁은 없을 것이다. 퇴계 이황이 살았던 시대의 유교 공부와 향산 이만도가 처했던 시대의 유교 공부의 주제가 각각 도학과 절의였는바, 그 도학과 절의는 같은 이념의 서로 다른 표상이라고 말할 수 있다. 평소에는 도학의 이름으로 앎과 삶의 기준이 될 수 있었으나 국가·사회적 위기나 변고를 만나게 되면 그 도학은 도학의 이름으로 그칠 수 없어 절의의 이름을 새로이 달고 국난에 대응할 수밖에 없었다는 것을 알 수 있다.

국권침탈 전까지 국교였던 유교는 일제 지배 과정에서 정치성을 박탈당한 채 위축·변질되기 시작했고, 일제강점기에는 내성(內聖)—외왕(外王)의 구조에서 외왕의 차원이 봉쇄되면서 혈연과 가문 중심의 왜곡된 외왕의 길만을 걷게 되었다.[665] 이는 일본의 초대 문부상 모리 아리노리(森有礼)가 근대화의 지표로 내세운 순종적인 국민(從順な身體) 만들기 전략과 맥락을 같이하며, 조선의 청년·학도가 경거망동(輕擧妄動)을 일삼거나 불령선인(不逞鮮人)으로 전락되는 상황을 막는다는 차원에서 소위 경(敬)의 결여(缺如) 상태를 문제 삼았던 식민적 기획과 맥락을

663) 『響山集』, 附錄卷2, 「跋(李中轍)」, 「跋(李中均)」, 「跋(李康鎬)」.

664) 김희곤, 『나라 위해 목숨 바친 안동 선비 열 사람』, 서울: 지식산업사, 2010, 16-20, 53.

665) 이황직, 「국교에서 교양으로: 한국의 사회변동과 유교」, 『사회이론』38, 2010, 3-33.

같이 하였는바, 그때마다 그들은 퇴계를 앞세워 그들의 식민욕망을 정당화·합리화하였다. 퇴계사상에 대한 일본적 해석의 핵심은 사회과학적 현실비판과 정치적 문제의식이 배제된 유학, 비판의식이 거세된 유학이었고, 그것은 식민권력에 순응·협력하도록 만드는 기획이기도 했다.[666] 일제강점기 관제·관변 연구자들(松田甲, 高橋亨, 阿部吉雄)은 정한론 에너지와 식민적 욕망을 통해 퇴계학을 잿빛으로 분칠한 자들이었다.[667] 당시 지식인-학자들은 대부분 그 자장 안에 머물면서 일본의 전쟁범죄를 문제삼은 바 없었고 민족과 국가의 독립 문제에 대해서는 함구하였다.

대표적인 인물 박종홍은 퇴계의 교육사상 발표 이래, 1930-40년대에는 사실상 식민권력에 복무하는 연구를 펼치다가, 해방 이후 다시 퇴계 연구의 길을 걷기 시작했다. 박종홍의 퇴계 연구 궤적을 보면 1928년의 연구(「퇴계의 교육사상」)와 1960-63년의 연구(「우리사표 이퇴계선생(상)」, 「우리사표 이퇴계선생(중)」, 「우리사표 이퇴계선생(하)」, 「이퇴계

---

666) 박균섭, 「선비의 결단 1910: 향산 이만도의 앎과 삶, 그리고 퇴계학의 지평」, 『현대유럽철학연구』 53, 2019, 99-142.

667) 식민적 욕망으로 분칠된, 그리하여 퇴계학을 오독의 세계에 빠트린 대표적인 퇴계 연구물로는 松田甲, 『日鮮史話 第六編(李退溪歿後三百六十年記念』, 京城: 朝鮮總督府, 1930.; 松田甲, 「教育に關する勅語と李退溪」, 『文教の朝鮮』 1935年 10月號, 97-106.; 高橋亨, 「李退溪」, 『斯文』 21(11), 1939, 1-32.; 高橋亨, 「李退溪(二)」, 『斯文』 21(12), 1939, 12-22.; 高橋亨, 「李退溪(三)」, 『斯文』 22(1), 1940, 34-43.; 高橋亨, 「李退溪(四)」, 『斯文』 22(2), 1940, 6-19.; 高橋亨, 「李退溪(五)」, 『斯文』 22(3), 1940, 7-27.; 阿部吉雄, 『李退溪(日本教育先哲叢書)』, 東京: 文教書院, 1944 참조. 이에 덧붙여 심전개발론(1935)의 조립을 통해 유교를 변종유교, 돌연변이 유교로 만들었던 대표적인 연구물로 高橋亨, 「儒教の有する宗教性」, 『心田開發に關する講演集』, 京城: 朝鮮總督府中樞院, 1936, 195-200.; 鄭萬朝, 「儒教の眞髓」, 『心田開發に關する講演集』, 京城: 朝鮮總督府中樞院, 1936, 241-251.; 鄭鳳時, 「朝鮮儒教大觀」, 『心田開發に關する講演集』, 京城: 朝鮮總督府中樞院, 1936, 277-283 참조. 그리고 황도유학(1939)의 조립을 통해 유교를 천황제에 복무하는 유교로 만든 과정에 대해서는 高橋亨, 「王道儒道より皇道儒道へ」, 『朝鮮』 295, 1939, 10-28 참조.

론: 경으로 일관된 생애와 사상」) 사이에는 30여 년의 시간차가 드러난
다.[668] 그렇다면 그 사이의 연구 관심사 및 주제는 무엇이었는가에 대한
검토가 필요하다. 그것은 식민권력·식민체제의 폭압에 침묵·순응·
동조하는 방향의 논술을 제시한 것이었다(1934: 「현대철학의 동향」, 1935:
「우리의 현실과 철학: 역사적인 이때의 한계상황」, 1939: 「현실파악」, 1940: 「현대가
요구하는 신윤리: 〈결단〉의 시대-전환기를 뚫고 나가는 힘」).[669] 박종홍의 퇴계
론(경과 도의의 사표)에 대한 정밀 검토를 통해 그의 논점·관점이 퇴계철
학의 본연을 제대로 포착한 것이었는지에 대해 깊이 따져볼 일이다. 일
제강점기 관제·관변 연구자들의 연구에서 박종홍으로 이어지는 맹목
적 연계를 디딤돌로 삼아온 해방이후의 퇴계학 연구는 퇴계학의 지평
을 본연 그대로 바라보지 못하게 만들었으며, 퇴계학에 관한 울퉁불퉁
한 논설을 양산해냈다.[670] 이는 전쟁인문학으로서의 퇴계학에 대한 성
찰의 결여가 상업인문학으로서의 퇴계학의 성행과 확산으로 이어지는
계기가 되었다고 말할 수 있다.[671] 퇴계의 도학—향산의 절의로 이어지

---

668) 박종홍, 「퇴계의 교육사상」, 『박종홍전집(Ⅰ)』, 서울: 민음사, 1928, 125-158.; 박종홍,
「우리사표 이퇴계선생(上)」, 『지방행정』, 8(75), 1960, 227-234.; 박종홍, 「우리사표 이
퇴계선생(중)」, 『지방행정』, 8(76), 1960, 228-234.; 박종홍, 「우리사표 이퇴계선생(하)」,
『지방행정』, 9(77), 1960, 271-275.; 박종홍, 「이퇴계론: 경으로 일관된 생애와 사상」,
『박종홍전집(Ⅳ)』, 서울: 민음사, 1963, 357-389 참조.

669) 1934년~1940년 당시 박종홍의 글을 보면, 조선총독부 식민권력의 기만과 폭력에 대해
서는 일절 언급하지 않은 채, 식민지 관제·관변 학자들과 동일한 세계관과 어법으로 전
시동원 체제에 대한 철학적 대응자세로 '현실파악', '우리의 현실과 철학', '역사적인 이때
의 한계상황', '현대가 요구하는 신윤리', '결단의 시대', '전환기를 뚫고나가는 힘' 등을 반
복 역설하였다. 그것은 사실상 민족-국가-독립 등과 같은 거대담론에 대한 침묵의 성질
을 드러낸 것이었다. 이에 대한 구체적인 논의는 박균섭, 「선비의 결단 1910: 향산 이만
도의 앎과 삶, 그리고 퇴계학의 지평」, 『현대유럽철학연구』53, 2019, 127-133 참조.

670) 박균섭, 「선비의 결단 1910: 향산 이만도의 앎과 삶, 그리고 퇴계학의 지평」, 『현대유럽
철학연구』53, 2019, 99-142.

671) 박균섭, 위의 논문, 134.

는 그 직행구조에 대해서는 연구가 거의 이루어진 바 없음을 반성하는 가운데, 유교성리학을 도학-절의의 개념으로 재설정하여 논의의 심층을 보여주는 작업이 필요하다고 말할 수 있다.

4. 미래 전망

성호 이익은 퇴계 이황의 학문적·사상적 역동성에 유의하면서 "퇴계 시대에 이르러[至退陶之時] 비록 수레를 얻을 만한 경사는 없었으나[雖無得輿之慶] 문교가 자못 떨쳐 거의 세도에 대한 희망을 갖게 되었다[文教頗振庶幾為世道有望]"고 평가한 바 있다.[672] 퇴계 시대의 문교 상황을 설명하는 과정에서 『주역』 박괘(剝卦, ䷖)의 "큰 열매를 먹지 않으니[碩果不食] 군자는 수레를 얻을 것이고[君子得輿] 소인은 집이 무너질 것이다[小人剝廬]"는 말을 인용한 것은 시사적이다.[673] 그렇다면 퇴계의 시대 문교의 진흥으로 인해 세도에 대한 희망을 갖게 되었다는 것은 무엇을 두고 한 말일까. 이를 퇴계의 공부론과 문도론의 세계, 그리고 앎과 삶의 궤적에 대한 탐구를 통해 확인할 수 있다.

퇴계의 공부론과 문도교육의 상징 도산서당의 특징적인 장면으로 우리는 정우당의 정우(淨友: 蓮)와 절우사의 절우(節友: 梅, 竹, 菊, 松), 그리고 여기에 퇴계를 포함한 육우(六友)의 세계에 대한 얘기를 이어갈 수 있다. 육우의 미덕을 통해 형용·표상할 수 있는 퇴계학의 핵심은 위기지학의 작동 양상, 도학사상과 절의정신의 발현으로 이어진다는 것을 알 수 있다. 도학사상과 절의정신이야말로 유교 지식인의 사명감과 책

---

672) 『星湖僿說』, 卷23, 「五百王興」.
673) 『周易』, 卷1, 「剝」; 『退溪集』, 三經釋義周易釋義上, 「剝」.

임의식을 다루는 원천적 의미를 갖는다. 문제는 이 세상에 도와 덕을 갖춘 자, 맑고 깨끗한 자는 드문 반면에, 비행·악행을 일삼는 자, 더럽고 혼탁한 자는 항상 많다는 데 있다. 이를 퇴계의 언어로 말하자면 육우의 미덕, 퇴계학의 핵심에 대한 고민과 성찰과 현실 대응이 제대로 이루어지지 못하고 있다는 것, 그것이 예나 지금이나 공부·교육의 근본적인 성찰의 문제로 남아 있다는 얘기가 될 것이다. 우리는 대부분 육우의 미덕을 찬탄하고 경모하면서도, 정작 자기 자신은 이러한 미덕을 지니려는 노력을 별로 하지 않는다. 외적 대상과 타자를 감상하고 찬탄하고 경모하는 일에 쉽게 빠져드는 반면, 이를 연속 동작을 통한 자기교육의 문제로 받아들이지 못하는 경우가 대부분이다. 이처럼 귀로 듣고 입으로 말하는 데 그치고 마는 공부의 세계(口耳之學, 口上之理, 口談天理, 耳底之學)가 갖는 한계와 문제에 대해 포저 조익은 세상 살면서 참으로 이해하기 힘든 '괴이한 일[抑余有所怪焉]'이라고 규정한 바 있는데, 그것은 사람들 대부분이 겪고 있는 공부와 인격의 균열, 앎과 삶의 괴리를 지적·비판한 것이기도 하다.[674]

도학사상과 절의정신을 근간으로 하는 퇴계학은 통상 도학·이학·성학·심학의 구조로 짜여져 있다. 시대에 따라, 과제 상황에 따라 퇴

---

674) 『浦渚集』, 卷23, 「愛梅說」. 조익은 공부 아닌 공부에 과도한 에너지를 쏟아 붓거나 앎과 삶의 분리 상태를 아무렇지 않게 받아들이는 세상 사람들을 지적 비판하면서, 대표적인 사례를 매화를 사랑하는 사람들의 이중인격에서 찾은 바 있다. 매화의 미덕을 귀하게 여긴다면, 그 자신도 매화를 닮은 귀한 존재가 되도록 노력해야 할 것이다. 하지만 사람들은 매화를 귀한 존재로 상찬하면서도 정작 자신은 천한 존재, 경박한 존재, 한심한 존재로 일상을 살아가는 경우가 많다. '자신이 좋아하는 것[所喜者]'과 '자신이 살아가는 것[所爲者]'의 어긋남과 뒤틀림, 이를 조익은 '탄식이 절로 나오는 괴이한 일[可怪而嘆者]'이라고 규정하였다. 우리들 대부분은 그 어긋남과 뒤틀림의 상태를 교정하지 않고 그렇게 살아왔고 그렇게 살고 있으며 앞으로도 그렇게 살아갈 가능성이 높다. 그렇다면 이는 분명 탄식이 절로 나오는 괴이한 일이 맞다.

계학의 재해석이 이루어진다고 하더라도 그것은 기본적으로 도학·이학·성학·심학의 본질을 벗어날 수 없는 것이라고 말할 수 있다. 하지만 근대사의 전개 과정에서 퇴계학은 일제강점기 관제·관변 연구자들의 정한론 에너지와 식민적 욕망에 의해 분칠되면서 심한 오독을 겪게되었다. 퇴계학의 도학·이학·성학·심학으로서의 성격에 대한 오독은 말할 것도 없고, 그 오독을 오독으로 인식하지 못하는 것 또한 우리의 성찰과 각성을 요하는 문제로 남아 있다.

퇴계학의 본질은 개인-공동체-국가의 작동원리를 기본으로 삼는다. 퇴계학 연구의 동력은 그 작동원리에 대한 탐구를 통해 확보할 수 있다. 그런데 우리는 근현대사 장면, 그 역사적 순간에 대해 제대로 된 인식과 대응을 보인 기억이 별로 없다. 식민교육의 내재적 원리로서의 기만과 외재적 원리로서의 폭력, 그 독성에 취해 제대로 된 인격 함양은 물론, 공동체-국가에 대한 사명감과 책임의식을 제대로 보여주지 못하였다. 퇴계학에 흐르는 도학사상과 절의정신의 핵심이 무엇이겠는가. 나라가 망했다는 이유로 죽음을 선택한 유교 지식인들의 결단, 공동체를 위해 바친 그들의 희생과 헌신은 살아남은 사람들에 대한 경고이기도 하고, 자라나는 미래 세대에 대한 따끔한 교훈이기도 할 것이다. 일제강점기, 그 열패감과 절망감으로 휩싸인 시공간에 대해 신석정은 그의 시 〈꽃덤불〉(1946)에서 영영 잃어버린 벗, 멀리 떠나버린 벗, 몸과 맘을 팔아버린 벗들을 내세워 형용한 바 있다. 일제강점기, 그 뒤틀린 사상사적 단층지대에 대해『주역』복괘의 논조와 신석정의 시적 통찰을 통해 말하자면, 우리는 그동안 꽃덤불에 아늑히 안기는 날을 맞지 못했으며, 우리는 어쩌면 앞으로도 그 꿈같은 날을 맞지 못할 가능성이 높다. 그 엄중함에 대해 고민도 성찰도 제대로 이루어지지 못한다면 우리의 앎과 삶의 세계는 온전하게 작동하지 못하고 있다는 방증일 것이다.

퇴계학이 도학·이학·성학·심학의 응축체계라고 한다면 그 학문은 응당 타인에게 나를 과시하는 학문인 위인지학이 아닌 나를 갈고 닦고 다듬고 가꾸는 학문인 위기지학이어야 할 것이다. 퇴계는『도산십이곡』에서 "靑山는 엇뎨ᄒᆞ야 萬古애 프르르며/流水는 엇뎨ᄒᆞ야 晝夜애 긋디 아니는고/우리도 그치디 마라 萬古常靑호리라"라고 하였다.[675] 청산—유수처럼 평생 변치 말고 그치지 말고 학문수양에 매진해야 한다는 가르침을 천명한 것이다. 퇴계는『성학십도』(1568)에서 나를 갈고 닦고 다듬고 가꾸는 공부의 본연에 대해 "어느 곳에선들 공부를 그만둘 수 있겠는가[何地而可輟工夫]", "어느 때인들 공부를 하지 않을 수 있겠는가[何時而不用工夫]"라고 확정지은 바 있다. 퇴계의 공부론은 유교 학문의 지향과 지평이 그렇듯이 거창한 이념을 외치거나 초월적 세계를 꿈꾸는 장면은 없으며, 그 본질은 일상(日用)—근사(近思)에 있음을 알 수 있다. 그것은 유력자가 아닌 유덕자의 세상을 만드는 기획에 다름 아닌 것이다. 퇴계가『도산십이곡』에서 "愚夫도 알며 ᄒᆞ거니 긔 아니 쉬운가/聖人도 몯다 ᄒᆞ시니 긔 아니 어려운가/쉽거나 어렵거나 낫듕에 늙는 주를 몰래라"라고 했던 말에 유의할 일이다.[676] 유덕자가 되는 일, 그것은 우부(愚夫)와 성인(聖人)을 가리지 않는다. 공부 여하에 따라 우부도 유덕자가 되기 쉬울 수 있으며 성인도 유덕자가 되기 어려울 수 있다. 그런데 지금 한국사회는 어떤 모습으로 돌아가고 있는가. 유덕자—유력자의 구분법으로 사람을 평가하는 듯하지만, 사실상 세상은 이제 유력자가 판치는 상태로 변전하고 말았다. 이제 유력자는 유덕자를 지향하지 않는다. 유력자는 유덕자를 꿈꾸지도 않는다. 유덕자 아닌 유력자로 남는 자신에 대해 부끄러

---

675)『退溪集』, 陶山六曲之二,「其五」.

676)『退溪集』, 陶山六曲之二,「其六」.

움도 없다. 세상은 그렇게 변하고 말았다.

한국사회의 모습, 한국교육의 현실에 입각하여 수기치인학의 구조를 풀이하자면, 그것은 수기에 대해서는 별다른 논점을 보여주지 못한 채 치인이라는 영역에 과도한 욕망을 표시하고 있다는 점이다. 우리는 수기가 사상된 치인, 자기수양에 대한 고려가 부족한 사회를 살고 있다고 말할 수 있다. 근대 이래 한국사회는 환대와 공감과 공생의 삶이 제대로 작동되었던 적이 있었는지 모르겠다. 우리는 식민권력의 기만과 폭력 앞에 일찍이 친친-인민-애물의 사랑법과 공감의 촉수를 잃어버렸고, 우리 사회는 공생의 삶이 아닌 과시-괄시-무시-멸시의 병적 징후가 일상화되는 현실에 놓여 있다. 그야말로 자기수양의 결핍, 그로 인한 공동체와 국가의 운명에 대해 아랑곳하지 않는 현실에서 서로가 서로를 방편적 가치로 대하거나 겨루기 대상으로 삼는 차갑기 그지없는 세상으로 변모하고 말았다. 세계를 지향한다는 교육, 그러나 우리의 교육현실에서는 옆 사람조차 배려하지 못하는 인성으로 넘쳐난다. 한국에서는 특유의 가족이라는 방패막이도 제거되는 중이다. 환대와 연대가 사라진 교육현실, 앎과 삶의 본연을 벗어난 공부의 세계에 대한 비판적 성찰과 논의를 통해 한국사회의 교육문제에 대한 해법을 강구하고 미래전망을 제시할 수 있는 교육학적 대응력을 갖추는 작업이 우리 앞의 과제로 놓여 있다. 우리의 교육구조에 비추어볼 때, 그 미래 전망은 유력자가 판치는 잿빛 세상으로 빠져들 공산이 크다. 젊은 세대나 미래 세대의 세상에 대한 준비 과정, 그 현실은 응당 유력자가 되기 위한 에너지로 넘쳐난다. 인생 자체-전체가 입시 전선인 셈이다.

『도산십이곡』에서는 "古人도날몬보고나도古人몯뵈/古人를몯봐도녀던길알픠잇ᄂᆡ/녀던길알픠잇거든아니녀고엇뎔고"라고 하였고,[677] "當時에녀던길흘몃히를ᄇ려두고/어듸가ᄃ니다가이제사도라온고/이제나도라오나니녀듸ᄆ숨마로리"라고 하였다.[678] 옛 성현이 나아갔던 학문의 길, 바른 삶을 살고자 노력했던 그 길이 바로 '녀던길'이다. 우리는 간혹 현재에 대한 문제의식을 바탕으로 삼아 미래에 대한 전망을 내놓고자 한다. 그것은 어떤 앎과 삶의 세상을 만들 것인가에 대한 기대와 희망을 보여주는 장면이기도 할 것이다. 앎과 삶의 세계, 그 근본을 헤아린다면 미래 전망이 굳이 창안·창의의 영역일 필요는 없을 것이다. 과거-현재-미래라는 시간의 흐름, 그 역사가 흐르는 방향에 대한 해석과 대응은 사실상 '오래된 미래'로서의 '녀던길'에서 찾을 수 있는 일이기 때문이다.

---

677) 『退溪集』, 陶山六曲之二, 「其三」.

678) 『退溪集』, 陶山六曲之二, 「其四」.

| 참고문헌 |

『稼亭集』(李穀, 1298~1351)

『牧隱集』(李穡, 1328~1396)

『退溪集』(李滉, 1501~1570)

『南冥集』(曺植, 1501~1572)

『月川集』(趙穆, 1524~1606)

『高峯集』(奇大升, 1527~1572)

『松巖集』(權好文, 1532~1587)

『牛溪集』(成渾, 1535~1598)

『栗谷全書』(李珥, 1536~1584)

『鶴峯集』·『鶴峯逸稿』(金誠一, 1538~1593)

『蒙齋集』(李安道, 1541~1584)

『艮齋集.』(李德弘, 1541~1596)

『西厓集』(柳成龍, 1542~1607)

『沙溪全書』(金長生, 1548~1631)

『寄齋雜記』(朴東亮, 1569~1635)

『桐溪集』(鄭蘊, 1569~1641)

『浦渚集』(趙翼, 1579~1655)

『鶴沙集』(金應祖, 1587~1667)

『記言』(許穆, 1595~1682)

『西浦集』(金萬重, 1637~1692)

『滄溪集』(林泳, 1649~1696)

『海游錄』(申維翰, 1681~1752)

『星湖全集』·『星湖僿說』(李瀷, 1681~1763)

『素谷遺稿』(尹光紹, 1708~1786)

『大山集』(李象靖, 1710~1781)

『與猶堂全書』(丁若鏞, 1762~1836)

『老洲集』(吳熙常, 1763~1833)

『蘆沙集』(奇正鎭, 1798~1879)

『杞泉集』(權承夏, 1807~1890)

『林下筆記』(李裕元 1814~1888)

『省齋集』(柳重敎, 1821~1893)

『晦隱遺稿』(柳道發, 1832~1910)

『勉菴集』(崔益鉉, 1833~1906)

『響山集』・『庚戌靑邱考終日記』(李晩燾, 1842~1910)

『毅菴集』(柳麟錫, 1842~1915)

『松沙集』(奇宇萬, 1846~1916)

『東隱實紀』(李中彦, 1850~1910)

『霞隱遺稿』(柳臣榮, 1853~1919)

『梅泉集』(黃玹, 1855~1910)

『心山遺稿』(金昌淑, 1879~1962)

한국문집총간(http://www.itkc.or.kr) [한국고전번역원 문집총간 검색]

조선왕조실록(http://sillok.history.go.kr) [국사편찬위원회 실록기사 검색]

승정원일기(http://sjw.history.go.kr) [국사편찬위원회 실록기사 검색]

강경현, 「한국 주자학 연구의 두 시선: 철학자 주희 혹은 유학자 주희」, 『한국학
　　　연구』49, 2018, 11-39.

강만문, 「만년의 절조」, 『고전산문』555, 2022년 7월 20일

강재철·홍성남·최인학 편, 『퇴계선생설화』, 서울: nosvos, 2011

강창일, 『근대 일본의 조선침략과 대아시아주의』, 서울: 역사비평사, 2002.

강해수, 「근대 일본의 이퇴계 연구」, 『퇴계학논집』2, 2008, 65-66.

강해수, 「황도유학과 도의담론, 그리고 식민지조선」, 『한국학연구』28, 2012,
　　　67-672.

강해수, 「제2의 와니(王仁)로서의 이퇴계상과 도의담론: 근현대 한일 양국의
　　　이퇴계연구를 중심으로」, 『동서인문학』49, 2015, 93-121.

고길희, 『하타다 다카시: 마산에서 태어난 일본인 조선사학자』, 서울: 지식산업
　　　사, 2005.

고미숙, 『교육철학』, 서울: 문음사, 2006.

고성애, 「박종홍 철학의 형성과정 연구: 경성제국대학 입학 이전을 중심으로」, 『철학사상』 48, 2013.

고태우, 「한국 재난 인식 연구의 성과와 과제: 근대 이전 시기 역사학계의 연구를 중심으로」, 『인문학연구』 59, 2020, 33-61.

곽진, 「향산 이만도의 자존적 삶과 순국」, 『민족문화』 36, 2010, 7-43.

곽진, 「영・호남 학술교류의 자취를 찾아서」, 『다산포럼』 제1071호, 2021.7.27.

권오봉, 『퇴계선생 일대기』, 서울: 교육과학사, 2001.

權五鳳, 『李退溪家書の總合的研究』, 京都: 中文出版社, 1990.

구지현, 「필담창화집에 보이는 퇴계 관련 필담의 의미」, 『서강인문논총』 44, 2015, 41-68.

권인호, 「高橋亨의 皇道儒學: 李滉, 高橋亨, 朴鍾鴻의 주자성리학과 중앙집권・국가주의 비판」, 『대동철학』 55, 2011, 1-24.

김광규, 『일제강점기 조선인 초등교원 시책 연구』, 교육학박사학위논문, 서울대학교, 2013.

김광규, 「조선의 교육효적자(敎育效積者): 식민권력이 표창한 모범교원들」, 『한국교육사학』 42(1), 2020, 23-60.

김건우, 「운명과 원한: 조선인 학병의 세대의식과 국가」, 『서강인문논총』 52, 2018, 105-135.

김경호, 「탈식민과 한국유교 : 식민지 근대성의 그늘, 너머」, 『유교사상문화연구』 62, 2015, 91-124.

김기주, 「다카하시 도루의 조선유학관을 다시 논함」, 『퇴계학보』 132, 2012, 275-307.

김낙년 편, 『한국의 경제성장 1910-1945』, 서울: 서울대학교출판부, 2006.

김낙년 편, 『한국의 장기통계: 국민계정 1911-2010』, 서울: 서울대학교출판문화원, 2012.

김미영, 「이상은의 한국유학사관과 도의정신: 국정국사교과서에 반영된 실학관 비판을 중심으로」, 『철학연구』 50, 2014, 61-93.

김범수, 「공자의 도에 있어서 확신할 수 없는 것의 중요성에 관하여」, 『철학・사상・문화』 26, 2018, 35-56.

김범수, 「거경과 심미의 상호작용에 기초한 『주자대전』의 인성함양론」, 『유학연구』 45, 2018, 313-348.

김성학, 「일제시기 관변 교원단체의 형성과정과 그 사회적 기능」, 『교육학연구』

41(2), 2003, 277-306.

김순석, 「일제강점기 황도유학의 논리와 허구성」, 『국학연구』 27, 2015, 149-182.

김순전 · 정주미, 「조선총독부 편찬 '보통학교수신서'에 나타난 '신체적 규율'」, 『일본어문학』 33(1), 2007, 349-368.

김순전 · 박제홍, 『보통학교수신서』에 나타난 忠의 변용」, 『일본문화학보』 34, 2007, 575-596.

김순전 · 사희영, 「식민지하 교사양성과 『사범학교수신서』 연구」, 『일본어문학』 36, 2007, 159-186.

김언종, 「퇴계의 행적과 일화의 여러 양상」, 『퇴계학보』 138, 2015, 107-157.

김원열 · 문성원, 「유교 윤리의 근대적 변형에 대한 비판적 고찰: 박종홍 (1903~1976)의 유교 윤리를 중심으로」, 『시대와 철학』 17(1), 2006, 101-132.

김재현, 「한국에서 근대적 학문으로서 철학의 형성과 그 특징: 경성제국대학 철학과를 중심으로」, 『시대와 철학』 18(3), 2007, 186-193.

김종수, 「일제식민지 문학서적의 근대적 위상: 박문서관의 활동을 중심으로」, 『우리어문연구』 41, 2011, 453-483.

김종학, 「일본의 근대 실증사학의 에토스(ethos)와 다보하시 기요시(田保橋潔) 의 조선사 연구」, 『한국문화연구』 34, 2018, 39-73.

김지수, 「맹자의 폭군방벌론: 다산 정약용의 견해를 덧붙여」, 『법학논총』 34(2), 2014, 175-212.

김채수 · 아라키 마사즈미 · 전형식 · 정병호, 『일제강점기 일본어 잡지 자료집: 목록과 목차』, 서울: 보고사, 2004.

김태만, 「100년 중국문학, 공사(公私) 길항의 연쇄」, 『현대중국연구』 21(2), 2019, 149-180.

김태웅, 『신식소학교의 탄생과 학생의 삶』, 파주: 서해문집, 2017.

김현우, 「1910년대 『매일신보』에 비친 유교의 모습」, 『한글판〈유교문화연구〉』 20(1), 2012, 237-269.

김형효, 「퇴계 성리학의 자연신학적 해석」, 김형효 · 최진덕 · 정순우 · 손문 호 · 심경호, 『퇴계의 사상과 그 현대적 의미』, 경기 성남: 한국정신문 화연구원, 1997, 24-25.

김희곤, 『나라 위해 목숨 바친 안동 선비 열 사람』, 서울: 지식산업사, 2010.

김희정, 「한일 유행가의 희비를 나타내는 어휘의 비교고찰: 1925년부터 1944

년까지를 중심으로」, 『일본어학연구』 23, 2008, 47-58.

노관범, 「19세기 서울의 새로운 인간형, 유속(流俗)」, 『고전산문』 2010.4.5.

노상래, 「한 경계인의 민족적 고아의식: 今村英治의 〈同行者〉를 중심으로」, 『한민족어문학』 65, 2013, 652.

노현미·김순전, 「도덕교로서의 심학과 『보통학교수신서』 비교 연구」, 『일본어 교육』 38, 2006, 327-358.

류미나, 「일본 국민도덕론의 유입과 재생산: 1910년대~20년대 경학원 활동을 중심으로」, 『인문연구』 52, 2007.

류미나, 「식민지기 조선의 명륜학원: 조선총독부의 유교지식인 정책과 조선인의 대응」, 『교육사학연구』 17(1), 2007.

류진희, 「금지된 감정: 『조선출판경찰월보』의 소설 기록과 탈/식민 센티멘털리즘」, 『비교문화연구』 54, 2019, 35-56.

문석윤, 「『퇴계선생문집』에서 『정본 퇴계전서』까지」, 『한국사상사학』 55, 2017, 293-338.

문일웅, 「구마모토 국권당(熊本國權黨)의 『한성신보(漢城新報)』 창간과 그 의도」, 『역사문제연구』 24(2), 2020, 173-212.

민족문제연구소 편, 『강제병합 100년 특별전: 거대한 감옥, 식민지에 살다』, 서울: 민족문제연구소, 2010.

박균섭, 「근대 일본의 헤르바르트 이해와 교육」, 『일본학보』 44, 2000, 499-515.

박균섭, 「퇴계철학의 교육학적 해석: 공부론을 중심으로」, 『한국교육』 28(2), 2001, 104-105.

박균섭, 「교육칙어체제의 지속과 한국교육의 실패」, 『일본학보』 51, 2002, 439-454.

박균섭, 「퇴계의 인격교육론」, 『한국교육』 30(1), 2003, 33-54.

박균섭, 「율곡의 인격과 공부에 관한 견해 검토」, 『한국교육사학』 30(2), 2008, 25-52.

박균섭, 「유교사상의 일본적 변형: 충효론을 중심으로」, 한국사회과교육연구학회 국제학술대회 및 학술답사자료집(2004.2.18. 서울교육대학교), 25-35.

박균섭, 「율곡의 인격과 공부에 관한 견해 검토」, 『한국교육사학』 30(2), 2008, 25-52.

박균섭, 「은병정사 연구: 학문과 학풍」, 『율곡사상연구』 19, 2009, 163-196.

박균섭, 「그들은 어떤 제자였는가: 월천 조목, 서애 유성룡, 학봉 김성일」, 『인격교육』 4(1), 2010, 5-22.

박균섭, 「도산서당 연구: 교육공간의 구조와 성격」, 『한국학연구』 39, 2011, 263-289.

박균섭, 「고종기를 통해 본 퇴계의 인격」, 『퇴계학과 유교문화』 49, 2011, 73-98.

박균섭, 「왕인 관련 사료와 전승 검토: 식민 교육과 주체성 교육 문제」, 『한국교육사학』 34(2), 2012, 25-48.

박균섭, 「퇴계교육철학과 근대교육」, 『교육철학』, 2013, 35-36.

박균섭, 「전시동원체제와 퇴계학: 아베 요시오와 박종홍의 연속성」, 『교육철학연구』 36(4), 2014, 121-141.

박균섭, 『선비정신연구: 앎, 삶, 교육』, 서울: 문음사, 2015.

박균섭, 「친일유림의 수사학: 유교적 가르침의 실종」, 『퇴계학과 유교문화』 57, 2015, 37-74.

박균섭, 「한국에서 본 전후일본교육의 궤적: 교육칙어와 교육기본법의 연속과 불연속」, 『일본근대학연구』 50, 2015.

박균섭, 「퇴계학의 오독: 다카하시 도루와 아베 요시오의 퇴계론 비판」, 『퇴계학과 유교문화』 59, 2016, 155-202.

박균섭, 「『문교의 조선』과 퇴계학」, 『교육철학연구』 39(2), 2017, 49-73.

박균섭, 「선비의 결단 1910: 향산 이만도의 앎과 삶, 그리고 퇴계학의 지평」, 『현대유럽철학연구』 53, 2019, 99-142.

박균섭, 「선현들의 효: 부모를 버리고도 지켜야 할 가치는 없다」, 『담수』 49, 2020, 40-54.

박균섭, 「일본 시코쿠 변인과 홋카이도 변인 분석을 통한 동학농민전쟁 재인식」, 『인문과학』 119, 2020, 103-133.

박균섭, 「박종홍의 〈퇴계의 교육사상〉(1928)에 대한 비판적 검토」, 『철학·사상·문화』 34, 2020, 153-180.

박균섭, 「퇴계사상의 교육학적 해석과 미래 전망」, 『공자학』 43, 2021, 133-172.

박균섭, 「박종홍의 퇴계학 연구 비판: 양호론과 교육자론의 식민성」, 『공자학』 46, 2022, 49-91.

박균섭, 「퇴계의 공부와 인격」, 『인문과학』 126, 2022, 73-107.

박균섭, 「퇴계-두향 서사자료 검토」, 『탈경계인문학』 16(1), 2023, 79-113.

박균섭, 「단양 1548: 단양군수 퇴계 이황을 논함」, 『철학 · 사상 · 문화』 44, 2024, 1-22.

박균섭, 「퇴계-두향 연애서사 비판」, 『인문과 예술』 16, 2024, 41-64.

박균섭, 「우계 성혼의 수양공부론에 대한 재해석」, 『인격교육』 19(1), 2025, 185-200.

박균섭, 「고경명 연구: 의병, 전쟁, 죽음」, 『인문학연구』 69, 2025, 387-422.

박노자, 「박종홍 철학: 민족과 근대, 종속과 주체성 사이에서」, 『동서인문』 10, 2018, 107-128.

박민영, 「향산 이만도의 생애와 순국」, 『한국독립운동사연구』 37, 2010, 37-74.

박영미, 「일제강점기 재조일인의 한시 고찰: 『이문회지』를 중심으로」, 『한국한문학연구』 39, 2007, 427-457.

박영식, 「인문과학으로서 철학의 수용 및 그 전개 과정(1900-1965)」, 『인문과학』 26, 1972, 105-132.

박종용, 「퇴계의 시에 나타난 학문관 연구」, 『유교사상문화연구』 56, 2014, 253-290.

박종홍, 「퇴계의 교육사상」, 1928, 『박종홍전집(Ⅰ)』, 서울: 민음사, 1998, 125-158.

박종홍, 「현실파악」, 1939, 『박종홍전집(Ⅰ)』, 서울: 민음사, 1998, 425-432.

박종홍, 「독서회상: 내가 철학을 하기까지」, 『박종홍전집(Ⅵ)』, 서울: 민음사, 1998, 270-271.

박종홍, 「이퇴계론: 경으로 일관된 생애와 사상」, 1963, 『박종홍전집(Ⅳ)』, 서울: 민음사, 1998, 357-389.

박종홍, 「우리사표 이퇴계선생(상)」, 『지방행정』 8권 75호, 1959, 227-234.

박종홍, 「우리사표 이퇴계선생(중)」, 『지방행정』 8권 76호, 1959, 228-234.

박종홍, 「우리사표 이퇴계선생(하)」, 『지방행정』 9권 77호, 1960, 271-275.

박종홍, 「현대가 요구하는 신윤리: 〈결단〉의 시대—전환기를 뚫고 나가는 힘」, 1940, 『박종홍전집(Ⅰ)』, 서울: 민음사, 1998, 422-423.

박종홍, 「이퇴계 동상명문」, 1970, 『박종홍전집(Ⅶ)』, 서울: 민음사, 1998, 135.

박종홍, 「경북대학교 퇴계연구소 간, 『한국의 철학』 창간호 축사」, 1973, 『박종홍전집(Ⅶ)』, 서울: 민음사, 1998, 198-199.

박종홍, 「『퇴계학보』 제3집 권두사」, 1974, 『박종홍전집(Ⅶ)』, 서울: 민음사, 1998, 191-192.

박종홍, 「퇴계학연구원 간, 『퇴계학보』 창간사」, 1973, 『박종홍전집(Ⅶ)』, 서울: 민음사, 1998, 186-190.

박종홍, 「『한국교육이념의 탐구』의 서문—서울특별시 교육위원회 간」, 1973, 『박종홍전집(Ⅶ)』, 서울: 민음사, 1998, 213-216쪽.

박태일, 「근대 신유교의 한 모습: 나라잃은시대 경북·대구 지역 유림의 부왜 문학」, 『어문론총』 68, 2016, 249-287.

박혜순, 「사유력 강화의 방법론, 불언지교」, 『한국학』 163, 2021, 197-231.

방용식, 「면암 최익현의 국제관계 인식 연구: 지부복궐척화의소 등 상소를 중심으로」, 『한국동양정치사상사연구』 15(1), 2016, 179-225.

배병욱, 「개항기 구마모토국권당[熊本國權黨]의 조선어학생 파견사업」, 『지역과 역사』 44, 2019, 77-125.

변은진 외 편, 『『경학원잡지』의 주요 강설』, 서울: 선인, 2021, 175-178.

변창구, 「향산 이만도의 절의정신과 구국운동」, 『민족사상』 9(2), 2015, 191-218.

서종진, 「근대 일본 교육칙어의 재생」, 『동북아역사재단 뉴스레터』, 2017.10.17.

소광희, 「열암 박종홍의 생애와 사상」, 『서울대학교대학원동창회보』 17, 2011, 9-14.

신창호, 『퇴계 이황의 함양과 체찰』, 서울: 미다스북스, 2010.

심산사상연구회, 『김창숙문존』, 서울: 성균관대학교출판부, 2001.

沈璿澤, 「君子時中」, 『彰明』 4, 1924, 22-33.

沈璿澤, 「君子時中」, 『經學院雜誌』 26, 1925, 60-64.

오항녕, 「'퇴계학파와 율곡학파' 구도의 역사성에 대한 소고: 조선 중기 사상계의 확장, 심화, 전유」, 『태동고전연구』 52, 2024, 139-181.

우남숙, 「량치차오(梁啓超)의 〈自助論〉과 한국의 「자강」·「독립」사상」, 『한국동양정치사상사연구』 15(2), 2016, 127-161.

우응순, 「16세기 내면적 지식인과 '고인'의 길: 퇴계 이황」, 민족문학사연구소 고전문학분과, 『한국 고전문학 작가론』, 서울: 소명출판, 1998, 219-221.

윤소영, 「해제편」, 『조선공론 총목차·인명색인』, 서울: 어문학사, 2007, xx.

윤인숙, 「16세기 전반의 향약의 성격과 이해: '소학실천자들'의 향약론을 중심으로」, 『한국사상사학』 39, 2011, 61-99

안경식, 「『언행록』에 나타난 퇴계의 제자 교육」, 『석당논총』 32, 2002.

양재혁, 「근대 백년 논쟁의 사람들 : (8) 박종홍」, 『교수신문』 2010년 9월 13일.

이광우, 「1784~1945년 경상남도 남해군 남면향약계의 성격: 면약의 구조와 운영을 중심으로」, 『한국민족문화』 56, 2015, 227-264.

이기동, 『주역: 하늘의 뜻을 묻다』, 서울: 열림원, 2005, 181-184.

이기홍, 「양적 방법의 지배와 그 결과: 식민지근대화론의 방법론적 검토」, 『한국사회학』 50(2), 2016, 123-164.

이동희, 「다카하시 도루의 조선조 주자학 연구의 허와 실: 오늘날 철학적 관점에서의 비판적 고찰」, 『한국학논집』 60, 2015, 203-240.

이동희, 「퇴계학파는 퇴계의 성리학을 어떻게 이해하고 계승했는가?」, 『철학연구』 89, 2004, 319-340.

이명실, 「도야 개념의 수용에 관한 일 고찰」, 『한국교육사학』 39(4), 2017, 61-90.

이병수, 「1930년대 서양철학 수용에 나타난 철학1세대의 철학함의 특징과 이론적 영향」, 『시대와 철학』 17(3), 2006, 81-112.

이상하, 「〈적벽부(赤壁賦)〉와 소동파(蘇東坡)의 마음」, 『고전포럼』 217, 2012.6.13.

이성환, 『전쟁국가 일본』, 경기 파주: 살림, 2005.

이영경, 「고등학교 윤리교육에서 퇴계사상의 내용 구성 방향과 수업 방략 탐색」, 『윤리교육연구』 22, 2010, 109-130.

이예안, 「가토 겐치의 국체신도 개념: 21세기 국가신도 논쟁과 '신황신앙'의 문제」, 『용봉인문논총』 62, 2023, 213-253.

이영호, 「퇴계학 혹은 학퇴계의 사이」, 『공자학』 48, 2022, 375-403.

이 욱, 「조선시대 유교 제사의 확산과 희생의 변용」, 『종교문화비평』 31, 2017, 47-90.

이 황, 정석태 옮김, 『안도에게 보낸다: 퇴계가 손자에게 보낸 편지』, 서울: 들녘, 2005.

이 황, 이장우·전일주 옮김, 『퇴계 이황 아들에게 편지를 쓰다』, 경기 고양: 연암서가, 2008.

이성환, 『전쟁국가 일본』, 경기 파주: 살림, 2005.

이장우, 「가서를 통해 본 퇴계의 가족관계 및 인간적인 면모」, 『퇴계학논집』 11, 2012, 57-90.

이장우, 「이퇴계의 언행록과 가서 내용의 비교 검토」, 『대동한문학』 50, 2017, 153-178.

이장우, 「퇴계 부자와 과거 시험: 가서를 중심으로」, 『대동한문학』 38, 2013, 47-78.

이종호, 「출판신체제의 성립과 조선문단의 사정」, 『사이間SAI』 6, 2009, 195-238.

이해영, 『의리와 충절의 400년, 안동 학봉 김성일 종가(경북의 종가문화 제7권)』, 기획: 경상북도, 경북대학교 영남문화연구원, 서울: 예문서원, 2011.

이황직, 「한국 민족주의의 재현 양상에 대한 문화사회학적 연구: 일제강점기 박종홍과 함석헌의 저술을 중심으로」, 『문화와 사회』 8, 2010, 106-107.

이황직, 「국교에서 교양으로: 한국의 사회변동과 유교」, 『사회이론』 38, 2010, 3-33.

임이랑, 「일제시기 『문교의 조선』에 나타난 조선총독부 학무관료의 조선교육론」, 『한국민족문화』 49, 2013, 373-405.

임종진, 「퇴계 이황의 『송계원명이학통록』에 대한 기초적 분석」, 『퇴계학논집』 17, 2015, 111-139.

장동표, 「조선시기와 명청대의 향약 시행과 그 성격 비교 연구」, 『한국민족문화』 58, 2016, 237-263.

장순순, 「일제강점기 조선총독부의 향약정책과 관북향약」, 『현대유럽철학연구』 54, 2019, 71-103.

장은숙, 「퇴계의 토지사상과 공간의식의 교육적 함의」, 교육학박사학위논문, 경북대학교, 2018.

전상숙, 「우가키총독의 내선융화이데올로기와 농공병진정책: 우가키 조선총독정치의 지배정책사적 의미에 대한 재고찰」, 『현상과 인식』 112, 41-63.

정도원, 「전통적 學 개념과 퇴·율 성학의 이학−심학 연관 구조」, 『한국사상사학』 36, 2010, 217-261.

정미량, 「1970년대 '국적 있는 교육' 담론의 교사상 구성 방식, 그 역사적 유사성의 탐색: 1930년대 '국체명징' 교육 담론과의 비교를 중심으로」, 『교육사학연구』 24(2), 2014, 155-186.

정병호, 「자정순국일기와 한말 영남 선비의 형상: 『청구일기』와 『도해일기』를 대상으로」, 『대동한문학』 33, 2010, 5-32.

정석태, 「퇴계 이황 이야기의 서사화 양상: 단양의 기생 두향과 풍기의 대장장이 배순 관련 이야기를 중심으로」, 『전북사학』 37, 2010, 109-138.

정순우, 「초기 퇴계학파의 서당 운영」, 『정신문화연구』 24(4), 2001, 58-59.

정순우, 「앎과 삶이 어우러진 선비! 퇴계 이황」, 국회인문학아카데미 (2014.11.8. 대한민국 국회).

정욱재, 「조선유도연합회의 결성과 황도유학」, 『한국독립운동사연구』 33, 2009, 227-264.

정욱재, 「일제 협력 유림의 유교인식: 1910~1920년대 경학원 관계자를 중심으로」, 『한국사학사학보』 16, 2007, 59-85.

조관자, 「세계사의 가능성과 나의 운명 : 서인식의 역사철학과 교토학파」, 『일본연구』 9, 2008.

최근덕, 『한국유학사상연구』, 서울: 철학과 현실사, 1992.

최종고, 「한국 전통사회에서의 법·도덕·예」, 『정신문화』 13, 142-148.

최재목·김정곤, 「구도 다케키의 의학과 황도유교에 관한 고찰」, 『의사학』 51, 2015, 659-708.

최진덕, 「퇴계 성리학의 자연도덕주의적 해석」, 김형효·최진덕·정순우·손문호·심경호, 『퇴계의 사상과 그 현대적 의미』, 한국정신문화연구원, 1997, 216-217.

최혜주, 「잡지 『조선』(1908~1911)에 나타난 일본 지식인의 조선인식」, 『한국근현대사연구』 45, 2008, 80-115.

최혜주, 「해제편」, 『문교의조선 총목차·인명색인』, 서울: 어문학사, 2011.

최혜주, 「개항 이후 일본인의 조선사정 조사와 안내서 간행」, 『한국민족운동사연구』 73, 2012, 5-50.

친일문제연구회 편, 『조선총독 10인』, 서울: 가람기획, 1996.

친일반민족행위진상규명위원회, 「유교의 친일협력」, 『친일반민족행위진상규명보고서 Ⅲ-3』, 2009, 442-443.

하우봉, 『한국과 일본: 상호 인식의 역사와 미래』, 서울: 살림출판사, 2005.

하지연, 「다보하시 기요시(田保橋潔)의 『근대일선관계의 연구』와 한국근대사인식」, 『숭실사학』 31, 2013, 157-205.

한기언, 「전통교육에서 본 한국인」, 『정신문화』 12, 1982, 45-56.

한미라, 「일제의 식민정책과 향약 인식: 1920년대를 중심으로」, 『역사민속학』 49, 2015, 59-86.

한미옥, 「설화의 정치성과 전승전략 : 도선설화를 중심으로」, 『남도민속연구』 27, 2013, 257-283.

한용진 외 5명, 『근대한국 교육 개념의 변용』, 서울: 학지사, 2020.

한자경, 「주리(主理)·주기(主氣)의 함의 고찰: 이향준 교수의 「다카하시의 고약한 은유」에 대한 논평을 겸함」, 『대동철학』 55, 2011, 153-172.

한준상, 「배움: 미래교육의 새로운 관점」, 『미래교육연구』 1(1), 2011, 1-8.

한형조, 『주희에서 정약용으로: 조선 유학의 철학적 패러다임 연구』, 서울: 세계사, 1996.

한형조, 『왜 동양철학인가』, 경기 파주: 문학동네, 2000.

한형조, 「퇴계의 『성학십도』: 주자학의 이념과 성학의 설계도」, 『남명학연구』 16, 2003, 10-380.

한형조, 「후산의 『부록』은 퇴계의 『성학십도』보다 더 과격한 주리를 피력하고 있는가」, 『남명학연구』 19, 2005, 187-216.

한형조, 「일본 지식계를 강타한 퇴계의 편지 『자성록』」, 『중앙SUNDAY』 2009.8.2.

한형조, 「주기 개념의 딜레마, 그리고 실학과의 불화」, 『다산학』 18, 2011, 307-335.

허수열, 『개발 없는 개발』, 서울: 은행나무, 2005.

허수열, 『일제초기 조선의 농업』, 경기 파주: 한길사, 2011.

허수열, 「식민지근대화론의 쟁점」, 『동양학』 41, 2007, 227-250.

홍동현, 「3·1운동 전후 동학농민전쟁 인식의 변화와 확산」, 『동학학보』 55, 2020, 79-110.

홍원식, 「퇴계학과 『맹자』, 그리고 맹자」, 『퇴계학과 한국문화』 36, 2005, 253-275.

홍원식, 「퇴계의 여가 생활」, 홍승표 외, 『동양사상과 탈현대의 여가』, 대구: 계명대학교출판부, 2006, 99-100.

홍원식, 「현대 신유학'과 경로 이상은」, 『공자학』 30, 2016, 291-316.

홍인숙, 「서간을 통해 본 퇴계의 스승으로서의 면모와 그 의의」, 『퇴계학논집』 11, 2012, 90-120.

다카시로 고이치, 『일본의 이중권력, 쇼군과 천황』, 경기 파주: 살림출판사, 2006.

權純哲, 「退溪哲學硏究の植民地近代性: 韓國思想史再考Ⅱ」, 『日本アジア硏究』 3, 2006, 85-86.

金廣植, 「高橋亨の『朝鮮の物語集』における朝鮮人論に關する硏究」, 『學校敎育學硏究論集』 24, 2011, 18, 22-23.

金聲律, 「退溪學說の一斑としての自省錄」, 『文敎の朝鮮』 1934年 2月號, 84-91.

金性洙,「先輩의附託④：文弱의痼疾을버리고尙武氣風助長하라」,『每日申報』1943年 8月 5日.

金性洙,「學徒여聖戰에나서라③：大義에죽을ㅆㅔ皇民됨의責務는크다」,『每日申報』1943年 11月 7日.

朴鐘鴻,「李退溪の教育思想」,『慶北の教育』第6號, 慶尙北道學務課內慶尙北道教育會, 1928.(박종홍,「퇴계의 교육사상」, 1928,『박종홍전집(Ⅰ)』, 서울: 민음사, 1998, 125-158)

申錫麟,「社會教育에 關한 意見書」,『經學院雜誌』1932.3.31. 23-26.

安寅植,「教育家の奮起を望む」,『文教の朝鮮』1930年 10月號, 61-63.

安寅植,「皇道儒學の本領」,『朝鮮』347, 1944, 26-32.

吳台煥,「思想善導에 關한 意見書」,『經學院雜誌』1932.3.31. 15-23.

尹相鶴,「思想善導에 就하야(特히 朝鮮事情에 鑑하야)」,『經學院雜誌』1932.12.25. 13-21.

李東基,「半島理學の祖 李退溪の思想一斑」,『文教の朝鮮』1932年 1月號, 87-91.

李俊夏,「勞作教育學と本質(アウグスト・ヴオルフ 原著)」,『文教の朝鮮』1931年 1月號, 100-105.

李曉辰,「高橋亨の韓国学研究：儒学・仏教・文学研究を中心に」,『退溪學論集』12, 2013, 168-169.

李曉辰,「京城帝國大學における朝鮮儒學研究：高橋亨と藤塚鄰を中心に」,『退溪學論集』14, 2014, 291-315.

鄭國采,「心之力」,『彰明』2, 1923, 26-30.

鄭萬朝,「儒教の眞髓」,『心田開發に關する講演集』, 京城: 朝鮮總督府中樞院, 1936, 241-251.

鄭鳳時,「朝鮮儒教大觀」,『心田開發に關する講演集』, 京城: 朝鮮總督府中樞院, 1936, 277-283.

崔奎東,「死を以て君恩に報い奉る」,『文教の朝鮮』1942年 6月號, 29-31.

韓基邦,「敎化事業에 關한 意見書」,『經學院雜誌』1932.3.31. 26-29.

廖名春・康學偉・梁韋弦, 심경호 역,『주역철학사』, 서울: 예문서원, 1994.

尹健次,『朝鮮近代教育の思想と運動』, 東京: 東京大學出版會, 1982. 이명실・심성보 역,『다시 읽는 조선근대교육의 사상과 운동』, 서울: 살림터, 2016.

東洋學人,「優遊は教育者の本分に非ず」,『教育報知』511, 東京教育社,

1896, 5-5.

赤木萬二郎, 「朝鮮에 在한 聖學의 道統: 李退溪先生을 憶함」, 『經學院雜誌』
　　30, 1929, 57-70.

赤木萬二郎, 「師道」, 『經學院雜誌』 23, 1922, 64-69.

足立栗園, 『修養文庫 愛國百話』, 大阪: 積善館本店, 1911.

莇昭三, 「十五年戰爭と日本の醫療」, 『15年戰爭と日本の醫學醫療研究會會
　　誌』 1(1), 2000, 1-17.

阿部吉雄, 『李退溪(日本教育先哲叢書)』, 東京: 文教書院, 1944.

阿部吉雄, 『日本朱子學と朝鮮』, 東京: 東京大學出版會, 1965.

阿部吉雄, 『李退溪: その行動と思想』, 東京: 評論社, 1977.

阿部吉雄, 『李退溪: その行動と思想(東洋人の行動と思想 11)』, 東京: 評論
　　社, 1977, 김석근 역, 『퇴계와 일본유학』, 서울: 전통과 현대, 1998.

阿部吉雄, 「李退溪の史的地位と日本儒學との異質性」, 『李退溪研究會々報』
　　4, 1978, 37-52.

阿部吉雄, 「일본의 충효론」, 『퇴계학보』 15, 1977, 99-100.

阿部吉雄, 「序」, 李退溪研究會, 『日本刻版李退溪全集(上)』, 서울: 退溪學研
　　究院, 1975, 1-6.

アンドレ・ヘイグ, 「中西伊之助と大正期日本の不逞鮮人へのまなざし: 大
　　衆デイスクールとコロニアル言說の轉覆」, 『立命館言語文化研究』
　　22(3), 2011, 86.

伊藤益, 『愛と死の哲学: 田辺元』, 東京: 北樹出版, 2005.

今井彦三郎, 「周公孔子之道」, 『經學院雜誌』, 23, 1922, 69-74.

井上厚史, 「近代日本における李退溪研究の系譜學: 阿部吉雄・高橋進の學
　　說の檢討を中心に」, 『總合政策論叢』 18, 2010, 61-83.

井上厚史, 「李退溪の敬説と山崎闇齋の敬説」, 『南道文化研究』 20, 2011,
　　131-174.

井上厚史, 「한일 전통사상과 천(天) 관념의 변용: 천(天) 관념의 변용에서 보이
　　는 한일 양국의 근대 내셔널리즘의 특징」, 『정치사상연구』 14(2), 2008,
　　156-182.

入沢宗寿, 『文化教育学と体験教育』, 東京: 同文館, 1926.

岩田榮作, 「教育者は須らく其の本分を盡すべし」, 『教育報知』 584, 東京教育
　　社, 1898, 19-20.

稻葉溪雄, 『舊韓國~朝鮮の日本人教員』, 福岡: 九州大學出版會, 2001.

家永三郎, 『田辺元の思想史的研究: 戦争と哲学者』, 東京: 法政大学出版局, 1974. 「』』

岩井洋子, 「田辺元と高山岩男における「第三の社会」」, 『社会思想史研究: 社会思想史学会年報』46, 2022, 108−127.

岩部撓, 『文検教育勅語・戊申詔書・国民精神作興詔書解義: 附・朝見式勅語・国際聯盟離脱詔書謹解』, 東京: 啓文社書店, 1934.

宇野精一, 「일본에 있어서의 이퇴계 연구 소사」, 『퇴계학보』44, 1984, 470−471.

宇野精一, 「解説 歴史学習はこれでよいか 高山論文「社会科教育をどうする」を読んで 高山岩男氏の論文要旨」, 『内外教育』2177, 1970, 2−5.

宇野精一, 「解説 歴史学習はこれでよいか 高山論文「社会科教育をどうする」を読んで 独立の教科で歴史教育を強化せよ」, 『内外教育』2177, 1970, 5−7.

宇野精一, 「阿部博士と李退渓研究」, 『東アジアの思想と文化: 故阿部吉雄博士を偲ぶ』, 韓国研究院 企画・編集. 東京: 図書文献センター, 1980.

宇野精一, 「靖国参拝 総理に贈る孔子の教え: 総理の公式参拝は孔子の理想「仁」に通じる」, 『文芸春秋』83(12), 2005, 126−132.

宇野哲人, Die Ethik des Konfuzianismus, Berlin: Japaninstitut, 1927.

宇野哲人, 「非常時と倫理運動」, 日本弘道会編, 『非常時に直面して』, 東京: 日本弘道会, 1933.

遠藤隆吉, 『支那思想発達史』, 東京: 冨山房, 1904.

遠藤隆吉, 『東洋倫理学』(早稲田大学四十二年度文学科第一学年講義録), 東京: 早稲田大学出版部, 1909.

遠藤隆吉, 『青年の進路: 修養と成功』, 東京: 国民書院, 1915.

遠藤隆吉, 『教育及教育学の背景』, 東京: 富山房, 1926.

大谷尚子, 「わが国における「養護」という言葉の使われ方について」, 『日本養護教諭教育学会誌』4(1), 2001, 100−109.

大山一夫, 「教育勅語渙發四十年を迎へて」, 『文教の朝鮮』1930年 10月號, 87−94.

岡田道一, 『国民学校養護訓導必携』, 東京: 教育実際社, 1941.

岡田道一, 『養護訓導執務要項精義』, 東京: 明治図書, 1943.

岡田怡三雄, 『日本国民教育学及教育史』, 東京: 敬文堂, 1942.

岡田怡三雄, 『カントの哲學と現代の教育』, 東京: 中興堂, 1924.

岡井愼吾,「敎育勅語渙發當時の事ども」,『斯文』21(12), 1939, 23-25.

奧野弘,『韓國とみこうみ: 日本とのかかわり』, 東京: 新幹社, 2002.

奧田槐堂,「李退溪の學統と日本思想界に及ぼせる影響」,『東洋之光』1939年
2月號, 41-47.

大田堯,『前後日本敎育史』, 東京: 岩波書店, 1978.

太田一江,「初めて敎壇に立つ若き人へ」,『文敎の朝鮮』1937年 3月號,
78-82.

大庭景利,「科学敎育基礎理論に関する研究(13) 理科教育の領域に於けるデ
ュ□イ氏の教育哲学と田辺元氏の科学哲学との関連について」,『高知
大学教育学部研究報告』21, 1969, 1-7.

川島義之,「全鮮敎育者諸兄に望む」,『文敎の朝鮮(紀元二千六百年記念號)』
1940年 2月號, 18-19.

近衛文麿,「紀元二千六百年を祝ぎ奉りて」,『文敎の朝鮮(紀元二千六百年記
念號)』1940年 2月號, 7-11.

喜田新六・高橋亨,『國體明鑑』, 京城: 朝鮮儒道聯合會, 1944.

北森嘉蔵,「西田幾多郎・田辺元・京都学派」,『中央公論』70(11), 1955,
470-476.

木村元,『學校の戰後史』, 東京: 岩波書店, 2015.

小西重直,「國史の特色と敎育の使命」,『文敎の朝鮮(紀元二千六百年記念
號)』1940年 2月號, 12-13.

近衛文麿,「紀元二千六百年を祝ぎ奉りて」,『文敎の朝鮮(紀元二千六百年記
念號)』1940年 2月號, 7-11.

高山岩男,『敎育哲學』, 東京: 玉川大學出版部, 1976. 한기언 역,『교육철학』,
서울: 교학연구사, 1981.

高山岩男,『京都哲学の回想: 旧師旧友の追憶とわが思索の軌跡』, 京都: 一
灯園灯影舎, 1995.

兒玉三男,「シュプランガー敎授の〈ケルシェンシュタイナーを憶ふ〉を讀む」,
『文敎の朝鮮』1932年 5月號, 86-92.

渭川健三,『日本と朝鮮における朱子學』, 京都: 同朋社出版, 1988.

佐々博雄,「熊本国権党と朝鮮における新聞事業」,『国士舘大学文学部人文
学会紀要』9, 1977, 21-38.

佐藤優,『学生を戦地へ送るには 田辺元「悪魔の京大講義」を読む』, 東京: 新
潮社, 2017.

鹽谷溫,「明治天皇の聖德鴻業を仰ぎ奉りて」,『斯文』21(12), 1939, 1-11.

鹽原時三郎,「皇紀二千六百年の紀元節を迎へて」,『文教の朝鮮(紀元二千六百年記念號)』1940年 2月號, 5-6.

篠原正瑛,『今日のドイツ: 破壊と分割の苦悩を超えて』, 東京: 三啓社, 1952.

白井成允,「日本の道の淵源(下)」,『文教の朝鮮』1935年 3月號, 58-82

末木文美士,「〈死者〉の発見: 田辺元の〈死の哲学〉をめぐって」,『日本の哲学』6, 2005, 93-110.

杉浦守邦,「養護教諭はどうしてこの名が付いたか」,『日本養護教諭教育学会誌』5(1), 2002, 14-23.

鈴木崇之,『児童虐待時代の社会的養護』, 東京: 学文社, 2015.

高田誠二・藤原一毅,『日本の教育精神と李退溪(附李栗谷の撃蒙要訣と時事)』, 京城: 朝鮮事情協會出版部, 1934.

高橋亨,「李朝儒學史に於ける主理派主氣派の發達」, 京城帝国大学法文学会編,『朝鮮支那文化の研究』(京城帝国大学法文学会第二部論纂第1輯), 東京: 刀江書院, 1929, 93-140.

高橋亨,「王道儒道より皇道儒道へ」,『朝鮮』295, 1939, 10-28.

高橋亨,「経学史上の雲養集」,『毎日申報』1915年 5月 18日.

高橋亨,『朝鮮人』, 京城: 朝鮮總督府學務局, 1920, 구인모 역,『식민지 조선인을 논하다』, 서울: 동국대학교출판부, 2010, 33-162.

高橋亨,「序」, 喜田新六・高橋亨,『國體明鑑』, 京城: 朝鮮儒道聯合會, 1944.

高橋亨,「李退渓」,『斯文』21(11), 1939, 1-32.

高橋亨,「李退渓(二)」,『斯文』21(12), 1939, 12-22.

高橋亨,「李退渓(三)」,『斯文』22(1), 1940, 34-43.

高橋亨,「李退渓(四)」,『斯文』22(2), 1940, 6-19.

高橋亨,「李退渓(五)」,『斯文』22(3), 1940, 7-27.

高橋亨,「儒教の有する宗教性」,『心田開發に關する講演集』, 京城: 朝鮮總督府中樞院, 1936, 195-200.

高橋進,『李退溪と敬の哲學』, 東京: 東洋書院, 1985.

高橋濱吉,『師範教科 朝鮮學校管理法』, 東京: 日韓書房, 1936, 155-156.

竹花洋佑,「田辺元の思想形成と西田の「永遠の今」: 微分から瞬間へ」,『日本の哲学』13, 2012, 102-127.

立柄教俊,『國民教育原理實用教育學』, 東京: 黑目書店, 1914.

津田榮,「フレンツエル博士と教育勅語」,『文教の朝鮮』1930年 10月號, 40.

椿真太郎,『訓導必携』, 東京: 養護研究会, 1938.

手島繁雄,『新制朝鮮普通學校國史教授書(卷2)』, 京城: 朝鮮總督府 學務局, 1933.

寺崎昌男・「文檢」研究会 編,『「文檢」の研究: 文部省教員検定試験と戦前教育学』, 東京: 学文社, 1997.

富永文一,「紹介の辭」,『文教の朝鮮』1938年 2月號, 13.

富永學務局長,「教育效績者の選奬に就て」,『文教の朝鮮』1937年 3月號, 89-97.

友枝龍太郎,「인륜의 도로서의 충과 효」,『퇴계학보』15, 1977, 116-117.

友枝龍太郎,『李退溪: その生涯と思想』, 서울: 退溪學硏究院, 1985, 246-247.

友枝竜太郎,「李退渓の四七論弁と理動説」,『東アジアの思想と文化: 故阿部吉雄博士を偲ぶ』, 韓国研究院 企画・編集. 図書文献センター, 1980.

豊下楢彦,『昭和天皇・マッカーサー會見』, 東京: 岩波書店, 2008. 도요시타 나라히코, 권혁태 역,『히로히토와 맥아더: 일본의 전후는 어떻게 만들어졌는가』, 서울: 개마고원, 2009.

豊泉清浩,「作業教育論の系譜について: ペスタロッチー、ケルシェンシュタイナー、デューイ」,『群馬大学教育学部紀要(人文・社会科学編)』59, 2010, 157-165.

中野八十八,『毎週反省教育教授新計画の実際』, 東京: 章華社, 1926.

西田幾多郎,『善の研究』, 東京: 岩波書店, 1921.

西村拓生,「田邊元の側から読む木村素衞: 教師にとってのイデアと政治をめぐって」,『人間文化研究科年報』33, 2017, 147-158.

野中齋之助,「紀元二千六百年を迎へて若き教育者に寄する」,『文教の朝鮮(紀元二千六百年記念號)』1940年 2月號, 33-40.

三浦藤作,『教育大意講義: 附・教育史大意』, 東京: 大同館書店, 1925.

山﨑好裕,「大東亜共栄圏の経済哲学: 西田幾多郎・田邊元・三木清(中島章子教授 退職記念号)」,『福岡大学経済学論叢』66(2), 2022, 153-166.

山住正己,『日本教育小史: 近・現代』, 東京: 岩波書店, 1987.

波多野貞之助,『教育學: 附・學校管理法』, 東京・大阪: 寶文館, 1907.

服部宇之吉,「京城帝國大學始業式に於ける總長訓辭」,『文教の朝鮮(京城帝

國大學開學記念号)』1926年 6月號, 3-7.

原坦嶺,『偉人と修養』, 東京: 芳文堂, 1917.

原田指月,『海行かば: 立志美談』, 東京: 甲子書院, 1927.

花澤秀文,「田邊元の高山岩男『場所的論理と呼応の原理』批判」,『比較思想研究』29, 2002, 50-53.

花澤秀文,「田邊元の高山岩男批判: 『場所的論理と呼応の原理』に関する「田邊書簡」をめぐって」,『岡山大学大学院文化科学研究科紀要』15, 2003, 43-71.

花澤秀文,『高山岩男: 京都学派哲学の基礎的研究』, 京都: 人文書院, 1999.

速水滉,「日本文化の大陸進出」,『文教の朝鮮(紀元二千六百年記念號)』1940年 2月號, 14-17.

平山正,「教育勅語渙發四十年を迎へて所感を述ぶ」,『文教の朝鮮』1930年 10月號, 79-86.

平良惠路 · 富田義雄,『文検修身科教育科委員の思想研究』, 東京: 大同館書店, 1934.

藤井利譽 編,『女子師範教科 教育學』, 東京: 黑目書店, 1910.

福士末之助,「東洋에 斯文이 有함(續)」,『經學院雜誌』1935年 3月號, 23-24.

藤野眞擧,「譯語としての「品性」の成立と意味變化について」, 韓國日本近代學會 第41回國際學術大會(2020.10.24. 非對面學術大會)資料集, 2020, 74-86.

別府喬次,「若き教育者へ呈する文」,『文教の朝鮮』1930年 7月號, 142-143.

前田勉,『江戸の読書会: 会読の思想史』, 東京: 平凡社, 2012, 조인희 · 김복순 역,『에도의 독서회: 회독의 사상사』, 서울: 소명출판, 2016.

牧野英二,「『惡魔の講義』と「懺悔道」: 哲學者の戰爭責任をめぐって」(韓國日本近代學會 第45回國際學術大會(2022.10.29. On-line學術大會), 117-134.

松田甲,「教育に關する勅語と李退溪」,『文教の朝鮮』1935年 10月號, 97-106.

松田甲,『日鮮史話 第六編(李退溪歿後三百六十年記念)』, 京城: 朝鮮總督府, 1930.

松田甲,「明倫學院の設立を聞きて」,『文教の朝鮮』1930年 4月號, 42-55.

松田甲,「教育に關する勅語と李退溪」,『文教の朝鮮』1930年 10月號, 97-106.

松月秀雄,「教育勅語渙發四十年記念に際して」,『文教の朝鮮』1930年 10月號, 65-70.

松月秀雄,「宇野博士の"Die Ethik des Konfuzianismus"を讀む」,『文教の朝鮮』1931年 1月號, 84-99.

松月秀雄,「ケルシェンシュタイナー逝く」,『文教の朝鮮』1932年 3月號, 75-78.

溝淵進馬,『教育学講義』, 東京: 富山房, 1909.

森五龍生,「教育界の不祥事件を聞いて」,『文教の朝鮮』1927年 10月號, 1927, 88-89.

森岡常蔵,『教育学精義』, 東京: 同文館, 1906.

森隼三,『一日の教育』, 東京: 宝学館, 1920.

八重樫達郎,「皇國臣民育成と儀式教育: 勅語の取扱作法竝施設一般」,『文教の朝鮮』1941年 2月號, 25-40.

柳父章,「日本における異文化受容の構造」, 韓國日本學會 第70回學術大會 資料集(2005.2.19. 高麗大學校), 524-525.

柳生眞,「日本における退溪・栗谷・茶山硏究の流れ: 日本における韓國儒學 言說を再檢討する」,『退溪學論集』10, 2012, 278-305.

湯本武比古,『孔子ノ五段教授法: 新編教授学追加』, 東京: 湯本武比古, 1895.

湯本武比古,『応用心理学: 新編』, 1894.

湯本武比古・中澤忠太郎 編,『教育學教科書』, 東京: 開發社, 1910.

吉田俊雄,『日本陸海軍の生涯: 相剋と自壞』, 東京: 文藝春秋, 2001.

渡辺碧嵐,『愛より教育へ』, 東京: 大同館, 1923.

イ・ヨンスク,『「国語」という思想: 近代日本の言語認識』, 東京: 岩波書店, 1996.

亘理章三郎,「教育に關する勅語の御下賜と其の意義」,『文教の朝鮮』1930年 10月號, 22-23.

朝鮮總督府學務局内朝鮮教育會,「『日本の教育精神と李退溪』に對する諸方 面の反響」,『文教の朝鮮』1935年 3月號, 195-197.

大邱公立女子高等普通學校,「本校の性格教育」,『文教の朝鮮』1937年 4月號, 102-118.

東京市政調査会 編,『公民教育研究(上卷): 明治以前に於ける自治制度と公 民的教育』, 東京: 東京市政調査会, 1928.

朝鮮教育會,「口繪寫眞: 兵制七十周年記念軍學生合同演習 十一月二十八日京城府に於いて實戰さながらの市街戰」,『文教の朝鮮』1942年 12月號, ii.

朝鮮總督府學務局内朝鮮教育會,「『日本の教育精神と李退溪』に對する諸方面の反響」,『文教の朝鮮』1935年 3月號, 195-197.

文部省教学局,『臣民の道』, 東京: 文部省教学局, 1941.

斯文會,「大塚先儒祭」,『斯文』21(12), 1939, 84-85.

教育史学会理事会,「〈教育ニ關スル勅語〉(教育勅語)の教材使用に関する声明」, 教育史学会理事会, 2017年5月8日.

熊本日日新聞社,『熊本人物鉱脈: この百年をつくる』, 熊本: 熊本日日新聞社, 1963.

熊本県教育委員会,『熊本の先覚者たち』, 熊本: 熊本県教育委員会, 1968.

千葉李退溪研究會,「「千葉 李退溪研究會」設立趣意書」,『退溪學報』38, 111-114.

林鎮國, 廖欽彬 訳,「廃墟に浄土を再建する: 田辺元の懺悔道哲学」,『倫理学』21, 2005, 99-114.

シユプランガー,「兒童心理と青年心理研究の新方法(昭和十二年六月二十六日於京中講堂)」,『文教の朝鮮』1938年 2月號, 13-36.

エデュアルト・シュプランガー 著, 舟木重信 訳,『日本文化の印象』, 東京: 早稲田大学, 1937.

シュプランガー 著, 小塚新一郎 譯,『文化哲學の諸問題』, 東京: 岩波書店, 1937.

Bix, H. P. Hirohito And The Making Of Modern Japan, 2000. 오현숙 역,『히로히토 평전: 근대 일본사회의 형성』, 서울: 삼인, 2000.

Chamberlin, B. H. The Invention of a New Religion. London: Watts & Co., 1912.

Edward, Behr, Hirohito: Behind the Myth, 1989. 유경찬 역,『히로히토: 신화의 뒤편』, 서울: 을유문화사, 2002.

Hall, J. W. Japan: From Prehistory to Modern Times. New York: Dell Publishing Co., 1970. 박영재 역,『일본사: 선사부터 현대까지』, 서울: 역민사, 1986.

Smiles, Samuel, Self Help: With Illustrations of Character and Conduct, Boston: Ticknor and Fields, 1861.

「日의 敬사상 退溪서 起源」,『부산일보』1984.7.5.

「일 언론 "야스쿠니신사 양보 없이도 실속 챙겼다"」,『오마이뉴스』2005.6.23.

「일본 우경화의 심연 '天皇制'」,『동아일보』2013.5.18.

「国論を二分する大激論小泉総理「靖国参拝」是か非か: 識者81名アンケート」,
　　　『文藝春秋』83(9), 2005.

찾아보기

퇴계학의 재구성

초판 인쇄 2025년 9월 19일
초판 발행 2025년 9월 26일

지은이 박균섭
펴낸이 유지범
펴낸곳 성균관대학교 출판부
등록 1975년 5월 21일 제1975-9호
주소 03063 서울특별시 종로구 성균관로 25-2
대표전화 02)760-1253~4
팩스밀리 02)762-7452
홈페이지 press.skku.edu

ISBN 979-11-5550-674-5 93150